Karl Brenner

Das Herz von Atlantis

– eine Erinnerung –

ch. falk-verlag

Originalausgabe

Umschlaggestaltung: Dirk Gräßle, München
Satz: P S Design, Lindenfels
Druck: Druckerei Sonnenschein, Hersbruck

Printed in Germany
ISBN 978-3-89568-250-6

Inhalt

Vorwort

Wie kommt es dazu, dass ich über Atlantis schreibe? Bis vor einigen Jahren war Atlantis kein Thema für mich. Ich wusste zwar, dass dieses grandiose Volk vor Jahrtausenden auf Inseln im heutigen atlantischen Ozean gelebt hatte und samt seinem Lebensraum unterging, auch war mir bekannt, dass einige große griechische Philosophen über dieses Volk schrieben und dessen Lebensumstände aus ihrer damaligen Sicht zu schildern suchten, aber... ?

Im Laufe meiner beruflichen Laufbahn wurde ich oftmals mit Menschenschicksalen konfrontiert, die erschütternd waren, und ich begann über den Sinn allen Lebens hier auf dieser Erde nachzudenken. Es konnte doch nicht sein, dass das Erfahrene alles war, es musste da noch etwas geben.

Im Alter von 52 Jahren lernte ich meine jetzige Frau kennen, die eine erweiterte Einsicht in menschliche Lebensumstände hat, und wir beide suchten Anschluss an Menschen, denen wir es zutrauten, unsere Blickweise authentisch zu erweitern.

Nun, nachdem wir uns ausgiebig mit der Vielschichtigkeit des menschlichen Wesens auseinandergesetzt und viel erfahren hatten, tauchten in meinem Inneren immer öfter Bilder von Atlantis auf. Sehr verblüfft war ich, als ich dann plötzlich die Hauptstadt Poseidonia sehr detailreich vor meinem inneren Auge sah, samt Ringkanälen und dem Hügel mit Tempel und Palast in der Mitte. Dieses Bild beschäftigte mich eine Zeitlang, dann vergaß ich es wieder.

Alsbald tauchte eine zusammenhängende Szene in meinem Geist auf, in der ich sah, wie Männer einen Hügel aufwärts stürmten, vor einer Flutwelle fliehend. – Neuerlich war ich überrascht, konnte diese Eingebungen jedoch trotz längerem Nachgrübeln nicht einordnen.

Schließlich, als im Dezember 2003 im AKH in Wien während der Aufwachphase nach einer Operation ein ganzer Film lebensnah in meinem Kopf ablief, in dem ein Mann eine Frau und eine große Tasche aus einem zusammenstürzenden Tempel barg, war ich so weit, mich mit diesen Bildern eingehend zu beschäftigen. Es reifte die Überzeugung, dass diese Filme persönliche Erfahrungen (aus einem früheren Leben) sein könnten, und ich beschloss, sie niederzuschreiben.

Es purzelten ganze Kapitel aus meinem tiefsten Inneren in den Computer. Die Reihenfolge war anfangs nicht gegeben, aber ich hielt alle Teile so fest, wie sie auftauchten. Im nächsten Schritt reihte ich die Abschnitte nach Kontinuität, und so entstanden wohl einige tausend Seiten, die ich bisher geschrieben habe.

Ich sehe das Geschriebene nicht als Ergebnis einer übersinnlichen Eingebung oder als außergewöhnliche Leistung, aber die Bilder, die in meinem Geist entstanden waren, erlebte ich derart plastisch, dass sie es einfach verdient hatten, festgehalten und weitergegeben zu werden. Ich bin heute überzeugt, dass alle Menschen einen unsterblichen Teil in sich tragen, der schon so manchen Abschnitt in der langen Erdgeschichte erlebt hat. Leider gelingt es nicht so ohne Weiteres, diese gespeicherten Erlebnisse aus den unbewussten Tiefen des Bewusstseins an die Oberfläche zu holen.

Vielleicht ist es mir gelungen, ein solches früheres Leben wieder in die Erinnerung zu rufen, um es in meinen Büchern festzuhalten?

Karl Brenner, im Jänner 2007

Der Botschafter aus Atlantis

Es war ein Bote auf der fürstlichen Festung unseres Landes angekommen und hatte ein Schreiben überreicht, in dem die Ankunft einer hochrangigen Delegation aus Atlantis angekündigt wurde.

Der Fürst war von dem unerwartet eingetroffenen Fremden überrascht worden. Er bewegte sich erhaben, ja fast schwebend fort, trug ein Gewand aus sonderbar glattem, schwarz glänzendem Material und eine helmartige Kopfbedeckung mit einem schimmernden, von außen undurchsichtigen Visier vor den Augen. Am Gürtel hingen verschiedene fremdartige Gegenstände, deren Verwendung uns unklar war.

Diesen Mann umgab ein ganz eigenartiges Flair, welches fast wie ein abschirmender Ring wirkte. Er hatte eine andere, kräftigere Ausstrahlung, als uns bekannt war, und durfte völlig andere Sitten und Gebräuche kennen, weil er sich ganz anders benahm und bewegte als unsere Leute. Seine Körperform war aber der unseren sehr ähnlich, wenn man von der Kleidung und seiner geradezu blassen Hautfarbe absah. Sein schlanker Körper wirkte durchtrainiert, aber seine Haltung drückte Langeweile aus.

Er war von keiner Wache entdeckt worden und war für die dort tafelnden Fürsten völlig überraschend in die große Halle getreten, so als ob sein plötzliches Erscheinen in fremden Prunkhallen für ihn alltäglich sei. Nach seinem Eintreten mit einem deutlich hörbarem Gruß bekam er zunächst keine Antwort, denn die Tafelnden saßen wie versteinert. Dieses Angestarrtwerden schien ihn zunehmend zu ärgern, was ihn zu einer auffordernden Handbewegung veranlasste.

Nachdem sich noch immer kein Anwesender rührte, ihn begrüßte oder zum Nähertreten aufforderte, ging von ihm plötzlich eine beklemmende Ausstrahlung der Gefahr aus und alle im Saal wussten, dass es besser wäre, sich mit diesem Fremden nicht anzulegen.

Um die Spannung zu lösen, winkte er den Anwesenden ganz einfach überlegen zu und gab sein Missfallen über die mangelnde Höflichkeit dann durch abfällig gelangweilte Körperbewegungen und Gesichtsausdruck zu erkennen, als er das Visier im Helm verschwinden ließ. Das dabei entstandene surrende Geräusch weckte unsere Würdenträger, obwohl es sehr leise war. Infolge der Sprachlosigkeit herrschte eine Totenstille im riesigen Saal.

De Grahs, der Großfürst, wusste plötzlich: „Das ist ein Atlanter!" Er konnte sich dunkel erinnern, einmal gehört zu haben, dass im Westen, weit draußen im Meer, große Inseln lagen, auf denen viele Menschen lebten. Von dem Staat Atlantis und seinen Bewohnern wusste er herzlich wenig. Genauso erging es seinen Ratgebern und Vasallen.

Nachdem er sich von seinem ersten Schrecken erholt hatte, seine Gattin vom Tisch aufgestanden war und dem Manne Speise und Trank an der fürstlichen Tafel angeboten hatte, war er erst imstande, den Ankömmling herzlich willkommen zu heißen.

Der Mann hatte sich zwischenzeitlich gegenüber De Grahs' an die Tafel gesetzt und schüttelte den Kopf. Offenbar wollte er damit ausdrücken, dass ihm das Verhalten der anwesenden Landesgrößen missfiel.

Der Fürst war immer noch unsicher und wusste nicht, wie er weiter verfahren sollte. Er sann darüber nach, seine Ratgeber zusammenzurufen und diese zu befragen, was er in dieser außergewöhnlichen Situation angemessen tun sollte. Auch wusste er nicht, wie er die entstandene peinliche Situation überspielen sollte, weil er dem Gast nicht sagen konnte, dass er, der hiesige Fürst, vom Staat Atlantis überhaupt nichts wisse.

Der fremde Bote dürfte die allgemeine Verlegenheit regelrecht gespürt haben, denn nachdem er das Angebot der Fürstin angenommen und ein wenig gegessen und getrunken hatte, stand er langsam auf, verbeugte sich und meinte höflich, aber mit einem lakonischen Unterton in der Stimme, die von Satz zu Satz immer herrischer wurde: „Ich bin ein Abgesandter des Botschafters von Atlantis und überbringe diese schriftliche Nachricht!" Weil der Gastgeber die Schriftrolle nicht anrührte, fuhr er in leisem Ton fort: „Sie werden sich beraten wollen. Ich erwarte eine schriftliche Antwort auf das Schreiben des atlantischen Gesandten, und zwar in wenigen

Stunden! Ich ersuche Sie aber, sich nicht zu lange zu beraten, denn der Gesandte, der sein Lager im Westen, am Ufer des Meeres aufgeschlagen hat, will bis spätestens morgen früh eine verbindliche Antwort erhalten. Er will bis zu diesem Zeitpunkt wissen, ob ich hier freundlich aufgenommen wurde und ob die Verantwortlichen dieses Volkes gewillt sind, Kontakte zu meiner Heimat aufzunehmen!"

Wieder legte er eine Pause ein und schaute in das Rund der Tafelnden. Weil sich noch immer keiner rührte, fuhr er nun mit messerscharfer Stimme fort: „Sollte ich bis zu dieser Zeit nicht zurück sein, würde er sich Sorgen um mich machen und einen Suchtrupp aussenden!" – Neuerlich folgte eine kurze Pause. Nachdem er einen Seufzer der Verständnislosigkeit von sich gegeben hatte, sprach er weiter, weil er noch immer keine Antwort bekommen hatte: „Also werde ich mich nun zurückziehen und zum Sonnenuntergang wieder hier sein!" Darauf wandte er sich um, um grußlos durch das Tor zu gehen. Vor der Halle war er dann urplötzlich verschwunden.

Kein Mensch in der Festung hatte ihn außerhalb des Saales gesehen. Es schien, als habe er sich in Luft aufgelöst. Sein selbstherrliches, überlegen wirkendes Auftreten ärgerte De Grahs auch dann noch, als er sich endlich von seinem Schrecken erholt hatte. Sofort rief er alle Berater in die Halle, um sich für den weiteren Auftritt dieses Boten zu wappnen.

Alle Berater wussten leider auch nicht entscheidend mehr über das atlantische Volk als er selbst. Sie konnten aber sagen, dass dieses Volk geistig, kulturell und handwerklich weit fortschrittlicher war als das hiesige. Einer wusste zu berichten, dass es verheerende Waffen besäße, gegen die hierzulande kein Kraut gewachsen sei.

Die Versammelten kamen überein, dass der angekündigte Botschafter mit seinem Tross freundlich aufgenommen werden sollte, auch wenn seine Forderung, gleich vor der gesamten Fürstenversammlung aufzutreten und einen Botschafter zu benennen, eher aufdringlich und unfreundlich klang. Aber möglicherweise pflegte man in Atlantis direktere Sitten, sagten sie sich.

Die Berater rieten, den Botschafter und seine Leute im ganzen Land anzukündigen, um auf dem Weg des Trosses bis zur Festung Schwierigkeiten oder gar Angriffe zu vermeiden. Es sollten Herolde ausgesandt werden, die jene Adeligen verständigten, die auf ihren

Burgen weilten, um sie zur großen Ratsversammlung in die Landesfeste zu versammeln.

Weil an diesem außergewöhnlichen Ereignis sicher viele Landsleute würden teilhaben wollen, wollte man diesmal die Versammlung auf dem Turnierplatz vor den Mauern der Fürstenburg abhalten, um dem Publikum genügend Platz bieten zu können. Die Verlegung der Versammlung aus der Halle kam sehr selten, nur zu außergewöhnlichen Anlässen, vor, meist wenn eine erweiterte Versammlung der Fürsten und Honoratioren des Landes einberufen wurde. Eigentlich nur, wenn dringend wichtige Entscheidungen zu fällen waren oder ein derart außergewöhnliches Ereignis eintrat, an dem auch das „gemeine Volk" (alle Volksvertreter) teilhaben sollte(n). Die Ankunft dieser ausländischen Delegation war ein solches nicht alltägliches Ereignis.

Als der Abgesandte zum Sonnenuntergang neuerlich urplötzlich im Saal erschien, wurde ihm, diesmal nach Austausch entsprechender Höflichkeiten, die schriftliche Einladung an den atlantischen Botschafter übergeben und der Mann höflich gebeten, dem Botschafter zu erklären, dass aufgrund der Weitläufigkeit des Landes und des unzulänglichen Wegenetzes die nicht anwesenden Fürsten erst in drei Tagen versammelt sein würden und Herolde im Land unterwegs seien, welche die fremde Gesandtschaft ankündigten, um Unbill vom Botschafter und seinem Gefolge abzuhalten.

Der Großfürst erkundigte sich noch, ob eine Schar berittener Soldaten als Eskorte angebracht sei, um die Wichtigkeit der Mission zu unterstreichen. Der Bote lehnte aber eine Eskorte mit dem Einwand ab, dass keine Reiterschar mit ihrer Reiseart und Geschwindigkeit mithalten könne und daher nur eine Last wäre. Schließlich neigte der Mann zum Abschied knapp den Kopf und ging mit dem Schreiben in der Hand wortlos davon.

Nun begann auf der Festung ein reges Treiben. Der Fürst ordnete die Adaptierung des Turnierplatzes als Versammlungsplatz an, und alles, was einigermaßen gerade laufen konnte, werkte fleißig, richtete Tribünen und Tafeln her und schmückte das Gelände mit Girlanden, Tannenzweigen und Blumen. Sie waren bemüht, alles zu tun, um einen guten Eindruck bei den Fremden zu machen, und schafften so manch gehütetes Kleinod heran, nur um den Platz festlich zu schmücken.

Die Zeit schien zwar knapp, aber am Morgen des vierten Tages war alles fertig. Die erwartungsvolle Spannung knisterte über dem Platz, weil alle Menschen in der Festung rätselten, wie wohl diese Atlanter aussehen mögen, wie diese sich kleideten und sprachen. Es kursierten bereits die wildesten Gerüchte. Doch die Wenigsten wussten tatsächlich etwas über Atlantis. Kein Anwesender konnte von sich sagen, jemals dort gewesen zu sein und Kontakt mit diesem Volke gehabt zu haben. Alle Aussagen entsprangen nur Hörensagen und waren entsprechend abenteuerlich, nachdem eigene Spekulationen in die Erzählungen eingeflossen waren.

Die Sonne schien an diesem Morgen so prächtig, dass man den Eindruck hätte gewinnen können, sie wolle ebenfalls zum Festschmuck beitragen und den Eindruck auf die Gäste noch verstärken. So stand der Ankunft des fremden Botschafters und seines Gefolges nichts mehr im Wege. Alle Festungsbewohner hatten sich in Festtagstracht geworfen, die zugewiesenen Plätze auf den Tribünen eingenommen und erwarteten neugierig die Delegation. Alle hockten genau in der Reihenfolge ihres Standes auf den Plätzen und schauten aufmerksam zum Eingang des Turnierplatzes, der in Form eines provisorischen Holztores gestaltet worden war. Durch dieses Tor sollte der ausländische Tross einfahren.

Weil alle (sitzend) auf dem von Mauern umgebenen Turnierplatz hockten, blieb ihnen verborgen, was außerhalb der Anlage vor sich ging. So bekamen nur die ausgesandten Reiter, welche die Ankunft der Delegation melden sollten, den Anflug der umfangreichen Flotte an Luftfahrzeugen über dem freien Felde, am Fluss östlich der Festung, mit.

Sie waren auch bemüht, unverzüglich dem Fürsten das Eintreffen der Gäste zu melden, aber erst nach Überwindung erstaunlich langer Schrecksekunden, die sie wie versteinert in den Sätteln verbrachten und Maulaffen feilhielten, spornten sie ihre Tiere an und strebten der Festung zu. Trotzdem hatte keiner die geringste Chance, vor den vier Fahrzeugen, die sich mit zischenden Lauten vom Fluss zur Festung hinbewegten, dort einzutreffen.

Der Fürst, seine Gattin, die Mitglieder der Fürstenversammlung und deren Angehörige saßen auf der Fürstentribüne, und alle scharrten vor erregter Erwartung mit den Füßen und reckten die Hälse zur Einfahrt hin, um ja nicht die Ankunft zu übersehen.

Aber als die Fremden nun tatsächlich ankamen, waren alle von dem Eindruck so überwältigt, dass sie völlig still dasaßen und kein Wort hervorbrachten. Die Fremden kamen nicht durch die Einfahrt geritten, vielmehr flogen ihre Fahrzeuge im wahrsten Sinne des Wortes über den großen Umfassungswall. Sie waren so urplötzlich da, dass sich die Menschen auf den Tribünen unwillkürlich duckten und einstimmig ein deutlich hörbares, erstaunt und ängstlich klingendes „Ah!“ aus den Reihen der Tribüne erklang.

Die Überraschung war perfekt! Mit einem derart rasanten Anflug der Gäste hatte niemand gerechnet. Ohne dass die Altvorderen und deren Gefolge vorher auch nur ein Geräusch gehört hatten, waren plötzlich vier große Wagen über dem Wall aufgetaucht und in einem sanften Bogen mit hoher Geschwindigkeit auf den Turnierplatz zwischen den Tribünenreihen eingeschwebt. Zum Glück waren alle Einheimischen zu Fuß gekommen und keine Pferde auf dem Platz, denn diese wären sicher alle durchgegangen, als der Botschafter und sein Hofstaat in Gefährten ohne Räder oder Pferden, wie auf Wolken, mit pfeifenden Geräuschen auf den Turnierplatz herunter schwebten.

Dieser Wall war kein unüberwindliches Hindernis für die ankommenden Menschen, obwohl er bis zu diesem Zeitpunkt noch nie von Fremden überwunden worden war. Gegen diese Gefährte war der Wall als Hindernis geradezu nutzlos.

Die atlantischen Fahrzeuge bestanden sichtlich aus Metall, denn die Oberflächen schimmerten und glänzten im Sonnenlicht. Sie besaßen alle ein flaches Dach, ebenfalls aus Metall, und mehrere Türen. Die oberen Seitenteile und die Stirnseiten waren durchsichtig, sodass man die Oberkörper der in mehreren Reihen darin sitzenden Personen deutlich erkennen konnte. Die Fahrzeuge fassten jedes etwa zwanzig Personen. Genau vor der Fürstentribüne hielt das erste Fahrzeug an, obwohl es kurz vorher noch mit hoher Geschwindigkeit durch die Luft geglitten war. Dabei surrte es hörbar auf. Wiewohl man dieses Surren nicht direkt als Bedrohung empfand, konnten unsere Leute daraus schließen, dass diese Gefährte von unbekannten Kräften angetrieben wurden.

Die anderen Fahrzeuge hielten in einer Reihe hinter dem ersten, wobei exakt der gleiche Abstand zum vorderen eingehalten wurde. Diese Gefährte wirkten auf unsere Leute wie Teufelszeug oder gar

Hexerei, denn in der Vorstellung der Einheimischen konnte es solche Reisewagen überhaupt nicht geben. Es war für die einheimische Vorstellung schlichtweg unmöglich, sich in so einem Gefährt fortzubewegen. Mir aber zeigte diese Reiseart sofort, dass dieses Volk, das in der Lage war, solche Fahrzeuge zu bauen, technisch viel weiter fortgeschritten sein musste, als wir auch nur denken konnten.

Auf dem weiten Platz war nun kein Geräusch mehr zu hören. Alle hielten vor Beklemmung und Überraschung den Atem an. Einige hatten sich gar an die Kehle gegriffen und waren mit grauen Gesichtern erschreckt zurückgefahren, als ob gerade der Teufel selber vorgefahren wäre. Die anwesenden Vertreter unseres Volkes waren alle so ruhig geworden, dass man auf dem riesigen Turnierplatz eine Fibel hätte fallen hören können. Keiner rührte sich oder machten gar Anstalten, den angekommenen Gast und sein Gefolge zu begrüßen.

Zum Glück hatten all die Edlen zur Feier des Tages keine schweren Waffen bei sich. Das war gut so, denn vielleicht hätte der eine oder andere aus Überraschung oder gar Angst zur Waffe gegriffen, was sicher keinen guten Eindruck hinterlassen hätte.

Die Gastgeber schienen alle noch immer wie gelähmt. Die meisten der Einheimischen hatten Münder und Augen weit aufgerissen und waren weder fähig zu sprechen noch sich zu bewegen. Das unerwartete Einschweben dieser fliegenden Kolonne über die als unüberwindlich geltende Verteidigungseinrichtung hatte alle fertiggemacht.

Die erste Überraschung ist der ausländischen Delegation also gründlich geglückt, dachte ich bei mir und sagte hörbar und etwas prophetisch: „Wer weiß, was jetzt noch alles kommt?“

Mein Vater, der neben mir saß, wurde durch meine Worte aus seinem Bann gerissen und fragte verlegen: „Was hast du gesagt?“

„Ich meinte nur, dass den Fremden diese Überraschung geglückt ist, nicht wahr?“, versetzte ich vermittelnd.

Er nickte nur und gab dazu kein weiteres Wort ab, noch immer konsterniert. Um die Verlegenheit loszuwerden, räusperte er sich und schluckte mehrmals, so als ob er einen Kloß im Hals stecken habe, den er nicht hinunterbrächte.

Als sich nach langen Augenblicken der Überraschung die peinliche Starre der meisten Adeligen etwas gelegt hatte, raunten sie sich

Bemerkungen zu und hüstelten verlegen ob des großen Schreckens, der über sie gekommen war. Mancher griff heimlich zum Dolch in der Gewandfalte, aus Angst vor der ungewöhnlichen Erscheinung, so als ob er sich an seiner Waffe festhalten könnte oder sich vergewissern wollte, dass sie tatsächlich noch da war.

Aber immer noch saßen alle wie versteinert da. Für mich viel zu lange rührte sich kein Mensch von der Stelle. Infolge der Bewegungslosigkeit der Fürsten und weil vermutlich auch die Ankömmlinge nicht wussten, in welcher Form die Einheimischen reagieren würden, stieg keines der Delegationsmitglieder aus den Fahrzeugen aus. Ja, es öffnete sich keine einzige Türe.

Ich saß neben meinem Vater in der ersten Reihe, etwas abseits vom Fürstenpaar. Offenbar erholte ich mich als Erster von meinem Schrecken. Jedenfalls schaute ich mich um, ob da noch weitere Gefährte einschwebten, aber es war kein weiteres Fluggerät zu sehen. Es hatte sich auch nicht der Himmel verdunkelt und die Sonne lachte weiter aus dem strahlenden Blau wie zuvor. Ich wunderte mich zunehmend, dass sich weder De Grahs noch der Zeremonienmeister in Bewegung setzte, um die Gäste willkommen zu heißen, und wurde ungeduldig. Weil sich nichts tat, beschloss ich schließlich, die Initiative zu ergreifen. Die Erstarrung unserer Hofschranzen ärgerte mich und ich empfand ihre Untätigkeit als peinliches Verhalten. Was sollten sich denn die Fremden denken, wenn alle dasaßen, unschlüssig, das Maul aufrissen und keine Worte oder Geste der Begrüßung von sich gaben?

Da stand ich einfach auf und schritt, von jugendlichem Leichtsinn getragen –ich war zu diesem Zeitpunkt erst achtzehn Lenze alt – zu dem ersten Gefährt, weil ich der Meinung war, jemand müsse die fremden Gäste höflich begrüßen und einladen auszusteigen. Man sollte den Gästen höflich Platz anbieten und nicht wie Götzen herumsitzen. Wenn der Zeremonienmeister seine Aufgabe nicht wahrnahm, so wollte rasch ich einspringen und die Begrüßung vornehmen, bevor diese Peinlichkeit die Fremden verärgerte.

Durch mein Handeln und Zugehen auf das ungewöhnliche Gefährt löste sich die Spannung bei meinen Volksgenossen so weit, dass De Grahs ebenfalls aufstand. Er stieg von der Tribüne herab und strebte, starre Gefasstheit zeigend, jenem einzelnen Ankömmling entgegen, der in der Zwischenzeit aus dem ersten Flugwagen ausgestiegen war und sich mir zuwandte.

Ich stand nun verlegen dreinblickend direkt vor dem Atlanter. Unsere Blicke kreuzten sich. Sofort überkam mich ein beklemmendes Gefühl. Ich glaubte, von einer riesigen Klammer festgehalten zu werden. Der Versuch, die Augen wegzudrehen, um diesem Blick zu entgehen, misslang. Auch meine Augenlider verweigerten den Gehorsam, denn ich konnte sie nicht schließen. Mein verkrampfter Versuch, den Kopf und den Körper wegzudrehen, gelang ebenfalls nicht mehr. In meinem Inneren kam ein wenig Panik auf, was sich in einem spürbaren Erröten meiner Wangen äußerte. Zu allem Überdruss bekam ich nun den Eindruck, als ob etwas Mächtiges durch meine Stirn in meinen Schädel eindringe, entlang dem Rückgrat durch meinen Körper glitte und zu meinem Herzen vordringe. Dann glaubte ich, zwei Hände zu spüren, die sich unter mein Herz schoben und es leicht anhoben, so als ob sie es wägen wollten.

Ich wollte aufschreien, brachte aber keinen Ton hervor. Doch schon bevor ich weiter nachfühlen und -denken konnte, war der Spuk vorbei. Die Augen meines Gegenübers waren keine abgrundtiefen, dunklen Löcher mehr, und seine Iris nahm eine hellgraue Farbe an. Gleichzeitig flog ein Lächeln über das nun freundliche Gesicht des Mannes, und er zwinkerte mir mit dem rechten Auge einmal zu. Der Mann, ich war mir sicher, dass es der Botschafter war, reichte mir seine Hand, so als wäre nichts vorgefallen, und begann sofort ein Gespräch mit mir in meiner Sprache.

Das war mir nun aber nicht so recht, weil ich mich erst richtig fangen musste und weil sich der Fürst durch eine Antwort meinerseits übergangen fühlen konnte. Der Fremde kann ja nicht wissen, dass ich nicht der Fürst bin, er kennt uns ja noch nicht, dachte ich bei mir. Diese unerwartete und durch mein Vorpreschen verursachte Wendung könnte zu weiteren peinlichen Verwicklungen führen, schoss es mir durch den Kopf und ich musste knallrot im Gesicht geworden sein. Meine innere Glut blieb dem Botschafter nicht verborgen, denn er lächelte. Jedenfalls hüstelte ich nur verlegen zur Antwort und versuchte in stammelnden Worten, die einheimische Rangfolge von De Grahs abwärts richtig darzustellen. Dabei verhaspelte ich mich mehrmals, was meine Verlegenheit nur noch steigerte.

Weil ich aber bereits angesprochen worden war, meinte ich, das Gespräch aus Höflichkeit gegenüber dem Fremden fortsetzen zu müssen. Ich wollte es irgendwie schaffen, den Fürsten darin mit einzubinden und das Gespräch so überzuleiten, dass dieser es weiterführen konnte. Ich sagte daher rasch einige höfliche Floskeln und stellte dann unseren Chef vor.

Sichtlich erleichtert, übernahm De Grahs nun die Konversation, und ich hatte ein wenig Zeit und Gelegenheit, den atlantischen Botschafter genauer zu betrachten.

Als Erstes fiel mir an ihm auf, dass er unsere Sprache zwar mit einem eigenartigen Akzent, aber überraschend gut beherrschte. Er redete mit einem eher leisen, singenden Tonfall, aber drückte sich sehr gewählt aus. Darüber erstaunt, schaute ich mir die äußere Erscheinung dieses Mannes genau an und kam zu dem Schluss, dass er ein ungewöhnliches Wesen sein musste. Er war so groß wie wir, eher rundlich und hatte eine auffallend weiße Kopfhaut. Sein Schädel war ungewöhnlich geformt, mit einem langen Hinterhaupt und einem schlohweißen Haarkranz an der Seite. Die Adern am Schädel waren deutlich zu sehen und traten blau hervor.

Er war mit einem sehr kostbaren, purpurroten Umhang, der sehr fein gewebt schien, ganz fremdartig gekleidet, besser gesagt, umhüllt. Das tunikaartige, purpurfarbene Gewand mit goldenen Bordüren fiel in weiten Falten von den Schultern und reichte ohne Gürtel bis zum Boden, seine Hände hatte er in Gewandfalten versteckt. Als er mir seine Rechte entgegenstreckte, war diese mit einem feinen, blauen Stoff bekleidet, heute würde ich diese Bekleidung als Handschuh bezeichnen. Das war etwas, was ich bis zu diesem Zeitpunkt noch nicht gesehen hatte, und ich zögerte aus reinem Staunen, die dargebotene Hand zu ergreifen. An seinem Ringfinger steckte ein Goldreif mit einem geradezu riesigen Rubin.

Er bewegte sich auf mich zu, nachdem er nur kurz mit dem Fürsten gesprochen hatte, obwohl dieser im Begriff war, dem Gesandten seinen Hofstaat vorzustellen. Dies schien den Botschafter aber weniger zu interessieren, denn er suchte vielmehr meine Gesellschaft. Als er meine Verblüffung sah, schmunzelte er und stellte sich, eine Verbeugung andeutend, selbst vor: „Ich bin Alundalt, Gesandter des atlantischen Fürstenrates. Ich wurde ausgesandt, um mit den Verantwortlichen dieses Volkes in Verbindung zu treten und eventuell kulturelle und wirtschaftliche Beziehungen anzubahnen", erklärte er feierlich. Während er dies sagte, streckte er mir erneut seine rechte Hand entgegen.

Ich ergriff seine Hand nun und drückte aufgrund meiner Aufregung offensichtlich viel zu fest zu, was wiederum dem Gast nicht behagte, denn er seufzte deutlich hörbar auf. Man sah seinem Gesicht an, dass er mich für einen Grobian hielt.

Um meine Verlegenheit zu überspielen, antwortete ich viel zu hastig: „Ich bin Hermanwulf von Sehngried, der Sohn von Geralux. Gleichzeitig zeigte ich mit meiner linken Hand auf meinen Vater, der noch immer wie angewurzelt dasaß. „Hier sitzt meine Familie", wies ich auf meine Leute auf der Tribüne.

Der Botschafter bewegte sich sofort interessiert auf meine Leute zu. Ich beobachtete, dass der Botschafter mehr zu schweben als zu gehen schien, denn ich sah unter dem Gewandsaum keine Füße oder Schuhwerk. Der Kleidersaum schleifte so über den Boden, dass seine Gehwerkzeuge nicht sichtbar wurden. Seine Bewegungen erweckten den Eindruck, als ob er nicht auf dem Boden stehe. Weil mich dieses Gehabe interessierte, ließ ich ihn nun nicht mehr aus den Augen und prägte mir jede Kleinigkeit genau ein.

Von seiner Erscheinung ging ein eigenartiger Glanz aus, so als ob er viel Energie abstrahle und sonderbar feinstofflich geformt sei. Es schien, als säße sein Kopf nicht so richtig am Rumpf fest, denn dieser wackelte bei jeder Bewegung. Als Zeichen seiner Botschafterwürde trug er einen schweren, breiten, mit Ornamenten verzierten goldenen Reif um den Hals. Ich konnte sein Alter nicht bestimmen. Er schien der Älteste von allen Anwesenden zu sein, trotzdem wirkte er sehr agil und geistig rege. Seine Lebensvitalität erschien mir ungebrochen, gleichzeitig vermittelte er einen sehr reifen und erfahrenen Eindruck, wirkte völlig ruhig, gefasst. Er schien körperlich und geistig der ungewöhnlichen Situation als Einziger gewachsen.

Im Ganzen machte er auf mich einen erhabenen und sehr weisen Eindruck. Er strahlte Würde und Wissen aus. Wie beiläufig schaute er die in der ersten Reihe sitzenden Fürsten und Gattinnen an. Sein Blick flog dabei rasch taxierend von einem Augenpaar zum anderen, als stufe er die Charaktere ein. Dabei schien er nicht viel Außergewöhnliches festgestellt zu haben, denn sein Blick wanderte jeweils sehr rasch von einem Gesicht zum anderen weiter.

Beim Anblick des Mundschenks, Selmers von Gorth, hob er kurz die rechte Augenbraue, was für mich nichts Gutes bedeutete. Offenbar hatte der Menschenkenner in der Zeit eines Wimpernschlages erkannt, dass dieser Mann einen schlechten Charakter hatte. Ich mochte diesen verlogenen Kerl auch nicht und verstand überhaupt nicht, dass der Fürst so große Stücke auf ihn hielt.

Nachdem der Botschafter den Großfürst hatte stehenlassen, war dieser zu uns herangetreten und versuchte neuerlich, mit dem Botschafter ins Gespräch zu kommen. Er äußerte nun den Wunsch, zum Protokoll überzugehen und den Hofstaat des Botschafters begrüßen zu wollen.

Da ich glaubte, dabei nicht eingebunden zu sein, wollte ich mich abwenden und weggehen. Der Botschafter aber bedeutete mir mit einer knappen Handbewegung, dass ich in seiner Nähe bleiben solle. Durch diesen Umstand war De Grahs nun gezwungen, dem Majordomus zu befehlen, er möge sich um die Gefolgschaft des Botschafters kümmern und die Leute willkommen heißen.

Die Menschen stiegen jetzt alle aus den schwebenden Fahrzeugen und kamen nun zur Gänze in das Blickfeld der Einheimischen. Es war ein Häuflein eigenartig bunt gekleideter und sich seltsam bewegender Menschenwesen, das aus den Fahrzeugen zum Vorschein kam. Die Damen und Herren steckten in äußerst seltsamen, eng am Körper anliegenden Gewändern. Diese glänzten, als ob sie aus Metall wären, waren aber fein gewirkt wie zartes Gewebe. Nicht überraschend war die Zusammenstellung der Kleidung völlig anders als bei uns. Diese Kleidung schien aber zum Reisen äußerst praktisch und bequem zu sein, denn sie bestand aus Jacken und Hosen. Die Kleidung der Damen wirkte auf mich übertrieben grell, und ihre beinahe weißen Gesichter, mit knallrot gefärbten Lippen, grell bunt gefärbten Haaren und überdimensionalen Kopfbedeckungen, die ihre Gesichter beschatteten, wirkten fremdartig. Aber zumindest sahen alle wie Menschen aus, mit Händen, Füßen und Köpfen. Sie benahmen sich eigenartig eckig, so ganz anders als der Botschafter, der mir aus einem anderen Menschenschlag zu kommen schien. Vermutlich waren sie mehr zum Aufputz denn als verantwortungsvolle Gefolgschaft dabei. Sie unterschieden sich jedenfalls gänzlich in Gehabe und Ausdruck von dem ersten Mann, der mit seiner imposanten Ausstrahlung und seinem gezielten Auftreten diese Gesellschaft beindruckend überstrahlte. Mir kamen die Frauen im Gefolge ziemlich kindisch vor, ich nahm aber an, dass diese Begegnung mit uns andersartigen Fremden sie ebenfalls aufgeregt und verlegen machte.

Ich schüttelte, nicht angetan über das seltsame Verhalten der Frauen, den Kopf. Das musste der Botschafter, der mich ständig beobachtete, gesehen haben, obwohl er gleichzeitig mit dem Fürsten sprach. Auch musste er aufgrund meiner Reaktion meine Gedanken erraten haben, denn er bedeutete mir mit einem Augenheben und Seufzen, dass er dieses Benehmen seiner weiblichen Gefolgschaft ebenso unangebracht empfand wie ich.

Einige Männer und Frauen der Besucher waren mit schwarzen, völlig gleich aussehenden Gewändern bekleidet. In breiten, metallisch schimmernden Gürteln hing an ihrer rechten Hüfte je ein eine Elle langes, gebogenes Ding, das wie eine große Tonpfeife anmutete, obwohl es an einem Ende eine Spitze hatte. Sie hatten alle erhöhte Schulterklappen mit silbern- und goldfarbenen Borten an den Jacken. Eine runde Kopfbedeckung, die vorne mit einem dunklen Schild vor den Augen endete, sodass ihre Augen und Nasenrücken verdeckt wurden, sicherte ein Riemen unter dem Kinn. Diese Leute hatten ein militärisches Auftreten und machten auf mich den Eindruck von Falken, die unsere Leute und die Umgebung ständig genau musterten. Ihre rechten Hände befanden sich immer an den Hüften, wo am Gürtel dieses Ding baumelte. Später erfuhr ich, dass diese Leute die Leibgarde des Botschafters bildeten, bereit, das Leben ihres Anführers ständig zu beschützen.

Als einer der Fürsten sich dem Gast von hinten zu rasch näherte, trat einer dieser Männer sofort dazwischen, sodass er gar keine Gelegenheit bekam, dem Botschafter zu nahe zu kommen. Da wusste ich, dass der Botschafter sorgfältig bewacht wurde. Vielleicht war diese Garde ebenfalls etwas nervös, denn einige machten kaum erkennbare, fahrige Bewegungen, so als ob sie ständig auf dem Sprung und unter Anspannung seien. Sie schienen gut militärisch ausgebildet zu sein und nahmen stets jene Positionen ein, die es ihnen ermöglichten, den Botschafter gegen unsere Leute abzuschirmen.

Durch das Auftreten des Zeremonienmeisters und dadurch, dass der Fürst wieder den Faden gefunden hatte, ging das Begrüßungsprozedere nun zügig voran, obwohl die Adeligen und das fürstliche

Gefolge noch etwas verklemmt wirkten infolge des ungewöhnlichen Auftrittes der Ankömmlinge. Sie saßen da und rührten sich kaum, weil sie nicht wussten, wie sie sich in der gegebenen Situation verhalten sollten. Alle wirkten noch verlegen und misstrauisch. Es war in diesem Bereich der Tribüne noch kein ungezwungenes Gespräch aufgekommen.

Mich wunderte das nicht, denn ich ordnete diesen ungewöhnlichen Auftritt der Fremden mit einem Spruch meines Vaters ein: Andere Länder, andere Sitten – und mit prunkvollen Fortbewegungsmitteln Eindruck schinden, ist überall gefragt!

Der Großfürst war ebenfalls noch so gehemmt, dass er Schwierigkeiten hatte, seiner Gastgeberrolle ordentlich nachzukommen. Er war kaum in der Lage, sich als Großfürst De Grahs, seine Funktion, seine Gemahlin Kungild, seine Söhne Agund und Gruff, sowie seinen Hofstaat vorzustellen, ohne sich zu verhaspeln, also stotterte er bisweilen. Im Laufe dieser Vorstellung fing er sich aber wieder und wollte alle Adeligen auf die gleiche, umständliche Weise vorstellen, den Botschafter dabei herumführend. Dazu schickte er sich an, die erste Reihe abzuschreiten.

Dies schien dem Gast nicht recht zu passen und er zeigte durch ein Gähnen seine Langeweile. Weil ich das bemerkte, wandte ich mich Fürstin Kungild zu und riet leise, dass es sicher einfacher wäre, dem Gast und seinem Gefolge sofort Platz anzubieten und die Adeligen aufzurufen, sodass jeder Adelige zum Gast käme, um vorgestellt zu werden, nicht umgekehrt.

Die Landesmutter griff daraufhin geschickt in den Vorgang ein, indem sie dem Gast zu trinken anbot. Sie reichte ihm einen schön verzierten Kelch, gefüllt mit dunklem Rotwein. Seinem Gefolge wurden ebenfalls Willkommensgetränke angeboten. Das lockerte etwas die Spannung und wirkte freundschaftlich.

Der Botschafter roch am Glas und blickte fragend zu mir herüber, sichtlich kannte er das Getränk nicht und hatte schon so viel Vertrauen zu mir, dass er sich um Aufklärung sofort an mich wandte.

Ich beeilte mich, ihm zu erklären, dass dieses Getränk eine edle Gabe der hiesigen Scholle und der Sonne sei, aus Weintrauben gekeltert, die an den fruchtbaren Hängen unseres schönen Landes wüchsen und in Eichenfässern vergoren zu einem köstlichen Trunke reiften. Dann ergänzte ich, dass dieser Wein anregend für den Kreislauf sei, obwohl er Alkohol beinhalte, und hierzulande als edler Willkommenstrunk kredenzt werde.

Vergorene Getränke kannte die fremde Gesellschaft offenbar nicht. Ich sah es an dem fragenden Blick Alundalts, und ich fügte daher an, dass dieses Getränk in kleinen Mengen getrunken gesund sei, in großen Mengen jedoch berauschend wirke. Gleichzeitig machte ich mit einem Finger der rechten Hand kreisende Bewegungen an der Kopfseite.

Alle gaben vor zu verstehen, was ich meinte, und die Damen lachten hell auf. Eine passendere Bezeichnung war mir auf die Schnelle nicht eingefallen. Dann erklärte ich noch, dass man diesen Zustand hierzulande Trunkenheit nenne, wenn man nach zu ausgiebigem Genuss seinen Körper nicht mehr koordinieren könne. Da lachten die Gäste neuerlich und es entspannte sich auf diese Weise die Atmosphäre. Weintrauben schienen alle zu kennen, nicht aber dieses Produkt daraus.

Ich registrierte stolz bei mir: Schau an, wir haben etwas, was diese fortgeschrittene Gesellschaft gar nicht kennt!

Diese Ablenkung nützte die Großfürstin, ihren Gemahl anzusprechen und meinen Vorschlag hinsichtlich der Vorstellungszeremonie zu unterbreiten. Anscheinend war er sofort einverstanden, denn er änderte sein Vorgehen und gab dem Haushofmeister entsprechende Anweisungen. Dann prostete er dem Botschafter und seinem Gefolge durch Erheben seines Kelches zu und brachte den Begrüßungstrinkspruch aus, indem er dem Botschafter ein langes, glückliches Leben und viel Erfolg bei der bevorstehenden Mission wünschte.

Der Botschafter erwiderte den Trinkspruch, und nun lief das Zeremoniell in geordneten Bahnen weiter. Es schien die Spannung der ungewöhnlichen Ankunft abgebaut und ein friedlicher Ausgang des Empfanges gesichert.

Als ich wieder einmal zum Botschafter hinsah, konnte ich aus seinem verwunderten Blick auf unseren Fürsten entnehmen, dass er den Sinn des Trinkspruches nicht verstanden hatte. Daher machte ich mich rasch daran, ihm zu erklären, dass dies ein bei uns üblicher Brauch sei, der die friedliche und wohlgesinnte Absicht des Gastgebers bekundet. Wenn ein Gastgeber einen Trinkspruch ausgebracht hatte, seien die Gäste herzlich willkommen, stehen unter seinem Schutz und es durfte nunmehr an nichts fehlen. Ich ergänzte noch, dass dies eine hier heilige Zeremonie sei, die als höfliche, ernst gemeinte Geste zu Beginn einer Begegnung und als Besiegelung einer wichtigen Handlung begangen werde.

Das stellte den Botschafter zufrieden. Er hob nochmals den Kelch und prostete allen Anwesenden zu, indem er sich mit erhobenem Kelch im Kreis drehte und freundlich nickte. Dieser Gruß wurde mit Freudenkundgebungen und Klatschen durch die Einheimischen quittiert und alle tranken aus ihren Gefäßen. Nun war der Bann endgültig gebrochen und die Spannung gelöst.

Der Wein schien den Gästen zu schmecken. Der Botschafter bedeutete dem Mundschenk nachzuschenken und hielt ihm seinen Kelch hin. Aus seinem gewandten Verhalten und daraus, dass er sich sofort direkt an den Mundschenk wandte, schloss ich, dass er jeden Vorgang genau beobachtete, den Sinn der Handlungen sofort verstand und richtig einordnete. Er musste gesehen haben, dass der Mundschenk die große Weinblase trug und dem Fürstengefolge eingeschenkt hatte.

Zum Ende dieser Einleitung führte der Zeremonienmeister die fremde Gesellschaft zu den Ehrenplätzen. Bevor sich der hohe Gast setzte, verlangte er, dass ich den Platz links von ihm einnehmen sollte. Diese Wahl überraschte mich zwar, aber ich kam dem Wunsch des Gastes sofort nach. Unserem Fürsten passte diese Sitzordnung sichtlich nicht, was an einem angedeuteten Kopfschütteln zu erkennen war. Er sagte aber aus Höflichkeit kein Wort.

Nachdem alle Gäste Platz genommen hatten, wurden die Adeligen unseres Landes vorgestellt, indem sie dem Rang nach vom Haushofmeister aufgerufen wurden. Jeder der Aufgerufenen erhob sich und kam mit Gattin vor den Botschafter. Nach der Vorstellung wurden einige überleitende Worte gesprochen und das Paar schritt wieder zu den Plätzen zurück. Dieser Vorgang ähnelte einer Prozession. De Grahs stand dabei vor der Tribüne und stellte sein Gefolge selbst vor, um sich danach auf seinen Ehrenplatz zu begeben.

Nun erhob sich der Botschafter, begab sich vor die Loge des Fürsten, bedankte sich mit ausgewählten Worten für die herzliche Aufnahme und stellte sich und sein Gefolge den honorigen Persönlichkeiten unseres Volkes vor. Er nannte die Namen und die Titel seiner Leute. Diese hörten sich ausnahmslos so seltsam an, dass ich keinen davon behalten konnte. Über sein Volk sagte er dann: „Wir sind ein altes Volk, das schon lange Zeit auf Erden weilt und schon so manchen Fehler nicht nur in seiner Entwicklung machen durfte."

Dann erklärte er, dass die atlantischen Fürsten vor Kurzem beschlossen hätten, es sei an der Zeit, mit den Völkern, die östlich des großen Meeres leben, friedlichen Kontakt aufzunehmen und Handelsbeziehungen anzuknüpfen. Deshalb und weil es der Wunsch dieser Fürsten sei, einen Botschafter unseres Volkes in der Hauptstadt zu haben, sei er hier. Er ersuchte die einheimischen Führer, einen Botschafter zu benennen, der ihn nach Atlantis begleiten solle.

Dann erzählte er weiter: "Unser Volk hat eine glorreiche Aufwärtsentwicklung, einen wunderbaren, mit zahlreichen großen Errungenschaften gekrönten Zenit erlebt und ist nun leider in eine Phase der Lethargie eingetreten, die es abzuschütteln gilt. Um die selbstgewählte Isolation auf den Inseln aufzuheben, sind Botschafter ausgesandt worden." – Das Volk sei nicht geistig schwach, aber eben sehr alt und benötige eine Art Blutauffrischung, die durch die Kontakte mit jüngeren Völkern erfolgen sollte. – Er setzte fort: „Von einigen angesehenen Weisen wurde ich gebeten, hier in diesem Lande nach zwei ganz bestimmten Personen zu suchen, die in einer zukunftsweisenden Vision erschienen waren. Diese beiden Männer stellen eine außergewöhnliche Hilfe zur Erfüllung einer Aufgabe dar, die ich ebenfalls zu erledigen habe. Deshalb bin ich hier bei Euch, und ich werde hier nach diesen beiden Personen suchen, um diese um Mithilfe bei der Erledigung einer wichtigen Aufgabe zu ersuchen."

Er machte eine Pause und sah sich bezeichnend um. „Es wurde eine ganze Reihe von Botschaftern ausgesandt, um neue Kontakte zu anderen Völkern zu knüpfen. Diese Missionen haben wir Atlanter aber nicht nur aus Eigennutz begonnen. Wir sind natürlich auch bereit, alle Völker an unseren kulturellen, wirtschaftlichen und geistigen Entwicklungen in allen Sparten teilhaben zu lassen, mit Ausnahme des Militärwesens. Mit allzu freizügigen Unterstützungen in Militärfragen haben wir bisher bei anderen Völkern schon zu viel Schaden angerichtet, weil unsere fortgeschrittene Technologie sehr begehrt ist und oft missbräuchlich zur Unterwerfung von Nachbarvölkern verwendet wurde", erklärte er kompetent weiter. „Auch bilden solche Eingriffe in die militärischen Entwicklungen junger Völker einen großen Verstoß vor dem Schöpfer. Solche Verfehlungen schaden dem Gebervolke derart, dass damit sein Untergang beschleunigt werden kann."

Er ließ wieder seinen tiefgreifenden Blick schweifen, dann fuhr er fort: „Zwar sind einige Führer unserer Völker der Meinung, dass unsere Kontakte so viele wirtschaftliche Vorteile gebracht hätten, dass diese die damit verbundenen Nachteile überwögen, während andere hingegen die Auffassung vertreten, dass es keinem Volk erlaubt sei, ein anderes mit Macht zu manipulieren. Jede militärische Hilfe unsererseits war letztendlich eine massive Einmischung, und es entstanden nicht nur ungewollte Schäden", mahnte er weiter. „Die Bereitstellung von Waffen durch unser Volk machte die Beschenkten ihren Nachbarn gegenüber derart überlegen, dass diese fortan nur mehr Angriffskriege führten. Viele Machthaber gingen auch gleich gegen das eigene Volk und nicht angepasste Landsleute vor, was zu Bürgerkriegen mit verheerendem Elend und zahlreichen Todesopfern führte", ergänzte er seine Ansprache. – Durch diese fatalen Fehlentscheidungen sei es so weit gekommen, dass die breite Bevölkerung von Atlantis heute den Fürsten unzufrieden gegenübersteht. – „Daher hat unser Weisenrat beschlossen, in Zukunft diese neue Art der Kontakte, ohne Militärpräsenz und ohne Überlassung von Waffen, mit anderen Völkern zu pflegen", gab er die Entscheidung weiter. „Durch die neue Art der Kontaktaufnahme soll diese Unstimmigkeit in unserem Volk beseitigt und gemeinsam ein neuer Weg beschritten werden, den alle gutheißen können. Ich bitte daher alle hier Anwesenden, diese positiv gemeinten Kontaktaufnahmen mit Kräften zu fördern, zum Wohle der beteiligten Völker", beendete er die Erklärung seiner Aufgabe.

Zur Schilderung der atlantischen Lebensweise fügte er noch an: „Um Ihnen vor Augen zu führen, wovon ich spreche, wie es in meinem Lande aussieht, wie wir uns fortbewegen und wie wir leben, will ich von den Schönheiten unseres Landes einige Bilder präsentieren!"

Auf ein Handzeichen fuhr ein weiteres Vehikel westlich der beiden Tribünen vor und blieb dort so stehen, dass es alle sehen konnten. Mit einem deutlich hörbaren Zischlaut entstand über dem Fahrzeug ein gräulich schimmernder Körper mit den Ausmaßen eines

Hauses. Alsbald setzte leise Musik ein, die zwar fremdartig, aber sehr rhythmisch und anheimelnd klang. Danach erschienen fortlaufend bewegte Bilder in diesem Würfel. Dass dieses Gebilde als Energiekörper bezeichnet wird, in dem Hologramme gezeigt werden können, erklärte mir später mein atlantischer Lehrer.

Beim Anblick dieser Bilder pressten der Fürst und sein Gefolge Töne des Erstaunens hervor. Alle starrten wieder staunend mit offenen Mündern, dass so mancher faule Zahn sichtbar wurde, und alle kauerten steif aufgerichtet und wie versteinert auf den Bänken. Was sich da vor aller Augen bewegte, war so plastisch, dass man danach greifen wollte. Meine Volksgenossen und ich hielten diese Darstellungen zuerst für Realität.

Es wurden uns das Meer, Häfen, Städte gezeigt, eine Kulturlandwirtschaft, die eine Art der Landwirtschaft zeigte, welche sich deutlich von der unseren unterschied. Wir wurden Zeugen einer Volkskultur und religiöser Handlungen, die für uns überragende Dimensionen hatten und unsere gewohnten Dimensionen weit übertrafen. Die gezeigte Baukunst erschien überirdisch. Wir sahen Kanäle von derart unvorstellbaren Ausmaßen, wie wir sie hierzulande nicht errichten könnten. Darin glitten zahlreiche große Schiffe mit vielen Segeln, und aus diesen wurden gewaltige Mengen an Waren aus- und eingeladen. Die Brücken, welche diese Kanäle und Flüsse überspannten, waren aus Stein gebaut, obwohl nur Fußgänger darüber schritten. Die riesigen Paläste und der Tempel in der Hauptstadt hinterließen ebensolche Eindrücke, die unsere Vorstellungskraft überforderten.

Als dann die Statue des Gottes Poseidon mit dem vierspännigen Streitwagen erschien, schraken alle Einheimischen zurück. So plastisch und gewaltig wirkte dieses Denkmal auf die Betrachter, dass viele meinten, der zornige Gott werde sie mit dem Wagen überfahren oder mit den Blitzen, die aus seinen Augen und Haaren fuhren, erschlagen.

Wir hatten keine vergleichbaren Bauwerke vorzuweisen. Mit unserem Religionsverständnis konnten wir aber nicht einsehen, dass man dem Gott ein Standbild widmete und dieses in einer Halle einsperrte, wenn diese auch noch so groß war. Für uns ist Gott überall in der Natur und wir suchen besonders starke Orte der Kraft auf, um ihm zu huldigen.

Obwohl alle eine ängstlich geduckte Haltung eingenommen hatten, zog sie das Gezeigte derartig in den Bann, dass keiner den Blick abwenden konnte und mit Staunen die laufenden Bilder verfolgte. Die zahlreichen Angaben über Volksgrößen, Dimensionen der Städte und Wirtschaftszweige verstand ich nicht. Die dargebotenen Bezeichnungen waren bei uns nicht gebräuchlich, trotzdem erlangte ich die Überzeugung, dass dieses Volk uns in jeder Hinsicht weit überlegen sein musste.

Als die Vorführung endete, hörte man lange keinen Laut. Nachdem unsere Leute sich dann aber wieder gefangen hatten, klatschten alle sehr höflich, wenngleich verhalten. Alle meine Landsleute, die diese Vorführung genießen konnten, kamen sich nun sehr klein und überwältigt vor nach dieser grandiosen Darbietung einer Zivilisation, die wie von Geisterhand zu funktionieren schien. Auch wenn der Botschafter keine negativen Seiten aus seinem Lande zeigte, war zumindest mir klar geworden, dass wir von diesem Volke sehr viel lernen konnten. Alle Volkszweige arbeiteten nahtlos zusammen, was eine sehr fortschrittliche Administration voraussetzte. Aber auch das wusste ich damals als Junge noch nicht zu ermessen.

Nun war es an dem Großfürsten, eine Vorstellung des eigenen Landes zu geben. Er bemühte sich, dies sehr beredt und in einer blumenreichen Sprache zu tun.

Der Botschafter hörte sehr aufmerksam zu und nickte zuweilen.

Zur Vorstellung der heimischen Streitmacht erfolgte eine Parade unserer Waffengattungen. Dazu mussten die Gefährte der Gäste weggebracht werden, weil die Pferde scheuten und nicht an diesen Fahrzeugen vorbei zu bewegen waren. Dieses Verhalten der Tiere wirkte auf die fremde Gesellschaft sehr belustigend. Sie kicherten ausgiebig, wenn ein Reiter nur mit Mühe im Sattel bleiben konnte, sein Pferd die Formation verließ und bockend davon hüpfte.

Danach wurde das Fußvolk vorgestellt. Ich hatte unsere Männer noch nie so exakt in Reih und Glied marschieren gesehen wie diesmal. Sie bemühten sich alle sehr und wollten den allerbesten Eindruck hinterlassen.

Zum Abschluss führten Bogenschützen ihre Treffsicherheit und die besten Kämpfer des Landes Schwertschaugefechte vor.

Der Botschafter zeigte sich beeindruckt, und alle Gäste klatschten höflich Beifall.

Als die Darbietung beendet war, erhob sich der Botschafter und bedeutete einem seiner Gardisten, ihm jenes gebogene Ding zu geben, das er an der rechten Hüfte trug. Alundalt bewegte sich nach vorn und richtete die Spitze des Gerätes auf die am weitesten entfernte Schießscheibe, die etwa vierzig Mannslängen von ihm entfernt aufgestellt war. Nachdem er einen Finger der Hand, in der er das Ding hielt, nur ein wenig krümmte, schoss ein Blitz aus dem Gerät auf die Scheibe zu und diese war wie von Geisterhand in einer Rauchwolke verschwunden.

Diese Darbietung versetzte unseren Leuten einen Schock. Keiner vermochte sich auch nur ein wenig zu bewegen, alle waren sehr beeindruckt von der Wirkung dieser kleinen Waffe. Eine solche gewaltige Wirkung hatte keiner von uns vorher im Einsatz gesehen.

Nun richtete der Botschafter das Ding auf einen frei stehenden Felsblock, der etwa zwei Mann hoch war und in größerer Entfernung als die Scheibe aus dem Boden ragte. Wieder schoss ein Blitz auf das Ziel zu und der Felsen zerbarst in einem ohrenbetäubenden Knall. Er hatte sich nach Entstehen einer gewaltigen Rauchwolke in einen Haufen kleiner Steine verwandelt.

Nun war die Versteinerung unserer Leute greifbar, keiner sagte ein Wort, die meisten hatten Angst. Alle Hunde, die bisher zu Füßen unserer Leute gelegen hatten, waren jaulend in alle Himmelsrichtungen davon gestoben. Viele Einheimische hatten sich geduckt und verharrten lautlos in dieser Haltung. Zuerst sagte keiner ein Wort, dann schrieen viele laut auf. Einige rannten einfach davon.

Ein großes Durcheinander war entstanden, und viele unserer Würdenträger fragten aufgeregt, was es mit dieser fürchterlichen Waffe auf sich habe und was der Zweck der Vorführung sei.

Der Botschafter erklärte bereitwillig: „Dies ist eine kleine Strahlenwaffe, die wir Solsten nennen. Sie verschießt Energie, die in ihrem Inneren gespeichert ist. Jeder Militär in unserem Volke trägt eine solche Waffe. Wenn man diese Waffe auf ein Lebewesen richtet, kann man sie so einstellen, dass der Energiestrahl den Getroffenen nicht tötet, sondern nur für einige Zeit betäubt. Es gibt natürlich noch größere und wirksamere Waffen in unserem Arsenal. Wir nennen diese Solhubien. Eine solche Waffe könnte diese Festung mit etwa drei bis vier Schüssen vollständig zerstören“, ergänzte er und zeigte auf die Fürstenburg.

Der Fürst und die Adeligen konnten sich nicht beruhigen. Alle fürchteten sich vor diesem Kampfmittel oder erwarteten vielleicht sogar, dass sie jetzt sogleich an uns allen angewandt würden. Der vom Botschafter erhoffte Eindruck war sichtlich erreicht worden, aber um die Anspannung zu mildern, erklärte Alundalt beschwichtigend: „Wir sind aber keinesfalls hierher gekommen, um dieses Land zu erobern! Unsere Absichten sind friedlich und wir werden bald wieder abgezogen sein, ohne einem von Euch auch nur ein Haar gekrümmt zu haben, vorausgesetzt ihr nehmt unsere friedliche Absicht an und versucht nicht, uns anzugreifen. – Diese Demonstration unserer Waffentechnik diente nur der Veranschaulichung, mit wem ihr es zu tun habt!"

Sodann gab er das Gerät dem Militär zurück und setzte sich, lächelnd und zufrieden über den erzielten Eindruck, nieder.

Unseren Leuten wurde langsam klar, welche Überlegenheit diese Gefährte und diese Waffen dem fremden Volke gaben. Auch sollte nun jeder begriffen haben, dass der Botschafter diese Demonstration der militärischen Stärke nur vollzog, um von Anfang an alle Angriffsgelüste unserer Landsleute im Keime zu ersticken, sollten solche aufkommen.

Nach einer Pause, in der sich unsere Leute wieder fassen konnten, klatschte der Botschafter in die Hände. Auf dieses Zeichen hin trat sein Majordomus, der sehr fein in ein moosgrünes Gewand gekleidet war, eine Truhe tragend, vor die Tribüne. Diese Kiste war so schwer, dass er sie nur mit Hilfe eines zweiten Mannes schleppen konnte.

Aus der Truhe verteilte der Botschafter nun Geschenke. Dem Großfürsten überreichte er ein kostbares Langschwert, mit einer edelsteinbesetzten Scheide und einem großen blauen Stein am Knauf, seiner Gattin einen erlesenen goldenen Halsschmuck.

Meinem Vater und meinem Bruder wurde je ein sehr langer Bogen aus Tierhörnern, mit drei Ellen langen Pfeilen überreicht. Alle anwesenden Adeligen beschenkte er ebenfalls mit wertvollen Gaben, sei es Schmuck, wertvolle Kleider oder edle Ziergegenstände. Die vielfältige Auswahl dieser Geschenke zeugte vom Reichtum des atlantischen Volkes. Alle Beschenkten zeigten sich über die wertvollen Gaben sehr erfreut und zufrieden. Das konnte man an der ausgelassenen Stimmung, die alsbald aufgekommen war, hören. Auch schien mir die Wahl der Geschenke gut vorbereitet.

Sodann überreichte der Fürst seine Gegengeschenke an die Gäste. Den Botschafter ehrte er, indem er einen Jagdwagen mit zwei Rappen stiftete. Der Wagen war sehr leicht, aber sehr stabil gefertigt und reichlich verziert. Die Gesellschaft des Botschafters erhielt Trinkhörner und Ziergefäße, die alle mit Silber und Gold verziert waren, je nach Rang des Empfängers.

Um für den Truchsess die Ausgaben zu protokollieren, war der Schreiber des Fürsten bemüht, Rang und Namen der beschenkten Atlanter festzuhalten. Das löste neuerlich Gelächter im Gefolge des Botschafters aus, weil er diese ungewöhnlichen Namen und Bezeichnungen nicht richtig verstand und nachfragen musste, um sie festhalten zu können. Auch gelang es ihm nicht, die Wörter richtig zu schreiben. Daher erbot sich der Majordomus des Botschafters, den Mann bei der Ausführung seiner Aufgabe zu unterstützen.

Nachdem diese Gesten der Höflichkeit und gegenseitiger Wertschätzung vollzogen waren, wurde wieder Wein gereicht. Der Botschafter nahm einen kräftigen Schluck, so als wolle er sich Mut antrinken, und wandte sich danach dem Fürsten zu, um sich zu erkundigen, wann dieser gedächte, die Wahl des Gesandten vornehmen zu wollen. Wie beiläufig griff er dabei nach jenen Leckerbissen, die auf einer silbernen Schale vor ihm auf dem Tisch lagen. Er nahm nur Obst, und der Koch des Fürsten eilte herbei, um zu erklären, welche Früchte er gewählt hatte. Da der Botschafter die Früchte, die er nahm, genau zu kennen schien, denn er nahm nur die süßen und aß sie mit sichtlichem Genuss, trollte sich der Küchenchef rasch wieder. Er fühlte sich überflüssig.

Nach der Frage des Botschafters beauftragte der Fürst seinen Schreiber, die Wahl einzuleiten. Der Schreibkundige, der auch die Ratsversammlungen protokollierte, hob nun an, den Vorgang der Gesandtenwahl zu erklären. Er schlug vor, dass jeder Ratsfürst einen Mann als Gesandten nennen sollte. Aus diesen Vorschlägen sollte eine Vorauswahl erfolgen, um jene Personen festzustellen, die am öftesten genannt wurden, um danach Stichwahlen durchzuführen.

Zuerst verfolgte der Gast interessiert den Ablauf und war offensichtlich überrascht über die Disziplin und Ruhe, die bei dem Vorschlagverfahren herrschte. Mit belustigtem Gesichtsausdruck beugte er sich in dessen Verlauf zu mir und konstatierte: „Ihr seid offenbar nicht die Barbaren, von denen mir andere Atlanter erzählt haben, die behaupteten, bereits mit eurem Volke in Berührung gekommen zu sein und nicht viel Gutes über euch berichteten!"

Etwas befremdet von dieser Aussage, erwiderte ich: „Wir sind keineswegs ungebildete Waldbewohner, obwohl wir ein besonders inniges Verhältnis zur Natur pflegen!" So entwickelte sich ein Dialog, in dessen Verlauf ich ihm darlegte, dass wir ein Volk sind, welches keine Politik mag und dem es schwerfällt, einen amtsführenden Fürsten zu erwählen, weil die meisten Adeligen diese verantwortungsvolle Führerrolle als wenig erstrebenswert erachten.

Das Gehörte imponierte ihm. Trotzdem wurde er des umständlichen Vorganges der Wahl nach einiger Zeit überdrüssig und gähnte vernehmlich. Einige Augenblicke später eröffnete er dem Fürsten wieder unerwartet die Absicht, zur Gesandtenwahl einen Wunsch äußern zu wollen. Das unerwartete Ansinnen ließ den Fürsten anfangs stutzen, und ich stellte fest, dass er angestrengt zu ergründen versuchte, ob der Botschafter vielleicht schon aus den Gesandten einen Favoriten gewählt habe. Letztlich schien er erleichtert über den Gedanken, denn auf diese Weise musste er sich zur Botschafterwahl selbst nicht äußern. Also gab er für die Mitglieder der Ratsversammlung ebenso unerwartet den Wunsch des Botschafters weiter.

Sofort nachdem unser Fürst sein Einverständnis gegeben hatte, erhob sich der atlantische Botschafter in seiner schwebenden Art, streckte mir seine rechte Hand hin und fragte mich mit feierlicher Stimme, laut und deutlich für alle Anwesenden vernehmbar: „Willst nicht du mich begleiten und der Botschafter deines Landes in meiner Heimat sein? Du scheinst mir ob deiner raschen Auffassungsgabe, deiner Geistesgegenwart und gewinnenden Entschlossenheit der Richtige für dieses Amt zu sein!"

Zu dieser seltsamen Wahl konnte ich nur sprachlos dastehen, den Fürsten fragend anblicken und zögerlich zustimmend nicken.

Zum Großfürst gewandt, fügte er an: „Seid Ihr einverstanden?"

Bevor dieser über den Vorschlag nachgedacht hatte, stimmte er zu, stand auf und reichte mir gratulierend die Hand. Er murmelte noch, dass ich morgen am Vormittag zu ihm kommen solle, um das Botschaftersiegel zu übernehmen, und setzte sich dann verlegen auf seine fünf Buchstaben. Offenbar hatte er erst jetzt begriffen, dass diese Botschafterbestellung ganz anders verlaufen war, als die Fürstenversammlung vorschlagen wollte. Um seine Verlegenheit zu überspielen und den Ratsherrn keine Gelegenheit zu einem Einwand zu geben, beeilte er sich, zur Tafel zu bitten.

Nun kam reges Getuschel unter unseren Adeligen auf über die gewagte Einmischung des Gastes in die Botschafterwahl. Besonders der alteingesessenen besseren Gesellschaft war diese so unverblümt vorgebrachte Wahl des Gastes gar nicht recht. Ich war natürlich von der Ratsversammlung nicht als Botschafter vorgesehen gewesen! Es wollte wohl jeder seinen eigenen Sohn als Botschafter sehen und sah nun die eigenen Felle im Handel mit Atlantis davon schwimmen. Jetzt, wo ich, dieser kleine Landadelige aus dem Süden, zum Botschafter gekürt worden war, sahen sich die meisten um ihre Chancen betrogen. Ich konnte mir gut vorstellen, dass mancher Hochgestellte sich auch insofern übergangen fühlte, weil er infolge des überraschenden Vorschlages des fremden Botschafters gar nicht erst zu Wort gekommen war.

Als mir diese Überlegungen durch den Kopf gingen, machte mich die Wahl seiner Exzellenz aber sehr stolz und ich vermeinte sie meiner Vorgangsweise beim Empfang zu verdanken. Später wurde ich eines Besseren belehrt. Meine Wahl zum Botschafter hatte schon vor seiner Ankunft vor der Festung festgestanden. Aber davon später.

Da die Tafel aus Platzgründen extra auf dem Turnierplatz aufgebaut worden war, hatte man die Plätze von den Tribünen zur Tafel gewechselt. Währenddessen sprach der atlantische Botschafter mit dem Großfürsten über meine Bestellung und klärte Einzelheiten ab.

Beim Mahl kam es trotz der vorher geraunten Unstimmigkeit über die abgekürzte Wahl zu keinerlei Unmutsäußerungen darüber, und alle langten kräftig zu, auch die Damenwelt um den Botschafter. Besonders den Gästen schienen die Speisen aus der Festungsküche außerordentlich zu munden. Der Koch hatte einen Festschmaus mit sieben Gängen gezaubert, der nichts ausließ, was die heimischen Felder und Wälder an köstlichen Naturprodukten zu bieten hatten.

Der Fürst ließ sich da wahrlich nicht lumpen und hatte nicht auf die anfallenden Kosten geschaut. Die Küchengehilfen trugen Wild, Spanferkel, Rinderlenden, Tauben, Früchte, Honig, feines Brot und Gemüse auf, das auf verschiedene Arten zubereitet war. Dazu schenkte man den besten Wein und Met aus dem Fürstenkeller aus. Der Met mundete besonders den Gästen, was sich bald an deren gehobener Stimmung bemerkbar machte.

Diese Veränderung der Gemütszustände seiner Gefolgsleute durfte auch dem Botschafter nicht entgangen sein, denn kurz vor Sonnenuntergang erhob er sich überraschend von der Tafel und wandte sich dem Fürsten zu. Er ersuchte ihn höflich, die Tafel nun verlassen zu dürfen und ihn mit seinem Gefolge zu entlassen. Als Grund nannte er, unausweichliche traditionelle religiöse Handlungen vornehmen zu müssen, die in seinem Volke stets genau eingehalten würden und zur Abenddämmerung zu vollziehen seien. Auch müsse er noch das während seiner Abwesenheit entstandene Lager inspizieren, das seine Gefolgschaft am Fluss östlich der Festung errichtet habe.

Ich glaubte gefühlsmäßig, der Botschafter suchte vielmehr zu verhindern, dass seine angeheiterten Adeligen noch ausgelassener würden und sich blamieren könnten. Auch glaubte ich bemerkt zu haben, dass Botschafter Alundalt selbst müde geworden war, jedenfalls wirkte er so. Die atlantische Gesellschaft dürfte einen völlig anderen Tagesablauf pflegen als wir, schloss ich aus all dem Beobachteten. Den Gästen waren auch die Anstrengungen der Reise und des ereignisreichen Tages anzumerken.

De Grahs war sofort einverstanden und wirkte erleichtert darüber, nun seinen Gastgeberpflichten für diesen Tag enthoben zu sein. Er sagte noch, dass er am nächsten Morgen den Haushofmeister schicken wolle, um die Wünsche der Gäste für den kommenden Tagesablauf entgegenzunehmen.

Der Botschafter nickte zwar freundlich, erklärte dann aber zu aller Überraschung, dass er am morgigen Tage vorhabe, meine Heimat aufzusuchen, und damit der Tagesablauf bereits vorgeplant sei. Als er Überraschung im Gesicht des Fürsten sah, hakte er nach, ob er ebenfalls mit auf unseren Hof kommen möchte.

Der augenscheinlich etwas verärgerte Fürst lehnte aber ab, sprach von vielfältigen Aufgaben, die er zu erledigen hätte, und bat, die Antwort erst morgen geben zu dürfen.

Nach einer kurzen Verabschiedung wandte sich der Botschafter einem in der Zwischenzeit rasant vorgefahrenen Gefährt zu, um einzusteigen. Dieses viel kleinere Gefährt nahm nur den Botschafter auf. Als es abgehoben hatte, kam ein zweites, größeres Fahrzeug heran und das Gefolge des Botschafters stieg nun ein. Obwohl alle Personen Platz genommen hatten, blieb es noch einmal vor mir stehen und alle Fremden schauten zu mir herüber.

Ich verstand nicht, warum ich ihre Aufmerksamkeit erregte, und rührte mich aus Verlegenheit nicht von der Stelle. Nach einigen Augenblicken stieg der Mann, der an der Tafel rechts vom Botschafter gesessen hatte und der ein wichtiger Vertrauter zu sein schien, weil er wiederholt vom Botschafter während des Mahles um seine Meinung gefragt wurde, aus dem Gefährt aus und trat vor mich hin. Er lächelte mich an und erkundigte sich, ob ich nicht mitkommen wolle, wo ich nun Botschafter in Atlantis wäre und mein Amt bereits angetreten hätte. Da ich trotzdem noch zögerte, fügte er an: „Ich bin sicher, Ihr Platz ist nun in der Nähe unseres Gesandten!"

Diese Äußerung erstaunte mich einigermaßen. Nicht so recht wissend, wie ich mich verhalten sollte, verabschiedete ich mich rasch von meinen Eltern und meinem Bruder, verständigte sie noch, dass der Botschafter morgen unser Anwesen sehen wolle, und stieg zu, bevor jemand aus meiner Familie etwas erwidern konnte.

Kaum war ich eingestiegen und auf meinen Sitzplatz gerückt, fuhr das Gefährt mit einem Ruck an, glitt hoch und flog in einer sehr engen Kurve über den Wall, sodass mir sofort schlecht wurde. Nach dem kurzen Hochsteigen fiel es rasch in die Flussebenen hinab und mein Magen drohte sich umzudrehen. Ich kämpfte dagegen an und mit Mühe gelang es mir, die Neigung meiner Innereien, ihren Inhalt in das Gefährt zu entleeren, zu verhindern.

Obwohl mir ganz flau im Magen und mein Gesicht ziemlich blass geworden war, überstand ich die Fahrt in Richtung Talgrund, zum Zeltlager des Botschafters, ohne mich zu übergeben. In kürzester Zeit hatte das Fahrzeug sein Ziel, das völlig unbemerkt von den Tafelnden in der Flussebene aufgebaute Lager, erreicht.

Es war ein großes Lager mit vielen runden Zelten in verschiedenen Größen und Ausführungen. Die Zeltplanen schienen aus Metall zu bestehen, und die Zelte waren nicht mit Schnüren am Boden verankert. Sie waren so aufgestellt, dass die kleineren Zelte um die großen Behausungen in der Mitte mehrere exakte Kreise bildeten. Sie schienen den inneren Lagerbereich wie ein Wall zu schützen. Die Größe dieses Lagers, das in der Zeit entstanden war, während wir am Turnierplatz weilten, ließ mich staunen. Auch schien sich eine unzählbare Anzahl von Menschen im Zeltlager aufzuhalten, die unmöglich alle auf dem Turnierplatz gewesen sein konnten. Das Gefolge dieses Botschafters dürfte also sehr umfangreich sein, obwohl keine weiteren Fahrzeuge sichtbar waren. Ich beschloss, die Zeltstadt zu besichtigen, sobald dies möglich war, und mir einen Überblick über die Größe der ausländischen Delegation zu verschaffen.

In der Mitte dieses Lagers, auf dem freien Platz vor einem sehr großen Zelt, blieb unser Wagen mit einem sanften Ruck stehen.

Da ich ganz grün im Gesicht geworden war und wegen meiner Magenprobleme verkrümmt dasaß, war ich froh, aussteigen zu dürfen. Alle anderen Insassen lächelten über mich. Den anderen war vermutlich klar, dass dies meine erste Fahrt mit so einem rasenden Fuhrwerk, ohne Rad und Pferd, gewesen sein musste. Ich gelobte mir aber, dass ich nie mehr derartige Anzeichen von Schwäche zeigen würde, wenn ich wieder mitfahren sollte. Auch wenn dies das Letzte auf Erden wäre, was ich tun könnte, denn ich ärgerte mich über diese kindischen Damen mit ihren weiß gekalkten Gesichtern, die aussahen wie fremdartige Puppen, die stets tuschelten und kicherten und sich über diese und jene Nebensächlichkeit grandios lustig machen konnten.

Nach dem Aussteigen blieb mir aber keine Zeit, mich umzusehen und diese ungewöhnliche, sehr große Zeltstadt, die hauptsächlich aus metallisch schimmernden Halbkugeln zu bestehen schien, zu betrachten, denn es kam ein Mann auf mich zu, der mir erklärte, dass er mein Berater und Diener sei und vom Botschafter käme. Er hatte tatsächlich Beine und Arme und war bekleidet mit schwarzer, kurzer Jacke, eigenartigen schwarzen, engen Hosen, hatte einen metallisch schimmernden Gürtel um die Hüfte, an der rechten Seite einen am Knauf verzierten Dolch in einer Scheide sowie eine eigenartige Fußbekleidung – ich erfuhr später, dass dies Lederstiefel waren.

Mit dem von ihm gebrauchten Begriff eines Dieners konnte ich nichts anfangen und streckte dem Mann die rechte Hand zum Gruß hin. Mit dieser Art der Begrüßung konnte wiederum er sich nicht recht anfreunden, ergriff aber trotz seiner Verlegenheit meine ausgestreckte Hand vorsichtig, ohne meinen Händedruck zu erwidern. Dann stellte er sich vor, indem er sich Elik nannte, und bedeutete mir, ihm zu folgen, weil er mich nun in das mir zugewiesene Zelt bringen würde.

Ohne meine Antwort abzuwarten, steuerte er auf ein rundes, silbern schimmerndes Zelt zu, das keine Öffnung, keine Verstrebungen und Verspannungen hatte und trotzdem mit dem Erdboden wie verwachsen zu sein schien. Die Abendsonne spiegelte sich in dem Ding, als ob sie es verbrennen wollte. Als er kurz vor der Kugel angekommen war, öffnete sich wie von Geisterhand ein kreisrunder Eingang in der Hülle dieses Zeltes und wir konnten eintreten.

In dem Zelt waren für mich völlig fremdartige Gerätschaften und Behältnisse aufgestellt, deren Funktionen mir schleierhaft waren. Sein Inneres war hell erleuchtet, obwohl ich keine Fackel oder Kerze sehen konnte, und es duftete nach Apfel. Keine Truhen, Tische oder Stühle waren zu sehen. Viele Teile waren durchsichtig und ich war völlig verlegen, weil ich mich niedersetzen wollte, aber keine Sitzgelegenheit sah. Der Boden war weich wie Schaffell, glänzte aber, als wäre er aus Metallfäden gefertigt.

Bis zu diesem Zeitpunkt hatte ich mich gefreut, zum Botschafter ausgewählt worden zu sein, nun bekam ich Zweifel, Sehnsucht nach meiner vertrauten Umgebung und auch ein wenig Angst vor der Zukunft. Diese fremdartige Behausung behagte mir gar nicht und ich war bemüht, meine Verlegenheit gegenüber Elik zu verbergen. Da fiel mir ein, dass ich mir am kommenden Morgen von unserem Priester, der sich mit Fremden gut auskannte, wie er wiederholt betont hatte, Verhaltensregeln erbitten könnte, um diese Zweifel auszumerzen.

Nicht nur weil ich verlegen war, regte sich in mir auch ein wenig Trotz, und ich schwor, keinerlei Gedanken darauf zu verschwenden, vielleicht die Botschafterstelle nicht ausfüllen zu können. Wenn ich dabei scheiterte, wäre dies wohl die größte Blamage für meinen Vater, die ihm je widerfahren könnte. Das wollte ich ihm nicht antun und mein Selbstvertrauen kehrte zurück: Angst zeige ich keine, redete ich mir nun ein. Auch ich werde mich in dieser neuen, fremden Umgebung schon bald zurechtfinden und meinen Mann stellen. Notfalls kann ich ja fragen, beschloss ich, mich auf die Hilfe des Dieners zu verlassen.

Ich seufzte nach meinem Entschluss auf und fragte Elik, wo ich mich niedersetzen könnte. Da zischte es hinter mir und ein großer

Lehnsessel, der aussah wie ein Thron, wuchs aus dem metallisch schimmernden Boden. Nun ergab ich mich dem Kommenden, ließ mich in den Sessel fallen und blies kräftig die Luft aus den Lungen. Sofort kam Elik auf mich zu und wollte mir das Schuhwerk ausziehen. Mir passte das gar nicht. Daher wies ich ihn derart schroff zurück, dass der Mann zurückprallte.

Diese Reaktion veranlasste mich, ihm zu erklären, dass ich eine derartige Bedienung nicht gewöhnt sei, und bat ihn um Verzeihung. Nun war der Mann endgültig fertig und presste hervor, dass es ihm bisher noch nie vorgekommen sei, dass ein Herr sich bei seinem Diener entschuldige.

Durch diese Aussage erfasste ich schnell, dass sich in nächster Zukunft noch einige fremde Vorkommnisse ereignen würden, und erklärte daher Elik: „In meiner Umgebung gibt es keine Diener, solche Untergebenen kennt unser Volk nicht.“ Da ich an seinem Gesicht ablas, dass er mich nicht verstand, schloss ich, um Verständnis bemüht, an: „Ich denke, wir werden miteinander noch so manche Überraschung erleben infolge der Unterschiede in der Entwicklung unserer Kulturen, Gebräuche und Vorstellungen über den Tagesablauf. Wir sollten diese Unterschiede aber gelassen aufnehmen und als unseren gemeinsamen Lernprozess sehen, wobei jeder dem anderen einfach erklärt, wie es im eigenen Land zugeht, wenn er bemerkt, dass der andere etwas nicht versteht“, setzte ich Elik auseinander, wie ich über Dienerschaft dächte. „Auf diese Weise können wir die Probleme gelassen angehen, bis wir uns zusammengerauft haben.“

Elik fragte sofort grinsend: „Was ist zusammengerauft?“

Auf diese Frage musste ich erleichtert lachen, weil ich feststellte, dass der Mann schnell von Begriff war, und erklärte ihm diese Redewendung. Um meine Worte zu unterstreichen, ergriff ich ihn an den Schultern, um ihm zu zeigen, was Raufen sei. Doch bevor ich mich versah, lag ich neben dem Sessel auf dem Rücken am Boden und bekam infolge des harten Aufpralles momentan keine Luft mehr.

Er hatte derart schnell reagiert, weil er einen Übergriff befürchtete, um danach sofort ganz zerknirscht zu sein, weil er seine Überreaktion einsah. Er glaubte, diesen Fehler, seinen Herrn zu Boden geworfen zu haben, nicht mehr gutmachen zu können, und bat knieend um Verzeihung. Er erklärte mir ganz rasch, dass ein Erfassen am Körper bei seinem Volk als körperlicher Angriff gewertet werde, und entschuldigte sich für seine Reaktion.

Nun war ich unangenehm berührt, ihn vor mir knieen zu sehen, und erklärte ihm, keineswegs beleidigt zu sein, da er mir ja jetzt seine Reaktion erklärt hätte. Um das Thema abzuschließen, bat ich ihn, mir diese Kampftechnik einmal genau zu zeigen, rappelte mich auf und setzte mich auf den Stuhl. – Fürs Erste hatte ich genug von Überraschungen.

Als ich aber, nun durstig geworden, nach etwas Trinkbarem verlangte, überkam mich die nächste Verlegenheit. Elik erkundigte sich, welchen Saft ich haben möchte, als es schon wieder zischte, ein durchsichtiger Behälter erschien und ein Saft, aus dem Nichts kommend, in diesen Becher hineinsprudelte. Das durchsichtige Etwas schien in der Luft zu schweben und trotzdem die Flüssigkeit zu bändigen.

Elik reichte mir mit einer höflichen Verbeugung und den Worten: "Ein Glas Orangensaft!" den Becher, und ich musste schnell zugreifen, um zu verhindern, dass er zu Boden fiel. Gleichzeitig hatte ich Angst, ihn zu zerdrücken, denn ich befürchtete, dieses filigran wirkende Ding zu fest anzufassen. Der Becher war aber kühl und fest. Er war, wie mir Elik erklärte, aus Glas gefertigt.

Nachdem ich etwas getrunken hatte, erkundigte sich Elik, ob ich baden möchte. Über diese Möglichkeit war ich erfreut, weil ich mich schmutzig und verschwitzt fühlte, fragte mich aber, wo ein Badezelt sei. Rasch fügte ich an, dass ich mich selbst entkleiden wolle, als ein rundes, durchsichtiges Ding aus der Wand schoss. Ich sprang aus dem Stuhl zur Seite, weil ich nicht von dem mannshohen Gerät überfahren werden wollte. Dann stand ich da wie ein kleiner Junge, der bei einem Streich ertappt wurde, weil dieses Ding schon vor dem Stuhl angehalten hatte.

Elik lachte freundlich und erklärte mir, dass dieses runde Gerät ein elektronisches Wasserschauerbad sei. Man bräuchte sich nur hineinzustellen und das Wasser liefe von selbst aus dem oberen Bereich. Dann fuhr er grinsend fort, das rosarote Ding auf der durchsichtigen Schale sei eine Seife, und ich sollte ihn rufen, wenn ich fertig sei. – Bevor er hinausging, warf er noch ein großes, gelbes Tuch auf den Sessel und sagte „Badetuch" dazu.

Während ich mich entkleidete, sah ich immer wieder auf das große Ding, das aus der Wand gekommen war. Ärgerlich über meine Verlegenheit, motzte ich zurück: "Ich weiß, was eine Seife und ein Tuch sind", und ging zögernd auf das runde Ding zu. Als ich kurz davor stand, öffnete es sich, indem ein Teil zur Seite wich, und ich stellte mich zögernd in die Mitte. Sofort prasselte eiskaltes Wasser auf mich herab. Ich schrie erschreckt auf. Augenblicklich wurde das Wasser wärmer und wärmer. Ich hüpfte, als es zu heiß wurde, und brüllte: „Viel zu heiß!" Schon wurde das Wasser wieder kälter. Weil ich nun das Prinzip erfasst hatte, sagte ich, dass die Temperatur nun angenehm sei, als der Wasserschauer meinem Empfinden entsprach, und die Wärme blieb erhalten, bis einige Zeit später das Wasser zu tröpfeln aufhörte. Nun seifte ich meinen Körper ein, breitete die Arme aus und das Wasser lief wieder. Gleichzeitig begann ein ungewohntes, aber angenehmes Prickeln auf der Haut. Durch diese angenehme Körperreinigungsform wurden meine Lebensgeister wieder geweckt und die Müdigkeit war wie weggeblasen.

Während ich diese Körperreinigung schon einige Zeit genoss, realisierte ich, dass ich zum ersten Mal in meinem Leben ein Duschbad nahm. Als ich glaubte, ausreichend gereinigt zu sein, schlich in mir ein beklemmendes Gefühl herauf, weil ich nicht wusste, wie ich es anzustellen hatte, diese runde, durchsichtige, oben offene Röhre zu verlassen. Als ich dieses Gefühl mit dem Wort „Blödsinn" wegwischen wollte, kam nur mehr Schaum von oben auf mich herab. Das wurde mir dann doch zu viel und ich beschloss, das Wort Blödsinn nie mehr in der Dusche zu gebrauchen.

Entschlossen, das Bad zu beenden, trat ich zur Wand, die sich sofort öffnete. Zu meiner Verblüffung blieb der Schaum in der Dusche stehen, obwohl sich die Öffnung hinter mir nicht sofort wieder geschlossen hatte. Weil dies sehr komisch anzusehen war, trat ich heran, um besser zu sehen. Doch das durchsichtige Rohr schloss sich nun wieder. Daher nahm ich das Tuch, trocknete mich ab und wollte mich ankleiden.

Da kam Elik mit frischen Kleidern in den Raum und bat mich, diese anzuziehen. Er legte sie mir vor, und ich zog zum ersten Mal in meinem Leben Unterwäsche an. Ich schlüpfte in ein kleines Höschen aus weißem, feinem Webmaterial, bei dessen Anblick ich zuerst Angst hatte, darin nicht alle meine männlichen Attribute unterbringen zu können. Danach streifte ich ein ebensolches Unterhemd über. Als ich diese Kleider trug, bemerkte ich, dass sie sehr angenehm zu tragen waren und genau passten. Darüber zog er mir eine Bluse, die ebenfalls weiß war und sich sehr anschmiegsam anfühlte, obwohl sie ganz locker saß.

Als nächstes Kleidungsstück hielt er mir eine blaue Jacke hin, indem er hinter mich trat und mich anwies, ich solle in die Öffnungen unter den Schultern meine Arme stecken. Die Jacke war vorne offen, und wenn man die beiden Ränder übereinanderlegte, schloss sie sich selbst. Danach kam ein Beinkleid an die Reihe, in das man von oben hineinstieg und dessen Bund gleich wie die Jacke zu schließen war. Alles passte sich sofort meinem Körper an, war warm und angenehm zu tragen und duftete frisch. Dann deutete er mir, dass ich mich setzen solle, und streifte mir zwei Ellen lange, schlauchartige Gebilde über die Füße, Strümpfe genannt. Zuletzt bot er mir Stiefel an, die kürzer waren als jene, die er trug.

Zum Abschluss legte er mir einen handbreiten Gürtel von hinten um die Hüfte, der sich ebenfalls von selbst schloss. An dem Gürtel war über meiner rechten Hüfte an zwei goldenen Kettchen eine Scheide mit einem Dolch befestigt. Diese Scheide war ebenfalls blau, mit Silber eingefasst, und der Dolch hatte einen schön geformten, mit Silber eingelegten Knauf und Wehr. Elik erklärte mir, diese Waffe weise mich als Vertrauten des Botschafters aus, dessen Anordnungen Folge zu leisten sei.

Als er meine Kleidung zufrieden gemustert hatte, führte er mich an einen mannshohen Spiegel heran, der in der Wand erschien, als ich vier Ellen vor der Wand stand. Dann fragte er, ob alles passe und ob mir die Kleidung recht sei.

Ich drehte mich vor dem Spiegel wie eine eitle Frau und musste selbst erst feststellen, dass ich selbst es war, den ich da im Spiegel erblickte. Einen derart großen Spiegel hatte ich bisher noch nie gesehen. Angenehm berührt, fragte ich, aus welchem Material die Kleidung gefertigt sei. Er nannte einen Ausdruck, den ich nicht verstand. Er fuhr erklärend fort, dass sein Volk Kleider aus maschinell erzeugten Fasern herstellen könne. Diese Materialien behielten immer die Form und Farbe, nähmen den Schweiß auf und wirkten trotzdem immer frisch und sauber, selbst wenn man kurz vorher in den Schmutz gefallen sei.

Danach führte er mir noch einige Kopfbedeckungen vor, von denen ich eine Vogtkappe mit einer seltsam gebogenen Feder auswählte.

Elik staunte über meine Wahl, denn diese Kopfbedeckung würde tatsächlich zu dieser Kleidung und zu meinem Stand genau passen. Ich fühlte mich in diesen Kleidern sehr wohl. Sie waren sehr angenehm zu tragen und ich hatte den Eindruck, dass diese fremden Kleider zu meinem Habitus gut passten. Diesem Gefühl nachhängend, gestand ich mir ein: Ein bisschen eitel bist du also doch! Diesen kichernden Damen will ich aber keinesfalls gefallen. Als das lächelnde Gesicht Eliks neben meinem Spiegelbild auftauchte, erklärte ich sofort: „Um bei dem kindischen Frauenvolk Eindruck zu schinden, habe ich mich aber nicht herausgeputzt!"

Elik informierte mich ungerührt über meine Neueinkleidung: „Diese Kleider habe ich vom Schneider des Botschafters übernommen. Sie weisen Sie als den hiesigen Botschafter aus. Sie entsprechen Ihrem neuen Stand."

Ich fühlte mich derart wohl, dass ich die neuen Kleider nun ausführen und gleichzeitig die letzten Sonnenstrahlen genießen wollte. Daher bat ich Elik, mir zu sagen, wo der Ausgang sei, weil ich nicht mehr genau wusste, wo wir vorher eingetreten waren.

Er klärte mich auf, dass ich überall aus dem Raum ins Freie treten könne, sobald ich auf die Wand zuginge, weil diese sich daraufhin selbstständig öffnete. Das tat ich dann auch und trat ins Freie. Er folgte mir und wir schlenderten durch das Lager. Es herrschte überall reges Treiben, und Elik informierte mich, dass man an Form und Farbe erkennen könne, welche Funktion jedes Zelt habe.

Mir fiel wieder die große Anzahl der Menschen im Lager auf. Deshalb erkundigte ich mich bei Elik über die Größe des Gefolges des Botschafters. Er zählte auf: „Insgesamt sind dreißig Adelige, zweihundert Bedienstete, vier Einheiten Militär und dreißig Techniker im Lager." Über die große Anzahl von Bediensteten konnte ich nur staunen. Verstand nun aber, dass dieses Lager daher nur in der Flussebene Platz fand.

Während wir weiter spazierten, fragte ich Elik nach den Bewohnern der einzelnen Zelte, an denen wir vorbeikamen. Er gab bereitwillig Auskunft, ich konnte aber mit den Namen und Rangbezeichnungen nicht viel anfangen, die er unermüdlich nannte.

Als wir zu den drei größten Zelten kamen, erstaunte mich, dass diese nicht vom Botschafter bewohnt wurden, sondern dass dort jene Gefährte untergestellt waren, mit denen die Gesellschaft hierher gekommen war. Elik sagte mir, dass mit diesen Gefährten sowohl über Land als auch über Wasser gefahren werde. Für die Fahrt über das große Meer sei aber ein Mutterschiff benutzt worden. Dieses Fahrzeug hatte alle sechs Gesandtschaften in das hiesige Land befördert, welche zu den sechs Fürstentümern abgesandt worden waren, die auf diesem Festlandteil liegen.

Als ich mich erkundigte, wie die Hüllen für diese Halbkugelzelte hergestellt und so prall aufgespannt würden, erklärte er wieder, dass diese Materialien maschinell erzeugt und mit Energie gespannt würden. Weil ich ihn nur fragend ansah, führte er sofort weiter aus, dass dies jene Energieform sei, die der Botschafter beim Schießen mit der Waffe freigesetzt habe. Dieses Medium könne in verschiedenen Formen und zu zahlreichen Zwecken eingesetzt werden. Er ergänzte noch: "Alles auf dieser Erde besteht aus Energie, auch Lebewesen!"

Ich glaubte ihm nicht, antwortete aber nicht, weil ich befürchtete, dass er mich für ungebildet halten könnte.

Wir schlenderten sprechend weiter, und ich kam dabei unabsichtlich einem Zelt auf fünf Ellen nahe, da ertönte ein lauter, wohlklingender Gong und eine Stimme im Inneren forderte zum Eintreten auf.

Zuerst war ich vor diesem Geläute zurückgeschreckt, denn ich wusste nicht, wie ich mich verhalten sollte. Um Peinlichkeiten zu vermeiden, setzte mir Elik auseinander, dass es unhöflich wäre, der Aufforderung nicht nachzukommen. Wir folgten also der Einladung, und sofort nach unserem Eintreten erklärte er dem erstaunten Familienoberhaupt, dass ich unabsichtlich dem Zelt zu nahe gekommen sei und daher in Unkenntnis der Gepflogenheiten unbewusst den Gong ausgelöst hätte. Während Elik sprach, schaute ich mich dort um. Wir waren in einen für mich völlig fremd eingerichteten Raum gelangt, der ganz anders eingerichtet war als mein Zelt. Elik stellte mich in höflicher Art den Anwesenden vor.

Sofort machte der Hausherr eine einladende Handbewegung zum reichlich gedeckten Tisch. So aufgefordert, nahmen wir Platz und Elik fragte mich, ob er für mich etwas Geeignetes zum Essen aussuchen dürfe. Er fügte leise nur für mich hörbar an, dass viele Sachen auf dem Tisch vermutlich für meine Geschmacksnerven völlig neu sein dürften und man Essen, das man einmal in den Mund genommen habe, nicht mehr ausspucken dürfe, wolle man den Gastgeber nicht beleidigen. Eine solche Schmach für den Gastgeber könnte nur vor einem Ehrengericht enden.

Über das Taktgefühl Eliks war ich erfreut und zeigte mich sofort mit der Auswahl, die er traf, einverstanden. So konnte ich beruhigt essen, was er mir auf den Teller gelegt hatte. Nachdem ich einige Bissen zu mir genommen hatte, kam es zu einem Gespräch. Ich nahm mir vor, mich höflich zurückzuhalten und nur auf Fragen, die man an mich persönlich richtete, zu antworten.

Der Gastgeber eröffnete mir, dass er der aufsichtführende Techniker des Botschafters sei, Elekmonelso heiße und die technische Instandhaltung aller Fahrzeuge beaufsichtige. Anschließend stellte er seine Gattin Elenahome, seine Töchter Elin und Aste, die offenbar in meinem Alter waren, und seine Dienerschaft mit Namen vor. Die vielen Namen konnte ich mir nicht gleich merken, was mich etwas verlegen machte, weil ich fürchtete, die Leute falsch anzusprechen.

Sobald der Gastgeber nur einen Augenblick seine Aufmerksamkeit einem Diener zugewandt hatte, bestürmten mich die Frauen mit einer Flut von Fragen, so als ob dies ein Zeichen dafür gewesen wäre, mich unter einer Fragenlawine zu begraben.

Ich versuchte, einige Fragen zu beantworten, löste aber mit meinen Ausdrücken die größte Verwirrung aus, weil meine Bezeichnungen für Haus und Hof, Tiere und Gerätschaften nicht verstanden wurden. Daher versuchte ich, die verschiedenen Ausdrücke zu erklären. Meine Erklärungsversuche lösten sofort zusätzliche Fragen aus, was mich immer mehr irritierte. Diese Verlegenheit trieb mir die Schamesröte ins Gesicht und ich dachte schon daran, vor dieser zudringlichen Schar zu flüchten.

Offenbar hatte der Gastgeber meine Not bemerkt und stoppte den Fragenschwall, indem er mich fragte, ob ich eines der Gefährte näher in Augenschein nehmen möchte, die von der Gesellschaft des Botschafters zur Reise benützt werden.

Ich erklärte mich sofort einverstanden, weil ich genug hatte vor so viel neugieriger und aufdringlicher Frauenwelt, die mit jeder Frage bedrohlich näherrückte. Erleichtert folgte ich sofort dem Gastgeber, nicht ohne mich vor den Damen höfisch verbeugt zu haben.

Diese Damen versteckten ihre Gesichter unter allzu dick aufgetragener, greller Schminke, was mich richtig abstieß. Sie wirkten nicht so jugendlich knackig frisch wie unsere Mädchen. Meine Verbeugung löste neuerlich ein Gelächter bei den Damen aus, und jede versuchte, meine Körperbewegung nachzuäffen, sodass ich mich danach sehnte, wieder ins Freie zu kommen.

Elekmonelso ersuchte mich, dem Schnattervolk verzeihen zu wollen. Er selbst flüchte sich oft in seine Arbeit, weil er sie auch schwer ertragen könne. Er begründete ihre Aufdringlichkeit damit, dass sie einfach zu wenig zu tun hätten und zusätzlich durch die Erlebnisse auf dieser Reise überfordert seien. Er habe vor, dafür zu sorgen, dass alle weiblichen Personen seines Haushaltes derart viel zu tun bekämen, dass sie abends todmüde in die Betten fallen würden.

Bei dem Stichwort fiel mir schlagartig ein, dass ich in meiner Behausung kein Bett gesehen hatte. Ich beruhigte mich aber mit dem Gedanken: Es wird schon ein Bett da sein. Außerdem war der Boden sehr weich, also könnte ich notfalls dort schlafen.

Wir begaben uns inzwischen zu den ganz großen Zelten, den Hangets, wie Elekmonelso diese Einrichtungen nannte. An einer Seite fehlten die Planen, und ich staunte nicht schlecht, insgesamt zwei Dutzend Gefährte in diesem Zelt stehen zu sehen. Drei davon erreichten fast die Größe unserer Scheune.

Es tummelten sich zahlreiche Männer um diese Fahrzeuge herum und verrichteten geschäftig dreinblickend Arbeiten. Ich versuchte, ihre Tätigkeit gedanklich zu erfassen und mit der mir bekannten Arbeit auf unserem Hof zu vergleichen, aber manuelle Arbeit in unserem Sinne konnte ich da nicht sehen. Jeder rannte mit einem viereckigen, durchsichtigen, dünnen Brett in der Hand umher, auf dem Farben aufleuchteten und wieder verschwanden, sobald die aufleuchtende Stelle mit einem Finger berührte wurde. Dadurch wurden in verschiedenen Bereichen der Fahrzeuge Geräusche ausgelöst, teils leise, teils laut und bedrohlich. Worauf sich Techniker mit ihren Tafeln diesem Geräteteil näherten und aufgeregt diskutierend ihre Fingerspiele fortsetzten. Wenn ein Fahrzeug allzu dissonante Geräusche von sich gab, schimpfte ein dicker, kahlköpfiger Mann mit jenen Männern, die bei diesem Fahrzeug standen, nahm eines der Brettchen zur Hand und bearbeitete es selbst mit fliegenden Fingern. Anschließend gab er dem Techniker das Brett wieder zurück, wenn sich das Fahrzeug wieder beruhigt hatte.

Da ich keine Pferde sah, die diese Gefährte mit ihrer Kraft bewegten, fragte ich neugierig: „Wie können diese Geräte sich bewegen, wo sie weder Räder haben noch Vorrichtungen, an denen sie gezogen werden können?"

Da lachte der Cheftechniker und meinte, diese Fahrzeuge bewegten sich auf einem Magnetfeld, das von einer Maschine erzeugt werde. Diese Maschine werde mit elektrischer Energie gespeist, die aus einer Brennstoffzelle komme, in der eine bestimmte Pflanze in chemischen Vorgängen, ähnlich der Verdauung im Magen, diese Energie erzeuge. Er berichtete, dazu sei diese Pflanzenart chemische Verbindungen mit anderen Lebewesen eingegangen, die dabei mithelfen, die elektrische Energie zu extrahieren. „Dieser Prozess funktioniert auf ähnliche Weise, wie Pflanzen das Blattgrün erzeugen und dabei Sauerstoff freisetzen, nur wird durch diese Verbindung viel Elektrizität erzeugt." Der Techniker wollte mir die Fahrzeuge ganz genau erklären, deshalb schilderte er begeistert, wie effizient diese Energiegewinnung sei und eine lange Nutzung ermögliche, weil diese Pflanze dabei ständig wachse und gleichzeitig Energie erzeuge. Auch entstünden bei dieser Energiegewinnung keine schädlichen Abfallstoffe und Strahlungen. Weiter erklärte er mit strahlenden Augen, dass diese Pflanzen von Agronomen gezüchtet werden und daher ständig für den Einsatz zur Verfügung stünden. Daher seien sie eine einfache, saubere und billige Energiequelle.

Weil ich keinen der genannten Fachausdrücke verstand und daher den Ausführungen nicht folgen konnte, dürfte ich ein äußerst dummes und fragendes Gesicht gemacht haben. Als ich mich darauf besann, bat mich der Mann grinsend, ihm zu folgen. Er ging zum Hinterteil des nächsten Gleiters, wie er diesen Wagen nannte, öffnete mit einem Metallstück die äußere Metallabdeckung unter der letzten Sitzreihe, und ich sah eine kürbisähnliche Pflanze, die in einem durchsichtigen Behälter wucherte. Sie war hellgrün, bestand aus einer großen Frucht, aus der zahlreiche Ranken mit großen Blättern wuchsen. Sie strahlte ein helles, grünlich schimmerndes Licht ab, das in Form von Blitzen von der Frucht wegzuckte und an der oberen Abdeckung zusammenfloss.

Das Licht blendete mich so intensiv, dass ich meine Augen zukneifen musste, weil sie sofort schmerzten.

Elekmonelso zeigte auf den Kürbis im Glas und sagte: „Das ist die Antriebsquelle, aus der dieses Fahrzeug seine Energie zur Fortbewegung und zur Verteidigung bezieht.

Ich schüttelte den Kopf, weil ich diesen Vorgang einfach nicht verstehen konnte. Mit meinem Wissensstand war ich nicht fähig zu erfassen, wie es zugehen sollte, dass dieses Licht aus der Pflanze ein Gefährt antrieb, in dem ein Dutzend Menschen Platz fanden, und durch die Luft flog. Das war einfach zu hoch für meinen damaligen technischen Horizont und ich wollte weggehen aus diesem unheimlichen Zauberzelt.

Obwohl er sehen musste, dass ich mich nicht mehr wohlfühlte, fragte mich der Gastgeber, ob ich ein kleines Gerät pilotieren wolle.

Da ich zu wissen glaubte, dass er das Lenken eines solchen Gefährtes meinte, winkte ich eilig mit beiden Händen ab und entfernte mich aus dem Zelt, obwohl der Mann erklärte, dass dies einfacher sei, als auf einem Pferd zu reiten. Das Gefährt folge bereitwilliger als ein Pferd und tue alles, was man von ihm verlange, versuchte er mich trotz meiner Ablehnung zu überzeugen.

Elik verstand als Einziger, was nun in mir vorgehen musste, und erklärte Elekmonelso, er möge einsehen, dass der heutige Tag zu viele neue Eindrücke für mich gebracht habe und ich nun in Ruhe alles verdauen müsse, um mit dieser Reizfülle fertig werden zu können. Außerdem würde ich die kommende Nacht in einer völlig neuen, noch unbekannten Umgebung verbringen und hätte morgen wieder einen schweren Tag.

Diese Einwände verstand der Techniker. Wir trennten uns nach einer freundlichen Verabschiedung. Elekmonelso rief mir noch nach, dass ich jederzeit zum Pilotenunterricht kommen könne, sobald ich Lust dazu hätte. Ich bräuchte mich nur per Telprain anzumelden. Ich sagte zu und bemerkte gar nicht, dass ich gar nicht wusste, was ein Telprain war.

Um weiteren Überraschungen aus dem Weg zu gehen, schritt ich nun eilig auf meine Behausung zu. Elik folgte mir schmunzelnd mit einem Schritt Abstand.

Innerhalb meines Zeltes bat ich ihn, mich ausruhen zu dürfen, und er zauberte ein längliches Metallgestell hervor mit Decken und

Laken darauf, auf das ich mich aufatmend setzte. Ich kam aber noch nicht zur Ruhe, denn kaum hatte ich mich gesetzt, als sich an der Wand mir gegenüber ein Fenster über eine Länge von zwei Mann und ein Mann in der Höhe auftat. Darin war eine Handlung zu sehen, die in einer Umgebung ablief, welche mir völlig fremd war. Mich erstaunte und erschreckte diese Vorführung gleichzeitig, weil in diesem Fenster zahlreiche Fahrzeuge scheinbar unkontrolliert durcheinander fuhren und dazwischen gleichzeitig viele Menschen herumgingen, sodass mir Angst und Bange wurde, es könnten diese Menschen überfahren werden. Ich war unwillkürlich von meinem Bett aufgesprungen, um sie zu warnen. Da zeigte Elik mit einem Finger auf das Fenster und das Bild änderte sich schlagartig. Es erschien nun ein Ausblick mitten im Wasser mit zahlreichen Fischen und allerlei buntem Getier darin, und es erklang eine leise Musik. Diese Darstellung war so plastisch, als ob es tatsächlich an Ort und Stelle Wasser gäbe. Elik entschuldigte sich und meinte beruhigend, dass Nachrichten offenbar nicht das richtige Programm für meine ungeübte Aufnahmefähigkeit seien.

Weil dieses Bild und die Musik beruhigend wirkten, ließ ich mich auf den Rücken fallen, um mich zu entspannen.

Dieses einschläfernde Rauschen des Wassers hörte ich noch, dann muss mich der Schlaf übermannt haben, denn als ich wieder die Augen aufschlug, lag ich unter den Laken im Bett, hatte ein anderes leichtes Gewand an und Elik saß im Stuhl neben mir.

Ich schämte mich, als ich draufkam, dass ich wie ein Milchknäblein eingeschlummert war und entkleidet und zu Bett gebracht werden musste wie ein Säugling. Ich grüßte automatisch: „Guten Morgen!“

Elik erwiderte den Gruß und sagte, dass es sieben Uhr morgens sei. Da ich mit diesem Ausdruck nichts anfangen konnte, fragte ich ihn, was das heißen sollte, und er erklärte sofort bildhaft, dass die Sonne im Osten zwei Handbreit vom Aufgangspunkt entfernt sei. Mit dem Sonnenstand zwei Handbreit höher sollte ich zum Botschafter kommen. Vorher müsste ich aber noch etwas essen. Er habe die Küche auf meine Essgewohnheiten bereits umprogrammiert, berichtete er lächelnd. Ich sollte ihm nun sagen, was ich zu essen wünsche.

Da ich mächtigen Hunger verspürte, meinte ich, dass ich normalerweise vier Eier mit Speck und heiße Kuhmilch zum Frühstück nehmen würde, mit einem Stück Schwarzbrot und Salz als Würze. Wenn ich erwartet hatte, dass er kein Salz kannte, war ich schief gewickelt, denn im Handumdrehen stand ein Gedeck mit dem verlangten Frühstück auf dem Tisch, obwohl ich noch im Bett lag. Rasch sprang ich aus der Falle und setzte mich im Nachtgewand zu Tisch. Dort forschte ich nach dem Salz und blickte mich fragend nach Elik um. Er verstand sofort und zeigte mit der rechten Hand auf ein winziges Fässchen mit einer silbernen Krone, das neben dem Milchbecher stand. Ich nahm es in die Hand und konnte kein Salz finden, obwohl ich es mehrmals in der Hand drehte und genau betrachtete.

Er ergriff es, drehte es auf den Kopf, schüttelte es und Salz rieselte heraus.

Als ich sofort zugreifen wollte, bedeutete er mir mit Kopfschütteln, dass dies ohne Morgentoilette nicht machbar sei.

Auf meine irritierte Rückfrage: „Ohne was, bitte?“ bekam ich „Barbar!“ zur Antwort. Da ich bestrebt war, mich anzupassen, und mich keineswegs unterkriegen lassen wollte, erinnerte ich ihn sanft: „Ich bin hier der Herr und möchte gefälligst aufgeklärt werden, um dazuzulernen!“ Daraufhin beeilte er sich, mich in Kenntnis zu setzen, wie in Atlantis die morgendlichen Abläufe gepflegt werden.

Ich tat ihm den Gefallen und ließ auch zu, dass er mit einem durchsichtigen, dreieckigen Ding vor meinem Gesicht herumfuhr und ich dabei zu einer glatten Gesichtshaut kam. Das Waschen und Reinigen der Mundhöhle war sehr angenehm, der Duft, der dabei entstand, war männlich herb, und ich bekam sofort den verführerischen Duft des Essens verstärkt in die Nase.

Als ich mich dann über mein Frühstück hermachte, mehr Brot verlangte und zu schlingen begann, gab sich Elik angeekelt und bemerkte erzieherisch: „Bitte, etwas mehr Tischmanieren! Wer so isst wie mein Herr, bekommt Magengeschwüre so groß wie Hühnereier!“ Im Beisein des Botschafters oder noch höhergestellter Persönlichkeiten ginge eine solche Fresserei nicht an, das würde Ekel erregen, ermahnte er mich eindeutig. Sachlich fuhr er fort: „Also sollten Sie sich angewöhnen, langsam und mit dem Besteck zu essen.“

Ich hatte zwar gute Lust, ihm wegen seiner Belehrungen in den Hintern zu treten, nahm mich aber zusammen, weil ich mir fest vorgenommen hatte, alle guten Umgangsformen des Gastlandes lernen zu wollen. Mit saurem Lächeln erklärte ich ihm: „Du kannst beruhigt sein, ich esse nicht immer derart barbarisch, wie du dich ausdrückst. – Heute muss ich mich aber beeilen, weil ich noch,..." – erklärte ich heftig kauend – „... bevor ich den Botschafter aufsuche, meinem Vater und meinem Bruder mitteilen muss, dass er heute unseren Hof besuchen will!"

Elik war gerade dabei, mir zu antworten, als der Gong meines Zeltes erklang. Diesen Gong hatte ich bisher noch nicht gehört, er war sehr laut und folgte einer Melodie.

Elik blickte mich auffordernd an, und wir sahen beide prüfend in das nach dem Erklingen des Gongs entstandene Fenster. Ich erkannte vor dem Zelt meinen Vater und meinen Bruder. Sie standen beide mit missmutiger Miene vor meiner Behausung, in Begleitung von zwei schwarz bekleideten Atlantern. Als ich meine Familie erkannte, rief ich „Herein!" und es entstand sofort die Tür.

Dieses unvermutete Entstehen der Öffnung hatte meine Leute erschreckt und sie waren unwillkürlich einen Schritt zurückgewichen. Noch als sie zögernd eintraten, blickten sie etwas überrascht drein. Als die Öffnung wieder verschwand, sahen sie sich argwöhnisch um. Mein Vater begrüßte mich kopfschüttelnd mit den Worten: „Du machst das alles so einfach mit, da ist doch böse Magie mit im Spiel! Wie kannst du dich nur in so einem gefährlichen Ding wohlfühlen?"

Dabei drehte er sich vorsichtig um seine eigene Achse und beäugte das Zeltinnere argwöhnisch. Er war sichtlich eingeschüchtert und verärgert, weil er die Vorgänge in diesem Lager nicht verstand und sich in dieser fremden Umgebung unpassend und unwohl fühlte.

Um ihn nicht weiter zu verärgern, antwortete ich in freundlichem Ton: „Guten Morgen!" Dann fügte ich rasch hinzu: „Das alles ist nicht Magie, sondern die Technik eines höher entwickelten Volkes, Vater."

„Unsinn!" wetterte mein Vater sofort wieder los und verlieh deutlich seinem Unwillen Ausdruck. „Solchen Firlefanz braucht niemand. Pferde sind zur Fortbewegung ausreichend, und ordentliche Zelte aus festem Leinen sind diese schimmernden Kugeln auch nicht", geiferte er weiter, um abschließend zu ergänzen: „Wie kannst du dich in so einer Behausung wohlfühlen? Außerdem: „Wie schaust du denn aus? Du trägst ja schon deren Kleider?"

Dieses Raunzen machte mich ärgerlich, weil er den barbarischen Eindruck, den die Atlanter von uns haben mussten, noch damit verstärkte, trotzdem fragte ich ihn in ruhigem Ton, ob er etwas trinken möchte.

Mein Bruder hatte bis dahin kein Wort gesagt. Nun stänkerte er hämisch grinsend: „In diesem Laden gibt es sicher keinen guten Met."

Ich warf einen prüfenden Blick zu Elik. Dieser offerierte sogleich höflich: „Selbstverständlich gibt es hier guten Met."

Er hatte kaum fertig gesprochen, als es in der Wand links von mir zischte, und – wie am Abend beim Orangensaft – schwebten zwei mächtige Humpen mit Met vor den weit offenstehenden Mündern meiner Verwandten. Sie wichen erschreckt zurück und hatten schon zum Schwert gegriffen.

Belustigt über ihr Erschrecken, witzelte ich lachend: „Ihr werdet doch nicht mit Bierkrügen kämpfen wollen?", nahm ein Glas Orangensaft von Elik entgegen und prostete ihnen zu.

Sie tranken anfangs zaghaft. Dann war zu erkennen, dass ihnen der Met sichtlich schmeckte, daher bot ich ihnen an, sie möchten sich doch setzen. – Und erneut, bevor sie noch antworten konnten, standen übergangslos zwei Sessel hinter ihnen und die beiden Männer sprangen schreckerfüllt mit einem solch wilden Satz zur Seite, dass sie den halben Met verschütteten. Über diese Darbietung meiner Verwandten war ich zwar äußerst belustigt, verkniff mir aber das Lachen, weil mir bewusst war, dass ich ja gestern gleich reagiert hatte.

Vorsichtig und in sprungbereiter Anspannung ließen sich nun beide in die bequemen Sitzmöbel nieder, und mein Bruder, der sich schneller gefasst hatte als mein Vater, verlangte nochmals nach Met. Sofort schwebte zu seiner Rechten ein weiterer Humpen. Er nahm ihn aus der Luft und streckte seine linke Hand mit dem leeren Humpen auffordernd zu Elik hin. Auf diese Bewegung hin sprang ein Tisch zwischen den Sesseln aus dem Boden, auf dem Speck mit Rühreiern und dunkles Brot bereitstanden. Das Essen duftete recht verführerisch, dennoch sahen sich die beiden Männer veranlasst, mich mit unschlüssigem Ausdruck zu fragen, ob es wohl angebracht wäre zuzugreifen.

Ich deutete mit einer einladenden Handbewegung zu dem Essen, und beide machten sich mit einem Heißhunger darüber her, worauf sich Elik mit Nasenrümpfen sofort abwandte. Er konnte solche primitiven Tischmanieren nicht vertragen und zeigte, wenn auch dezent, seine Abscheu.

Nachdem sie ausgiebig gegessen, mit Met nachgespült und ihre Finger an den Kleidern abgewischt hatten, stellte mich Vater unerwartet in einem autoritären Ton zur Rede: „Ich bin hier, um dich zu fragen, wie du dazu kommst, den Botschafter auf unseren Hof einzuladen?“

Ich widersprach ihm entschieden und sachlich: “Ich habe ihn nicht eingeladen, er hat selbst den Wunsch geäußert, unseren Hof zu sehen, weil er wissen will, wo ich aufgewachsen bin.“ Nach kurzem Bedenken fügte ich noch an: „Er äußerte sich dabei geheimnisvoll darüber, dass dieser Besuch eine außerordentliche Bedeutung für ihn habe, die er uns noch erklären werde. Es gehört auch zu seiner Aufgabe als Gesandter, wie er ausdrücklich erwähnte.“

„Wie stellst du dir das vor? Niemand am Hof weiß etwas und ist darauf vorbereitet“, entrüstete sich mein Vater.

Da bot Elik an, dass man ja einen Boten hinschicken könne.

Wieder winkte mein Vater entrüstet ab: „Es ist ein Zweitagesritt bis zum Gut!“

Elik gab zurück: „Diese Entfernung schaffen unsere Gefährte in einer Stunde.“ Als er die fragenden Gesichter meiner Leute bemerkte, verbesserte er sich rasch: „In der Zeit, in der sich die Sonne eine Handbreit über den Himmel bewegt.“

Da lachte mein Vater hämisch und wollte vermutlich seinen Unglauben äußern.

Aber Elik ließ sich nicht aus der Ruhe bringen und bot ihm an: „Sie könnten ja mitfahren, die Ankunft von Botschafter Alundalt vorbereiten und ein einfaches Mittagsmahl herrichten lassen, Herr von Sehngried? Seine Exzellenz, der Botschafter, ist sicher damit einverstanden, weil er die Absicht hat, Land und Leute und die hiesigen Sitten kennenzulernen. Der Herr Botschafter will sehen, wie Ihr Alltag verläuft, will sich von Wissensstand, Kultur und Technik dieses Volkes ein Bild machen.“

Da fuhr mein Vater mich an: „Wer ist dieser Mann, dass er für den Botschafter sprechen kann?“

Ich versuchte ihn zu beruhigen und lenkte ein: „Dies ist mein vom Botschafter zugeteilter Gefährte, Vater, der mir Technik, Sitten, Wissen und Umgang des Volkes der Atlanter näherbringen wird, damit ich meine neue Aufgabe als Botschafter in der Hauptstadt auch ausfüllen kann und mich in der fremdartigen Umgebung zurechtfinde." Dass er sich selbst als meinen Diener bezeichnete, wollte ich nicht erwähnen.

Um nicht weitere Erklärungen geben zu müssen, stellte ich klar, dass ich in Kürze beim Botschafter zu erscheinen hätte und sie beide gerne mitnähme. Dabei könne Vater mit dem Botschafter und seinen Entscheidungsträgern gleich durchsprechen, wie der heutige Tag ablaufen soll.

Brummend fügte sich mein Vater in das Unvermeidliche.

Mein Bruder ätzte: „Jetzt bestimmt schon der Kleine, was wir zu tun haben. Das werde ich dir noch abgewöhnen!" Dabei schritt er mit der Rechten drohend auf mich zu.

Sofort stellte sich Elik zwischen uns und warnte ihn: „Ich muss Sie bitten, gegenüber meinem Herrn, dem Botschafter, Abstand zu wahren!"

Mein Bruder wurde daraufhin zornig und griff sofort zum Schwert. Doch er hatte den Knauf noch nicht in der Hand, als er auch schon aus dem Zelt geflogen war. Elik hatte die gleiche Körpertechnik angewandt wie gestern an mir, als ich ihm ans Gewand fassen wollte.

Mein Vater lachte brüllend auf und meinte erheitert: „Da hat dein Bruder endlich einmal seinen Meister gefunden! Ich gratuliere Ihnen zu diesem Wurf!" wandte er sich anerkennend an Elik. Vater folgte ihm aus dem Zelt und befahl Herunwulf, sofort einzuhalten, weil dieser schon wieder das Schwert zog und sich offenbar einem offenen Kampf mit Elik stellen wollte. Sein Machtwort reichte aus, um meinen Bruder zu stoppen. Sie kehrten in das Zelt zurück, da ich mich noch für den Empfang beim Botschafter umzog.

Nun sichtlich besser gelaunt, eröffnete mir Vater plötzlich: „Der Botschafter ist herzlich eingeladen!" Dabei hatte er so ein seltsames Glitzern in den Augen. Möglicherweise sah er schon wieder Geschenke auf sich zukommen.

Den folgenden kurzen Bemerkungen zufolge, die zwischen uns in meinem Zelt noch fielen, waren nun beide Männer mit dem

Botschafterbesuch einverstanden. Anscheinend war die Neugierde doch so groß, dass sie zunächst über ihren Groll wegen meiner zukünftigen Aufgabe hinwegsahen, die sie mir beide keinesfalls gönnten.

Unsere Aussprache endete, als ein Gong erklang, der das Nahen eines Boten ankündigte, wie Elik es bezeichnete.

Tatsächlich kam ein Abgesandter des Botschafters, der in seiner Rechten einen goldschimmernden Stab hielt, welchen zahlreiche Edelsteine verzierten, in das Zelt getreten. Der Stab funkelte in der Morgensonne in allen Farben. Er grüßte freundlich und entbot uns den Gruß seiner Exzellenz.

Meinem Vater und meinem Bruder stand ein neidisches Staunen in den Gesichtern geschrieben infolge dieses unerwarteten und prunkvollen Auftrittes. Ich meinte, ihre Begierde zu riechen, als ich ihnen den Mann als Herold des Botschafters vorstellte. Seine prächtige Erscheinung, seine Art, sich mit dem Gleiter fortzubewegen, erstaunte und ängstigte meine Verwandten sehr, wobei dann das gekünstelte plötzliche Anhalten vor dem Zelt sicher Eindruck machen sollte. Beide missgönnten mir den dargebrachten Pomp sichtlich.

Ich sah noch einmal von der Seite in ihre bleichen Gesichter und freute mich schon auf die Steigerung, die sie auf der Fahrt mit den Gleitern zum Hof erfahren würden. Da hatten wohl beide die Angst tunlichst zu verbergen und mussten ihre ‚Hinterbacken zusammenkneifen', wie Vater mir immer zu sagen pflegte, wenn wir auf der Jagd waren und ich Angst bekam, wenn Bären oder Wölfe uns gefährlich nahekamen. Mein Bruder hatte mich damals auch immer ausgelacht, obwohl er sich selber gefürchtet hatte.

Elik hatte in der Zwischenzeit ein Getränk für den Herold besorgt und ich hieß den Mann willkommen.

Nachdem er höflich getrunken hatte, warf er sich in die Brust und stampfte mit dem Stab unterstreichend auf dem Boden auf. Dann verkündete er: „Der Botschafter ersucht den Gesandten und sein Gefolge, zu ihm zu kommen!"

Ich machte eine leichte Verbeugung und antwortete: „Es ist mir eine Ehre, unverzüglich beim Botschafter zu erscheinen!" Daraufhin grüßte der Mann und schritt würdevoll aus meinem Zelt.

Mein Vater raunzte sofort: „Seit wann sind wir dein Gefolge?"

Ich ging auf diese Bemerkung nicht ein, kleidete mich fertig um, und wir traten vor das Zelt. Dort wartete bereits ein mittelgroßer

Gleiter, in den ich wortlos einstieg. Ich nahm Platz und musste meine Leute zweimal auffordern, es mir gleich zu tun. Sie folgten meiner Aufforderung nur zögernd und hockten sich so angespannt auf die Sitzkanten, wie es jemand tut, der gleich wieder aufspringen und wegrennen will.

Ich wollte hier auf die Ängste meiner Leute nicht eingehen und betrachtete die anderen Personen im Gefährt. Ich sah eine wunderhübsche junge Dame, einen jungen Burschen und einen älteren Mann auf der letzten Bank im Fahrzeug sitzen. Der neben dem Lenker platzierte Herold erklärte mir noch rasch, dass dies die angebrachte Gesellschaft für einen Gesandten in Atlantis sei, bevor sich mein Bruder, der bereits Glupschaugen machte und dem sein Werweiß-was wieder offen stand, an das Mädchen heranmachen konnte. Ich beugte mich galant zu der Frau hin und küsste ihre Hand, wie ich es beim Botschafter gesehen hatte.

Nun trat Elik auf den Plan und änderte die Sitzordnung. So kam ich in der zweiten Sitzreihe neben der Dame zu sitzen. Meine Verwandten setzte er in die dritte Reihe, und das Personal nahm die Plätze ganz hinten.

Als das Gefährt anfuhr, verspürte ich den nach Met stinkenden Atem meines Vaters in meinem Rücken und sah, wie sich die Dame langsam umdrehte und meinen Bruder mit gerümpfter Nase musterte. Sie war offenbar von der Ausdünstung Herunwulfs angeekelt.

Elik versuchte zu erklären, dass die Überraschung über diese ungewohnte Art der Fortbewegung bei den Fremden solche Körperreaktionen auslöse und man diese nicht beachten sollte.

Mein Vater bekam über das Gehörte sofort einen zorngeröteten Kopf, und ich beeilte mich, meine Streithähne zu beruhigen. Ich lenkte sie damit ab, dass ich erklärte, wie angenehm diese Art der Fortbewegung sei, wenn auch für Ungeübte etwas gewöhnungsbedürftig.

Der Herold bedeutete dem Fahrer mit einer Handbewegung, dass er langsam fahren sollte, um die Gäste zu schonen.

So kamen wir zum Zelt des Botschafters, das in jenem Teil des Lagers errichtet war, das zum Sonnenaufgang hin lag. Das Zelt des Botschafters war zwar kleiner als die Hangets der Gleiter, aber weitaus das prächtigste. Es war doppelt so hoch wie die übrigen Zelte und schimmerte in allen Farben. Das Sonnenlicht schien ständig neue Farben auf der Hülle hervorzuzaubern. Vor dem Zelt war eine aus zwei Dutzend Soldaten bestehende Ehrenkompanie zu meiner Begrüßung angetreten.

Nachdem das Gefährt angehalten hatte, stiegen alle aus. Ich schritt in Begleitung des Herolds dann das Spalier ab und erwiderten den Gruß der Kompanie.

Mein Bruder griff sich während der meinem Rang erwiesenen Ehrenbezeugung an den Kragen seines Gewandes, so als ob es ihm etwas eng geworden sei. Er gönnte mir diese erwiesene Ehre sichtlich nicht. Auch hatte er die Reaktion der Dame im Gleiter bemerkt und es war ihm sichtlich unangenehm, von ihr abgelehnt zu werden. Es war ihm stets gelungen, auf Damen Eindruck zu machen, diese aber verabscheute ihn. Das schmerzte meinen eitlen Bruder sichtlich sehr.

Nach der kleinen Begrüßungszeremonie betraten wir gemeinsam das Zelt, sobald uns der Majordomus angemeldet hatte. Dieses gespreizte Zeremoniell machte Eindruck auf meinen Vater und er war sichtlich guter Dinge und sehr bemüht, würdevoll dreinzuschauen, obwohl in seinem Bart noch Reste der Eierspeise vom Frühstück sichtbar waren. Er hatte offenbar mit der bereitgelegten Serviette nichts anzufangen gewusst.

Der Botschafter kam mit vorgestreckten Händen auf mich zu und begrüßte mich so herzlich, als ob wir uns schon lange kennen würden. Das wiederum schien meinem Vater nicht ganz zu passen, denn er runzelte ein wenig die Stirn. Er änderte aber sofort sein Gehabe, als sich der Botschafter ihm zuwandte und ihn ebenfalls herzlich willkommen hieß.

„Jetzt lerne ich endlich den Vater dieses mutigen jungen Mannes näher kennen! Sie sind sicher ein großer Krieger und weiser Mann, weil Sie so einen prächtigen Sohn großgezogen haben“, kam er freundlich auf meinen Vater zu.

Weil mein Vater ein etwas verlegenes Gesicht machte, zeigte sich der Botschafter überrascht. Um zu verhindern, dass diese Begegnung eine unerfreuliche Wende nehmen könnte, stellte ich dem Botschafter ablenkend meinen Bruder vor.

Er lächelte meinen Bruder mit einem zustimmenden Nicken an und vermutete: „Ein richtig wilder Krieger, was?“

Als ihm mein Bruder die Hand herausfordernd kräftig drückte, erwiderte der Botschafter den Druck mit so viel Kraft, dass meinem

Bruder die Adern an der Stirn heraustraten und er sichtlich bemüht war, einen Wehlaut zu unterdrücken. Er hatte überhaupt nicht erwartet, dass der alte Mann so viel Kraft in der Hand hätte, um seinen provokanten Händedruck gleichwertig zu erwidern. Diese Erwiderung beeindruckte meinen Bruder wohl so sehr, dass ihm alle angedachten zynischen Worte im Halse steckenblieben.

Das fand ich wiederum sehr gut. Es wurde ihm an diesem Vormittag gleich zweimal die Schneid abgekauft. Der Botschafter hatte ihn richtig eingeschätzt und in gleicher Manier zurückgegeben.

Alundalt wandte sich gleich danach wieder meinem Vater zu und bat ihn, den heimatlichen Hof sehen zu dürfen. Mein Vater beeilte sich nun, in einer sich überschlagenden Redetirade dem Ansinnen des Botschafters eilfertig und freudig zuzustimmen, und sprach sofort eine förmliche Einladung aus. Darüber schmunzelte ich innerlich, weil ich die Argumente noch deutlich im Ohr hatte, die mein Vater diesbezüglich in meinem Zelt mir gegenüber noch vorgebracht hatte.

Nachdem diese Angelegenheit geklärt war, schlug ich vor, dass mein Vater und mein Bruder mit einer kleinen Vorausabteilung sofort abfliegen sollten, um die Leute auf dem Hof auf die ungewöhnliche Reisegepflogenheit der Fremden vorzubereiten und um Zwischenfällen vorzubeugen. Dem stimmten meine Verwandten geschmeichelt zu und ersuchten, auch die Pferde mitnehmen zu dürfen. Der Botschafter war natürlich einverstanden und wies den Majordomus an, ein entsprechendes Fahrzeug zu ordern.

Elik flüsterte mir zu, dass er Beruhigungstropfen kenne, die den Pferden gegeben werden sollten, damit diese problemlos in den Laderaum dieses für sie ungewohnten Gefährtes geführt und ohne Schaden zu nehmen befördert werden konnten. Da diese Maßnahme sicher helfen werde, bat ich ihn, dieses Mittel sogleich besorgen zu lassen.

In der Zwischenzeit sprachen mein Vater und mein Bruder mit dem Botschafter und bemühten sich sehr, dabei gute Figur und Eindruck zu machen. Sie waren ungewöhnlich höflich.

Als ich von Elik das Mittel für die Pferde erhielt, gab ich es Vater und erklärte ihm, davon jedem Pferd auf einem Stück Brot zehn Tropfen aufzuträufeln und zu füttern, damit diese bereitwillig in das Gefährt einstiegen und sich während des Fluges nicht verletzten.

Vater zeigte sich zufrieden über meine umsichtige Vorsorge zum Schutz der wertvollen Tiere.

Als der Leiter des Vorkommandos im Zelt des Botschafters eintraf, verabschiedeten sich meine Verwandten und gingen, um die Reittiere zu holen. Bald hörten wir das reibungslose Verladen der Tiere und die Abfluggeräusche des Gleiters. Nun bat mich der Botschafter, meine Reisevorbereitungen zu treffen, und ersuchte mich, um zehn Uhr vor seinem Zelt zur Abreise bereitzustehen. Da mir der genannte Zeitbegriff nicht geläufig war, dürfte ich ihn sehr verzweifelt angeblickt haben, da er mich sofort fragte: „Was ist denn los, passt die Zeit nicht?"

Elik sprang sofort ein und erklärte ihm, dass ich nicht gewohnt sei, nach der Uhr zu leben, und einer natürlich gegebenen Zeitrechnung folge, die von Sonne und Mond bestimmt werde. Da klatschte der Botschafter in die Hände und ein rabenschwarzer Mann erschien im Raum. Der Botschafter sagte etwas zu ihm, worauf der Mohr das Zelt kurz verließ und mit einer Schatulle wiederkehrte, die er dem Botschafter überreichte.

Der entschuldigte sich nun väterlich bei mir: „Welch eine Nachlässigkeit von mir! Hier eine Uhr!"

Ich verstand noch immer nicht, und Elik nahm die Schatulle für mich entgegen, öffnete sie und zeigte mir ein flaches Ding mit zwei Bändern daran. Er wies mich an, ich sollte die linke Hand vorstrecken, und legte mir dieses Ding mit seinen selbst schließenden Bändern auf das Handgelenk. Dazu bemerkte er ergänzend: „Die Funktionsweise und die Anzeigen auf dieser Uhr erkläre ich auf der Fahrt zum Zelt. Das ist ein Zeitmesser, er zeigt die genaue Tageszeit an. Dieses Gerät ist in unserem Leben eine praktische und unentbehrliche Einrichtung im zwischenmenschlichen Umgang, als gleichschaltender Faktor für Termine und Zusammenkünfte und überhaupt für den täglichen Ablauf. In meiner Heimat wäre ein Leben ohne dieses Ding völlig unmöglich", fügte er noch hinzu.

Dann verließen wir das Zelt des Botschafters, nachdem mich Elik aufgeklärt hatte, dass wir nun etwa eine Stunde Zeit hätten. Diese Zeit wollte ich dazu nützen, mich den Personen zu widmen, die nun mein Gefolge waren, um festzustellen, in welcher Beziehung wir in Zukunft zueinander stehen würden.

Meine Gefolgsleute, die bisher kein Wort gesprochen und sich unauffällig im Hintergrund gehalten hatten, standen unaufgefordert auf und folgten uns beiden. Wir bestiegen allesamt wortlos ein wartendes Gefährt und fuhren zu meinem Zelt zurück. Kaum dort angekommen, war es mit der Zurückhaltung der Dame vorbei. Sie verlangte herrisch von Elik, dass sie und ihre Leute mir sofort vorgestellt werden müssten.

Dieser Tonfall gefiel mir gar nicht. Ich fand aber auch, dass eine Vorstellung fällig wäre, und wandte mich an Elik: „Ein Strauß Blumen wäre jetzt angebracht!"

Sofort erschien ein riesiger Strauß mit roten Rosen im Ausgabegerät der Zelteinrichtung. Ich nahm die Blumen, verbeugte mich galant und reichte die Blumen der jungen Frau mit den Worten: „Ich bin Hermanwulf von Sehngried! Wie ist Ihr werter Name, meine Dame?"

Sie errötete unter der Schminke und war etwas fassungslos. Daher stammelte sie beim Antworten: „Ich? Oh! Ich – ja... Ich bin Hierim, ihre zukünftige Haushälterin und gleichzeitig die höchstrangige Frau im Haushalt, besonders im Zuge von Repräsentationen. Da übernehme ich vorübergehend die Aufgaben Ihrer Gattin, habe also die Pflichten der Hausfrau, Gastgeberin und Gespielin zu übernehmen. Ich bin neunzehn Jahre alt und habe die Schule für gehobene Haushaltsführung und Sprachen besucht", endete sie beherrscht.

Jetzt war ich einigermaßen verwirrt, denn das Wort Gespielin sprach sie mit einem derart verführerischen Unterton aus, dass mir ganz warm ums Herz wurde, war sie doch ein sehr attraktives Wesen.

Ich hatte erst jetzt die Zeit gefunden, ihre Erscheinung genauer in Augenschein zu nehmen. Sie war gertenschlank, groß gewachsen und hatte eine schmale Taille. Die Kleidung war aus rosarot und grün gefärbtem Material und betonte raffiniert ihre weiblichen Reize. Das Oberteil hatte einen tiefen Ausschnitt und gab den Blick auf ihre wohlgeformten, festen, jugendlichen Brüste frei. Sie waren mittelgroß. Das Haar trug sie vermutlich aus praktischen Gründen kurz und zurückgekämmt. Ein goldener Kamm an der rechten Kopfseite verzierte ihre Erscheinung. Das jackenartige Oberteil wurde von einer goldenen Brosche mit einem sehr großen, grünen

Edelstein in der Mitte und von einem schmalen Gürtel zusammengehalten. Dazu hatte sie eng anliegende, grüne Hosen mit Verzierungen an den Außenseiten und kurze grüne Stiefel angelegt. – Insgesamt hatte Hierim etwas Kokettes an sich, und ich spürte, dass sie glaubte, mir überlegen zu sein.

Daher sagte ich in Gedanken zu mir: Wir werden ja sehen, wer wem überlegen ist! Dich lasse ich jetzt eine Zeitlang schmoren wie ein junges Pferd, das zum ersten Mal den Sattel aufgelegt bekommen soll! – Das macht gefügig und wird deine Flausen schon dämpfen! Diese Gedanken ließen mich schmunzeln. Und um nicht weiter hinzustarren, ersuchte ich, sie möge mir ihre Begleiter vorstellen.

Hierim zeigte neben sich auf den jungen Mann und stellte vor: „Das ist Zemt. Er ist für unser leibliches Wohl in jeder Hinsicht verantwortlich. Das heißt, dass er nicht nur kocht und serviert, sondern auch für unsere körperliche Ertüchtigung zu sorgen hat. Er wird bis morgen einen Wochenplan zusammengestellt haben, nachdem der Haushalt ablaufen sollte. Sie werden ersucht, ihm Ihre persönlichen Wünsche diesbezüglich auf der Fahrt zum Gut mitzuteilen, ... äh? Wie darf ich Sie ansprechen, mein Herr?“ leitete sie förmlich zu mir über.

Ich nahm den jungen Mann kurz in Augenschein. Danach blickte ich wegen der Frage irritiert zu ihr hin und antwortete: „Hermanwulf von Sehngried! – Hermanwulf genügt.“

Dann betrachtete ich den jungen Mann genauer. Ich schätzte ihn auf etwa zweiundzwanzig Lenze. Er war ein dunkelhaariger, drahtiger Bursche, der sich sehr zweckmäßig und doch bequem kleidete. Als er nun zu mir kam und zu einer Verbeugung ansetzte, ich aber keine Unterwürfigkeit aufkommen lassen wollte, erfasste ich seine Hand und erklärte ihm, dass ich keinesfalls herrisch, sondern vielmehr als Partner auftreten möchte. Auch wollte ich keinesfalls als Herr angesprochen werden. Dabei blickte ich alle direkt an und ersuchte sie, mich einfach Hermanwulf zu nennen und sich nicht zu scheuen, mich anzusprechen, wenn sie glaubten, etwas sagen zu müssen.

Kopfschüttelnd antwortete Hierim, dass diese Umgangsform keinesfalls in der Öffentlichkeit angebracht wäre, weil dies gegen die herrschenden Sitten verstoße. Ich hätte einen so hohen Rang, dass das Personal keinesfalls gleichgestellt auftreten dürfe.

Da lenkte ich ein und erwiderte: „Gut, in der Öffentlichkeit sollte die Etikette gewahrt werden, aber wenn wir unter uns sind, erwarte ich ungezwungene Umgangsformen!“

Zemt verneigte sich daraufhin ganz leicht, erklärte, er habe noch einiges an Werkzeug und Lebensmitteln zu holen, und ersuchte, weggehen zu dürfen.

Ich stimmte mit einer Geste zu und wandte mich zu dem alten Mann hin, der bisher wortlos, einen Saft trinkend, in der Nähe gestanden und die Vorgänge genau beobachtet hatte. Als er meiner Aufmerksamkeit sicher war, deutete er eine Verbeugung an und stellte sich mir vor: „Ich bin Aresit. Ich bin ein Gelehrter, der vom Botschafter die Aufgabe zugeteilt erhalten hat, Sie in die Gesetze, Gepflogenheiten und wichtigen Wissensgebiete unseres Landes einzuweisen. – Tischmanieren und Umgangsformen erfahren sie allerdings von Hierim“, fügte er ergänzend an.

Der Mann war etwa siebzig Lenze alt, ging völlig aufrecht, hatte schlohweißes Haar – mit einer Scheitelglatze, eine Hakennase und sehr wache, graue Augen, denen scheinbar nichts in seiner Umgebung entging. Er lächelte stets weise und es hatte für mein Gefühl den Anschein, als ob er einmal bessere Tage gesehen habe. Er trug eine einfache, weiße Tunika mit einem Sonnenmeander als Verzierung am Saum. Um die Körpermitte hatte er eine blaue Kordel geschlungen, die mit einem eigenartigen Knoten zusammengehalten wurde und deren beide Enden mit einer Quaste verziert waren. Er hatte offenbar seine Unterrichtssachen dabei und bat mich abschließend, Elik anzuweisen, er möge ihm seinen Bereich im Haushalt zuweisen.

Ich gab Elik durch ein Handzeichen die Bitte weiter und setzte mich nieder. Dabei stellte ich eine gewisse Erschöpfung fest. Ich dachte in mir: Jetzt ist noch immer Vormittag und alle diese vielen Eindrücke haben schon ihre Spuren an mir hinterlassen.

Meine Anspannung dürfte Zemt, der wieder eingetreten war, bemerkt haben, denn er bot sich an, mir gerne eine Massage zukommen zu lassen, weil er den Eindruck habe, dass ich eine solche Behandlung vertragen könnte.

Ich erklärte mich einverstanden, und er trat hinter mich, drückte mit zwei Fingern gleichzeitig abwechselnd an mehrere Stellen an den Seiten meines Kopfes, und ich bemerkte bald, wie die Lebensgeister angenehm wieder zurückkehrten. Daher erkundigte ich mich gleich bei Elik, ob wir nicht schon bald wegfahren würden.

Er antwortete gelassen: „Wir haben noch zwanzig Minuten Zeit, Hermanwulf."

Ich begehrte auf: „Was habt ihr nur mit diesen Stunden und Minuten? Dadurch wirkt alles so einteilend und macht mich so..."

„Nervös?" half mir Hierim aus. Dabei lächelte sie warmherzig.

Elik erklärte mir, dass in Atlantis ein allgemein gültiges Zeitsystem eingeführt worden war, sodass alle im Land den gleichen Tag und die gleiche Stunde hätten. Das alles habe mit dem Umlauf der Erde um die Sonne zu tun. Er legte mir auseinander, wie die exakte Einteilung des Jahres- und Tagesablaufes gegliedert war, und zeigte auf das Gerät, das ich an der linken Hand hatte. Ich erkannte darauf beim genauen Hinsehen Zeichen, die ich nicht verstand. Als ich fragen wollte, bedeutete er mir geduldig, dass mir dies alles Aresit beibringen werde und dafür jetzt die Zeit zu kurz sei.

Ich seufzte und machte mir Luft: „Ich glaube, ihr seid Gefangene dieser Zeit, das muss ja etwas Schreckliches sein, dieser Druck, den ihr euch da selbst auferlegt!"

Daraufhin hatte ich alle Augen bei mir. Aresit bestätigte in gesetzten Worten: „So spricht nur ein weiser Mann. – Du hast vollkommen recht, diese Zeiteinteilung ist eine von uns selbst erfundene Plage, der wir heute nicht mehr entrinnen können."

Wir plauderten weiter, und Hierim bat mich, sich kurz zurückziehen zu dürfen, um sich für die Fahrt zum elterlichen Hof fertig zu machen. Sie rief das Bad auf und verschwand darin.

Also traten wir vor das Zelt, wo noch immer das Gefährt stand und der Pilot wartete.

Ich beschloss, das Ding genauer in Augenschein zu nehmen, und fragte Elik, warum es denn in der Luft stehen könne, wo es doch keine Räder habe. Er belehrte mich, es schwebe auf Energie.

Als ich mit der Hand darunter greifen wollte, um zu sehen, ob das nicht ein Schwindel sei, zog er mich energisch zurück. Er warnte, das gefälligst zu unterlassen, weil die Energie für Lebewesen nicht zuträglich sei. Deshalb schalte man das Gerät, wenn es länger stehe, ab und ließe es auf Ständern ruhen, um zum Beispiel das Gras und die Lebensformen in der Erde nicht zu schädigen. Organisches Material, wie mein Körper, sei Materie, die aus Energie gebildet ist.

Durch eine starke Energieabstrahlung, wie dieser Antrieb sie verbreitet, wird ein aus lebenden Zellen bestehender Körper geschädigt. Wenn man organisches Gewebe, wie das eines menschlichen oder pflanzlichen Körpers, dieser Energie aussetze, werde der Körperteil – in diesem Falle meine Hand – nach kurzer Zeit so schlimm zerstört, dass er wie verbrannt aussehen würde.

Ich konnte nicht ganz folgen und wandte mich daher dem Piloten zu, um keine Antwort geben zu müssen.

Der saß vor einem Pult mit vielen farbigen Knöpfen und zahlreichen wechselnd aufleuchtenden, kleinen Lichtern. Zwischen seinem Sitz und dem daneben war ebenfalls ein Pult. Aus diesem ragte oben in der Mitte ein zwei Hände hoher Hebel mit drei roten Knöpfen heraus. Ich zeigte darauf und fragte: „Was ist das?"

„Das ist das Hauptsteuer für die wichtigsten Funktionen des Fahrzeuges", erklärte der Mann freundlich. „In die Richtung, in die der Hebel bewegt wird, fährt das Fahrzeug." – Die Knöpfe hätten andere Funktionen, setzte er noch auseinander, die er aber nur im Freien, nicht im Zeltlager vorführen könne, weil eine Betätigung schlimme Folgen habe. Ich erinnerte mich sofort an die Demonstration des Botschafters am Turnierplatz und glaubte zu wissen, was er meinte.

Als ich gerade dabei war zu fragen, wie man dieses Gefährt lenkt, unterbrach uns Elik mit der Erinnerung, dass es nun Zeit sei, zum Zelt des Botschafters zu fahren.

Wie auf Bestellung kam Hierim aus der Behausung, also waren wir vollzählig und konnten „losdüsen", wie Aresit sich ausdrückte.

Am Platz vor dem Zelt des Botschafters hatte sich eine Heerschar von Menschen versammelt, die unüberschaubar war. Ich vermutete, dass vielen dieser Leute im Lager zu langweilig war und daher alle mitfahren wollten. Ich beeilte mich deshalb, beim Botschafter eine Unterredung unter vier Augen zu erbitten. Er war sofort einverstanden und bewegte sich mit mir ein wenig abseits von der Menschenmenge. Ich platzte heraus, dass das keinesfalls angehe, alle diese Leute mitzunehmen. „Wenn diese Armee mit zahlreichen Gleitern vor unserem Hof einfällt, dann rasten meine Leute dort aus! Die haben so etwas noch nie gesehen und... ich glaube, sie haben schon ein Recht darauf, sorgfältig auf die ungewöhnliche atlantische Reiseart vorbereitet zu werden?" Ich bat ihn inständig, mit einer möglichst kleinen Abordnung zu reisen. Vor meinen geistigen Augen hatte ich die Bilder vom ersten Erscheinen der Abordnung am Hof des Großfürsten vor mir – wie viel Angst und Panik würde diese Kolonne erst auf unserem Hof auslösen!

Der Botschafter nickte verständnisvoll, sagte aber, dass immer mehr Anträge von Gruppen bei ihm einlangten, die alle mitfahren wollten, weil tatsächlich alle an Langeweile litten. Er zuckte mit den Schultern und fragte mich mehr rhetorisch: „Was soll ich tun, ich bin meinen Leuten verpflichtet?"

Damit wollte ich mich nicht abspeisen lassen. Da ging mir ein Gedanke durch den Kopf – das konnte eine Lösung sein. Ich fragte ihn lächelnd: „Wollen wir den Fürsten bitten, ihre Leute ein wenig das Gruseln zu lehren?"

Dabei schaute ich ihn so schelmisch an, dass er sofort einhakte: „Was hast Du denn vor?" Ich sagte ihm, ich könne mit dem Großfürsten reden. Die Reiterei des Fürsten würde im Zeltlager eine Reitvorführung geben, dass es nur so sauste und rauchte. Er müsse nur sicherstellen, dass nicht die Militärs auf unsere Leute schießen, falls sie da eine Gefahr befürchteten. Damit wäre die Langeweile gebannt und die Abordnung könne in aller Ruhe und in kleiner Zahl aufbrechen.

Das war nach dem Geschmack des Botschafters, das sah ich an seinen funkelnden Augen. Er griff die Idee auf: „Schnell, fahre zum Großfürsten und organisiere das! – Das ist eine wunderbare Lösung! Dann werden sich unsere Leute amüsieren und diese schnatternden Hühner endlich einmal zur Ruhe kommen. Ich weise inzwischen unsere Wachleute an, womit sie zu rechnen haben." Er sah sich prüfend um und klopfte mir auf die Schulter. „Außerdem werde ich auf diese Weise den lästigen Anhang für einen Tag los."

Ich schaute ihn schmunzelnd an: „Es könnten auch zwei Tage werden!" Er winkte einen höheren Militär heran und gab ihm entsprechende Anweisungen, mich zu begleiten, und schon glitten wir zur Festung hin.

Kurze Zeit später stand ich vor dem Großfürsten. Ihm riet ich konspirativ vertraulich, dass jetzt eine Gelegenheit wäre, die Scharte von gestern bei der Parade auszubessern, und weihte ihn in meinen Plan ein.

Er war sofort Feuer und Flamme. Es lag ihm so sehr daran, die – aus seiner Sicht – arroganten, ausländischen Schnösel das Fürchten zu lehren, dass er sofort bereit war, dieses Spektakel eigenhändig leiten zu wollen. Mit diesem angenehmen Nebeneffekt hatte selbst ich nicht gerechnet. So waren wir auf einfache Weise auch von der Neugier des Großfürsten befreit.

Ich deutete ihm noch an, dass es möglicherweise auch zwei Tage werden könnten, für die er die Gesellschaft unterhalten müsste. Er winkte gönnerhaft ab: „Wenn es sein muss, halte ich auch Turniere und Bärenringen ab, nur um die Leute zu beeindrucken und zu unterhalten. Ich werde das Beste aus unserer Küche auftischen, Met und Wein so reichlich fließen lassen, dass diese Leute die Tage bei uns nie mehr vergessen werden!"

Mein militärischer Begleiter teilte dem Botschafter per Telprain den Erfolg mit, wonach die Unterhaltung der Gäste für die nächste Zeit geregelt war. Dieser antwortete erfreut, dass er jetzt eine kleine Gesellschaft zusammenstelle und dann könne es losgehen. Es freute mich zu hören, dass diese Nachricht hörbar seine Laune besserte.

Wir glitten ins Lager zurück, und ich musste feststellen, dass die kleine Gesellschaft noch immer dreißig Personen zählte. Ich hörte schon unseren Mahr am Hof sagen: „Die fressen uns ja die Haare vom Kopf!" – Ich war direkt froh, dass ich Vater noch hatte sagen können, dass Pilze, Gemüse und Früchte bevorzugt auf dem Speiseplan der Gäste stünden. Das wird den Mahr etwas beruhigen, denn davon gibt es bei uns genug, dachte ich zufrieden bei mir.

Nun ging es tatsächlich ans Einsteigen, und ich fragte Elik: „Wie spät ist es?"

Er lachte belustigt auf und spaßte: „Ach, da hat dich die Zeit nun auch gepackt?"

Ich antwortete schlagfertig: „Nein, ich wollte dir nur einen Gefallen tun! Und ich habe gesehen, dass da ein Mann herumrennt, der ständig von Dokumentieren redet – der braucht ja einen zeitlichen Anhaltspunkt, wann die historische Reise ins unerforschte Land mit mystischen Begegnungen losgegangen ist!" Gleichzeitig zwinkerte ich ihm zu.

Elik betrachtete mich mit einem undefinierbaren Blick, vermutlich hatte ich für ihn zu schwulstig gesprochen.

Ich ahnte gar nicht, welch große Wahrheit in diesem Satz steckte, den ich da so nebenbei von mir gegeben hatte. Eigentlich hatte ich keine Vorstellung davon, was in den nächsten Tagen auf unserem Hof Unvergessliches passieren würde. – Dann ging es los.

Es war 11^{00} Uhr.

Die Reise zu unserem Hof

Ich nahm auf seine Anordnung hin im großen Gleiter links neben dem Botschafter Platz. Er begründete diese Sitzordnung damit, dass meine natürliche, jugendliche Frische und geistige Gewandtheit ihn inspirierte und er mich deshalb in seiner unmittelbaren Nähe haben wolle. Außerdem erklärte er seinen Leuten, dass ich die Aufgabe habe, unsere Ankunft am Hof anzukündigen, deshalb werde mir im Gleiter ein entsprechender Platz angewiesen, um rasch aussteigen zu können, ohne dass andere Personen durch mich dabei belästigt würden. – Damit gaben sich seine Leute zufrieden. Auch wollte keiner dem Botschafter widersprechen.

In Wahrheit wollte er mir ungestört etwas sehr Wichtiges mitteilen. Er erzählte mir dann während des Fluges, dass er in Atlantis auch im Rat seines Stammes sitze und an den Entscheidungen für sein Volk teilnehme. Diese Aufgabe habe er immer versucht, mit Vernunft auszufüllen, um stets der Gerechtigkeit Genüge zu tun. Das sei ihm nicht immer leichtgefallen, weil im atlantischen Volk in letzter Zeit Strömungen zutage getreten seien, die immer schwieriger zu beherrschen und nicht mehr wegzubringen wären.

In einer Nacht nach einer schwierigen Staatsratssitzung habe er dann einen für ihn sehr bedeutungsvollen Traum gehabt, der eigentlich der Ursprung dieser Reise hierher zu meinem Volke sei. Dieser Wahrtraum knüpfte an das Thema der großen Versammlung an. In dieser war besprochen worden, die bisherige Form der Kontaktaufnahme mit Fremdvölkern nicht mehr fortzuführen; dies sollte eine grundlegende Änderung der Außenpolitik dokumentieren. Der Traum habe ihn jedoch darauf hingewiesen, der neuen Politik damit gute Voraussetzungen zu schaffen, indem als Erstes die Schmach, die ein Volksstamm der Atlanter dem Volk der Taoristin zugefügt hatte, gesühnt werde. Es sei wichtig, dass die Art und Weise, wie diese Sühne zu erbringen sei, gemeinsam beschlossen werde.

Einen Tag später erfuhr er, dass der große Weise namens Kakisen, der ebenfalls in dieser Versammlung saß, einen gleichen Traum in dieser Nacht gehabt hatte, in dem die Forderung aufgetaucht war, dem Volk der Taoristin Genugtuung zu geben. – Alundalt erklärte mir dazu, dass solche Traumerlebnisse von seinen Landsleuten stets als wichtige Eingebungen von höheren Wesen und als Hinweise für Lösungen von schwierigen Aufgaben angesehen werden. Sie betrachteten diese Wahrträume geradezu als Injizierungen von hohen geistigen Wesenheiten, die auf höheren Ebenen walten und über die Menschheit wachen.

Er erklärte mir, dass er fest mit negativen Auswirkungen rechne, sollte man solche Träume negieren. In seiner Religion und Geistauffassung hätten solche Träume großes Gewicht. Wenn er diesen Hinweis nicht beachte, könne das ganze Volk darunter leiden, fügte er noch hinzu. Alundalt erklärte mir, dass es Träume gäbe, die in einer anderen Zeit ganz oder teilweise Wahrheit werden und auf die Zukunft Einfluss nehmen könnten.

„Wenn man diese Träume richtig deutet, kann man in den Verlauf einer Entwicklung – entweder in der Vergangenheit oder in der Zukunft – verändernd eingreifen und damit positive Auswirkungen auf die Weiterentwicklung des betroffenen Wesens oder des Gemeinwohles erreichen. – Als Kakisen und ich feststellten, wie viele Parallelen in unseren Träumen enthalten waren, beschlossen wir, den Vorgaben des Traumes zu folgen. Wir wollen gemeinsam das unerledigte und beschämende Kapitel mit den Taoristin für die Zukunft gütlich lösen und dem eigenen Volke einen schweren Makel nehmen“, erklärte er mir, und ich merkte ihm an, dass es ihm schwerfiel, diese Worte auszusprechen. Dabei nahm er meine Hand und drückte sie, als wäre ich die Lösung des Problems. Nach einem tiefen Seufzen fuhr er fort: „Wir kamen im Zuge der Weiterverfolgung des Traumes darauf, dass ein junger Angehöriger deines Volkes bei der Lösung dieser Aufgabe einen wichtigen Beitrag leisten könnte. Diese, dem Geschehen neutral gegenüberstehende Person sollte als Medium bei der Handlung fungieren. Deshalb haben wir im Hohen Rat alles unternommen, um mit dieser Reise zu eurem Volk beauftragt zu werden“, gestand er mir offen. Auch hätte er mich als jene Person erkannt, die in dem Traum als Medium diente. Sie hätten zwar meinen Namen nicht gekannt, im Traum sei ich ihnen aber als Gestalt erschienen. Als ich auf dem Turnierplatz auf seinen Gleiter zuschritt, habe er mich sofort wiedererkannt und sofort gewusst, dass diese Begegnung von höherer Ebene herbeigeführt worden war", eröffnete mir Alundalt die ganze Wahrheit um seine Reise.

Ich hielt meinen Mund und sah ihm nur aufmerksam in die Augen. Als ich ebenfalls seine Hände drückte, ließ er mich wieder behutsam los.

„Ich – ich... von diesem Moment an habe ich dich beobachtet. Und nun... war es Zeit, um dich... nun... in meine Absicht einzuweihen. Um... ganz sicher zu gehen, dass du diese Person bist, die ich – wir – suchen,... wollte ich dir ungestört Fragen stellen und die Reisezeit dazu verwenden, dir unser Anliegen vorzubringen", fasste er wohl all seine Sorgen und Schritte zusammen, denn seine Worte klangen sehr bewegt, als ob es ihm schwerfiele, mich um Mitwirkung zu bitten.

„Ich möchte dich nun auffordern und bitten..., mir und den Weisen meiner Heimat zu helfen, um diese so wichtige Aufgabe zu lösen." Er sah mir fest in die Augen. „Das war auch der Grund für das Ersuchen an den Fürsten, dich als Botschafter zu benennen, weil ich so in deiner Nähe sein würde. Außerdem wollte ich den Hof deines Vaters aufsuchen, weil ich vermute, dort einen Mann zu treffen, der zum Volk der Taoristin gehörte und der in der Lage ist, mit uns jenes spirituelle Ritual zu vollbringen, das im Traum gefordert wird."

„Ein Ritual?" fragte ich. „Was für ein Ritual?"

Alundalt seufzte und sah kurz vor sich ins Leere. „Das ist nicht so einfach zu sagen. In dem Traum hatte ich auch diese Begegnung mit einem alten Bekannten gesehen, der vermutlich auf eurem Hof lebt. Diese nun bevorstehende Begegnung wird schicksalhaft sein für die beiden Völker... und sie wird für den weiteren geistigen Weg der Menschheit einen wesentlichen Impuls darstellen." Er erklärte mir, dass die Zeit, diese Aufgabe mit unserer Unterstützung erfüllen zu können, jetzt gekommen sei. Wenn diese Handlung nicht bald gelänge, würden wieder viele Jahre verstreichen, bis wieder ein kosmisch geeigneter Zeitpunkt gegeben sei. Auch sehe er sich nach all diesen zusammentreffenden Vorfällen geradezu von einer höheren Macht beauftragt, nun diese Völkerschicksale zu bereinigen. „Der

Erfolg hängt davon ab, wie korrekt diese reinigende Handlung durchgeführt wird und ob alle Beteiligten bereits fähig zur korrekten Erfüllung dieser schweren Aufgabe sind." Er sah mich wieder mit seinen prüfenden Augen an, als ob er mir ans Herz griffe.

Ich hätte jetzt gern ein paar Fragen gestellt, aber ich kniff die Lippen zusammen. Mein Gefühl sagte mir, dass ich ihm jetzt den Respekt erweisen musste, so lange zu schweigen, bis er mir sein ganzes Anliegen unterbreitet habe. Oftmals wenn ich Alundalt in seine Augen blickte, hatte ich das Gefühl, in seinen Gedanken und in seinem Herzen zu sein. Wir brauchten keine Worte, um zu verstehen.

„Die Frage... nun, ob du schon reif bist – das wissen die Götter, Hermanwulf. – Keiner darf bei der Durchführung versagen, weil die Schicksale zu vieler Menschen dabei auf dem Spiel stehen", setzte er ein wenig beredter auseinander. Ein fehlgeschlagener Versuch würde die Lösung in weite Ferne rücken, um dann später nur mit noch mehr Energieaufwand erledigt werden zu können. Die Ausführung dieser Aufgabe stellt sich schon jetzt als äußerst schwierig dar, und sie könnte im Falle des Scheiterns später von Menschenwesen alleine möglicherweise gar nicht mehr bewältigt werden."

Alundalt schwieg einen Moment und ließ mir offenbar Zeit, um das Gehörte in mich aufzunehmen, bevor er weiter sprach. Er erzählte, er habe noch geträumt, dass es zwischen diesem Mann auf unserem Hof und ihm zu einer geistigen Auseinandersetzung an einem bestimmten Ort kommen würde, den er genau gesehen habe. Es sei eine geräumige Höhle, ein Ort der Kraft. Sein Gegenüber wollte mit dieser Konfrontation feststellen, ob ich würdig und innerlich bereit sei, diese Aufgabenlösung zu initiieren. Dann beschrieb er diesen Ort.

Zu meinem Erstaunen passte die Beschreibung genau auf meine versteckte Höhle, in die ich mich in meiner Kindheit so gerne zurückgezogen hatte. Sie traf genau zu auf jenen Kraftort, wo ich Zuversicht und Energie aufzunehmen lernte, wenn ich mich von anderen schlecht behandelt fühlte oder über mein Verhalten ins Reine kommen musste. – Nachdem ich erfahren hatte, dass dieser Ort als Schauplatz der zu erwartenden Geschehnisse erwählt worden war, fürchtete ich, der Platz könnte seine Kraft durch die Ausführung für immer verlieren. Für mich war diese Höhle heilig und durfte keinesfalls als Kampfarena missbraucht werden! Ich war mit dieser

Kraftquelle geistig derart stark verwachsen, dass ich eine Entweihung nicht zulassen wollte. Die Gefühle und Widerstände tobten in meinem Inneren gegen die wunderbaren Wahrheiten, die ich gerade zuvor von Alundalt erfahren hatte.

Ich übermittelte sofort in höchster Besorgnis dem Botschafter meine Befürchtungen und sah ihn dabei mit flehenden Blicken an. Ehrlich gesagt wollte ich nicht verstehen, dass er nicht daranging, die Umsetzung dieses Traumes allein durchzuführen, und warum er nun andere Menschen in diese Aufgabe einspannen wollte, die mit der eigentlichen Schandtat gar nichts zu tun hatten. Ich verstand nicht, warum er nicht unserer Begegnung ausgewichen war.

Er sah mich gütig an und erklärte beruhigend: „Es wird kein Kampf mit materiellen oder modernen energetischen Waffen stattfinden. Es wird eine geistige Auseinandersetzung... ein Kampf auf höherer Ebene werden“, erläuterte er mit plastischen geistigen Bildern dazu. „Es ist... eine Begegnung, der schicksalhaft nicht ausgewichen werden kann. Wenn nicht die vorgesehenen Personen diese Aufgabe erfüllen, werden andere Wesen zur Lösung herangezogen, die zu späteren Zeiten dann noch weniger Beziehung zu dem Völkermord hätten als wir jetzt“, fügte er in unumstößlichem Ton und sehr ernst an.

Von seinen Ausführungen überzeugt, beruhigte sich mein innerer Sturm langsam. Ich merkte, dass Alundalt jeden Schritt seines Vorgehens gründlich bedacht hatte.

Des Weiteren eröffnete er mir, dass außerdem nach der religiösen Auffassung seines Volkes jedes Wesen, welches auf dieser Erde inkarniere (sich verkörpere), seine vorher selbst gewählten Aufgaben zu erfüllen habe, um in seiner Entwicklung aufsteigen zu können. „Ein Verweigern solcher Lebensaufgaben ist nicht zulässig. Diese Aufgaben lassen sich nicht wegschieben – sie müssen gelöst werden, weil das betreffende Wesen so lange keinen Entwicklungsschritt vollführen kann, bis es sich zur Lösung durchringt!“ stellte er leidenschaftlich fest. „Erst durch die Lösung einer solchen Aufgabe“, fuhr er wieder leiser fort, „wird die darin gebundene Energie wieder frei und kann in das Leben zurückfließen... und für weitere Aufgaben verwendet werden“, erklärte mir Alundalt einleuchtend.

Ich nickte verstehend und hing aufmerksam an seinen Lippen. „Was geschieht mit einem Menschen, der seine Aufgaben nicht löst... weil er verhindert wird oder es vielleicht nicht kann?" zeichnete ich ein Schreckensbild, das mir in den Sinn kam.

„Sollte ein menschliches Wesen zu viele Aufgaben nicht lösen, wird ihm von diesen dunklen Punkten ständig viel Energie abgezogen und es ist nicht mehr in der Lage, sein Leben richtig einzuteilen, und wird krank", zeigte er mir auf. „Diese Pflichterfüllungen sind nicht nur für das weitere Fortkommen des Einzelwesens, sondern für Generationen, die vor und nach diesem Wesen leben, von entscheidender Bedeutung. Rasche Aufgabenlösungen sind also wiederum von evolutionärer Bedeutung." Er sah mir prüfend in die Augen.

Ich verstand und antwortete gedämpft: „Ich kann also nicht wegrennen, jetzt, wo ich glaube, die Folgen zu kennen. Wenn ich jetzt scheitere oder der Aufgabe ausweiche, erreiche ich damit überhaupt nichts."

„So ist es, mein Freund", kam es sachlich und fest von Alundalt. Danach ließ er mir wieder Zeit zum Überlegen.

Meine Gedanken liefen auf Hochtouren: Ausweichen ist auch etwas, was ich nicht kann, weil es mein Charakter nicht zulässt. Außerdem habe ich mich in diesem Fall zur Durchführung bereits öffentlich entschlossen, diese Delegation veranlasst, und zu viele Menschen wissen bereits vom Ziel, um jetzt noch einen Rückzieher machen zu können. Ich würde mich nicht nur vor anderen Menschen, sondern ganz besonders vor mir selbst unsterblich blamieren! – Dazwischen blickte ich kurz auf Alundalt, da ich schon öfter das Gefühl hatte, dass er genau wusste, was ich denke. Er sah aus dem Fenster und wandte sich gleichzeitig wieder mir zu.

Alundalt lächelte. „Ich bin nun ziemlich sicher, diese Aufgabe mit eurer Hilfe bewältigen zu können. In meinem Traum hast du so zielstrebig und instinktiv richtig mitgearbeitet, als ob du schon wüsstest, was zu tun sei." – Wieder fixierte er mich sehr eindringlich, bevor er die folgenden Worte sprach: „Ich frage dich nun, Hermanwulf von Sehngried und Botschafter in Atlantis: Bist du mit ganzem Herzen bereit, unsere Aufgabe zu unterstützen?"

Obwohl ich die Tragweite dieser Worte nicht einschätzen konnte, weil ich in einer wie der geschilderten Situation noch nie war, sagte ich mit fester Stimme und einer inneren Überzeugung, die mich selbst etwas erschreckte: „Ja, das bin ich!"

Darauf resümierte er: „Ich hatte nichts anderes erwartet. Du bist ein Wesen, das, so wie ich, große und schwere Aufgaben bewältigen kann und wird. Du wurdest in einer früheren Zeit von den hohen Wesen, welche uns Menschen und diesen ganzen Planeten lenken, bereits in diese großen Wahrheiten und in die Wirkung der Kräfte eingeführt, mit denen der Schöpfer diese Welt baut und gestaltet. Diesmal bist du neuerlich in dieser Zeit des Umbruches inkarniert, um hier und jetzt wichtige Aufgaben einer Lösung zuzuführen", stellte er klar. „Wir sind jetzt in eine Phase des Zeitenumbruches auf diese Erde gekommen, um mit leuchtendem Beispiel und mit wegweisenden Ideen voranzugehen, denn es gilt hier den Fortbestand der positiven Energien zu sichern und diese Menschheitsentwicklung zu fördern", setzte er wieder wie ein Lehrer fort. „Dunkle Machenschaften von bösen Wesen... sind dabei, das Gleichgewicht der Kräfte zugunsten der negativen Seite zu verschieben. Diese Wesen glauben, diesen Zeitenumbruch ausnützen zu können, um das Licht und die Evolution auf dieser Welt zum Erlöschen zu bringen."

Alundalt räusperte sich, er schien sehr aufgeregt wegen dieser Sache zu sein. Es schien mir kurz, als schwebe er für einen Moment von seinem Platz in die Höhe. Doch dann sprach er konzentriert weiter: „Das darf keinesfalls geschehen, weil nur eine Ausgewogenheit der Energieverhältnisse das Fortkommen aller Wesen auf diesem Erdball sichert und den gesicherten Fortgang der Evolution aufrechterhält!"

Es dürfe keinesfalls so wie in anderen Planetensphären dazu kommen, dass alle positiven Energien ausgelöscht und diese Lebensräume öde und unbewohnbar würden, betonte er mahnend. Er sagte noch, dass unsere Erde Zeitalter durchlebe; jetzt sei das Ende eines Löwen-Zeitalters nahe, und es folge danach ein Krebszeitalter. Diese zyklischen Zeitabschnitte dauerten zweitausendeinhundertundsechzig Jahre. Die Atlanter nennen eine solche Ära einen Weltenmonat. Er wusste zu berichten, diese Zeitabschnitte würden von den kosmischen Kräften eines Energiefeldes beherrscht, das unser ganzes Sonnensystem wie eine ringförmige Schale umschließt und durchdringt. Dieser Ring sei in zwölf Felder gleicher Größe geteilt und die Eigenschaften des führenden Sternfeldes beherrschten den Entwicklungsgang auf der Erde.

„Das hereinbrechende Zeitalter wird ein schwierigerer Abschnitt, weil der Krebs Sicherheit bevorzugt, sich gern in ein bescheidenes und beschauliches Leben im engen Kreis zurückzieht, statt wichtige Entscheidungen zu treffen!“ hob er den gewaltigen Umbruch hervor. „Die Seelenkräfte und geistigen Visionen sind durch die Krebskräfte so stark, dass die Menschen keinen Schritt aus ihren Behausungen und Dorfgemeinschaften heraus werden tun müssen und dennoch die große Gemeinschaft des Lebens auf der Erde hautnah erleben können. Dafür braucht es Ruhe, Frieden und Stabilität. Größere Krisen und Kriege könnte die Menschheit in diesem Zeitalter kaum verkraften. Und darum sollten wir zum Anfang dieser Epoche eine möglichst positive Situation erzielen, um auf einer soliden, friedfertigen Grundlage etwas Beständiges weiterbauen zu können. – Verstehst du das?“ hakte er eindringlich nach, ob ich ihm folgen könne.

Ich konnte im Hintergrund seiner gesprochenen Worte deutlich geistige Bilder sehen, die seine Schilderungen ganz lebendig werden ließen, und nickte eifrig.

„Nun denn, dann ist es jetzt an einigen auserwählten Wesen, möglichst viele Schwächen vor dem großen Umbruch zu beseitigen, damit ein gesicherter Aufbau möglich wird.“ Damit meinte er wohl, mir alles Wichtige gesagt zu haben, denn plötzlich riss sein Redefluss ab und er schwieg.

Und ich muss ihn wohl sehr fragend angeblickt haben, weil er fortfuhr: „Schau nicht so verdutzt, du hast dir selbst diese Aufgabe und diesen Zeitpunkt ausgesucht, bevor du hierher geboren wurdest! Du hast bestimmt ausgerechnet, jetzt auf dieser Erde zu weilen, nun setze mit aller Kraft in die Tat um, was du dir vorgenommen hast!“ sprach er mir ins Gewissen. „Ich weiß, es wird gelingen. Diese Aufgabe, die uns nun unmittelbar bevorsteht, wird nicht die letzte Aufgabe sein, die wir ausführen werden.“

Jetzt fragte ich nach, warum er immer von Wesen oder Wesenheiten spreche und nicht von Menschen.

Er belehrte mich: „Wir alle sind uralte Seelen, die immer wieder auf diese Erde kommen, um hier an unserer Lebensaufgabe weiterzuarbeiten. Dazu inkarnieren wir in physische Körper von Menschen und bilden mit diesen zusammen eine Wesenseinheit. Wir sind also eine handlungsfähige Einheit, die aus mehreren Komponenten zusammengefügt ist. Jede ausgeführte Aufgabe bildet eine Stufe auf unserem Weg in immer höher führende Sphären. Wir wissen alle, dass wir den Weg bis hin zur völligen Erfüllung aller Aufgaben, die uns unser Schöpfer stellt, zu gehen haben. Wichtig ist dabei, zu erkennen, dass jeder von uns einen aktiven Teil der Schöpfung darstellt. Wir werden alle so oft auf dieser Erde inkarnieren, bis wir unsere Aufgaben gelöst haben, weil wir nur hier und mithilfe eines physischen Körpers tätig Veränderungen vornehmen können", wurde er leidenschaftlich. Dabei prüfte er wieder meine Aufmerksamkeit.

Als ich nickte, fuhr er ungebrochen fort: „Unser irdisches, materielles Erscheinungsbild ist nur der sichtbare Teil unseres Wesens, und gar nicht der wichtigste. Weil nur in der Erdensphäre mithilfe unserer physischen Körper die Möglichkeit besteht, tätig zu werden und die erforderlichen Veränderungen im materialisierten Bereich herbeizuführen, werden die Menschenwesen zu ausführenden Werkzeugen der höheren Mächte. Nur wir Menschenwesen haben Zugang sowohl in die materielle als auch in die Geistwelt als ausführende Glieder", meinte er mit einem spaßig-überlegenen Lächeln. „Alle Geistwesen, die auf einer höheren Ebene stehen, können zwar die Entwicklung genau einsehen und die Zusammenhänge dadurch erkennen, jedoch auf materieller Ebene Änderungen nur mithilfe eines Werkzeuges vornehmen. Wir kommen also hierher, um hier unserer Aufgabe nachzukommen, um den höheren Plan der Schöpfung aktiv zu erfüllen. Nur wir Menschenwesen sind jene Glieder in der Schöpfung, die diese außergewöhnlichen Fähigkeiten haben: als Werkzeuge zu dienen", bekräftigte er.

Er wurde durch eine heftige Kurve unseres Gefährtes unterbrochen, die uns zwang, uns irgendwo anzuhalten, und dennoch tüchtig nach der Seite drückte.

Als der Flug wieder ruhig weiterging, nahm er den Faden wieder auf: „Einige von uns, die schon etwas fortgeschrittener in der geistigen Entwicklung sind, bekommen aber noch zusätzlich zu den selbstgewählten Aufgaben von einer höheren Macht weitere wichtige Aufgaben zugeteilt, zum Beispiel, wenn es erforderlich werden sollte, in eine Fehlentwicklung der Evolution eines Volkes oder eines Kontinentes einzugreifen. So kommen wir Wesen nicht nur aus eigenem Antrieb wieder hierher, sondern bekommen zusätzlich noch weitere Aufgaben zu lösen, weil wir die Kraft zur Ausführung in uns schon entwickelt haben und die Lösung ansteht." Er räusperte sich und sah mich nickend an. „Wir beide haben also die Ehre und das Können, solch schwere Zusatzaufgaben zu bewältigen, denn wir sind Auserwählte. Du bist dir dessen aber noch nicht bewusst. Nach der erfolgreichen Lösung dieser Aufgabe wirst du es jedoch wissen, weil dein Ich dann eine viel höhere Schwingung ertragen und du Dinge sehen und bewegen kannst, die im höheren Zusammenhang stehen!" postulierte er mit fester Stimme. „Du wirst Einblick gewinnen in Zusammenhänge, die den meisten Menschen verborgen bleiben. Du wirst es gut finden, an dieser Handlung mitgewirkt zu haben. Die Dankesbezeugungen der erlösten Seelen werden dich tief berühren und für die Mühen entlohnen." Er nahm wieder einmal meine Hand wie ein Vater und drückte sie bestärkend. Dabei meinte er gütig: „Aber bewahre Demut und bilde dir ja nicht ein, etwas Besonderes zu sein! Es sind zu viele schon hochmütig geworden und dann tiefer gefallen, als sie vorher standen. Dessen sei immer bewusst! Ebenso lebe im Bewusstsein, selbst ein Schöpfer auf dieser Erde zu sein!"

Diese Erklärungen hatten mich tief ergriffen, ja, erschüttert. Ich war sehr nachdenklich geworden und beschloss nun, den Mund zu halten, bis ich verstehen könnte, was mir vermittelt wurde. Das Gesagte war mir einfach zu hoch. All die Worte drangen zu schnell und in zu dichter Folge auf mich ein, als dass ich ihnen hätte sofort folgen können. Dennoch war ich tief in mir sehr berührt von den geistigen Bildern Alundalts, als ob ich diese Geschichte schon selbst erlebt, ja, selbst geschrieben hätte.

Tränen standen mir in den Augen. Ich ließ meine Blicke über das vertraute Land schweifen, das neben und unter uns dahinglitt, aber ich konnte es kaum sehen. Das Gehörte stand mir viel deutlicher vor dem Geist. Es sollte erst einmal in mir wirken, nahm ich mir vor. Um alles wirken zu lassen, wollte ich mich vorerst auf die weltliche Aufgabe des heutigen Tages konzentrieren und den Besuch des Botschafters auf unserem Hof über die Bühne bringen.

So, als ob er wieder meine Gedanken verfolgt hätte, warf er ein: „Du hast recht! Wenden wir uns den profanen Dingen dieses Tages zu und lassen wir das Gesagte erst einmal einsickern! Denn schließlich kommt ohnehin immer alles so, wie es kommen muss, da es von höherer Macht vorbestimmt ist und so zuverlässig eintritt wie unser irdischer Tod."

In der Zwischenzeit hatten wir den Weg zu unserem Hof, für den wir zu Pferd zwei Tage gebraucht hätten, fast zurückgelegt und waren über dem Wald angelangt, der ganz in der Nähe unserer Weiden liegt.

Ich wandte mich an den Botschafter und bat ihn, einen Umweg fliegen zu lassen. Wir steuerten unseren Hof fast genau von Westen her an, sollten jedoch mehr von Norden kommen, um nicht die Weidetiere mit den fliegenden Schüsseln zu verschrecken. Sie würden in alle Winde verstreut, sodass es nur mehr schwer möglich wäre, alle wieder einzufangen. Jedes versprengte Tier wäre ein großer Verlust für meine Leute, denn es könnte den Wildtieren zum Opfer fallen.

Der Botschafter sah das ein und gab dem Piloten den Auftrag, meinen Anweisungen zu folgen. Daher zeigte ich dem Piloten, wo er auf einer Lichtung landen könne. Hier konnte das Gefährt verweilen, bis ich unsere Leute vorbereitet hatte. Ich wusste, dass mein Pferd mitgenommen worden war und ich meinen Weg mit diesem fortsetzen konnte.

Kaum hatte der Gleiter auf dieser Lichtung aufgesetzt, die vor meiner geheimen Höhle liegt, als der Botschafter ausrief: „Hier ist der Platz aus jenem Traum!" Er sah angespannt aus dem Fenster des Gleiters und schien etwas zu suchen.

Darauf erklärte ich: „Meine Höhle ist ganz in der Nähe und diese Wiese gehört zu meinem geheimen Refugium, das ich immer aufsuchte, wenn ich geistige Stärkung benötigte."

„Jetzt fehlt nur noch mein Gegenüber", flüsterte der Botschafter mehr für sich selbst. Er zitterte vor Erregung, als ob ihn ein Schüttelfrost erfasst hätte. Ganz wohl war ihm also nicht bei der Vorstellung, diese Sache ausführen zu sollen, und er ahnte schon, dass Schweres auf ihn zukommt.

Kaum hatte er den Satz geflüstert, als plötzlich wie aus dem Erdboden gewachsen der Priester von unserem Hof mitten auf der Wiese auftauchte. Er stand wie aus dem Nichts kommend auf der Lichtung, sodass wir alle zuerst meinten, ein Geist wäre erschienen.

Den Mann umgab ein eigenartiger Glanz. Man ahnte mehr als man fühlte, dass er in Energie eingehüllt war, die ihn schützend umgab. Die Militärs hatten ihre Waffen gezogen und auf den Priester gerichtet. Offenbar empfanden sie diese plötzliche Erscheinung als ebenso bedrohlich wie ich.

Der Botschafter rief seine Leute erschrocken zurück: „Nicht schießen!“ Er fuchtelte dabei ganz aufgeregt mit den Händen in der Luft herum. Allem Anschein nach hatte diese Begegnung eine viel größere Bedeutung für ihn, als wir anderen ahnen konnten. Seine große Aufregung verdeutlichte das. Ja, so hatten wir Alundalt noch nicht erlebt: Der Schweiß stand ihm auf der Stirn, und er hatte die Augen weit aufgerissen. Dabei beeilte er sich, sein Gefolge auf Distanz zu halten, indem er mit gepresster Stimme zu seinen Leuten sagte: „Diese Erscheinung geht nur mich und meinen Freund Hermanwulf etwas an! Alle anderen halten sich da raus.“

Zu den Militärs gewandt, wurde er noch eindringlicher und befahl: „Haltet euch zurück und lasst uns beide nur machen! Ganz gleich, was passiert, macht keinesfalls von der Waffe Gebrauch, verstanden? – Wenn jetzt ein Fehler passiert, ist unsere gesamte Mission gescheitert!“ – Er forderte den Obristen auf, ihm zu bestätigen, dass er verstanden habe, befahl dem Piloten zurückzusetzen und wartete ab, bis der Gleiter eine so weit entfernte Position eingenommen hatte, dass sich der Priester nicht mehr bedroht fühlen konnte.

Um festzustellen, wie es nun weitergehen sollte, blickte ich dem Botschafter ins Gesicht. Er gab mir ein Zeichen, ihm zu folgen. Wir stiegen aus und gingen ruhig auf den Priester zu.

Dieser erwartete uns hoch aufgerichtet und betrachtete uns mit wachen Augen. Dann rief er herüber: „Das war aber knapp! Beinahe hätte ich angegriffen. Als die Militärs zu den Waffen griffen, wollte ich schon losschlagen. Du hast im letzten Augenblick eingegriffen“, hielt er Alundalt vorwurfsvoll vor. „Ich vertraue euren Militärs nicht, sie haben meinem Volk schon zu viel geschadet.“ Auch er hatte ein zornig gerötetes Gesicht, als er dies zu uns sagte. Es war ihm anzusehen, dass er sich in höchster Erregung befand.

So hatte ich diesen Mann bisher noch nie erlebt. Ich hielt ihn bisher immer für einen ruhigen Menschen, der durch nichts aus dem Gleichgewicht zu bringen war und stets wusste, was zu tun ist. Ich kannte ihn nur als die Güte in Person – und jetzt dieser wütende Auftritt! Da muss schon etwas Gewaltiges dahinterstecken, dass du so aus der Fassung gerätst, dachte ich mir.

Er hatte eine herrische Pose eingenommen und sich halb zur Seite gedreht, sodass man seine rechte Hand nicht sehen konnte. Als wir uns etwa auf zehn Schritte genähert hatten, schnellte seine Rechte vor und hielt gestreckt einen goldenen Stab in der Hand, an dessen Ende ein kleiner Wolfskopf mit Kristall-Augen angebracht war. Diese Augen leuchteten und Energiestrahlen fuhren uns bedrohlich entgegen, sodass wir beide uns gezwungen sahen, sofort stehen zu bleiben.

Als ob ich nur eine Bedrohung für den Botschafter erwartete, stellte ich mich zwischen die beiden Männer, in der Absicht, den Botschafter vor dem Priester zu schützen, und stellte klar: „Du darfst dem Botschafter, meinem Freund, nichts antun! Er steht unter meinem und des Fürsten Schutz!"

Ohne auf mein Einschreiten einzugehen, erklärte der Priester weiter in aufforderndem Ton: „Ich bin ein Gesandter des Volkes der Taoristin und komme hierher, um meinen Auftrag auszuführen. Es ist an der Zeit, Gerechtigkeit für meine Leute einzufordern, und dieser Botschafter weiß das! – Sollte er gekommen sein, um mir zu schaden, wird ihn dein Schutz nicht vor dem Untergang bewahren", postulierte er geheimnisvoll. „Diese Atlanter haben mein Volk vernichtet!" klagte er mit wütender Stimme schreiend an. „Ich habe mein Volk zu rächen, ... und seinen Seelen den Zugang zum Jenseits zu ermöglichen, was bisher verwehrt wurde." Ruhiger meinte er: „Geh weg! Du kannst mich nicht hindern, zu tun, was ich mir vorgenommen habe. Du kannst höchstens mithelfen, falls du fähig und gewillt bist."

Ich fragte ihn: „Willst du den Botschafter töten? Was kannst du damit erreichen? Ein zusätzlicher Mord wird nur weiter den Hass schüren und eine Gegenmaßnahme auslösen", zitierte ich seine eigene Lehre, die er uns immer einbläute, wenn mein Bruder und ich stritten. „Damit wird unsere Aufgabe zu keinem positiven Ende kommen, und außerdem wäre es widersinnig, weil der Botschafter gekommen ist, um Sühne zu leisten." Ich ließ ihm etwas Zeit, damit er meine Worte an sich heranlassen und abkühlen konnte.

Der Priester verharrte noch immer in seiner Drohgebärde.

„Du darfst den Gast unseres Hofes nicht töten und so deinen Herrn schänden, der dich aufgenommen hat und an dessen Tisch du jahrelang gesessen hast. Ich schätze dich nicht als jemanden ein, der so blindwütig oder wahnsinnig ist", wurde ich jetzt auch eindringlicher. „Ich weiß bereits, was deinem Volk angetan wurde. Das war sicher ein schändlicher Völkermord. Wie kann dafür der Tod eines einzigen Menschen als Rache oder gar Sühne dieser Tat dienen?" wollte ich zeigen, dass diese Rechnung falsch aufging.

Betont wandte ich mich zum Botschafter um: „Sie haben gesagt, dass Sie hier bei uns auf dem Hof eine schwere Aufgabe zu lösen haben. Ist die Auseinandersetzung mit diesem Priester ein Teil dieser Aufgabe?"

Mit seiner machtvollen Stimme erwiderte er: „Nein. – Der Priester ist aber jener Mann, den ich bereits auf dem Flug hierher angesprochen habe. Er wird bei der Lösung der Aufgabe, von der ich sprach, mitwirken. Es ist nicht meine Absicht, weiter zu töten, sondern auf geistig energetischem Wege eine Lösung zu erreichen", lenkte er geschickt auf unser Ziel. „Es muss also etwas getan werden." Der Botschafter deutete dabei auf sich und den Priester und ergänzte: „Wir zwei haben mit dir als Medium auf hochgeistiger Ebene diese karmische Verkettung aufzuarbeiten und zum Wohle beider Völker aufzulösen. Es wird dazu erforderlich sein, den geeigneten Energieplatz und den exakten Zeitpunkt auszuwählen, um diese Lösungsarbeit durchzuführen."

Dazu bemerkte der Priester: „Die Zeit braucht nicht mehr gewählt zu werden. Der Tag, genauer gesagt: die Nacht, ist gekommen. Heute Nacht, eine halbe Stunde vor Mitternacht, ist die richtige Sternkonstellation gegeben, die ein Zeitfenster in die Vergangenheit meines Volkes öffnet. Dieses Fenster werde ich nützen, um endlich unser Volk zu rächen!" kündigte er wieder mit erhobener Stimme an. Dann musterte er uns wie jemand, der von einer Beschäftigung aufsieht, und sprach völlig ruhig: „...oder die Zukunft unserer beiden Völker zu befrieden,... sodass meine Vorfahren in Ruhe eingehen können in die vorgesehene höhere Ebene. Wenn du mitmachen willst, bist du willkommen, also entscheide dich, Atlanter!"

Nach diesem Satz hörte ich den Botschafter hinter mir kichern, und er antwortete mit einer seltsamen Stimme: „Ach was, schnell entscheiden soll ich mich, geht dir die Energie aus?"

Als ich diese Worte hörte, drehte ich mich um, weil sich die Stimme des Botschafters verändert hatte und metallisch klang. Da staunte ich nicht schlecht: Er war doppelt so groß geworden, um ihn schimmerte bläulich ein Energiezylinder, der sich mit großer Geschwindigkeit zu drehen schien, und er schwebte mindestens fünf Ellen hoch über dem Boden.

Jetzt war ich doch etwas schockiert, dass ich so unbedacht zwischen diese beiden Wesen getreten war, denn hätte nur einer seine Energie entladen, wäre es mit mir aus gewesen. Ein solches Energiewesen, wie es dieser Botschafter nun darstellte, brauchte meine bescheidenen Mittel nicht zu seinem Schutz.

Kaum hatte ich das gedacht, ertönten beide wie im Chor: „Du könntest uns nicht voreinander beschützen, aber alleine der Gedanke, es tun zu wollen, ehrt dich."

Ich verstand nun nicht ganz, was das bedeuten sollte. Wollten sie mich etwa nur in ihre Mitte locken? Verärgert antwortete ich: „Habt mich beide gerne, ich lasse mich nicht missbrauchen!" und trat aus der Verbindungslinie zur Seite.

„Du wurdest nicht missbraucht, vielmehr gebraucht, denn du bist der Katalysator!" rief mir Alundalt zu.

„Ohne dein Mitwirken ist kein positiver Abschluss möglich", fügten daraufhin beide an und beruhigten sich etwas. Ihre Erscheinungen wurden wieder kleiner und wirkten nun nicht mehr so bedrohlich. Offenbar hatten nun doch beide die guten Absichten des anderen erkannt und gaben die Drohgebärden auf.

Der Priester schien nun versöhnt und erinnerte knapp: „Also, bis heute um dreiundzwanzig Uhr dreißig werde ich dich verschonen. Lasst euch aber keine Tricks einfallen, ich würde sie erkennen und dementsprechend entgegnen!" Dann verschwand er – so urplötzlich wie er gekommen war. Der Botschafter nahm auch wieder seine vorherige, normale Gestalt an.

Ich schritt entschlossen auf ihn zu und verlangte: „Jetzt möchte ich einmal richtig aufgeklärt werden! Was ist da wirklich los?"

Alundalt reagierte völlig ausgeglichen. Wie vorher im Gleiter belehrte er mich: „Ich sagte es schon: Nur auf dieser Erde haben Menschenwesen die Möglichkeit, die Dualität von Materie und Energie zu benützen, und können dadurch aktiv in die Geschehnisse eingreifen und etwas verändern", erinnerte er. „Du wirst heute Nacht freiwillig – als schöpferisches Wesen – für beide Völker eine wichtige Korrektur in der Volksentwicklung vornehmen."

Ich beklagte mich: „Freiwillig? Was soll das heißen? Bis vor kurzer Zeit habe ich Sie nicht einmal gekannt, habe nicht gewusst, wer dieser Priester tatsächlich ist, und nun stecke ich mitten drinnen in der Sühne eines Massenmordes!" regte ich mich auf. „Ich kann darin beim besten Willen keine Freiwilligkeit sehen!" schimpfte ich unwillig.

Er lächelte und vermittelte ganz ruhig: „Einst hast du diese Aufgabe angenommen... bist zum richtigen Zeitpunkt auf diesem schönen Platz zur Welt gekommen... schon wissend, was dir bevorsteht. Nur durch das Trauma der Geburt hast du vorübergehend wieder vergessen, was dir zu tun bevorsteht. Jetzt wurdest du erinnert. Also erledige, was du dir vor deiner Geburt vorgenommen hast und was dir von hoher Stelle zugewiesen ist... und jammere nicht!" Zum Ende des Satzes wirkte er etwas zornig.

Von diesem Gefühlsausbruch überrumpelt, sagte ich darauf nichts mehr, weil ich keinen Zwist heraufbeschwören wollte. Auch wollte ich nicht als Jammerlappen dastehen vor diesem wunderbaren Menschen, der offenbar großes Vertrauen in mich setzte.

Das Gefolge des Botschafters war durch die ungewöhnliche Erscheinung und alle diese Vorgänge keineswegs verängstigt oder aufgeregt. Es schien so, als ob derartige Vorfälle in der Umgebung des Botschafters öfter vorkämen und von diesen Leuten nicht als außerordentliche Gefahren eingestuft würden. Sie alle waren aber sichtlich froh, dass der Vorfall ohne Schaden für eine Person ausgegangen war.

Dennoch war mir zumute, als ob für alle Anwesenden der Ausgang dieser Begegnung keineswegs voraussehbar gewesen sei.

Der Botschafter sah auffordernd zu mir her und betonte: „Nun ist die erste Gefahr vorbei und keiner hat Schaden genommen. Es ist mir ganz recht, dass sich der Priester hier, also nicht vor den Leuten des Hofes, stellte. So ist diesen armen Leuten viel Schrecken erspart geblieben. Machen wir uns jetzt daran, den Hof der Edlen zu Sehngried zu besuchen!"

Während des letzten Gespräches hatte ein Mann aus dem Gefolge des Botschafters mein Pferd ausgeladen und gesattelt. Ich stieg auf und machte mich auf den Weg zu unserem nahegelegenen Hof. Von den Anwesenden hatte ich mich durch Handheben noch kurz verabschiedet. Ich war auf dem Ritt sehr in Gedanken versunken und dankbar, auf meinem Pferd zu sitzen... und allein sein zu können. Im Augenblick wäre ich nicht zum Reden aufgelegt, ging es mir durch den Kopf. Die letzte harsche Abfertigung durch den Botschafter hatte mich etwas einsilbig gemacht. Ich nahm mir vor, eine solche Behandlung in Zukunft nicht ohne Widerspruch hinzunehmen.

Am Sattelknopf meines Pferdes baumelte ein Telprain, ich hatte es auf den Weg mitbekommen, um meinen Reisegefährten rufen zu können, sobald die Leute am Hof vorgewarnt waren.

Ich war froh, vor dieser ganzen aufdringlichen Gesellschaft für einige Minuten Ruhe zu haben. Wenn ich meine anstehende Aufgabe als Gastgeber ordentlich erfüllen sollte, musste ich meine durcheinandergeratenen Gedanken und Gefühle wieder ordnen und meinen Leuten ein gefasstes Bild abgeben. Ich zwang mich, aus dem kurz vorher Geschehenen auszusteigen und wieder in die weltliche Gegenwart zurückzukehren. Dazu war der Wind, der beim Ritt um meine Stirn strich, sehr angenehm und half, meine inneren Stürme wieder zu beruhigen. Nachdem die Spannung nachgelassen hatte, merkte ich erst, wie aufgeregt ich war.

Ich ritt eilig durch ein kleines Wäldchen. Als ich am Fluss aus dem Baumbestand herauskam, sah ich meine Verwandten und eine Abordnung an der nahe gelegenen Brücke hoch zu Ross auf mich warten. Ich winkte hinüber und war glücklich, meine Familie wiederzusehen.

Als ich über die Brücke ritt, sah ich, dass am Fuße des Hügels unter dem Hof die Tribüne, die dort für Reiterspiele errichtet ist, geschmückt worden war. Dort wartete die gesamte Gefolgschaft des Hofes neugierig auf die Ankunft der Fremden. Mein Vater fragte sofort: „Was ist vorgefallen? Wir hörten das Herannahen der Fahrzeuge und dann war es lange still. Dann hörten wir Rufe..."

Ich beeilte mich zu erklären: "Es ist alles in Ordnung, ich bin nur vorgeritten, um euch vorzubereiten. Die Gleiter haben wir auf der Lichtung vorläufig angehalten, und ich bin gekommen, um zu sehen, ob alles vorbereitet ist. – Ich schlage vor, alle Pferde in die Ställe zu bringen", sagte ich aufgekratzt und sah mich um. „Wie ich sehe, sind keine Weidetiere in der Nähe. Es war gut, die Tiere wegzutreiben."

Mein Vater entgegnete bezüglich der Pferde: „Ich will den Botschafter nicht zu Fuß begrüßen, das bin ich der Würde meines Standes schuldig."

Weil ich wusste, dass mein Vater nicht umzustimmen war und ich die Gesellschaft nicht unnötig warten lassen wollte, machte ich den Vorschlag, zur Tribüne zu reiten. Ich unterbreitete Vater: „Dort kannst du den Botschafter aus gleicher Höhe begrüßen, so wie du es gewohnt bist und es nach deiner Meinung standesgemäß ist."

Vater fand die Idee ansprechend. Die Tribüne war zum Willkommensfest geschmückt worden, das Vater zu geben gedachte. Nachdem wir dort angelangt waren, brachten einige Leute die Pferde in die Ställe weg.

Als sich alle gesetzt hatten und aufgeregt schnatternd der kommenden Dinge harrten, verständigte ich nun den Botschafter über das Kommunikationsgerät. Elik hatte mir vorher vorgeführt, wie man dieses Ding zu betätigen hat. Meine Leute waren ganz verdutzt, als aus dem kleinen Gegenstand in meiner Hand die Antwort erklang. Ich befestigte das Gerät an meinem Gürtel und ging nicht weiter auf die gestellten Fragen ein, da ich die Hofbewohner über den nun kommenden Vorgang der Anreise aufklären wollte. Ich vermittelte, dass kein Anlass für Angst gegeben sei und sie ihr Staunen möglichst im Zaum halten sollten, wenn gleich die Gefährte über den Wald einschweben würden. Dies sei die übliche Fortbewegungsart in Atlantis. Wie zur Antwort wurden in diesem Augenblick die Gleiter über dem Wald sichtbar.

Die Begegnung zwischen meiner Sippe und der kleinen Delegation aus Atlantis lief ziemlich ähnlich ab wie am Hof des Großfürsten. Obwohl sich unser Gefolge sehr bemühte, gelang es nicht, Staunen und Angst ganz zu verbergen. Es entstand ein angeregtes Gemurmel, und alle fuchtelten mit den Händen in der Luft herum. Erfreulicherweise hielt sich die Aufregung in erträglichen Grenzen. Ich war daher berechtigt stolz auf die Disziplin unserer Leute.

Zuerst stellte ich meine Mutter und die Vorderen des Hofes dem Botschafter und seinem Gefolge vor. Der Botschafter begrüßte meine Mutter mit den Worten: „Ich wusste, dass mein Freund Hermanwulf eine wunderschöne Mutter hat. Er ergriff die rechte Hand meiner Mutter und führte sie an seine Stirn, nachdem er sich richtig höfisch verbeugt hatte. Anschließend bedeutete er seinem Majordomos und dem Schatzmeister näherzutreten. Diese brachten auf einem mit blauer Seide ausgelegten runden Schild die Gastgeschenke.

Vater überreichte er einen wunderschön verzierten, schweren Sauspieß mit den Worten: „Diese Waffe kommt aus einer östlichen Erdengegend und war einst die Jagdwaffe eines großen Herrschers. Er hat damit in einem Jagdritual mit einem Stoß Wildschweine getötet. Es ist eine Kultwaffe einer großen untergegangenen Kultur."

Sodann zeigte er auf weitere Waffen und bedeutete meinem Bruder und mir, eine davon auszusuchen. Mein Bruder griff sofort zu einem gebogenen Schwert, das eine schwarze Lederscheide mit eigenartiger Bänderung und wunderschön verziertem Griff wie Wehr hatte.

Der Botschafter bestätigte freundlich: „Eine gute Wahl – diese Waffe stammt aus dem Fernen Osten. Sie ist geradezu unzerbrechlich und scharf wie ein Diamant. Diese Waffe trug früher ebenfalls ein Fürst. Wenn man lautere Absichten hat, wird diese Waffe den Träger stets beschützen, ihn verteidigen und lässt sich zu einem Mord nicht missbrauchen."

Als mein Bruder es aus der Scheide zog und um den Kopf wirbelte, entstand ein so scharfes schneidendes Geräusch, dass alleine dadurch schon jeder Gegner gewarnt sein musste. Sie lag gut in seiner Hand und ließ seine Augen glänzen.

Mir hatte es ein schmaler, gebogener Dolch mit einer Klinge mit tiefer Blutrinne, einer edelsteinbesetzten Scheide, vergoldetem Griff und Einlegearbeiten auf dem Wehr angetan.

Der Botschafter kommentierte: „Ich wusste, du wählst diesen Dolch!" Sofort rief er unseren Leuten zu: „Hat hier jemand eine blutende oder eiternde Wunde?"

Zuerst rührte sich keiner, dann meldete sich unser Mahr und hob die rechte Hand mit blutgetränktem Verband. Die Wunde, die er am Handgelenk hatte, blutete und schwärte fürchterlich.

Der Botschafter forderte den Mann auf, näher zu kommen und die schmutzigen Lappen von der Wunde abzuwickeln. Dann zog er den Dolch aus der Scheide und hielt die Klinge flach vor die Wunde, ohne diese zu berühren. Der Mahr wollte die Hand wegziehen, weil er meinte, der Botschafter würde ihm in die Hand schneiden. Der Botschafter hielt aber seine Hand fest und forderte ihn ruhig auf: „Sieh zu, wie der Dolch diese schmutzige Wunde heilen wird!"

Tatsächlich! Kaum hatte der Botschafter die Klinge in die Nähe der Wunde gehalten, hörte die Blutung auf, sie wurde sauber und schloss sich in kurzer Zeit, als hätte es nie eine Verletzung gegeben. Der Mahr stieß einen Laut der Verwunderung aus und sprudelte etwas von Zauberei. Dann bedankte er sich bei dem Botschafter zaghaft. Später zeigte er aber den Leuten ganz stolz seine geheilte Hand. Vermutlich hatte er sehr unter den Schmerzen gelitten und war froh, wieder heil zu sein.

Alundalt setzte mir nun mit feierlicher Stimme auseinander: „Dieser Dolch war das Heilungswerkzeug eines Schamanen eines bereits nicht mehr existierenden Volkes aus dem Südosten dieses Planeten. Er gehört einer alten, längst versunkenen Epoche an. Die Herrscher und Priester dieses Volkes waren Göttersöhne und beherrschten viele Dinge, die wir uns nicht vorstellen können. Ich werde bei Gelegenheit einmal davon erzählen. Möglicherweise wirst du diesen Dolch heute noch brauchen, denke an den Priester! Denn: Wer diese Waffe trägt und lautere Absichten verfolgt, wird stets geschützt vor böswilligen Angriffen!“ zitierte er sich nochmals selbst.

Meiner Mutter übergab der Botschafter schließlich ein wunderschönes, fein gefertigtes Goldcollier mit dazu passendem Goldring und Armband. Dieser Schmuck war mit zahlreichen Edelsteinen besetzt und funkelte in der Sonne, nachdem der Botschafter ihn Mutter angelegt hatte.

So einen üppigen und wertvollen Schmuck hatte ich bisher noch nicht gesehen. Meine Eltern waren sichtlich geehrt und beeindruckt über den hohen Wert dieser Gaben.

Die Vorderen vom Hof durften sich ebenfalls Geschenke aussuchen und griffen freudig zu. So etwas war den braven Leuten bisher noch nicht widerfahren, alle zeigten sich glücklich und plapperten aufgeregt wild durcheinander.

Der Priester war in all dem glücklichen Trubel nirgends zu sehen. Vater hatte das Fehlen des Priesters noch gar nicht bemerkt, zu Mutter raunte ich leise: „Den Priester haben wir schon gesehen! Diese Begegnung hat eine besondere Bedeutung, die ich später erklären möchte. Aber sorge dich nicht, es ist alles in Ordnung!“

Nun erhob Vater seine Stimme, den Gastgeber hervorkehrend: „Darf nun ich die Herrschaften um Aufmerksamkeit bitten!“ Es folgte – wie zu erwarten – die Überreichung von Gegengeschenken. Der Botschafter bekam Sanrin, den kohlschwarzen einjährigen

Rappen, das beste Tier, das mein Vater je gezogen hatte und dessen Fell in der Sonne nur so glänzte. Alundalt war sichtlich überrascht und angetan, denn seine Augen glänzten begeistert, als er das Tier betrachtete.

Ich dachte noch: Das wird ein hartes Stück Arbeit werden, das Tier in einen Gleiter zu bringen und es für einen Mann zuzureiten, der keine Beine zum Festhalten hat.

Die Damen und das weitere Gefolge des Botschafters wurden ebenfalls reichlich beschenkt. Vater zeigte sich von seiner großzügigen Seite. So kannte ich ihn gar nicht.

Es war alles aufgelegt, was am Hof wertvoll und begehrenswert war, und er zeigte nicht einmal ein böses Gesicht, als die Leute des Botschafters zugriffen.

Interessanterweise suchten sich die Damen nur Fibeln und einfachen Zierrat heraus und waren ganz begeistert von dem Duft der Honigseifen, die sofort vergriffen waren, sodass meine Mutter weitere Seifen holen ließ. Auch die Hornkämme mit den fingerlangen Zinken waren sehr begehrt, und die Damen steckten diese als Schmuck in die Haare. Dabei stolzierten sie herum wie Pfaue.

Ich dachte etwas belustigt bei mir: Es ist doch einfach und billig, eitle Damen zu beschenken, wenn sie über solche Kleinigkeiten schon so großartige Freude zeigen!

Der Majordomus nahm ein mit Silber beschlagenes, fünf Ellen langes Horn mit goldenem Mundstück und betrachtete es von allen Seiten. Da trat mein Bruder an seine Seite, um ihm zu zeigen, wofür dieses Horn gebraucht werde. Er setzte es an den Mund, holte tief Luft und brachte einen schauerlichen, weithin hallenden, lang gezogenen, tiefen Ton hervor, der alle erzittern ließ. Daraufhin erklärte er dem verdutzten Mann, dass dieses Gerät ein Signalhorn für einen Vorposten sei. Damit könne man den Angriff von Feinden über eine große Entfernung anzeigen und die Siedlung rechtzeitig warnen.

Das gefiel dem Majordomus und er versuchte sofort ebenfalls, das Horn zu blasen. Es kamen aber nur klägliche Laute heraus, was alle belustigt zum Lachen brachte.

Die ganze Gesellschaft beschäftigte sich noch vollauf mit dem Bestaunen der Geschenke. Besonders unsre Leute konnten noch gar nicht fassen, welche Kostbarkeiten sie erhalten hatten. Da trat mein

Vater an den Botschafter heran und bat ihn, für mich völlig überraschend, einmal mit der Strahlenwaffe schießen zu dürfen. Ob dieses Anliegens waren alle sehr erstaunt, und wieder erhob sich ein aufgeregtes Durcheinander an Mutmaßungen und begeisterten wie ängstlichen Anklängen. Offenbar hatten die Leute am Hof bereits erfahren, welch mächtige Waffen die Besucher besaßen, und bekamen ein wenig Angst. Die Neugierde zwang sie aber, am Ort zu bleiben und zuzusehen, falls ein solches Höllending abgefeuert würde.

Noch bevor ich einen Einwand bringen konnte, erklärte Vater dem Botschafter: „Seht den großen Felsen dort in der Wiese beim Bach! Der hindert uns daran, eine geeignete Schleuse und ein Wehr für eine größere Mühle zu errichten, wir haben schon alles versucht und bringen diesen großen Brocken mit unseren Mitteln einfach nicht weg, mit Ihren Waffen ist das sicher eine Kleinigkeit, wie ich in der Festung des Großfürsten gesehen habe", spekulierte er.

Der Botschafter antwortete gleich mit dem nächsten Gedankenschritt: „Wollt ihr die Trümmer des Felsens noch verwenden, oder soll er ganz verschwinden?"

Mein Vater bewies Sinn fürs Praktische und meinte: „Wenn es Steine zum Mauern des Wehrs an Ort und Stelle gäbe, wäre das überhaupt eine Ideallösung."

Also winkte der Botschafter einem Gleiterpiloten, worauf dieser auf die Festwiese fuhr und vor Vater und dem Botschafter anhielt. Unser hoher Gast bedeutete meinem Vater, auf der rechten Seite in die zweite Sitzreihe einzusteigen, und begab sich selbst von links in diese Sitzreihe. Als sie hinter der ersten Sitzreihe standen, die vorgeschoben worden war, ragten sie mit den Oberkörpern oben aus dem Verdeck des Gleiters heraus. Dann war ein Zischlaut zu hören und aus der Konsole zwischen den Sitzen der ersten Reihe erhob sich ein Gerät von mindestens sieben Ellen Länge. Am hinteren Ende war es etwa oberschenkeldick. Vorne lief es in eine Lanzenspitze aus. Nun hantierte der Botschafter an dieser Strahlenwaffe, die trotz ihrer Größe sehr beweglich auf einem Sockel im Gleiter befestigt war, und richtete sie auf den angesprochenen Felsen aus. Danach bedeutete er meinem Vater, die beiden Griffe, die wie Stierhörner aus dem hinteren Ende der Waffe ragten, zu ergreifen, und zeigte ihm, wie er zu zielen und wo er abzudrücken habe. Mein Vater kniff das linke

Auge wie beim Bogenschießen zu und drückte den Abzug am rechten Griff der Waffe. – Es war gut, dass der Gleiter gut 20 Ellen hoch über der Tribüne schwebte, denn sonst hätte er einige seiner eigenen Leute erschossen. Er hatte nämlich beim Abziehen die Waffe herumgerissen und der Schuss schlug in das Kornfeld, weitab vom Felsen, ein. Der Einschlag löste sofort einen Brand im reifen Korn aus – und der Felsen war noch immer ganz.

Alundalt schmunzelte freundlich und wies ihn an: „Beim Schießen müssen Sie die Waffe schon festhalten und dürfen nicht zucken!"

„Ich zucke ja nicht", verteidigte sich mein Vater. „Es war das erste Mal, dass ich das falsch gemacht habe. Beim nächsten Mal mache ich es sicher besser!"

„Davon bin ich überzeugt", sagte der Botschafter gelassen, „aber Ihre Leute sollten den Brand da unten löschen, nachdem Sie noch einmal geschossen haben", empfahl er.

Mein Vater zielte wieder, die Energie schoss los, zertrümmerte den Felsen zu lauter kopfgroßen Steinen, die zu Boden prasselten. Der Botschafter gratulierte diesmal: „Einen sauberen Schuss haben Sie da angebracht, alle Achtung!"

Mein Vater sah sich stolz um und stellte fest, dass keiner seiner Gefolgsleute, auch nicht die Familienmitglieder, mehr da waren, um ihn zu bewundern. Sie waren geschlossen zum Brand geeilt, um ihn zu löschen, weil sonst die gesamte Ernte auf diesem Feld vernichtet worden wäre. Der Brand hatte sich schon so weit ausgebreitet, dass er kaum mehr mit den herkömmlichen Mitteln zu löschen war.

Alundalt setzte einige der Militärs in Gang, die Leute zu unterstützen. Die Helfer fuhren mit zwei Gleitern hin, nahmen flaschenförmige Behälter aus den Fahrzeugen und versprühten einen Nebel über die Flammen. Dadurch war der Brand in Windeseile gelöscht.

Jetzt atmete mein Vater erst richtig zufrieden auf, denn das Kornfeld war sehr wichtig als Teil des Wintervorrates.

Endlich hatten sich alle wieder beruhigt und waren zum Hof zurückgekehrt. Vater bat, auf den Tribünen Platz zu nehmen, und erklärte, dass nun das Essen aufgetragen werde.

Mutter war sehr bemüht, die Bedienung der hohen Gäste selbst zu überwachen, und griff dabei fortwährend an den schönen

Schmuck, den sie noch immer trug, so als könnte sie noch gar nicht fassen, so etwas Wertvolles zu tragen.

Zu essen gab es Fleisch vom Ochsen, Schwein, Gänse, Hühner und Fisch, dazu allerlei Gemüse und Brei aus Gerste und Hafer, gebackene Kastanien, Honig und Früchte.

Zu trinken wurde Wein und Met gereicht und natürliche Säfte aus Beeren. Auch warme Milch wurde auf Wunsch aufgetragen. Die Milch erregte sofort die Aufmerksamkeit der Damen. Sie tranken davon und Mutter zeigte ihnen, dass man da Honig hinzugeben könne, damit der Trunk noch besser mundet. Ab sofort war Milch das Lieblingsgetränk der Damen des Botschafters.

Als dann sogar noch der Arzt des Botschafters anmerkte, dass diese Milch sehr der Glätte der Haut zuträglich sei, waren die Damen ganz aufgeregt und belagerten unsere Mägde, die vorführten, wie man bei Kuh und Ziege zu dieser Milch kommt. Es wurde auch frische Milch gleich nach dem Melken getrunken.

Da griff ich vorsorglich ein und warnte, dass ich mir vorstellen könne, dass die warme Milch den Mägen der Damen vielleicht unzuträglich sei, da sie daran nicht gewöhnt sein dürften. Zuviel frische Milch könne zu Durchfall führen. Ich erklärte, dass der allzu reichliche Genuss dieser Milch eher unangenehme Folgen haben würde, weil eine Störung der Verdauung hervorgerufen werden könne.

Da winkte der atlantische Arzt ärgerlich ab. Er hätte den Damen den raschen Gang zur Toilette wohl gern gegönnt? Er belehrte mich: „Alle Menschen haben Magenenzyme, die die Verdauung der Milch schon schaffen!“ Es kümmerte ihn wohl nicht, ob man ihn verstand.

Den Gästen rundum mundete es unterdessen hervorragend, und sie griffen beherzt zu. Durch die Melkvorführungen hatte sich die Stimmung gelöst und die Sitzordnung völlig aufgelöst.

Der Botschafter griff ebenfalls ordentlich zu und war guter Dinge. Er plauderte fröhlich und fühlte sich sichtlich wohl. Ich hörte ihn scherzen: „Das war wieder etwas für die Figur“, dabei schlug er sich mit beiden Händen auf den deutlich hervortretenden Bauch und lachte dabei. „Es schmeckt aber so gut, dass ich nicht aufhören kann!“ – Dafür bekam er von rundum herzliche Lacher. – „Solch ein natürliches Essen gibt es bei uns nicht mehr.“ Er wandte sich direkt an mich und klärte mich auf: „Auf Atlantis ist vieles industrialisiert und dabei werden die Lebensmittel leider verändert und sind nicht mehr so naturbelassen und gehaltvoll wie hier."

Da kam Vater daher und hatte die Tonflasche mit Schnaps dabei. Er reichte dem Botschafter einen Zinnbecher, schenkte ein und prostete ihm zu. Der Botschafter trank in einem Schluck, so wie mein Vater, und prustete. Er lief rot an und fragte hustend: „Was ist das für Teufelszeug?"

„Das ist gut für den Magen und hilft bei der Verdauung des schweren Essens", wusste der zu punkten. Er erkundigte sich höflich, ob der Botschafter noch einen Becher probieren mochte. Doch unser hoher Gast winkte hustend ab.

Vater gab aber dem Verwalter des Botschafters einige Tonflaschen mit Kräuterschnaps, mit der Bemerkung: „Der ist gut gegen Magenverstimmungen und eigentlich Medizin!"

Etwas später wurden die Gäste herumgeführt. Sie besichtigten zwar alles und fragten auch viel, aber es war einigen anzusehen, als wie rückständig und einfältig sie unser Leben und die Einrichtungen empfanden. Es huschte oftmals ein mitleidiges Schmunzeln über ihre Gesichter. Dem Majordomus entschlüpfte der Satz: „Das ist alles mechanisch sehr interessant, technisch ist das nicht wirklich auf einem brauchbaren Niveau."

Ich war etwas verstimmt und warf ein: „Nur durch diese Mechanik, wie ihr das nennt, ist es uns möglich, für so viele Menschen genug Wintervorräte anzulegen, um heil über die kalte Jahreszeit zu kommen. Deshalb haben wir versucht, so viele Verbesserungen wie möglich einzuführen. Die Technik werden wir zur gegebenen Zeit schon noch lernen."

Der Mann beeilte sich, mir zuzustimmen, um danach eilig aus meinem Blickfeld zu verschwinden, weil er begriff, dass er mit seiner Aussage zu weit gegangen sein könnte.

Die Reise in eine andere Dimension

Nach der Führung durch den Hof ließ Alundalt anklingen, dass er nun meine Eltern und mich alleine sprechen möchte, weil ein wichtiges Thema, das nur die Familie beträfe, zu besprechen sei.

Um ungestört zu sein, bat Vater ihn in die Kaminstube des Herrenhauses, und wir setzten uns alle um den großen Tisch in der Ecke. Nachdem Mutter Getränke hatte auftragen lassen, begann der Botschafter mit seinem Anliegen.

Nun hob er an, meine Eltern in den wahren Grund seiner Reise hierher einzuweihen. Er erzählte uns von seinem Volk und den Grundwerten der atlantischen Lebensart. Wir erfuhren, dass alle Atlanter von Wesen abstammen, die sie Chachanes – das bedeutet Göttersöhne – nennen. Diese männlichen Wesen kamen vor vielen hundert Jahren aus der Fremde zu den Ureinwohnern der Inseln und gaben an diese ihr grandioses Wissen weiter. Einige gründeten mit Frauen der atlantischen Urbevölkerung Familien. So entstanden erste Stammlinien auf den großen Inseln.

Aus diesen Geburtslinien gingen vierzehn Stämme hervor, die anfänglich von Frauen geführt wurden. Ihnen waren auch die Götterdienste vorbehalten. Später wurden durch kriegerische Auseinandersetzungen mit Fremdvölkern zwei Stämme am Festland vernichtet und die zwölf verbleibenden Stämme schlossen sich auf den Inseln zu einem Staat zusammen. Als Lehre aus den Vernichtungskriegen beschlossen diese Stämme, nie wieder Krieg zu führen und ohne Kontakte zu Fremdvölkern auf den Inseln zu leben.

Als oberste Staatsgewalt sei damals ein Weisenrat unter dem Vorsitz der Hohepriesterin eingeführt worden. An den Sitzungen dieses Gremiums, das es bis heute gibt, nehmen alle Stammesfürsten, anerkannte Weise und Wissenschaftler sowie Vertreter der Handwerker teil. Diese Versammlung beschließt gesamtatlantische

Belange und richtet, wenn es zwischen Stämmen oder Fürsten zu Auseinandersetzungen kommt.

„Seit Atlanter leben“, fuhr Alundalt beeindruckend fort, „hat sich das Antlitz des Planeten Erde stark verändert und sich zur heutigen Form verdichtet. An diesen Veränderungen haben atlantische Wissenschaftler einen großen Anteil. Es kann gesagt werden, dass alle jungen Menschengeschlechter auf Wesen zurückgehen, deren physische Körper maßgeblich von Atlantern geformt wurden“, stellte er uns vor Augen.

Dann erklärte er uns noch kurz das Leben, die Wissenschaften, Technik, Lebensmittelproduktion und Wirtschaft und meinte, dass es einfacher wäre, nach Atlantis mitzukommen, um sich an Ort und Stelle umzusehen.

Der Botschafter zeigte uns sehr lebensnah auf, wie es heute um Atlantis stand: „Durch die Vergrößerung der atlantischen Bevölkerung wurden nach und nach alle Inseln besiedelt. Die Wissenschaft und die Zivilisation in unserem Volk schritten zügig voran und der Wohlstand mehrte sich. Nur das Land wurde knapp und es sollte Siedlungsraum gefunden werden. Dazu wurden Expeditionen in andere Länder ausgesandt, um Handelsbeziehungen zu knüpfen und unbesiedeltes Land zu finden. Zu diesen Zwecken fuhren sie übers Meer. Dabei trafen die Atlanter mit dem Volk der Taoristin zusammen, das südöstlich des Meeres lebte. Dieses Volk war auf einem ähnlich hohen geistigen Niveau wie die Atlanter. Ihre religiöse Lebensweise war aber anders. Es war ein äußerst friedfertiges Volk. Sie kannten keine Waffen und keine Gewalt. Dennoch waren sie nicht wehrlos und schützten ihre Siedlungen mit Energiefeldern, wenn sie angegriffen wurden. Dies gelang ihnen, indem sie sich in großen Gruppen zusammenfanden und durch Gedankenzusammenschlüsse diese Schutzenergie freisetzten.

Dieses Volk besaß ein Metall, das sich besonders zum Bau von technischen Geräten eignete und das in Atlantis überhaupt nicht vorkam. Die Atlanter kauften von diesem Metall und begannen damit auch Waffen zu bauen. Das missfiel den Verantwortlichen der Taoristin und sie wollten kein Material mehr für die Aufrüstung der Atlanter liefern, denn diese Waffen könnten später ja auch gegen ihr Volk eingesetzt werden. – Einige atlantische Fürsten waren aber nicht einverstanden mit diesem Lieferstopp und versuchten weiter mit allen Mitteln, an dieses Material zu kommen. Daher wurde die Ausfuhr dieses Metalls zur Gänze gesperrt und wir konnten es auch nicht mehr über Drittvölker kaufen.

Jene Fürsten hatten aber in den Bau von Waffen große Werte investiert. Auch arbeiteten sehr viele ihrer Untertanen in der Rüstungsindustrie, sodass sie nun etwas unternehmen mussten, um Verluste zu verhindern und die Beschäftigung aufrechtzuerhalten. Diese Begründungen brachten sie im Großen Rat vor und behaupteten, dass der Untergang ihrer Stämme drohe, wenn nicht weiterproduziert werden könne.

Sie argumentierten, dass wenn die Materiallieferungen ausfielen und die Produktion stillstünde, es zu einem großen volkswirtschaftlichen Schaden käme. Es würde in diesen Volksteilen zu Familienzerfall und Mangelerscheinungen kommen, weil die Familienväter ihre Leute nicht mehr ernähren könnten. Dies wiederum hätte sicher einen Volksaufstand zur Folge.

In Wirklichkeit aber wollten diese Fürsten lediglich erreichen, dass die Gewinne weiter flossen, die von dieser überdimensionalen Waffenproduktion ausgingen“, legte uns Alundalt sehr ehrlich offen. Es stand tatsächlich noch schlimmer: „Diese Argumentation benützten die Fürsten nur, um Zeit zu gewinnen. Tatsächlich waren bereits Eroberungspläne beschlossen, und sie standen vor dem Losschlagen. Sie wollten nur vorher die Waffenarsenale vervollständigen.“

Der Botschafter trank einen Schluck und fuhr dann weiter aufklärend fort: „Der damals zerstrittene Senat und die bestochene Priesterschaft waren nicht in der Lage, diesen Fürsten Einhalt zu gebieten. So nahm das Verhängnis seinen Lauf. Sie begannen die Herrscher des anderen Volkes mit Kriegsdrohungen regelrecht unter Druck zu setzen, um die Ausfuhr des Materials zu erzwingen. Diese durchschauten weise den Schwindel und lieferten das Metall nicht. Diese Weigerung nahmen die kriegswütigen atlantischen Machthaber zum Anlass, das fremde Land mit Gewalt zu erobern. Auch waren sie versucht zu verhindern, vor den anderen atlantischen Fürsten das Gesicht oder gar die Herrschaft und ihre großen Gewinne zu verlieren. Sie benützten diesen Lieferengpass als Vorwand zur Eroberung und rechneten so, an das Metall heranzukommen. Es gelang den Atlantern nach der Besetzung weiter Teile des fremden Landes aber nicht, die Menschen zu unterwerfen und die Minen, in denen dieses Material abgebaut wurde, zu finden", schilderte er anschaulich die vergangenen Ereignisse.

„Die Atlanter versuchten nun, die fremden Fürsten durch Repressalien und Folter zur Preisgabe der Fundorte zu zwingen. Das fruchtete nicht. Die Fürsten schwiegen und nahmen ihr Geheimnis mit ins Grab. – Diese Übergriffe bewirkten, dass die verzweifelten Taoristin zum Aufstand gegen die Besatzer übergingen. Einer der atlantischen Fürsten wurde dabei getötet. Nun ging dieser Stamm gegen das Volk der Taoristin neuerlich mit Waffengewalt vor, in der Absicht, die Bluttat zu rächen. Das fremde Volk hatte nur jene geistigen Abwehrmöglichkeiten zur Verfügung, die ich erwähnte, um sich notdürftig zu schützen, aber sie konnten nicht angreifen. Sie errichteten energetische Schilde über ihren Siedlungen, welche die Angreifer mit konventionellen Waffen lange nicht durchdringen konnten.

Weil alle Versuche, die Orte der Taoristin einzunehmen, fehlschlugen, zog sich der Krieg in die Länge und verschlang sinnlos gewaltige Ressourcen. Deshalb kamen die Machthaber des angreifenden Stammes durch die Führer der anderen Stämme unter Druck, weil diese vehement verlangten, diesen sinnlosen Krieg endlich einzustellen."

Alundalt rückte ein wenig auf seinem Platz zurecht und nahm wieder einen Schluck von seinem Getränk, was meiner Mutter ein freundliches Lächeln entlockte.

Er setzte, richtig in Fahrt gekommen, fort: „Nun setzten die Eroberer alles auf eine Karte und beschlossen, eine fürchterliche Massenvernichtungswaffe einzusetzen. Diese erst vor kurzer Zeit heimlich von Wissenschaftlern dieses Stammes entwickelte Waffe war noch nicht erprobt worden und das Ausmaß der Wirkung war noch nicht bekannt. Die Wissenschaftler der Eroberer hatten nicht damit gerechnet, dass die Energie der Schutzschilde die Wirkung dieser Waffe so verstärkte, dass der angerichtete Schaden viel verheerender ausfallen würde als geplant.

Ohne Vorwarnung zündeten sie also diese Waffe und alles Leben wurde in wenigen Augenblicken ausgelöscht. Der Kontinent konnte für Jahrzehnte von keinem Menschen betreten werden, ohne dass man in kürzester Zeit an den Rückständen der Waffenauswirkung starb. Nur wenige Menschen, die fürchterliche Qualen litten, hatten diesen Waffeneinsatz überlebt und existierten unter schrecklichen Folgen weiter", zeichnete er das Schreckensbild vor unseren Seelen. Vater und Mutter zeigten tiefe Bestürzung in ihren Gesichtern.

„Diese Überlebenden waren unfruchtbar geworden", brachte er sie wieder auf den Boden unserer Zeit, „und so ging dieses Volk unter. Nach Jahren senkte sich die Wirkung der Waffe auf Natur und Lebewesen und es konnte eine Expeditionsgruppe zu diesen armen Menschen vordringen, die dort unter unvorstellbaren Erschwernissen lebten", schloss er das Szenario.

„Dieser abscheuliche Waffeneinsatz gegen ein Volk, das keine militärischen Waffen zu seiner Verteidigung hatte, wurde vom Großen Rat in Atlantis auf das Schärfste verurteilt", beruhigte er uns ein wenig. „Es wurde beschlossen, dass Atlanter nie wieder einen derartig abscheulichen Angriff durchführen dürften. Die Vernichtung dieses friedfertigen Volkes war völlig sinnlos, und die Verantwortlichen hatten in so großem Ausmaß die Gesetze unseres Staates und des Lebens verletzt, wie es bisher noch nie vorgekommen war."

„Was ist mit den Aggressoren geschehen?" wandte Vater interessiert ein.

„Der Große Rat verurteilte die Verantwortlichen dieses fürchterlichen Krieges zu lebenslanger Haft. Ihr Vermögen wurde eingezogen, die gesamte Waffenproduktion und das Arsenal wurden vernichtet", erzählte Alundalt prompt. „Alle beschlagnahmten Wertgegenstände wurden dazu verwendet, Hilfsgüter zu kaufen, und diese den Überlebenden des überfallenen Volkes zur Verfügung gestellt, um so die ärgste Not zu lindern. Diese Expedition wurde von den neuen gewählten Herrschern des Erobererstammes angeführt, um den Überlebenden zu zeigen, dass die Verantwortlichen bestraft worden seien. – Es war ein Versuch der Sühne für die grauenhafte Tat, der aber zum Scheitern verurteilt war. Der verbliebene Volksrest konnte nicht verzeihen, zu groß war das Ausmaß der Folgen dieser Untat! – Es wurden sogar Ärzte, Wissenschaftler und Helfer entsandt, welche die Rückstände dieser grauenhaften Waffe entsorgten und in ein sicheres Depot brachten, um die schädliche Wirkung zu beseitigen. Die Ärzte versuchten völlig erfolglos, die geschädigten Körper der Menschen zu heilen. Alle diese Bemühungen waren nicht dazu angetan, die leidenden Menschen dazu zu bringen, uns Atlantern zu verzeihen, obwohl gewaltige Anstrengungen in Form von Hilfe und Wiederaufbau erbracht wurden." Traurig endete er mit dem Fazit: „Nach etwa fünfunddreißig Jahren gab es keine Überlebenden mehr." Er ließ das Gesagte ein wenig einwirken und nutzte die Sprechpause, um einen Schluck Obstsaft zu trinken.

Da wandte ich ein: „Und der Priester ist ein solcher Überlebender?" Alundalt nickte. „Ja, der Priester, der jetzt auf diesem Hof lebt, war damals einer der geistigen Führer. Er war einer jener Personen, die diese Schutzschilde aus Energie bilden konnten. Auch er ging damals mit unter und inkarnierte mit dem Auftrag, die nun bevorstehende Erlösungshandlung einzufordern. Mit seinem letzten Atemzug schwor er den Atlantern ewige Rache, weil er das unsägliche Ausmaß der Katastrophe erfassen konnte", führte der Botschafter mit ruhiger Stimme aus. Die Wirkung seiner Worte ging uns durch Mark und Bein und erschütterte uns erneut.

„Es... es gab auch Folgen auf anderen Ebenen, die sehr ernst sind", setzte der große Mann in seiner Weisheit fort. „Der gleichzeitige, unvorhergesehene Massentod hat alle diese Seelen aus dem Lebensrhythmus geworfen. Sie alle hatten keine Möglichkeit, sich auf den Übergang nach dem Tode vorzubereiten, und sind deshalb noch immer im Erdkreis verhaftet. Sie kreisen im erdnahen All um unseren Planeten als körperlose Wesen, ohne Hoffnung auf einen versöhnlichen Abschluss."

Er sah mir in die Augen und ich meinte, mit ihm in die Weiten des Alls vorzudringen. So deutlich standen diese Seelen vor meinem inneren Auge. Dann war das Bild plötzlich wieder weg.

Der Botschafter knüpfte an: „Nun sollen diese armen Seelen von einer auserwählten Person gesammelt und zum Tor zu den höheren Gefilden geführt werden, um den begonnenen Lebenszyklus abschließen zu können. Aus eigener Kraft erreichen sie dieses Tor nicht mehr, weil sie durch den Massenexodus völlig orientierungslos wurden. Er seufzte und leitete über: „Ich kann diesen Priester verstehen und werde alles tun, um in der heutigen Nacht durch die zu vollbringende Handlung den aus der Bahn geworfenen Seelen ihren verdienten ewigen Frieden zu bringen", versprach er in festen Worten.

Nach einer Pause wandte er sich direkt an meine Eltern und vermittelte: „Werte Eltern Hermanwulfs, ich bitte Sie, Ihren Sohn an dieser heiklen spirituell-geistigen Handlung mitarbeiten zu lassen. Er ist von einer höheren Macht auserwählt, diese Tilgung der Schuld des Volkes von Atlantis aktiv mitzugestalten. Wir, die hier und jetzt leben, sind Wegbereiter für eine neue Menschengeneration. Wir sind auserkoren, die Erstankömmlinge dieser heraufkeimenden Menschenepoche behutsam zu führen. Ihr Sohn ist dabei ein besonders wichtiges Bindeglied, das einen geordneten Übergang von der alten zur neuen Menschenära mitgestalten wird." Sein Mund war trocken geworden, daher räusperte er sich. „Die Aufgaben, die in seinem jetzigen Leben auf ihn zukommen, sind sehr vielfältig und schwierig. Er wird sie aber alle meistern, weil ihm die nötigen Kräfte zur gegebenen Zeit von höheren Wesen übermittelt werden. Er ist ein Eingeweihter", führte er erklärend aus.

Nach einer neuerlichen Atempause fuhr er fort: „Sie staunen darüber, woher ich das alles weiß! – Einige Führer und geistige Größen in meinem Volke haben sich Gedanken über die Weiterentwicklung gemacht und sind in großer Sorge über die schwerwiegende und nachteilige geistige Spaltung in unserem Volke. Wir haben die Warnungen, die uns das ‚Herz von Atlantis' zu dieser Erscheinung zukommen ließ, ernst genommen und nach einem Ausweg aus dieser Krise gesucht. Glücklicherweise haben wir manchmal die Gabe, in Visionen Dinge zu sehen, die in der Zukunft vorkommen sollten, weil sie wichtig für die Entwicklung der Menschheit sind. Die höheren Mächte, die uns Menschen führen, lassen uns manchmal einblicken in Teile wichtiger Vorgänge und geben uns so Gelegenheit, schwere Fehlentwicklungen rechtzeitig zu erkennen und zu korrigieren."

Als Alundalt sich kurz Einhalt gebot, fragte ich vorsichtig dazwischen: „Das ‚Herz von Atlantis', was ist das?"

„Das ist ein vom Göttervater Poseidon gestiftetes, heiliges Instrument, das nicht nur die zentrale Energiequelle, sondern vielmehr das Gewissen und Archiv unseres Volkes ist. Durch es treten die Priesterinnen mit unserem Gott in Verbindung." Übergangslos fuhr er fort: „So haben wir gesehen, dass unser Volk dem baldigen Untergang geweiht ist, weil Teile der führenden Schichten geradezu darauf hinarbeiten und sich gegen die Schöpfungsidee auflehnen.

Unser Volk ist nach anfänglichem Wohlverhalten in den letzten Jahrhunderten immer weiter von seinem Bestimmungsweg abgewichen und hat sich von seinem Schöpfer und seinem Plan zusehends entfernt. Diese fatale Entwicklung haben wir erkannt und in der großen Volksversammlung unsere Meinung vorgetragen.“ Er legte sich tief atmend eine Hand auf die Brust. Ihre Erfolgslosigkeit ging ihm wohl sehr nahe, dann jedoch fuhr er beherrscht fort: „Leider waren wir mit unseren Befürchtungen in der Minderzahl, und die niedrigen Instinkte in zu vielen Verantwortlichen haben bereits überhandgenommen. Diese Fürsten und Wissenschaftler haben alles getan, um unsere Bedenken wegzuwischen, und oftmals mit abenteuerlichen Argumenten Abstimmungen gegen unsere Vorstellungen durchgedrückt, sodass wir unterlagen. – Durch diese zermürbenden Auseinandersetzungen haben wir für unser Gemeinwohl nichts erreicht. Wir stehen nun am Anfang vom Ende unserer Volksentwicklung und viele von uns befürchten einen schrecklichen Bruderkrieg.“

Diesmal fasste er sich durch einen kräftigen Schluck aus seinem Becher und meine Mutter schenkte ihm lächelnd nach.

„Einige wenige unter uns haben jetzt die letzte Chance in der Absicht ergriffen, durch Korrektur vieler fataler Fehler unseres Volkes den Völkern in der Zukunft eine bessere Startvoraussetzung zu ermöglichen. Wir können dadurch, dass wir möglichst viele unerledigte Aufgaben abschließen und Fehler bereinigen, nachfolgenden Völkern vorteilhaftere Startbedingungen verschaffen, wenn wir möglichst wenig karmischen Ballast hinterlassen.

Der gütige Schöpfer, dem wir alle unsere Existenz verdanken, hat jedem Volk eine bestimmte Zeitspanne und Aufgabe zugewiesen, die Lösung herbeizuführen“, kam er langsam zu einem Ende. „Jedes Volk lebt so lange, bis seine Aufgabe erledigt ist, aber zumeist nur ein oder zwei Weltenjahre. Das sind Tausende von euren Jahreszeitenzyklen. Denn ihr rechnet nach dem Mondumlauf. Wir rechnen nach der Sonne, weil unsere Welt als Himmelskörper in einem Jahr einmal das Zentralgestirn, die Sonne, umkreist“, schilderte er geduldig.

Meine Eltern räusperten sich nun ebenfalls. Es war nicht leicht, den anderen Vorstellungen über die Welt und seiner langen Rede zu folgen.

„Atlantis ist also in seinen letzten Jahrzehnten“, schloss der Botschafter wieder an seinen Gedanken an, „leider gibt es in Atlantis Menschen, die glauben, den Schöpfer nicht mehr zu brauchen und selbst in seine Schöpfung eingreifen zu müssen. Wir dürfen aber nicht glauben, dass der Schöpfer seine Kinder vollständig sich selbst überlässt. Nein, er hat Geistwesen eingesetzt, welche die Entwicklungen genau beobachten. Diese greifen dann durch Aufträge an Auserwählte unter den Menschen in den Fortgang zum Positiven korrigierend ein. Vermehrt kommen Auserwählte in Übergangszeiten der großen Zyklen zum Einsatz, um ein fortgeschrittenes Leben in der neuen Zeitqualität zu ermöglichen. Sie legen Brücken über den offenen Spalt zwischen absterbenden und aufblühenden Völkerqualitäten, sodass die willigen Neuankömmlinge über diese geistige Schlucht gehen können. Wir leben in einem solchen Übergang.“

Da seine Unterweisung nun schon sehr lange dauerte, fragte Mutter zwischendurch nach, ob sie uns noch eine Kleinigkeit zu essen bringen lassen solle. Aber alle, auch der Botschafter von Atlantis, verneinten. Wir waren so erfüllt von den Geschehnissen, die uns Alundalt offenlegte, dass wir nichts essen konnten.

Der Botschafter setzte lächelnd wieder an: „Ich möchte Sie mit diesen Hintergründen nicht langweilen oder zu lange von ihren Gästen fernhalten, aber es ist aus meiner Sicht sehr wichtig, dass auch Sie wissen, warum ich mit meinen Leuten in Ihr Land gekommen bin und was uns alle noch erwartet.

Nun, diesem Volk der Taoristin ist ein besonders fatales Schicksal widerfahren. Sie waren nahe daran, die gestellte Volksaufgabe in einem sehr hohen Maße zu erfüllen, als sie geschlossen in den Tod gerissen wurden. Durch diese nicht vorgesehene Vernichtung innerhalb eines Augenblickes wurde das schöpferische Gefüge so erschüttert, dass der plötzliche Überhang an negativen Kräften beinahe nicht mehr kompensiert werden konnte. Denn es war auf höherer Ebene beschlossen worden, dass diese Waffe überhaupt nicht funktionieren sollte. Den negativen Kräften gelang es aber im entscheidenden Moment, kurzzeitig eine Änderung der Kräfteverhältnisse zu ihrer Seite hin herbeizuführen, welche die Machtverhältnisse zwischen Licht und Dunkel für Momente unkontrollierbar machte. Dies förderte die fürchterliche Zerstörungskraft der Waffe, wie es selbst die Erbauer nicht erwartet hatten. Daher ist die Schuld, die unser atlantischer Stamm auf sich geladen hat, besonders schwer und unser gesamtes Volk hat darunter zu leiden. Nicht nur, weil niemand die Wahnsinnstat verhindert hat, sondern weil niemand bereit war, die schleichende Fehlentwicklung im Volk abzustellen.

Mein Wille, wenigstens jetzt dieses Übel in unserem Volke an der Wurzel zu packen und auszureißen, ist der Hauptbeweggrund, der mich zu besonderer Leistung in der heutigen Nacht anspornen wird. Es ist nicht nur eine sehr große Schuld zu sühnen, sondern auch der Versuch zu wagen, diese Fehlentwicklung zu stoppen", versuchte er uns anschaulich die kommenden Ereignisse zu begründen. „Ich werde für Atlantis dieses Wagnis auf mich nehmen, um den selbstgewählten gnadenlosen Untergang wenigstens hinauszuschieben. Also, Sie sehen, es ist auch eine große Portion an Eigennutz mit im Spiel, um den Schöpfer zu besänftigen. Wir werden nun jene Schritte setzen, welche die taoristischen Seelen dem geordneten Abschluss ihrer diesmaligen Lebenswege zuführen."

Er hielt etwas inne und lächelte nun freundlich in die Runde. „So sehen wir Atlanter den Lauf der Welt und die schöpferische Evolution.

Das Ziel heißt: Ständige Verbesserung durch Weiterentwicklung und Erneuerung zum Positiven! Das ist der Wille unseres Schöpfers. Dieser göttlichen Allmacht stellt sich der menschliche Geist, oft gepaart mit Dummheit, Gier und Arroganz und anderen niedrigen Instinkten, entgegen, und es kommt zu fürchterlichen Fehlern und Fehlentwicklungen, bis die höhere Gewalt korrigierend eingreift. Menschen können unsäglich grausam sein und aus niedrigen Beweggründen heraus ihresgleichen Schäden zufügen, wie es Tiere niemals tun würden. Nur der Mensch tötet aus niedrigen Trieben. Tiere töten nur, um zu überleben. – Die Verursacher büßen aber alle begangenen Fehler irgendwann. Da kennt Gott keine Gnade mit denen. Die Buße wird stets hier auf diesem Erdenrund abgeleistet. Jeder Mensch kommt so oft zurück, bis der Sinn in der Evolution erfasst und die Aufgabe erfüllt wurde", stellte er uns sehr plastisch vor Augen. „Euer Volk ist noch ganz am Anfang seiner Entwicklung und noch völlig rein und unschuldig, wie ein Neugeborenes. Überhaupt stellt dieser Planet eine Sphäre im Plan Gottes dar, in der ein außergewöhnliches Experiment zu laufen scheint: Die Menschheit ist gewissermaßen ein Sonderfall in der göttlichen Hierarchie, die ein direktes Zusammenwirken von physischen Lebensformen und Geistesformen ermöglichen soll. Bisher scheint dieses Experiment jedoch ein Fehlschlag zu sein, weil die Menschen stets den niedrigen Instinkten verfielen, sobald es für sie gut zu laufen schien", wurde Alundalt in seltsamer Weise zynisch.

„Ich bin aber zuversichtlich, dass Ihre Volksgenossen es besser machen werden, als wir es getan haben, und zumindest jene schweren Fehler nicht mehr wiederholen, die wir begangen haben", ließ er sich nun über unsere Chancen aus. Er meinte noch: „Die kosmischen Voraussetzungen zu einem guten Gelingen unseres Vorhabens sind heute sehr günstig, und ich hoffe, dass Ihr Sohn den Priester dazu bringen wird, uns eine lösbare Aufgabe zu stellen.

Er ist mit der Aufgabe betraut, diese Sühnehandlung einzufordern. Ihr Sohn, als Bindeglied zwischen den beiden betroffenen Völkern, wird zusammen mit mir diese schwierige spirituelle Aufgabe lösen, und wir hoffen, dass der Priester keine Rachegelüste aufkeimen lässt und eine gute, für alle Seiten verträgliche Lösung ermöglicht." Wieder einmal trank er seinen Becher leer. Als Mutter diesmal erneut nachschenken wollte, verneinte er dankend.

„Ich bin gleich am Ende mit meinen Ausführungen. Ich habe Ihnen das alles erzählt, damit Sie den wahren Grund meiner Reise hierher erfahren und wissen, welche Aufgabe ich tatsächlich zu lösen habe", betonte er noch einmal und sah allen Anwesenden eindringlich in die Augen. „Wir werden diese Gelegenheit, die von höheren Mächten so sorgfältig vorbereitet wurde, wahrnehmen und unser Bestes geben. Der Boden in Eurem Lande birgt noch viele Orte der Kraft, die von Menschen noch nicht zerstört worden sind. Deshalb mussten wir zur Durchführung dieses Rituals hierher ausweichen, weil die Lösung hier leichter fällt. Auch gibt es hier keine Personen, welche die Ausführung gewaltsam verhindern wollen", gab er uns schlüssig zu. „Diese Aufgabe können wir nur in der kommenden Nacht, kurz vor Mitternacht, in der Höhle Ihres Sohnes, die eine seit Urzeiten bestehende Kraftquelle birgt, lösen." Er lehnte sich etwas zurück und kündigte an: „Um auch erfolgreich zu sein, haben wir beide noch Vorbereitungen zu treffen. Der heilige Ort und wir selbst sollten auch würdig und bereit sein." Gleichzeitig mit diesen Worten stellte er mir geistig Bilder von einer heiligen Waschung vor mein inneres Auge.

Als ich Alundalt mit erstauntem Blick musterte, überging er das mit einem kaum merklichen Kopfschütteln und fuhr an meine Familie gewandt fort: „Ich bitte Sie um Ihren Segen, für ihn und mich! Ich bin sehr zuversichtlich, unbeschadet zurückzukehren, weil es nicht vorgesehen ist, dass wir Schaden nehmen sollen. Ihr Sohn ist bereits eingeweiht und hat zugestimmt. Wir stehen durch unseren bereitwilligen Einsatz unter dem Schutz höherer Mächte und sind daher vor böswilligen Angriffen niederer Wesen gefeit", beruhigte er meine Eltern. „Das alles weiß auch der Priester, und er wird den Seelen seiner Landsleute den Weg zur geordneten Fortführung ihres Loses nicht verbauen wollen, sollten ihn noch immer Rachegelüste plagen." Er machte eine deutliche Pause und rückte auf seinem Stuhl, als wolle er sich erheben. „Ich ersuche, mich nun zurückziehen zu dürfen, weil ich mich noch frisch machen und umkleiden muss, bevor es losgeht. – Auch bitte ich Sie beide, gegenüber dem Fürsten und Ihrem Volke den Vorfall nicht zu erwähnen, weil anderenfalls Beunruhigung entstehen oder der Fürst sich übergangen fühlen könnte! Außerdem ist es unser gemeinsames Geheimnis, das nicht auf die offizielle Ebene gebracht werden sollte." Hiermit beendete er seine Erklärungen zu unserem nächtlichen Einsatz.

Mein Bruder war während der Rede des Botschafters kopfschüttelnd aufgestanden und hatte den Raum verlassen. Für ihn war das Gesagte nur scheinheiliges Geschwafel, wie man deutlich spüren konnte, und es war ihm wichtiger, bei der fremden Frauenwelt Eindruck zu machen als dem Botschafter zuzuhören.

Obwohl dieser die Vorstellungen Herunwulfs über seine Ausführungen leicht am Gesicht ablesen und wohl auch spüren konnte, war er mit keinem Wort darauf eingegangen. Alundalt hatte die Situation so genommen, wie sie sich darstellte, und erkannte sofort, dass der Erstgeborene grundverschieden von mir war.

Meine Mutter nahm meine rechte Hand und betonte: „Ich habe schon immer gewusst, dass du zu etwas besonders Großem berufen bist. Aber dass dir eine so schwere Aufgabe zu lösen gegeben wird, habe ich nicht erwartet. Weil dein Wirken auch der Entwicklung unseres Volkes dienen wird, will ich dich schweren Herzens ziehen lassen", seufzte sie liebevoll. Für sie war das vom Botschafter Gesagte voll verständlich. Ihr Wesen war mit der Natur verbunden und sie trug eine innige Religiosität im Herzen, sodass ihr das Geschilderte einfach einleuchtete. Sie war zur Achtung des Lebens und der Gesundheit aller Lebewesen erzogen worden und stets bemüht, im Einklang mit der Natur zu leben und zu handeln.

Mein Vater war ganz stolz, weil ich den Botschafter bei der Lösung einer großen Aufgabe unterstützen würde. Daher sagte er ganz gönnerhaft und mit dem Brustton der Überzeugung: „Du wirst das schon machen. Ich beglückwünsche dich dazu!" Er hatte dem Botschafter aufmerksam gelauscht und war den hochgeistigen Ausführungen widerspruchslos gefolgt, was sonst keinesfalls seine Art war. Er hatte vielleicht den Sinn der Worte nicht ganz erfasst, hatte aber mitbekommen, dass etwas Außergewöhnliches bevorstand, das einfach zu tun war. Diese Auffassung passte zu seiner geradlinigen Art zu denken.

Meine Eltern hatten intuitiv beide erkannt, welche übergeordnete Bedeutung diese Handlung hatte und dass sie der Erlösung vieler Menschenseelen dienen sollte. Beide wünschten uns noch gutes Gelingen, dann begaben wir uns wieder zu den anderen. Dort verabschiedeten Alundalt und ich uns mit der Bemerkung, dass wir noch Vorbereitungen zu treffen hätten. Wir wurden ohne Widerspruch entschuldigt, da wir mit unseren ernsten Gesichtern der ausgelassenen Gesellschaft nicht abgingen und jene, die ahnten, was bevorstand, weise schwiegen, um nicht hinderlich zu sein.

Einige Militärs begleiteten Alundalt und mich zu den Tribünen, wo Leute des Botschafters ein kleines Zeltlager errichtet hatten. Die Personen des Gefolges waren noch beim Tafeln und sprachen auch in reichem Maße dem Met zu, was mich insgeheim belustigte. Wer dessen Wirkung auf den Körper nicht kennt und davon zu viel trinkt, wird am nächsten Tag mit einem Brummschädel herumrennen, der sich gewaschen hat! Wir würden uns nach dieser schweren Nacht gut erholen können, während die anderen ihren Rausch ausschliefen.

Der Botschafter ließ den Majordomus holen und trug ihm auf, die Verantwortlichen im Hauptlager zu verständigen, dass wir erst morgen zurückkehren würden, und zu veranlassen, dass der Großfürst in geeigneter Weise von der verspäteten Rückkehr verständigt werde. Er sollte eine angemessene Entschuldigung ausrichten lassen.

Danach zogen wir uns in jenes Zelt zurück, das außen golden schimmerte. Der Botschafter rief einige Leute herbei und gab Anweisungen für die Begegnung in der Höhle in der kommenden Nacht. Die Leute verschwanden und es tauchten zwei junge, hübsche Mädchen auf, die unsere Oberbekleidung abnahmen und Wasser in zwei Badewannen vorbereiteten. Kaum war das erledigt, entschwanden sie wieder und der Botschafter entkleidete sich. Er bedeutete mir, es ihm gleich zu tun, und sagte: „Keine falsche Schüchternheit! Wir brauchen heute alle Energie, die wir nur kriegen können. Rasch, hinein in das erfrischende Bad!“

Als er entkleidet war, sah ich, dass er tatsächlich nicht auf Beinen ging, sondern schwebte. Sein Unterkörper war ein vom Rumpf abwärts spitz zulaufender, leicht nach hinten gekrümmter Stummelschwanz, den er hin- und herbewegen konnte.

Er stieg in die Wanne und lächelte. „Da staunst du! Ja, ich habe keine Beine. Ich gehöre zum atlantischen Urstamm der Schlangen. Dieser Stamm hat sich seit den Ursprüngen her am wenigsten körperlich und geistig verändert“, erklärte er offen, „und viele von uns haben alle geistige Größe erhalten, sodass wir heute eine führende, höhergestellte Position unter den zwölf Völkern einnehmen, obwohl von unserem Stamm nur mehr wenige leben.“

Er schwebte in die Wanne, die für ihn vorbereitet war, und ließ sich genüsslich in das warme Bad sinken. Es stieg ein angenehmer Duft aus dem Wasser auf, der den Atem und den Geist herrlich befreite.

„Na los! Ins Wasser mit dir, mein Freund!“ sagte er lachend, als ich noch immer staunend dastand.

Ich besann mich auf unsere Aufgabe und beschloss, das Bad und den befreienden Duft ebenfalls zu genießen.

„Ich erzähle dir weiter über unsere Stämme, während wir das Bad genießen“, setzte er genüsslich fort. „Wir sind den anderen etwas überlegen, musst du wissen. Daher bekommen wir bei jeder Gelegenheit von den Verantwortlichen der anderen Stämme ihren Neid zu spüren. Uratlanter hatten in der Frühzeit nur teilweise einen physischen Körper und konnten zwischen einer energetischen und materialisierten Lebensform hin und her wechseln. Das Leben war daher für uns oft sehr praktisch, weil wir uns einfach aus der materialisierten Welt in die Geistwelt zurückziehen konnten. Diese Rückzüge führten aber oft zu Spannungen unter den Stämmen, weil ein großer Teil unserer evolutionären Volksaufgabe die Schaffung des physischen Menschenkörpers ist. Diese Aufgabe haben wir noch nicht abgeschlossen. Im Bereich des Individualaufbaues ist noch Vieles nicht vollendet, trotzdem arbeitet keiner unserer Wissenschaftler daran weiter."

Er griff beiläufig an die Wand und nahm sich ein poröses Gebilde aus einer Schale, die an der Wand befestigt war. Als er damit über seinen Körper fuhr, bildete sich Schaum auf der Haut. Auf einen auffordernden Blick von ihm tat ich es ihm nach.

Nun hob er wieder an, mir zu erklären: „Durch Verbindungen mit menschlichen Frauen und weil es eben die Volksaufgabe war, schufen wir eine körperliche Menschenrasse. Im Laufe der Generationen verloren viele von uns die Fähigkeit, in den energetischen Bereich zu wechseln, und beschlossen, in einem materialisierten, physischen Körper zu leben, trotz damit verbundener Nachteile. Einer der Nachteile ist eine fortschreitende physische Sterblichkeit. Die Wesen in unseren Volksanfängen alterten fast nicht und lebten über Hunderte von Jahren. Mit zunehmender Völkervermischung und dem Fortschreiten der Generationen degenerierte unser Volk immer mehr und es wurden Körperkrankheiten und Alterung immer ausgeprägter, sodass viele von uns nicht einmal mehr hundert Jahre alt werden." Er tauchte zwischendurch genießend ganz unter das Wasser und kam dann wieder hoch.

Dann kam spontan: „Ja – ich werde dir am besten einen kurzen Abriss über die Entwicklung der Völker von Atlantis geben:

Unser Stamm entstand vor etwa zwölftausend Jahren – ihr sagt Sonnenzyklen zu einem Erdenjahr. – Die Geburt meines Volkes erfolgte unter dem Sternzeichen des Wassermannes. Wir wählten die atlantischen Inseln, die weit westlich von hier im Meer liegen, als Heimat. Das atlantische Hauptreich besteht aus zwei großen und zahlreichen kleinen Inseln. Wir gingen aus einem anderen Volk hervor, welches infolge fortgeschrittener Erkenntnisse – man könnte auch sagen: nach Erfüllung der Volksaufgabe – geschlossen in eine andere Dimension übergegangen war. Wir stellen nicht den kläglichen Rest dieses Volkes dar, sondern die vergeistigte Essenz, ausersehen, hier auf dieser Erde fruchtbringend weiterzuwirken, unter der Führung von Poseidon, dem Göttersohn. – Kannst du folgen?" fragte er unerwartet.

Ich hatte mir mit dem duftenden Schaum den ganzen Kopf und das Gesicht bedeckt und mich konzentriert an den Rand der Wanne zurückgelehnt. So wusste Alundalt nicht zu sagen, ob ich wachte oder eingeschlafen war. – „Ich höre genau zu!" beeilte ich mich durch den Schaum zu antworten.

Alundalt grummelte etwas Unverständliches. Ich hörte ihn plantschen, dann sprach er weiter: „Unsere Anfänge waren sehr harmonisch und Poseidon war anfangs sehr zufrieden mit uns. Aus diesem Urvolk erwuchsen mehrere Stämme und diese wurden immer größer. Das heranwachsende Volk machte in Wissenschaften, Kunst und Techniken große Fortschritte. Es gab kaum Krankheiten, keine Kindersterblichkeit und alle hatten stets ausreichend zu essen. Unser Zusammenleben verlief ohne Neid oder Böswillen, diese negativen Eigenschaften waren in den Menschen nicht ausgeprägt. Es gab keine Verschwendung und die niedrigen Triebe waren vom Bewusstsein durchlichtet.

Die Bevölkerung wuchs rasch, worauf einige Stämme von den beiden Hauptkontinenten auf kleinere, umliegende Inseln abwanderten. Auf dem Nordkontinent entwickelte sich das politisch-wirtschaftliche und auf dem Südkontinent das geistliche Zentrum der einstigen vierzehn Volksstämme."

Jeder Stamm, so setzte er nun sehr lebensnah auseinander, hätte einen eigenen Fürsten gewählt und eine eigene Administration eingeführt. Diese Fürsten trafen mindestens einmal jährlich in der Hauptstadt Poseidonia, die am Nordkontinent liegt, zusammen, um Recht zu sprechen, Gesetze zu erlassen und die Beziehungen zwischen den Stämmen zu regeln, erzählte er. Diese Versammlungen fanden im Palast unter dem Tempel in der Hauptstadt, geleitet von der Hohepriesterin, statt. Diese großen Ratsversammlungen wären anfangs sehr harmonisch gewesen und gingen stets zur Zufriedenheit aller Stämme aus, aber das hätte sich im Laufe der Jahrhunderte geändert. Die Völker und die Anführer wären zusehends geistig degeneriert und es sei zu verschiedenen Auswüchsen gekommen, insbesondere in den Wissenschaften. – Einzelne Volksführer wollten gar zum Herrscher über alle Stämme ernannt werden. Ihre

Vorschläge in den Versammlungen wurden immer hinterhältiger, schwerer zu durchschauen, und es wurden immer weniger für alle befriedigende Beschlüsse erreicht.

Mir brummte langsam der Kopf von den vielen fremden Bildern und Geschichten und ich ließ mich einfach müde in das Wasser einsinken, dass es schwappte. – Als ich gleich wieder hochkam, putzte ich mir Ohren und Augen aus und sah neugierig zu Alundalt hinüber, wie er wohl damit umgehen würde.

Er lachte mich an. „Tut gut, nicht wahr!" meinte er fast ausgelassen.

Ich konnte nicht anders, als in sein Lachen einzufallen. Er verstand mich wie kein anderer Mensch.

Nach ein paar Minuten angenehmer Ruhe sprach er mich vorsichtig an, ob ich noch aufnahmefähig sei. Ich bejahte und nickte.

„Na schön. Es ist sehr wichtig, wie ich glaube, dass du auch diese Informationen hast, wenn wir in diese Begegnung heute Nacht gehen", begründete er freundlich. Auf mein erneutes Nicken fuhr er fort: „Aus verschiedenen Interessengruppen der Wissenschaftler und Waffentechniker bildeten sich in der Folge unterschiedliche Klassen, wie ich vorhin schon erwähnte. Die Klassenbildung wurde ausgenützt zu noch mehr Willkür. Das geschah schleichend und war nur schwierig zu bemerken oder wieder rückgängig zu machen. Schließlich stellten die machtbesessenen Führer heimlich große Heere mit verheerenden Waffen auf und bedrohten die anderen Stämme.

Die große Volksversammlung konnte nur mit der Hilfe von Poseidon Kriege unter den Stämmen von Atlantis verhindern. Poseidon bediente sich bei seinen Schlichtungen der Hilfe des „Herzens von Atlantis". Dieses von einem Vorgängervolk geschaffene Instrument, das von den Göttersöhnen in den Tempel gebracht wurde, wachte ständig über die Taten der Stämme, wog genau alle Taten ab und meldete negative Entwicklungen in den einzelnen Stämmen stets rechtzeitig den Priesterinnen und der Ratsversammlung", deklamierte er aufgekratzt.

„Ein Instrument, das Götter gemacht haben?" fragte ich ungläubig nach. „Wie sieht das aus?"

Er strahlte mich begeistert an. „Nein, gebaut haben es Menschen aus einem früheren Volk, das auf der Erde lebte, lange bevor es uns

Atlanter gab. Aber die Göttersöhne haben es uns gebracht und im Haupttempel eingesetzt!" berichtigte er. „Dieses Instrument steht im Tempel in einer riesigen Halle ohne Tore. Es wird sorgfältig von Priesterinnen bewacht und bedient. Es bekommen nur Wesen Zugang zu dieser Halle, die vom Wächter des Herzens eingeladen werden", schilderte er weiter in seiner hellen Begeisterung. „Poseidon selbst spricht mit uns über dieses Instrument! So konnte Poseidon bisher auch stets über unsere Priesterinnen rechtzeitig warnen und den Zerfall des Volkes verhindern", sagte er mit verklärtem Gesicht.

Ich verstand noch immer nicht, wie dieses Instrument aussah und wie es funktionierte, aber ich wollte ihn nicht noch einmal unterbrechen. Vielleicht, so hoffte ich, könnte ich es eines Tages selbst zu Gesicht bekommen.

„Ich habe es heute schon einmal angedeutet", spannte er den Faden weiter. „Einige Fürsten mit großen Armeen fielen über fremde Völker her und versuchten sie zu unterjochen, weil sie einsahen, dass die Eroberung von anderen atlantischen Volksstämmen nicht durchführbar war. Das empfindliche Gewissen von Atlantis – so nennen wir das ‚Herz von Atlantis' zuweilen – zeigte die Verfehlungen auf, und Poseidon bestrafte immer wieder die verantwortlichen Herrscher und die fehlgeleiteten Stämme. Als aber das Volk der Schildkröten dann mit einer neu entwickelten Waffe das Volk eures Priesters auslöschte, war der Verstoß so groß, dass beinahe ganz Atlantis von den Auswirkungen im Herzen des Tempels in den Untergang gerissen wurde. Das Herz stieß gewaltige Energiesalven aus, die den Tempelberg erschütterten."

Alundalt machte ein sehr ernstes Gesicht und seufzte. Er hielt kurz inne. Schließlich bedachte er mich mit einem kurzen Blick und trug weiter vor.

„Poseidon war lange Zeit erzürnt und hatte sich vom Volk abgewendet, und es gelang den Priesterinnen und vernünftigen Volksführern nur mit großer Demut und Hingabe, ihn wieder zu besänftigen. Die Strafen gegen den Stamm der Schildkröten waren gewaltig. Es wurden alle Waffen vernichtet und die Führer wurden für den Rest des Lebens verbannt. Poseidon warnte alle Stammesführer und stellte ein letztes Ultimatum: ‚Beim nächsten großen Prinzipverstoß wird Atlantis samt der Bevölkerung unwiederbringlich ausgelöscht!' – das waren genau seine Worte", berichtete Alundalt mit sehr traurigen Augen. Seine Ausstrahlung hatte so viel spürbare Trauer in sich, dass mir ganz elend im Herzen wurde.

„Von diesen Maßnahmen wissen die blitzartig getöteten Angehörigen des Volkes der Taoristin noch nicht“, holte er mich wieder in die Gegenwart. „Das müssen wir heute dem Priester erst sagen und zeigen“, mahnte er mit etwas erhobener Stimme. „Ich habe deshalb vor dem Bad die Anweisungen gegeben, dass die nötigen Vorbereitungen zur Aufstellung entsprechender Geräte in der Höhle getroffen werden. – Ich vermute, dass er verlangen wird, dass ein an der schrecklichen Mordtat unschuldiges Wesen die Aufgabe durchführt,“ zitierte er sich selbst, „ich werde deshalb dem Priester neuerlich deine Bereitschaft signalisieren!“ Er drehte sich in der Wanne genüsslich auf den Bauch, als könne er damit das Gelingen seiner Idee bestärken. „Ich hoffe, dass diese Vorführungen ihn positiv beeinflussen und zugänglich machen werden für mein Vorbringen“, beendete der Botschafter seine Erläuterungen.

Mir schmeckte diese Anbiederung gar nicht. Ich war mit diesem technischen Firlefanz nicht einverstanden und antwortete daher: „Der Priester ist offenbar in der Lage, Gedanken zu lesen! – Das heißt, er erkennt sofort die Absicht, ihn zu beeinflussen. Wir sollten daher vielleicht besser von allem Anfang an mit offenen Karten spielen, ihn so wenig wie möglich verärgern und völlig offen entgegentreten. So kann er unsere lautere Absicht sofort erkennen. Dies wird ihn bestimmt besänftigen. Mit diesen Geräten, glaube ich, schaffen wir keine gute Ausgangsposition.“

Der Botschafter dachte nach und sah ein, dass die technischen Spielereien besser weggelassen werden sollten. Er gab zu bedenken: „Zur Herstellung einer Kontaktaufnahme zu dem Weisen Kakisen, der in Atlantis geblieben ist, brauche ich aber ein Gerät an Ort und Stelle, um Verbindung aufnehmen zu können, da wir vermutlich auch seine Hilfe brauchen. – Den Zweck dieses Gerätes werden wir dem Priester einfach sofort erklären, sobald er eintrifft, sodass erst gar keine Zweifel an unserer guten Absicht aufkommen können.“

Er sah mich versöhnlich an, da ich auch lächelte. „Jetzt wollen wir uns aber massieren lassen, damit wir für unsere Aufgabe auch körperlich fit sind!“ Er verließ die Wanne, umwickelte seine Mitte mit einem weißen Tuch und legte sich auf den Bauch auf eine Liege.

Ich tat das Gleiche, und sofort waren die beiden Mädchen wieder da. Die mit dem blonden, langen Haar kam zu mir. Sie erweckte mit ihren Händen ein Wohlbefinden in meinem Körper, welches zu einer Entspannung der Muskulatur führte. Diese Massage war für mich ungewohnt, aber körperlich sehr angenehm und anregend. Anschließend verabreichte sie mir eine Reflexzonenmassage, wie sie diese Prozedur nannte, und bearbeitete mit flinken Fingern meine Fußsohlen und Zehen. Das war so belebend, dass ich enttäuscht war, als sie aufhörte. Ich fühlte mich danach wie neugeboren und sehr entspannt.

Gleich darauf wurde Essen aufgetragen. Ich nahm aber nur etwas Kuchen und Saft, weil ich meinen Magen nicht zu schwer belasten wollte. Im Anschluss daran legte ich mich hin und schlief sofort ein.

Ich glaubte erst einige Minuten geschlafen zu haben, als ich sanft geweckt wurde. Elik stand mit Kleidern in der Hand vor mir und meinte, dass es nun Zeit wäre, die Vorbereitungen zu treffen. Er hielt eine braune, eng anliegende Hose mit einem goldfarbenen Gürtel, braune Stiefel und eine braune, kurze Jacke mit goldener Verzierung vor mich hin und bemerkte: „Ich glaube, diese Kleidung ist für den Anlass passend."

Ich schlüpfte hinein und sie passte wie angegossen.

Der Botschafter war bereits angekleidet. Er trug eine tiefblaue Tunika, die am Rand ebenfalls goldfarben verziert war. Auf dem Kopf trug er einen runden, spitzen Hut, wie ich ihn schon bei Druiden gesehen hatte. Er wies darauf hin, dass diese Kopfbedeckung seinen Energiefluss anregen würde und er dadurch aufnahmefähiger sei. Angelegentlich fragte er mich, ob ich fertig sei.

Ich bejahte und fügte noch an: „Ich bin unbewaffnet."

Der Botschafter lächelte darüber und meinte: „Wir wollen den Priester ja nicht ermorden, oder?"

Dann traten wir vor das Zelt, wo ein kleiner Gleiter wartete. Ich bemerkte sofort die eigenartigen Lichtverhältnisse am Firmament, die mir fast ein wenig Angst machten. Für die vorgerückte Stunde war es viel zu hell! Die Quelle dieser Erscheinung konnte ich nicht sehen, obwohl der ganze sichtbare Himmel gleichmäßig ausgeleuchtet wurde. Der Mond strahlte zwar ein freundlicheres Licht herab, war aber nicht die Ursache dieser Strahlung. Es schien, als ob weitere Lichtquellen diese Beleuchtung hervorbrachten. Mich beschlich ein unheimliches Gefühl, das ich nicht deuten konnte.

Auf dem Weg zum Gleiter ließ ich meine Augen über die Landschaft schweifen, die ganz anders auf mich wirkte, als ich es gewohnt war. Aus dem Bach stiegen dünne, bräunliche Dunstschleier auf, wie ich sie bisher noch nie gesehen hatte.

Elik setzte sich hinter das Steuer, wir nahmen auf den beiden hinteren Sitzen Platz und es ging los. Wir bewegten uns zur Lichtung vor der Höhle.

Als wir über die Baumwipfel schwebten, sah ich am Firmament eigenartige Lichtreflexe aufleuchten. Sie schienen sich in Wellenbewegungen fortzubewegen und änderten wiederholt die Farben. „Eigenartig“, kam es diesmal vom Botschafter, und er fuhr fort: „Ich habe noch nie so weit südlich ein so ausgeprägtes Nordlicht gesehen. Es müssen in der Atmosphäre gewaltige Energien freigesetzt werden, die diese Lichter erzeugen!“

Diese Lichterketten wirkten zwar nicht bedrohlich, sie machten mich aber nachdenklich. Ich brachte sie vorerst nicht mit dem heutigen Ereignis in Verbindung.

Dann raste ein gewaltiger Blitz vor uns über den Himmel und schlug in den Abhang mit der Höhle ein, der wir zustrebten. Der schmetternde Hall des Einschlages und die gleißende Helle der Energieentladung waren für mich ein bedrohliches Vorzeichen. Ich fuhr im Sitz hoch und hüstelte.

Der Botschafter beruhigte mich, indem er erklärte: „Alle diese Erscheinungen in der Atmosphäre hängen sicher mit der sehr außergewöhnlichen Sternenkonstellation zusammen, die in dieser Nacht gegeben ist. Der Sternenstand begünstigt unser spirituelles Vorhaben, besonders für die heute zu vollziehende Seelenerlösung. Es ist ein Tor zum Leitsternbild des Volkes der Taoristin entstanden, das die geschundenen Seelen benützen können.“ Auch er verrenkte sich ein wenig, um aus den Fenstern hinaussehen zu können. Dann fuhr er fort: „Es ist jetzt etwa zehn Minuten vor der vereinbarten Zeit.“

Nun kam zusätzlich zu den ungewöhnlichen Lichterspielen noch ein böiger Wind auf, der die Äste der Bäume kräftig schüttelte. Elik hatte Mühe, den kleinen Gleiter in der vorgesehenen Flugbahn zu halten.

Nach wenigen Augenblicken waren wir vor der Höhle und stiegen aus. Elik kehrte sofort wieder um. Er sollte auf Anweisungen des Botschafters warten, die ihm dieser mit seinem Telprain übermitteln würde, um uns abzuholen.

Als wir vor dem Höhleneingang standen, peitschte neuerlich ein Blitz durch den Nachthimmel und schlug in die mächtige Eiche ein, die rechts neben dem Höhleneingang emporragte. Äste und Laubwerk flogen durch die Luft und mir wurde für Augenblicke die Luft aus den Lungen gepresst. Glücklicherweise waren wir weit genug von der Einschlagstelle entfernt, sodass wir keinen direkten Schaden nahmen.

Rasch betraten wir die Höhle. Ich war froh, als ich die schützende Felswand um mich spürte und dadurch diese Himmelserscheinungen nicht mehr sehen konnte. Mir begann aufzugehen, dass es in dieser Nacht noch dicker kommen würde.

Sofort sah ich die aufgestellten Geräte und den Mann neben dem Eingang. Unaufgefordert führte uns der Techniker die Geräte vor. Sie zauberten einen Sternenhimmel an die Höhlendecke, und man hörte Wasser rauschen. Es schien ein Fluss durch den hinteren Teil der Höhle zu fließen. An den Ufern waren Bäume zu sehen und ich hörte Vögel zwitschern. Dazu erklärte der Botschafter: „Dies ist eine technische Projektion jenes Sternenhimmels, wie er in der Nacht des Angriffes auf die Taoristin sich darstellte."

Während er dies erklärte, setzte er sich in der Mitte der Höhle auf einen bereitgestellten Hocker und bedeutete mir, an seiner linken Seite ebenfalls Platz zu nehmen.

Kaum saß ich, als schon der Priester auftauchte.

Er erschien neuerlich wie aus dem Nichts. Er trug ein weißes, sackartiges Gewand und hielt wiederum diesen Stab in der Hand. Auf dem Kopf trug er einen goldenen Reif, von dem ein Strahlenkranz ausging, der die gesamte Figur umhüllte. Es schien, als ob er wiederum in einem Energiefeld stünde.

Mit seinem Stab zeigte er nun auf den Botschafter und fragte: „Was hast du da für Geräte aufgestellt? Willst du mich damit beeindrucken oder einschüchtern?"

„Was dagegen?" kam es ruhig von Alundalt.

„Ich mag solche Hinterhältigkeiten nicht und befürchte, dass diese technischen Gerätschaften missbräuchlich gegen mich eingesetzt werden könnten!" begehrte der Priester auf. „Wir wollen sachlich verhandeln, da brauchen wir solche Ablenkungen nicht." Dann zeigte er mit dem Stab gegen die Höhlendecke und fauchte: „An den Tag des Unterganges meiner Mitbrüder will ich schon gar nicht mehr erinnert werden!" Er machte mit dem Stab eine kreisende Bewegung über seinem Kopf und alle Projektionen verschwanden. „Es wird nichts mehr eingeschaltet, sonst werte ich das als versteckten Angriff und schlage sofort zurück, verstanden!" warnte er angriffslustig.

Während er dies hervorstieß, schnaubte er wie ein Pferd, wie mir schien. So wutentbrannt kannte ich diesen Mann nicht. Zu mir gewandt, fügte er an: „Schau nicht so verdutzt, es geht hier um die Sühne eines Massenmordes, da kann man solche Faxen nicht gebrauchen! Was zählt, sind nüchterne, harte Fakten und ernstgemeinte Vorhaben, die aus reinem Herzen kommen. Deine atlantischen Freunde sind Meister im Ablenken, verschlagen und hinterhältig, merke dir das für später!" ließ er sich aus. Offenbar war er sich seiner tonangebenden Position sehr bewusst.

Er hockte sich auf den dritten Hocker, der etwa vier Mannslängen entfernt uns gegenüberstand.

Nach einer kurzen Pause brach der Botschafter die Stille: „Ich würde gern ein Gerät einschalten, um dir damit zu zeigen, welche Strafe dem Stamm der Schildkröten widerfahren ist und welche Entschädigungen wir bereits geleistet haben."

Der Priester brauste auf: „Hier geht es nicht um Strafen und materielle Entschädigungen! Es geht um die Enttraumatisierung der Seelen, jener plötzlich ausgerotteten Menschen meines Volkes, die in einem erschütternden kollektiven geistigen Aufschrei in Sekundenbruchteilen aus der Realität in eine für uns völlig unbekannte Dimension im universellen Übergang zwischen den Sphären gerissen wurden. Es gelang keinem, den Übergang in die andere Dimension zu bewerkstelligen!" rief er anklagend. „Niemand weiß, wo sich diese armen Seelen derzeit befinden! Ich konnte sie trotz intensiver Suche nicht ausmachen, obwohl ich vermute, dass sie im derzeitigen Zustand den Erdkreis nicht verlassen konnten. Sie haben keine Chance auf einen geordneten Abgang und erlösenden Aufstieg aus dem Erdkreis." Er war aufgestanden und hatte sich im Eifer seiner Anklage einmal um sich selbst gedreht.

Jetzt kam er ein paar Schritte näher und wies wieder auf den Botschafter: „Dies ist jene Schandtat, welche die Atlanter meinen Seelenbrüdern angetan haben! Finde den Aufenthaltsort dieser Menschenseelen und führt sie wieder an einen Ort, wo sie ihren Inkarnationsweg nahtlos fortsetzen können, so als wären sie ganz normal gestorben! Sie sollen dadurch freie Entscheidungsmöglichkeiten für ihre Zukunft erhalten", forderte er ziemlich verbittert.

Als der Botschafter dies hörte, wirkte er überrascht und erklärte erleichtert: „Das ist es also, was du erreichen willst! Und ich habe gerätselt, was ich zu tun habe, um dich zu besänftigen."

Der Priester sprang wütend auf, beugte sich vor und keifte laut: „Du sollst nicht mich besänftigen, sondern den Schaden an unseren armen Seelen gutmachen, die ihr vernichtet habt! Es geht um die Rettung und Heilung der Seelen meines verlorenen Volkes! Sie haben es verdient, endlich und in Frieden in ihre geistige Heimat heimzukehren. Ich kann ihren kollektiven geistigen Aufschrei in der Sekunde ihrer Atomisierung nicht vergessen! Niemand von uns kann das. Sie irren seither hoffnungslos durch eine unbekannte Dimension im Übergang zwischen zwei universellen Sphären, in den sie damals von euch gerissen wurden. Ihr sollt alle wieder finden und ihnen den Weg weisen, sodass sie endlich die Chance bekommen, geordnet ins Reich unserer Ahnen zu gelangen. Sie sollen den Lebensweg fortsetzen dürfen, das ist meine Forderung!" stellte er mit einer so mächtigen, lauten Stimme klar, dass uns die Ohren klangen, da die Höhle seine Stimme noch nachhallen ließ.

„Gemach!" besänftigte ihn der Botschafter. „Ich werde alles tun, was in meiner Macht steht und meine Freunde bitten, nach Kräften mitzuhelfen. – Das Geforderte übersteigt aber meine persönlichen Fähigkeiten und ich sollte mit einer verwandten Seele in Atlantis Verbindung aufnehmen", lenkte er vermittelnd ein. „Er ist ein Wesen, welches zu den Anfängen unserer Kultur geboren wurde und das umfassendste Wissen in Atlantis besitzt. Er weiß mehr als alle unsere Volksgrößen zusammen und wurde in den letzten Jahrhunderten viel zu wenig gehört. Dadurch wurden viele folgenschwere Fehler in Atlantis begangen", stellte er seine eigene Position nun klar. „Vor allem ist er ein Weiser, dem ich voll vertraue. Genehmige mir diese Rücksprache, Priester!"

„Ja, in Ordnung. Ich kenne Kakisen, den großen Weisen. Er ist auch eine mir verwandte Seele“, bestätigte er unerwartet ruhig.

„Dazu muss ich dieses Gerät einschalten, um eine Verbindung zu ihm herzustellen“, erklärte Alundalt friedfertig. „So kann er mich hören, und ihr beide könnt mitverfolgen, was gesagt wird“, leitete der Botschafter sein Tun ein und zeigte auf das Kommunikationsgerät. „Bist du einverstanden?“ fragte er nochmals den Priester.

Der Priester nickte mit dem Kopf und stimmte zu: „Ich freue mich, eine so hohe geistige Kompetenz mit einbezogen zu sehen. Er hat so viel Weisheit in sich, dass er die Lösung unserer Aufgabe sicher positiv beeinflussen wird. Fahre fort, Botschafter, ich werde alles genau beobachten, denn ich traue dir noch immer nicht!“

Nun schaltete der Botschafter das Gerät ein, worauf leise summend eine kreisrunde, durchscheinende Scheibe aus Energie darüber entstand. Augenblicklich erschien in diesem Energiefeld die Figur eines alten Mannes. Er hatte weißes, langes Haar, eine mächtige Adlernase in einem schmalen, langen Gesicht und sehr wache, listig glänzende graue Augen. Er war offensichtlich sehr alt, aber er wirkte nicht gebrechlich, trug eine rote Tunika, so wie der Botschafter, und vermittelte einen sehr würdigen Eindruck.

„Was gibt es, Alundalt?“ tönte es mit starker Stimme aus dem Gerät.

Sofort entgegnete der Priester: „Kakisen! Ich, Sorumtest, bin hier und ich fordere Gerechtigkeit für die Ausrottung unseres Volkes! Aber wir können die aufgelösten Seelen nicht finden, und diese wiederum finden keinen friedlichen Heimgang“, legte er dar.

Nachdem der Priester gesprochen hatte, begann das Gerätebild zu schwanken und wurde blasser, so als ob die dargestellte Gestalt des Weisen nicht aus Materie bestünde. Dann wurde das Bild wieder deutlicher, und ich konnte sehen, dass die Augen des Weisen glänzten, und seine Stimme klang kräftig, als er antwortete: „Ich habe nicht geglaubt, dich wiedersehen zu dürfen. Es muss schon einige Jahrzehnte her sein, als wir uns zuletzt sahen. Ich freue mich aber, eine verwandte Seele zu treffen, das tut gut.“

„Um genau zu sein, einhundertunddrei Jahre ist es her, dass wir uns zuletzt gesprochen haben“, antwortete der Priester. „Ich bin weggegangen und habe wieder rechtzeitig auf der Erde inkarniert, um dem Volk der Kaelter zu helfen – um eine bessere Entwicklung zu nehmen, als es das Volk der Atlanter getan hat. Ich bin freiwillig hier, glaube aber in der Zwischenzeit, dass eine höhere Macht diese Inkarnation unterstützte, um diese Begegnung zu ermöglichen und um das leidige Problem endgültig zu lösen", brachte er offenherzig vor. „Meine frühere Aufgabe, das mahnende Gewissen der Taoristin zu sein, hat mich wieder eingeholt, als beschlossen wurde, Botschafter auszusenden, um das atlantische Volk von dem Makel zu befreien. Es hat lange gedauert, bis es gelang, diese Öffnung zu anderen Völkern durchzusetzen. Nun, da der eigene nahende Untergang vor Augen steht, wurdet ihr zu diesem wichtigen Schritt vom Schicksal förmlich gezwungen. Hoffentlich führt diesmal die Öffnung zu anderen Völkern nicht wieder zu Ausbeutung, Betrug und Völkermord!" erhob er sich als Mahner. „Ich befürchte, das eigene Wohl, den eigenen Wohlstand und Reichtum habt ihr im Sinn, denn das Wohlergehen und der Fortbestand anderer Völker war euch schon bisher völlig gleichgültig!"

Ich sah zwischendurch zu Alundalt, ob er dazu nicht etwas sagen wollte, aber er schüttelte nur unmerklich den Kopf. Dieser Sorumtest wollte sich mit seinen Vorwürfen gar nicht mehr einkriegen.

„Ihr trampeltet mit Waffen auf diesem Planeten herum, als ob er euer Eigentum wäre, obwohl euch bekannt ist, dass Wissenschaftler auf ähnliche Weise bereits einige Inseln verwüstet haben. Soll das gleiche Schicksal der schönen Erde widerfahren? Ja, ich ahne es, ihr werdet samt den Inseln untergehen! Das Antlitz und die energetischen Ausstrahlungen der Erde sollen dadurch völlig verändert werden. Der Schöpfer wird euch bestrafen! Nicht, weil das atlantische Volk seiner Mission nicht nachgekommen ist, sondern weil in den letzten Jahrhunderten zu viele bösartige Einzelwesen hervorgingen, die nur den Eigennutz und das Streben nach Macht in sich tragen und von den Sehenden nicht rechtzeitig daran gehindert wurden."

Ich meinte, ihm seine Genugtuung über diese Worte anzusehen.

Kakisen antwortete in weiser Zurückhaltung: „Ich sehe ein rasches Ende auf mein Volk zukommen und bin daher bereit, die Bemühungen Alundalts und dieses jungen Mannes zu unterstützen. So können wir wenigstens diese alte, belastende und Energie raubende karmische Kette zu den bedauernswerten Verblichenen einvernehmlich lösen. Leider wurde nach diesem Völkermord zu wenig durchgegriffen, sodass weitere Fürsten glaubten, sie könnten neuerlich Grausamkeiten begehen, indem sie ihre schändlichen Bemühungen diesmal besser verbargen."

In einer Atempause Kakisens sah ich den Priester mit ernstem Gesicht nicken.

„Sie denken, verblendet von Dummheit und Hochmut, nicht mehr an den gerechten Schöpfer!" setzte Kakisen unbeirrt fort. „Er, der in seiner unendlichen Weisheit für unsere Evolution waltet, die alle Spielarten der Entwicklung zulässt, ist aber bei derartigen Verstößen gegen das Leben erbarmungslos, und so werden die Atlanter büßen. ER ist bereit, nach jedem aus dem Ruder gelaufenen Experiment wieder von Neuem beginnen zu lassen, bis die Menschen es schaffen, aus eigenem Willen und eigener Kraft den richtigen Weg zu finden."

Kakisen räusperte sich. „So ist nun einmal das Schicksal der Menschheit. Wir Menschen konnten bisher nur aus Fehlern und falschen Entwicklungen lernen. Es wird noch eine lange Entwicklungszeit brauchen, bis wir ganz in die nächsthöheren Wesensformen übertreten dürfen und nicht mehr hierher wiederkehren müssen, nachdem wir alle hinderlichen Schwächen abgelegt haben. Aber die Menschheit hat diese Zeit und sie wird es schlussendlich doch schaffen."

Sorumtest richtete sich kurz auf, als wollte er etwas einwenden, aber Kakisen ließ ihm keine Zeit. Seine Stimme schien bis in die innerste Tiefe der Seele zu dringen, als er sprach: „Es ist nur schade, dass dabei so viel Energie und Material vergeudet werden, bis die meisten draufkommen, wie es richtig geht, und lernen, ihre Triebe im Zaum zu halten. – Einige Völker haben es schon geschafft und sind schon weiter. Wir, die wir in dieser Angelegenheit mitarbeiten, werden uns sehr anstrengen müssen, um als Bindeglieder in der Entwicklung junger Völker gute Dienste zu leisten!" mahnte auch er eindringlich. „Es tut oft sehr weh zu sehen, wie verblendet viele Menschen sind."

Seine Worte bebten in meiner Brust eigenartig nach.

Er wandte sich nun dem Botschafter zu: „Was kann ich tun, Alundalt? Schließlich hast du gerufen, um etwas zu bewegen. Wir sollten nicht schwatzen, wie es alte Weiber gerne tun. Die Wiedersehensfreude hat mich derart gepackt, dass ich mich habe hinreißen lassen, verzeiht mir!" führte er zum eigentlichen Ziel zurück.

Der Botschafter antwortete: „Mir ist es nicht möglich, den Wunsch des Priesters zu erfüllen, denn er will, dass ich die versprengten Seelen der durch den Einsatz der Waffe getöteten Taoristin wieder finde. – Hilf mir, sag mir, wie das zu tun ist!“ sprach er feierlich.

Kakisen kicherte leise und antwortete: „Das Faktotum, das Opferlamm, sitzt doch bereits da! Hoffentlich weiß es, was zu leisten ist? Vermutlich kann es jetzt aber nicht sagen, wie es vorgehen sollte? Du solltest ihm fest verbindlich versprechen, sein Volk tatkräftig, aber einfühlsam und vorsichtig in seiner Weiterentwicklung zu unterstützen, dann wird er euch bestimmt helfen, diese Aufgabe zu erfüllen!“ riet er offen. „Nur sollte er sich im Klaren sein, dass ihm diese Handlung ein Vielfaches an Anstrengung abverlangen wird, als er bisher zustande bringen musste!“

Kakisen wandte sich wieder dem Priester zu: „Ist es so, Sorumtest?“

„Ja. Der Bursche soll vorher aber versprechen, dass er vor keiner Aufgabe zurückschreckt, ohne Rücksicht darauf, wie überraschend und schwer der Anschein werden möge, und dass er auch nicht vor beinahe Unlösbarem zurückweichen wird. Es ist eine Schande, ihn in diesen Abgrund springen zu lassen, ohne ihn genügend vorbereitet zu haben!“ lenkte er plötzlich um. „Die Tat hat aber heute zu geschehen, denn das nächste passende Raum-Zeit-Fenster kommt erst in zweihundertundvierzig Jahren und so lange können diese armen Seelen nicht mehr warten, ohne bleibende Schäden zu nehmen“, führte er aus.

Wieder drehte er sich beim Sprechen im Kreis, als ob er seine Anliegen der ganzen Gegend vortragen wollte. „Wenn ihm die Aufgabe gelingt, wird eine starke Verbindung zwischen unseren Völkern entstehen. Dann wird er seine alte Einweihung erkennen! Er wird von nun an für höher schwingende Energien zugänglich und für weitere spirituelle Aufgaben bereit sein. Als Trost kann ich ihm nur sagen, dass ein erfülltes und glückliches Leben auf ihn wartet, das ihm viele Aufgaben bescheren wird!“ Damit richtete er seinen Stab energisch auf mich. Und wieder sprach er weiter: „Gelingt ihm heute der Zugang zu unseren verlorenen Seelen, wird er meinem Volk den ersehnten Frieden im Jenseits bringen. In dieser anderen, der geistigen Welt, wird dann als Ausgleich der reichhaltige

Schatz des Volkswissens übergeben, den das ausgerottete Volk einst besaß. Diese Bereicherung wird jetzt, am Entwicklungsbeginn seines Volkes, seinen Leuten einen Vorsprung gegenüber anderen Völkern einbringen, weil dieses Wissen bereits vorhanden ist und nicht erst mühsam erarbeitet werden muss", postulierte er.

Ich wurde hellhörig. So weit reichten also die Folgen dieser Tat – meiner Beihilfe, von der er offenbar sprach!

„Bringt er den ersehnten Frieden", setzte Sorumtest abermals fort, „so wird ihm in der Form gedankt, dass er fortan die Gedanken seiner Mitmenschen offen miterleben können wird. – Wenn er sich richtig konzentriert, wird er den Ort finden, an dem diese Seelen gefangen sind, worauf er sie dann durch das Goldene Tor in ihre ersehnte Freiheit führen kann." Er sah mich kritisch an. „Das ist mit Sicherheit eine zu schwere Aufgabe für ein einzelnes Wesen, daher werdet ihr helfen müssen. Ihr beide solltet ihn bei seinen Bemühungen mit Energie unterstützen!" wandte er sich an Alundalt und Kakisen. „Diese Hilfestellung wird er anfangs sicher brauchen", schloss er. – Ich atmete schon auf.

Dann philosophierte er weiter: „Es ist nichts Böses ohne etwas Gutem. Alles auf diesem Planeten hat zwei Seiten, die gleich groß sind. Es dient der Menschheitsentwicklung, wenn negative Energiebelastungen erkannt, verstanden und möglichst aufgelöst werden. So wird Hermanwulf für sein Volk eine große Starthilfe leisten, weil er durch die Eindrücke während der Erledigung dieser Aufgabe ein Wissen über die großen Zusammenhänge der Schöpfung bekommt und dieses Wissen in das Volksbewusstsein der Kaelter einbringen wird. Sein Volk wird einen positiven Einfluss auf die Pflanzenwelt dieser Erde haben, der viele Jahrhunderte wirken wird!" erging er sich direkt begeistert. „Ich liebe diesen Kerl, er ist aus dem richtigen Holz geschnitzt!" rief er. „Ich hatte das unsägliche Glück, bei seiner Geburt dabei gewesen zu sein, und es erfüllt mich mit Stolz, dass er seinen vorbestimmten Weg, den ich bei seiner Inkarnation in Abrissen sehen durfte, eingehalten hat und nun diese Tat vollführen wird. Ich preise den Schöpfer ob seiner Größe und Weisheit!" schallte er mit verklärtem Blick.

Während dieser Rede schien der Priester in eine Art Trance gefallen zu sein und es entstand in der Höhle eine getragene Hochstimmung, eine derart hohe Energieschwingung, dass selbst ich, der so etwas bisher noch nie bewusst erlebt hatte, die Anwesenheit höheren Geistes erkannte.

Ich hielt aber von diesem hochgestochenen Gerede über höhere Zusammenhänge nicht viel, weil ich glaubte, dass die Zeit dränge, sprachen doch die beiden Kontrahenten anfangs von gebotener Eile. Es war dauernd die Rede davon, dass ein exakter zeitlicher Einstieg in das Ereignis von außerordentlicher Bedeutung sei, und nun wurde da endlos über Völkerentwicklung geredet! – Ich platzte vor Neugier und wollte unbedingt erfahren, was ich zu tun hatte. Deshalb sprang ich auf, rief aufgeregt und daher viel zu laut: „Jetzt stellt endlich die entscheidende Frage, verd......!"

Nach diesem Ausbruch war es vorerst totenstill, dann räusperte sich der Priester und schmunzelte: „Da wäre dir bald etwas entschlüpft, in einer solch feierlichen Stunde!"

Der Weise und der Botschafter wendeten sich nun mir zu, blickten sehr würdevoll drein und bemühten sich, mich zu besänftigen.

Da ich meinen Gefühlsausbruch bereute und geradezu besessen war, an dieser wichtigen Tat teilzuhaben, beschloss ich, alle meine Kräfte einzusetzen, um meinen Beitrag zu dieser erlösenden Handlung zu leisten. Ich brannte geradezu darauf, eingeweiht zu werden und endlich tätig werden zu dürfen! Nachdem mich dieses Gefühl überwältigt hatte, mahnte ich mich selbst zu Ruhe und Besonnenheit, weil ich sofort einsah, dass mit ungestümem Tatendrang kein Erfolg zu erreichen ist.

Der Botschafter hatte sich zuerst gefasst und erkundigte sich: „Du hast vernommen, was unser Weisester und der Priester sagten? Ich bin überzeugt, du hast verstanden, worin deine Aufgabe besteht, oder?"

Auf diese kurz angebundene Frage war ich nicht gefasst und schaute deshalb den Botschafter etwas verwirrt an, denn ich hatte detaillierte Fragen und genaue Anweisungen erwartet. Mein im Gesichtsausdruck ersichtlicher Unverstand schien nun den Botschafter zu verwirren. Es entstand ein kurzer, stiller Moment, bevor der Priester den Botschafter anfuhr: „Das ist typisch atlantische Lebensauffassung! Jeder hat sofort zu verstehen, warum und wie er für atlantische Interessen ins kalte Wasser zu springen hat, ohne zurückfragen zu dürfen!" verteidigte mich Sorumtest. „Der Junge hat sicher nicht alles verstehen können, was da an Hochgeistigem über ihn ausgeschüttet wurde. Er kommt schließlich aus dem jungen

Volk der Kaelter und versteht nicht, wie es dazu kam, dass vor einigen Jahrzehnten Völker vernichtende Gewalttaten begangen wurden, wo sein Volk damals noch gar nicht existierte!"

Während der Priester dies von sich gab, bemerkte ich, dass sich die Stimmung in der Höhle merklich veränderte. Es schlich etwas eisig Kaltes, etwas Bedrohliches heimlich durch den Eingang. Ich konnte es spüren, mich fröstelte plötzlich und ich schaute mich mit einem beklemmenden Gefühl um, suchte nach der empfundenen Bedrohung, sah aber zuerst nicht, woher sie kam und woraus sie bestand.

Sie war einfach plötzlich spürbar geworden. Dieses dunkle und kalte Etwas wollte offenbar die vorgenommene Tat verhindern. Es wollte uns mit seiner Eiseskälte einfrieren und erstarren lassen, kam es mir vor. Diese Bedrohung war mit unserem Vorhaben keinesfalls einverstanden. Ich hörte das Knistern der Eiskristalle, so als ob der Fels in der Höhle mit Eis überspannt würde. Dies war das erste Anzeichen einer dunklen Macht, das ich bewusst wahrnahm.

Ich sah auch, dass der Botschafter unruhig wurde und sich forschend umsah. Ihn fröstelte plötzlich ebenfalls und er zog seine Tunika fest um den Körper zusammen. Er hatte sichtbar das gleiche grausige Empfinden wie ich.

Dann sahen wir, dass sich am Boden, vom Eingang kommend, fein wabernder Nebel bildete. Die Felswände des Einganges wurden weiß vom bedeckenden Eis. Eine Kälte ging von diesem Eis aus, die ich körperlich unangenehm verspürte, obwohl ich in der Höhlenmitte, noch weit weg von der Eisbildung stand.

Der Botschafter wandte sich an den Priester und fuhr ihn schroff an: „Du musst jetzt nicht diese Höhle mit eisiger Kälte füllen, denn es wird getan werden, was zu tun ist!"

Der Priester erwiderte: „Ich bin nicht der Urheber dieser Eiseskälte, die auch mich überfallen hat und über meinen Rücken streicht. Weil ich mich heftig dagegen wehre, entsteht der Nebel am Boden. Ich werde alle meine Kräfte zusammennehmen und diesen Angriff einer unbekannten dunklen Macht zurückschlagen!" stellte er uns klar.

Während er dies sagte, drehte er sich zum Höhleneingang um, streckte den rechten Arm mit seinem Stab vor, sprach eine beschwörende Formel, wobei er zuerst ganz leise murmelte und fortlaufend lauter wurde.

Dann fuhr ein Feuerstrahl aus dem Wolfskopf des Stabes und schoss durch den Höhleneingang ins Freie. Darauf war ein schmerzerfüllter Aufschrei zu hören, und außerhalb der Höhle schlug ein schwerer Körper hörbar auf den Boden auf. Dann war für einige Momente beklemmende Stille. Wir sahen, wie sich das Eis durch den Höhleneingang zurückzog und abfloss.

Der Priester aber stand ganz gekrümmt, mit verdrehtem Körper da, wobei er wie verkrampft noch immer die rechte Hand ausstreckte. Er war offensichtlich durch die Anstrengung entkräftet und konnte sich momentan schwer auf den Beinen halten. Ich sprang sofort zu ihm hin und konnte ihn noch auffangen, bevor er zu Boden stürzte. Ich legte ihn auf das Lager, das ich vor Jahren in dieser Höhle errichtet hatte, und strich ihm mit der Hand die Haare aus dem Gesicht. Er war körperlich schwer angeschlagen. Ich suchte unter meinen Habseligkeiten in der Höhle etwas Trinkbares und fand einen Flaschenkürbis, in dem ich Rotwein aufbewahrte. Davon gab ich ihm in kleinen Schlucken zu trinken. Er erholte sich sichtlich rasch und schlug die Augen auf, nachdem er einen tiefen Seufzer losgeworden war. Mit kratziger Stimme fragte er mich leise: „Ist dieses Scheusal weg?“

„Ja, du hast die Kälte vertrieben und außerhalb der Höhle ist etwas zu Boden gefallen, das habe ich deutlich gehört“, berichtete ich ihm mit ruhigen Worten.

Er richtete sich in sitzende Stellung auf und schaute zu Alundalt hinüber. Er erholte sich sichtlich. Das merkte ich auch daran, dass er zum Botschafter mit zynischem Unterton hinübermaulte: „Ich hatte nicht vor, einem Atlanter das Leben zu retten, und doch habe ich es getan. Lasst uns weiter fortfahren in unserer Aufgabe, es ist höchste Zeit! Durch diesen Zwischenfall sind wir in Verzug geraten und müssen uns beeilen, sonst kann der Jüngling nach Erfüllung seiner Aufgabe nicht rechtzeitig wieder unbeschadet zurückkehren.“ Er erhob sich und musterte mich durchdringend. „Diese Kälte haben fremde, dunkle Kräfte erzeugt, die offenbar den Vorgang stören wollten. Ich habe diese Einflussnahme unterbunden, weil ich plötzlich an den Erfolg dieser Mission glaube. Daher werde ich alle meine Kräfte unterstützend einsetzen.“ Er sah auffordernd zu Alundalt.

Der Botschafter hatte kein Wort zu dem Vorfall verloren und auf den spitzen Wortangriff des Priesters keine Miene verzogen. Er war aber sichtlich froh, dass der Priester die fremde Macht hatte abwehren können, wandte sich nun nochmals an mich und erklärte: „Ich habe die Anweisungen des Priesters so verstanden, dass die Seelen im erdnahen Weltraum zu finden sein sollten, also zwischen Erde und Mond. Dort sollen diese armen Seelen im schwarzen Nichts gefangen sein und sich selbst nicht helfen können, weil der in Augenblicken erfolgte Völkermord alle paralysierte. Dieser kollektive Schock wirkt so gewaltig, dass diese armen Seelen nach dem Tod der physischen Körper nicht den üblichen Weg in die andere Dimension nehmen konnten", erklärte er mir nun ausführlich.

Alundalt sah mich väterlich-gütig an. „Du solltest jetzt mit deiner Arbeit für die Seelen beginnen, mein Freund! Kennst du eine Methode, dich zu konzentrieren?"

Ich antwortete: „Ich habe an diesem Ort als Kind und Jugendlicher wiederholt meditiert und Visionen empfangen. Ich werde diese Aufgabe annehmen und durchführen. Ich mache mich gleich an die Arbeit!"

Noch immer den schrecklichen Einfluss der Kälte spürend, der mich zur Eile trieb, setzte ich mich inmitten der Höhle auf ein Fell, das ich über meinen Kometen gelegt hatte, den ich in der Nähe einmal fand, legte die Arme auf die Knie und schloss die Augen. Dann beruhigte ich meinen Herzschlag durch konzentriertes, langsames, tiefes Atmen und veranlasste meinen Geist, aus dem Bewusstsein durch das Unterbewusstsein in mein inneres Selbst zu gelangen.

So erhob ich meinen Geist in das erdnahe All. Nachdem es mir gelungen war, die energetischen Vorgänge in meinem innersten Selbst richtig zu ordnen, tauchte das erdnahe Weltall vor meinem geistigen Auge auf und ich fand mich in diese ungewohnte Umgebung ein. Ich war anfangs noch etwas unsicher, weil ich Neuland betreten hatte und weil die Vision sehr rasch plastisch wurde. Früher hatte ich mehr Mühe gehabt, mich in die Geisteswelt einzufinden, und die Bilder wurden erst nach längeren Bemühungen deutlich.

Daher zwang ich mich, die Überraschung über die spontane Deutlichkeit zu überwinden, und nach einiger Selbstberuhigung und mit fortschreitender Konzentration fand ich mich immer besser zurecht und schaute mich neugierig um. Tatsächlich sah ich, wie ich von der Erde abgehoben hatte und, von dieser wunderschönen blau schimmernden Kugel weg ins All hinaus, in Richtung Mond schwebte. Das Aufrechterhalten der Konzentration gelang mir überraschend gut, obwohl ich beim Abheben von der Erde anfänglich Angst gehabt hatte abzustürzen, da ich einen solchen Schwebezustand bisher noch nie erfahren hatte.

Als ich ganz alleine in großer Höhe über der Erde in dem schwarzen All schwebte, schnürte mir neuerlich die Angst für einen kurzen Moment die Kehle zu. Wieder funkten die Gedanken dazwischen, und ich glaubte, mich vor einem möglichen Absturz warnen zu müssen. Unwillkürlich drückte ich die Ellbogen an den Körper, so als ob ich auf diese Weise Halt finden könnte. Rasch stellte ich fest, dass Kälte und Angst nur eingebildet waren, und schüttelte diese Gefühle ab.

Ich schwebte so hoch über der Erde, dass sie nur mehr die Größe eines Kürbisses hatte. Der Anblick der Erde aus dem All war für mein Weltbild völlig neu.

Ich dachte einen Moment lang, dass ich möglicherweise zur Erde nicht werde zurückkehren können. Dann verwarf ich diesen Gedanken wieder, denn schließlich hatte ich ja die Strecke selbstständig zurückgelegt, also war der umgekehrte Weg ebenfalls möglich. Diese Erkenntnis beruhigte mich wieder und sagte mir, dass Angst kein guter Berater sei. Auch hörte ich nun die Stimme Alundalts in mir widerhallen, der den für mich eigenartig klingenden Satz sagte: „Herunter ist bis jetzt noch jeder gekommen, merke dir das, daher bewahre Ruhe!“

Dadurch, dass ich den Botschafter in meiner Nähe wahrnahm, wurde ich endgültig ruhig. Mit der inneren Ruhe kam die Konzentration auf die Aufgabe wieder voll zurück und ich orientierte mich. Gewohnt, mich mit dem Blick umzuwenden, vermeinte ich mich körperlich zu drehen und schwebte mit zunehmender Geschwindigkeit davon.

Dieses Fliegen im All ging ganz leicht, und ich wurde geradezu übermütig, schwebte hin und her und machte Überschläge. Nachdem ich etwas geübt hatte, kam ein: „Na, na, lass das!“ von Alundalt und ich besann mich wieder auf meine Aufgabe.

Bald schwebte ich auf gleicher Höhe mit dem Mond und konnte auch seine hintere Seite sehen. Sie war viel zerklüfteter! Die Erde war noch kleiner geworden. Die Sterne schienen aber an Größe zuzunehmen. Diese Beobachtung fand ich interessant. Ich ertappte mich dabei nachzusehen, ob auf dem Mond Lebewesen zu erkennen waren. Da waren aber keine, das wusste ich plötzlich, da ich keine Lebenslichter entdecken konnte. Enttäuscht gab ich die Mondbeobachtung auf und kam wieder zu meiner Aufgabe zurück. Nun hielt ich intensiv nach den versprengten Menschenseelen Ausschau. Es waren aber weit und breit keine Menschengestalten zu sehen. Dann fiel mir ein, dass ich eigentlich gar nicht wusste, wie Menschenseelen aussehen könnten. Die Form eines Menschenkörpers dürften sie aber sicher nicht haben.

Noch während diese Gedanken über die Gestalt jener Seelen mich beschäftigten, sah ich einzelne durchscheinende Schleier, die wie zerrissene Nebelfetzen aussahen, im Schwarz des Alls schweben. Diesen Gespinsten schien keine Kraft innezuwohnen. Es war mir nicht vorstellbar, welche Kraft sie zusammenhielt und ihre Fortbewegung steuerte. Sie tauchten kurz auf, um wieder zu verschwinden. Dann waren wieder andere in einer ähnlichen Form an einem anderen Ort zu sehen. Sie schienen sich wie Nebel im Wind aufzulösen und an einer anderen Stelle wieder zu bilden. Als ich genauer hinsah, bemerkte ich, dass in diesen Schleiern schemenhaft weit aufgerissene Münder sichtbar wurden. Es war aber kein Laut zu hören. Dann glaubte ich, hoffnungslose, leere Blicke in ihren Gesichtern zu sehen. Sie sahen mich jedoch nicht. Kein Laut – kein Gedanke oder Lebenszeichen – kam herüber und keine der Gesten, die sie mit ihren Nebelarmen vollführten, konnte ich deuten.

Einmal glaubte ich, dass eine dieser Schemengestalten eine Hand nach mir ausstreckte, so als ob sie sich festhalten wollte. Als ich diese Gestalt erfassen wollte, war sie verschwunden.

Dann sah ich weitere solcherart zerrissene Erscheinungen. Alle ganz langsam aus dem All kommend, aus allen Richtungen auf mich zutreibend, so als würden sie von meiner Person magisch angezogen oder von unsichtbarer Hand hierher geführt werden.

Nun erst erfasste ich: ‚Diese schemenhaft zu erkennenden Wesen, die so fragil und zerbrechlich wie dünnes Spinnengewebe, gräulich und wie zerrissen, wie haltlos und kraftlos wirkten, könnten diese Seelen sein, die ich suchte!'

Die Szene mutete gespenstisch an, weil diese Wesen ihre Angst zum Ausdruck brachten und völlig verstört wirkten.

Erschüttert stellte ich für mich fest: Das waren die traumatisierten Taoristin, die durch das Goldene Tor in die andere Dimension heimkehren sollten, um erlöst dem schöpferischen Gericht gegenüberzutreten und danach ihre weiteren Aufgaben erfüllen zu können.

Ich blickte mich suchend um und fragte mich: Wo könnte der Punkt sein, an dem ich diese Seelen sammeln sollte? Aber wie soll man im grenzenlosen All einen Punkt finden? Dann aber fühlte ich den Ort mehr, als dass ich ihn sehen konnte. Dieser Eingebung folgend, drehte ich mich um und stellte fest, dass sich genau hinter mir schon viele solcher Schemenwesen zusammengefunden hatten. Ich konnte sie nun tatsächlich sehen, weil ich die Fähigkeit entwickelt hatte, diese dünnen Schleier als die gesuchten Seelen zu identifizieren.

Freudig bemerkte ich, dass ich ihre Anzahl gar nicht mehr erfassen konnte, so viele hatten sich schon eingefunden! Sie schwebten kreisend um einen unsichtbaren Punkt. Ich vermeinte, eine sich drehende Scheibe im All zu erblicken. Sie schienen untereinander keinen Kontakt zu haben, sondern wirkten noch ganz verloren und hilflos, obwohl alle synchron, wie von einer unsichtbaren Kraft geführt, im Kreis trieben. Nun schienen sie mich zu sehen, denn einige streckten die Arme nach mir aus und riefen mir etwas zu, das ich aber nicht hörte. So sehr ich auch lauschte, hören konnte ich es nicht.

Ich verstand nun, dass ich tatsächlich die Seelen der getöteten Taoristin gefunden hatte. Nun galt es, das Tor zu finden, durch das diese Seelen in die ersehnte andere Dimension kommen sollten.

Je länger ich diese gespenstische Szene betrachtete, um so mehr taten mir diese verzweifelten Wesen leid, und ich beschloss, allen Mut zusammenzunehmen, und dachte ganz behutsam, um niemanden zu erschrecken, zu einem heranschwebenden Paar: „Ich glaube, ich weiß, wohin euer Weg führt!" Dann fügte ich lauter an: „Folgt mir alle, ich werde euch führen!"

Eines der Wesen nickte kaum merklich mit dem Kopf. Das andere hob die rechte Hand und schien nachfolgenden Wesen zu winken und ihnen zu zeigen, dass sie hierher kommen sollten. Tatsächlich bildete sich eine lange Reihe von durchscheinenden Individuen, die sich aus der kreisenden Scheibe lösten.

Stolz über meinen Erfolg, resümierte ich: Dies sollten jetzt der Priester und der Botschafter sehen! Sie würden mit Freude meinen Erfolg begrüßen. Sogleich musste ich mir aber eingestehen: Das geht ja viel leichter, als ich angenommen hatte. Jetzt habe ich schon so viele dieser armen Seelen zusammengeführt, dass die anderen die große Ansammlung unmöglich übersehen können. Alle werden sich einfinden und dieser Kolonne folgen!

Ich wartete zu und sah, dass die Reihe bereits sehr lang geworden war. Und noch immer kamen weitere Seelen dazu. Nach kurzer Zeit dürften es Hunderttausende, ja Millionen geworden sein, die hinter mir warteten, wie es weitergehen sollte.

Ich dachte bei mir: Nun werde ich diesen Geschöpfen sagen müssen, warum ich hier bin. Kaum hatte ich den Gedanken zu Ende gedacht, als die deutlicher gewordenen Gesichter der Wesen in der ersten Reihe erwartungsvoll zu mir her sahen und ich zu erkennen glaubte, dass sie mir verdeutlichen wollten, ich sollte sie nun endlich zum Tor führen. Möglicherweise konnten sie meine Gedanken lesen und waren über meinen Auftrag bereits informiert?

Deshalb verband ich mich nun schnellstens mit Alundalt und erkundigte mich: „Was nun? Sind dies jene, die wir suchten? Sage mir, bitte: Wohin sind sie zu bringen?"

Geistig hörte ich seine Antwort: „Folge einfach deinem Spürsinn und gehe dorthin, wohin es dich hinzieht! Sie werden dir unverzüglich folgen."

Ich konzentrierte mich augenblicklich wieder auf die Umgebung, wandte mich gefühlsmäßig herum und schwebte langsam voran. Die Seelengesellschaft folgte sofort. Sie bildeten eine Vierfachkolonne, und diese Ketten bewegten sich hinter mir her. Obwohl ich mich angestrengt umsah, konnte ich kein Gebilde erkennen, das einem Tor ähnelte. Vor mir war nur dunkle Allnacht. Bevor ich wieder an mir zweifeln konnte, entstand weit vor mir und auf einer höheren Ebene ein hell strahlender Punkt. Die Menschenseelen, die diesen Punkt offenbar auch erblickten, ergriffen sich nun an den Händen und schwebten nun paarweise in Ketten hinter mir her und auf diesen Punkt zu. Die Stille hörte auf und es bildete sich eine feierliche Stimmung. Ich vermeinte, Weihrauchduft zu riechen und einen wunderschönen spirituellen Gesang zu hören. Dazu kam aus der Ferne leise, getragene Musik, und die

Menschenkette wogte im Takt dieser Musik auf den größer werdenden Punkt zu.

Ich schaute diesem ergreifenden Schauspiel begeistert zu und war tief bewegt, als ich merkte, dass diese Seelen aus ihrer lange währenden Ohnmacht erwachten.

Die Harmonie, die diese Kette von glücklichen Wesen nun ausstrahlte, das selige Glück, das plötzlich auf den früher unbelebten Gesichtern zu erkennen war, berührten mich tief.

Sie schienen, während sie die Melodie lautlos mitsummten, mir zuzunicken, und es strahlte eine große Glückseligkeit und Dankbarkeit von diesen Wesen zu mir herüber. Es schien, als ob alle erfasst hätten, dass dieses traurige Dasein in dieser unendlichen Dunkelheit, dieses regungslose Treiben nun ein erlösendes Ende haben würde.

Auch schien es mir, als ob diese Wesen keine Nebelfetzen mehr seien, sondern sich kräftiger gegen die Dunkelheit abzeichneten. Sie hatten an Energie und Farbe gewonnen, und die äußeren Formen ähnelten menschlichen Wesen mit wunderschönen, langen Kleidern. Ich war stolz auf mich, da ich fühlen konnte, diese Zusammenführung und die Reise richtig eingeleitet zu haben. Ich verspürte die feste Überzeugung, dass diese verlorenen Seelen nun das Ziel und ihren Frieden erreichen werden.

Dann, ganz plötzlich, schlug in meiner Umgebung die Stimmung von Getragenheit in eine Anspannung um, die mir Gefahr signalisierte. Ich sah mich instinktiv danach um, konnte aber keine Gefahr erkennen. Dennoch spürte ich mit zunehmendem Unbehagen, dass in meiner Nähe etwas entstanden war, was mich vorsichtig werden ließ.

Ich sah, dass sich die Menschenprozession hinter mir glücklicherweise nicht bedroht fühlte und selig weiterschwebte.

Das Gefühl der Bedrohung, die zunehmend unangenehmer wirkte, ließ mich aber nicht mehr los. Weil für mich die Gefahrenquelle nicht sichtbar war, wurde ich fahrig. Ich beobachtete die Umgebung immer eingehender mit angespannten Sinnen.

Weil ich aber immer noch nicht den Gefahrenherd sehen konnte, wurde ich hektisch. Ich befürchtete die Vernichtung meines Erfolges, und nun stellte sich plötzlich richtige Angst ein. Meine Angst schien sich auf die Prozession auszuwirken. Denn je ängstlicher ich wurde, umso langsamer bewegte sie sich vorwärts. Ich wollte aber nicht, dass diese Seelen stehen blieben, sondern weiter zu dem erleuchteten Punkt schwebten, weil ich sicher war, dass alle dorthin gelangen sollten! Auch wusste ich nun, dass meine Kraft die Kolonne bewegte.

Um die Angst zu überwinden, rief ich laut in die Schwärze des Alls: „Wer bedroht mich da? Tritt vor und lasse dich sehen!"

Sofort entstand genau vor meinem Herzen, in einer Entfernung von etwa fünf Schritten, eine rot glühende, faustgroße Sonne, die zuerst langsam, dann immer schneller rotierte und hell lodernde Flammen in meine Richtung schleuderte. Diese Flammen zielten alle auf mein Herz, und ich merkte, wie mein Puls hastig und unregelmäßig wurde. Ich vermeinte zu schwitzen und wusste nicht, was ich von diesem brennenden Ball zu halten hatte.

Ich fühlte, dass diese Sonne mein Herz zum Stillstand bringen wollte. Sie wollte mich vernichten. Sofort schützte ich mich wieder instinktiv, indem ich die Hände vor mein Herz hielt. Ich überlegte konzentriert, welche Möglichkeiten ich hätte. Dann fiel es mir wie Schuppen von den Augen: Nicht meinen Körper will dieses Ding vernichten, es will mich an der Tatausführung hindern, denn diese Seelen sollten nicht in die andere Dimension gelangen! – Das fremde Wesen wollte den Vorgang also anhalten! Ich wusste plötzlich mit erschütternder Klarheit: Wenn diese Prozession anhält, löst sie sich unwiederbringlich auf und alle unsere Bemühungen waren vergebens! Die dann endgültig zerstreuten Seelen werden dann nie mehr ein versöhnliches Ende finden!

Ich musste sofort einen Weg finden, um etwas Wirksames gegen dieses Feuerwesen zu unternehmen! Meine Gedanken liefen auf Hochtouren: Dieses Wesen hat die Energie, mich ohne Weiteres zu vernichten. Wenn es dazu die Erlaubnis hätte, wäre ich schon ohne Warnung ausgeschaltet worden. Ich selbst bin also nicht in Gefahr, wohl aber meine Tat. – Das war ein Lichtblick, eine Hoffnung! – Also dachte ich den nächsten Schritt: Was geschieht, wenn ich diese Bedrohung einfach ignoriere und versuche, diese Seelenkette mit meinem Körper abzuschirmen? Genügt dies, um die Bewegung aufrechtzuerhalten? Ich könnte zusätzlich zum Weitergehen auffordern und zu dem Tor hinweisen. Das nun deutlich, groß und golden sichtbar war...!

Ich breitete die Arme aus und stellte mich so vor den Angreifer. Gleichzeitig bildete ich mir – im Sinne des Wortes – ein, dass ein energetischer Schutzschild aus meinem Körper entstünde, der diese armen Seelen schützte, bis alle das Tor erreicht hatten. Ich stellte mir vor, auf diese Weise die Aufmerksamkeit dieses flammenden Wesens von dieser Menschenkette abzulenken, dass es sich nur mehr auf mich konzentrieren würde. Auch wollte ich glauben, für das Flammenbündel ein Hindernis darzustellen, und es auf diese Art von den anderen abhalten. Deshalb sprach ich dieses Flammenherz – so empfand ich seine Kraft – direkt an und fragte es, was es von mir wolle.

Das brennende Herz hatte meine Maßnahme bemerkt und seine Erscheinung wurde größer und bedrohlicher. Es fauchte zornig und rotierte schneller. Die Energiefahnen, die von ihm wegtrieben, wurden immer stärker und ich spürte die zunehmende Kraft, die nach meinem Herzen griff. Es schien so, als ob es mich und mein Herz verbrennen und mich dadurch beseitigen wollte.

Dann antwortete mir das flammende Herz in bedrohlicher Eindringlichkeit: „Was fällt dir Menschlein eigentlich ein, mir diese Seelen wegnehmen zu wollen? Sie sind mir vom Stamm der Schildkröten einst geschenkt worden! Sie stehen nur mir zu, denn ich habe geholfen, diese imposante Waffe aus Kristallen zu bauen, mit denen dieses scheinheilige Volk vernichtet wurde. Ich habe diese Menschenseelen in meine Bernsteinwelt verbracht. Daher sind sie nun mein Eigentum! Das war so abgesprochen, dass ich als Preis für meine Unterstützung beim Waffenbau diese Menschen in mein Reich mitnehmen darf. Sie haben mir bis in alle Ewigkeit zu dienen! Da kommst du daher, führst sie zu diesem Tor, sodass sie in eine andere Dimension hinüberwechseln können, wo sie für mich völlig unerreichbar werden! Bildest du dir tatsächlich ein, dass dir dieses Vorhaben gelingen wird?“ fauchte es immer aufgebrachter und mit mächtigerem Druck auf mein eigenes Herz. Im Hintergrund sah ich zu diesen Gedanken das Bild eines gewaltigen Bernsteins, der alle Bewusstseine in sich einschloss.

„Ich betrachte diese Handlung als einen kriegerischen Akt!“, schleuderte mir die Hitzkugel wütend entgegen. „Daher werde ich dich nun verbrennen, falls du dir länger einbilden solltest, du könntest mir diese Seelen wegnehmen! Für diese Einmischung wirst du mit dem Leben bezahlen und ebenfalls mein Diener werden!" dampfte es wütend. Dabei ließ es sich erstaunlich viel Zeit.

Nachdem es mir sein Vorhaben herausgestoßen hatte, startete das Herz einen neuerlichen Flammenangriff und kreischte dabei erschreckend laut. Ich hatte meine Angst längst überwunden und stellte ganz nüchtern fest, dass die Flammenbündel mich nicht erreichten. Ich bekam zwar einiges an Hitze zu spüren, das war aber kein Feuer, nur Wut!

In diesem Moment fiel mir auf, dass es von seiner Heimat als Kristallwelt gesprochen hat. Ich wollte nun Kristall mit Kristall begegnen und stellte mir vor, dass ein großer, hellblau strahlender Diamanten vor meinem Körper entstand. Das blaue Licht wird die Flammenenergie durch meine visionäre Energie verstärkt auf das Herz zurückwerfen. So werden ich und die Prozession geschützt sein, sagte ich mir zuversichtlich.

Ich war völlig sicher und brachte mir in Erinnerung: Blaues Licht aus einem Diamanten hat die größte Transformationskraft, schwächt alle negativen Energien des Angreifers und verhilft den Seelen zur Beschleunigung der Bewegung! Es transformiert negative zu positiven Energien und macht neues Wachstum möglich, weil dieses Licht aus der Gnade Gottes entsteht und allen Seelen Nahrung übermittelt. Ich konzentrierte mich auf diese Vorstellung des Diamantschutzes so sehr, dass mein Gegenüber meine Gegenmaßnahme erkannte.

Das Flammenherz wurde noch wütender und sandte immer mehr Energie gegen mein Herz. Aber der Diamant transformierte diese Energie in positive Strahlung, und ich setzte diese zur Stärkung des Schutzschildes ein, den ich vor der Kolonne bildete. Der Angreifer lieferte also zusätzliche Energie zum Schutz der Kolonne vor seinen Angriffen.

Das machte ihn natürlich noch wütender und er erhöhte wieder den Energieausstoß.

Ich sagte mir, dass diese überdimensionalen Anstrengungen dem Flammenherz nur schaden könnten. Mit Intelligenz war es wohl nicht so gesegnet?

Noch als mir diese Gedanken zuflossen, hatten die Flammen meinen Körper erreicht und ich fühlte die Glut. Jetzt wurde es aber eng. Ich sah nur einen Ausweg, den Kontrahenten anzurufen. – Ich schrie aus voller Lunge: „Nein, du wirst mich nicht daran hindern, diese armen Seelen zu erlösen! Mein Herz sagt mir, dass ich deiner Bedrohung mit Unterstützung des Diamanten so lange widerstehen kann, bis alle Taoristin gerettet sind!"

Es kam keine Antwort herüber, aber der Energiefluss hielt unvermindert an.

Nun vermittelte ich dem brennenden Herzen: „Es ist ganz gleichgültig, wer oder was du bist! Du kannst mich nicht daran hindern, diesen Seelen zu helfen. Alle Geschöpfe Gottes haben es verdient, durch dieses Tor zu gehen. Du kannst mich nicht angreifen, wenn ich im Begriff bin, meine Aufgabe zu erfüllen." Um meinen Willen zu verdeutlichen, streckte ich meine Hände gegen das Flammenherz aus, so als ob ich den vor mir schwebenden Diamanten in es hineintreiben wollte, und verkündete laut: ‚Ich wehre mich gegen den Angriff dadurch, dass ich mit der Energie dieses Edelsteines deine negativen Energien in positive Energien verwandle und auf dich zurückschleudere, wenn du nicht aufhörst, auf mich einzuwirken! Damit bekämpfe ich dich mit deiner eigenen Kraft!"

Da zog sich das Bernsteinherz blitzartig und unter einem schauderhaft klingenden Gelächter zurück. Das Lachen verhallte in der Ferne und die Gefahr schien vorüber.

Aufatmend raffte ich all meine Kraft zusammen und schaute mich vorsichtig um. Dann ordnete ich meine Gedanken, die durch diesen widerwärtigen Angriff durcheinandergeraten waren, und schaute zur Prozession hin. Diese bewegte sich weiter, so als wäre überhaupt nichts geschehen. Ich atmete auf, weil keine dieser Seelen einen Schaden genommen hatte.

Da hörte ich den Botschafter in meinem Geist sagen: „Ja, das war gut. Du wehrtest dich mit positiven Gedanken und Energien. Wenn du positive Gedanken hegst, wird die Drohung fortbleiben. Der Angriff ist ebenso ungerechtfertigt wie der, den wir gegen dieses Volk führten. Bleibe reinen Herzens, und die reine Energie des Diamanten wird dir helfen, diese Aufgabe zur Gänze zu erfüllen! Mit der Kraft von Kristallen wurde damals der ungerechte Angriff meines Volksstammes auf die Unschuldigen durchgeführt. Nur in deren Sphäre kann diese Untat wieder bereinigt und dieser Angreifer abgehalten werden. Deshalb kamen diese armen Seelen auch in die

Klauen kristalliner Wesen“, erläuterte er mir den Zusammenhang. „Du wirst siegen über das Gemeine und Hinterhältige, über die Niedertracht der Schwarzen Magie gegen jene manipulierten Kristalle, die damals gemeinsam mit den Wissenschaftlern der Schildkröten diese fürchterliche Waffe entwickelt und eingesetzt haben!“ triumphierte Alundalt.

Ich näherte mich nun wieder der Prozession, weil ich während des Zwischenfalles stehengeblieben war, und sah, dass die ersten Seelen eine breite Treppe erreicht hatten, die zu einem Tor hoch führte. Diese Treppe schien aus schneeweißem Marmor gehauen und so gefertigt zu sein, dass die Prozession diese gefahrlos betreten konnte. Das Tor über der Treppe war so hell erleuchtet, dass es durch das gleißende Licht nur schemenhaft erkennbar war.

Neugierig geworden, trat ich näher, um Einzelheiten besser zu erkennen. Da hörte ich den Priester beschwörend sagen: „Lass das, das ist nicht dein Tor! Nähere dich nicht weiter! Du hast da nichts verloren! Deine Aufgabe ist erfüllt, wenn die ersten Seelenpaare den oberen Treppenabsatz vor dem Tor erreicht haben. Dann kehre hierher zurück!“ wies er mich an.

Als ich diese Worte hörte, erreichten die Ersten das Tor.

Urplötzlich riss das Bild vor mir. Es wurde unverzüglich dunkel um mich und in mir. Ich hatte noch kurz das Gefühl, aus großer Höhe abzustürzen, dann verschwanden die Empfindungen und ich erwachte in der Höhle.

Obwohl ich in Trance gewesen war, dürfte bei der Rückkehr in das Hier und Jetzt, in diese Höhle, mein Körper so heftig bewegt worden sein, dass ich vom Hocker gefallen war.

Ich lag auf der linken Körperseite auf dem Boden, als ich mitbekam, dass ich aus den hochgeistigen Empfindungen zu den weltlichen Geschehnissen in die Höhle zurückgekehrt war. Ich benötigte einige Augenblicke, bis ich verinnerlichte, dass ich tatsächlich in einer anderen Dimension verweilt hatte.

Als ich hörte, wie der Priester und der Botschafter miteinander stritten, glaubte ich zu dem Zweck zurückgekehrt zu sein, die Streithähne zu trennen. Der Priester beschuldigte den Botschafter, dass er mich beeinflusst habe. Dieser antwortete, dass er nur Angst um mich gehabt hatte und mir beistehen wollte. Sie hatten sich einander genähert und drohten übereinander herzufallen.

Da ich verhindern wollte, dass die beiden alten Männer sich in die Haare gerieten und durch ihren Streit meine schöne innere Stimmung zerstören würden, schimpfte ich: „Ich habe wohl verstanden, dass es Verbindungen zwischen den Völkern und deren Individuen geben muss, die so stark sind, dass diese nach Jahrhunderten noch wirken und gelöst, oder besser gesagt, erlöst werden sollten, um die Entwicklung abzuschließen. Aber von Gezanke alter Männer habe ich in all diesen schönen geistigen Bildern nichts gesehen. Schämt euch, ihr zittrigen alten Zausel!"

Sagte es, setzte mich hin und trank einen kräftigen Schluck Wein aus dem Kürbis.

Dann fuhr ich fort: „Mir ist drüben klargeworden, für die betroffenen Völker Wichtiges bewirkt zu haben. Euch scheint das alles aber nicht zu berühren? Ihr müsst wie Marktweiber miteinander streiten! Das scheint wichtiger zu sein, als mir bei der Erledigung dieser großen Aufgabe zu helfen, obwohl es ja euer beider Völker betrifft, nicht meines," hielt ich ihnen sehr direkt vor die Nasen. „Ich weiß aber, dass ich nicht auf zwei Ebenen gleichzeitig sein kann. Ihr müsst mir versprechen, in der Zwischenzeit nicht aufeinander loszugehen, sodass ich nicht zusätzlich zu meiner geistigen Aufgabe hier den Kampfrichter machen muss zwischen zwei alten kampflustigen Ziegenböcken, die an dem gegnerischen Kopf die wackeligen Zähne ausschlagen wollen", ließ ich mich nun ungehemmt aus.

Beide warfen den Kopf zurück und schrieen gleichlautend: „Was fällt dir ein! Wir sind keine Barbaren wie du!"

Ich hatte Derartiges erwartet und antwortete daher postwendend: „Barbaren sind aber derzeit sehr gefragt, um die geistigen Folgen der Kriege von Hochkulturen auszubessern, was?"

Sie senkten die Köpfe, setzten sich beide wieder hin und murmelten etwas, was vermutlich Entschuldigungen sein sollten. Dann beteuerten sie nacheinander reumütig: „Wir sind ja wieder voll bei der Sache... und wir sind mit allen unseren Kräften dabeigewesen."

Alundalt bat mich: „Wir ersuchen dich, in die Kristallwelt zurückzukehren und fortzufahren! Nur dort kann der Konflikt bereinigt werden, weil die Schildkröten damals Kristallkräfte missbrauchten, um sein Volk auszulöschen." Dabei wies er locker auf den Priester. „Du bist zu früh zurückgekehrt, es ist noch ein gutes

Stück Arbeit zu tun. Kehre rasch zurück, um den Anschluss zu behalten", gemahnte er mich.

Diese Worte überraschten mich zwar, trotzdem konzentrierte ich mich wieder und gelangte nach längerem Bemühen tatsächlich wieder an den vorher visualisierten Standort.

Kaum angekommen bemerkte ich, dass die gefährliche Stimmung von vorher zurückgekehrt und in der Zwischenzeit viel stärker geworden war. Die dunklen Kräfte erfassten nun neben meinem Herzen auch meinen Kopf. Es kam eine gewaltige Macht über mich und ich erlebte einen Geisteszustand, wie ich ihn noch nie erfahren hatte. Ich war übergangslos in ein dunkles, bedrohliches Reich eingetreten, das keine Grenzen erkennen ließ. Die Schwärze war so tief und so bedrohlich unendlich, dass ich die Empfindung hatte, hoffnungslos in diesem grenzenlosen Reich gefangen zu sein und im Kreis zu gleiten. Es war ein Klang zu hören, der sich so anhörte, als ob Gläser aneinander gerieben würden. Der Klang war messerscharf, immens hoch und drang wie eine lange, spitze Nadel in mein Gehirn, sodass ich mich fühlte, als würde mein Kopf zerspringen wie Glas.

Doch vor meiner Brust schwebte sofort wieder der Diamant. Aufatmend sagte ich zu mir: Das ist mein Schutz, diese reine Energie wird mir helfen zu vollenden, was ich angefangen habe, bevor ich von bösen Kräften unterbrochen wurde.

So wurde ich durch die Kraft des Kristalls völlig ruhig und die neuerlich aufgekommene Panik legte sich sofort. Mir wurde klar, dass ich wieder in die Kristallwelt eingetaucht war. Der blaue Kristall sagte mir: „In der Kristallwelt zerspringt nichts wie Glas! Kristalle sind vollkommen! Härter als Metall! Und was vollkommen ist, ist auch vollkommen gerecht. In dieser Welt gibt es keine ungerechtfertigten Angriffe. Nur durch die Manipulation von Bernsteinen ist es den atlantischen Wissenschaftlern gelungen, diese verheerende Bombe zu bauen. Also ist auch das Bernsteinherz nicht vollkommen, sondern manipuliert und kann dem Diamanten nicht widerstehen, weil es nicht zu dieser Welt gehört."

Plötzlich verstand ich, wo ich war: Hier war das Zentrum der menschlichen Meditation – ich befand mich im tiefsten innersten Selbst. Hier ist das tiefste Innere unseres Universums. Hier ist alles vollkommen, rein, klar und gerecht. Daher ist es sinnlos, vor diesem manipulierten Bernstein Angst zu bekommen. Hier, im Strahlbereich der Diamanten, kann sich jeder geborgen fühlen und sich auf seinen Schutz verlassen. Nun wusste ich, wer mich bei der Vollendung meiner Aufgabe unterstützte! Denn diese Aufgabe gehörte zum großen göttlichen Plan, war als eine Bewegung der Ganzheit anzusehen und zu lösen.

Die Aufgabe ist es, den Makel von der missbräuchlich verwendeten Kristallwelt zu entfernen. Das reparierte Teil sollte wieder tragend eingebaut werden, woraufhin die Harmonie nicht mehr gestört werde!

Durch diese Erkenntnisse erfuhr ich nun Eindrücke und Kräfte, die mir Einblick gaben in die strahlende Welt der Kristalle. Ich sah jene Aufgaben in der Evolution, die sie erfüllten, lernte an deren klarer Struktur verstehen, wie ihre Welt funktioniert und wie repariert werden kann, was beschädigt wurde.

Diese Eindrücke kamen mit geradezu atemberaubender Geschwindigkeit auf mich zu, trotzdem wurden alle von meinem Gehirn aufgenommen, eingeordnet und gespeichert. Diese geometrische Ordnung, diese Vielfalt der Farben, diese Reinheit und diese klar abgegrenzten Kanten und Linien, die Lichtbrechungen, die verschiedene Klänge erzeugten, waren zutiefst beeindruckend und erfüllend.

Ich hatte in so kurzer Zeit derart viel in mein Wissen aufgesogen, dass ich nicht fähig zu sein glaubte, sofort alles wiederzugeben. Erst allmählich werde ich zu begreifen lernen, was ich in dieser Welt erfahren habe, wenn ich diese Eindrücke zur Anwendung bringen werde, so wusste ich. Der Gesamteindruck war einfach grandios! Es war eine Einweihung in diesen Teil des Universums. Ich fühlte mich dazugehörig, geduldet und eingepasst. Ich fühlte mich geradezu wohl. Mein ganzes Wesen schwang in den vorgegebenen Frequenzen mit, und ich war völlig glücklich in der Synthese, in die ich da eingebettet war.

Es war so, als ob mir dieser Teil des Planes Gottes gezeigt würde. Ich sollte verstehen, dass auch mein physischer Körper aus unzähligen Kristallen bestand, um zu begreifen, wie dieser Teil des Universums mit meiner Kristallwelt zusammenhängt und mein Körper, von ihr beeinflusst, im großen Ganzen mitschwingt. Ich lernte zu verstehen, warum ich nun diese fatale Beschädigung der Kristallwelt rückgängig zu machen hatte, um das ungestörte Gesamtgefüge aufrechtzuerhalten.

Durch diese Vorgänge und Eindrücke wurde ich in einen geradezu euphorischen Zustand versetzt. Ich bekam prophetische Anwandlungen und begann zu dozieren: „Ich kann euch sagen, sollten alle Menschen die Gelegenheit bekommen, in diesen, meinen jetzigen Zustand zu gelangen, würden sie der Vollendung ihrer Lebensaufgabe, nämlich der tatkräftigen Unterstützung der Evolution, mit Riesenschritten entgegenschreiten! Es ist so göttlich schön, geradlinig einfach und liebevoll friedlich in diesem Gefilde, dass ich für immer hier verweilen möchte!“

Offenbar war aber der Sonne, die wie ein Stück Bernstein aussah, die Weiterführung meines seligen Zustandes zuwider. Sie hatte sich in den Wissensstrom, der mir direkt übermittelt wurde, hineingeschwindelt und unterbrach unerwartet die Verbindung. Als ich ahnte, was passiert war, schlug schlagartig die Stimmung wieder um und ich fiel ins Bodenlose. Es schien, als ob ich für diese schönen Gedanken, denen ich nachgegangen war, bestraft werden sollte. Oder war ich nur einfach der Zeit voraus und musste gestoppt werden?

Meine rechte Kopfhälfte fing an zu brennen. Es wirkte, als ob jemand mit Metallgegenständen in meinem rechten Ohr herumstocherte, eine glühende Eisenplatte senkrecht durch die Mitte meines Kopfes trieb und damit meinen Kopf zu spalten drohte. Ich empfand eine Urangst, die mich ansprang wie ein wildes Tier. Ich glaubte, dass im nächsten Moment mein Kopf zerrissen werde, und wurde panisch.

Da hörte ich, gedämpft wie über eine große Entfernung, den Botschafter und den Priester laut aufschreien. Diese Aufschreie bewirkten bei mir sofort eine Änderung der Gedanken. Ich besann mich wieder meiner Aufgabe, beruhigte mich und sagte mir, dass ich nicht der Angst folgen, sondern genau ergründen sollte, was vorging.

Das tat ich und sah plötzlich, dass dieser Eingriff in meinen Kopf notwendig war, um diesen eingedrungenen feurigen Fremdkörper wie einen Tumor zu entfernen, der mich sonst gequält hätte. Dieser manipulierte Bernstein hatte sich heimtückisch eingeschlichen und saß nun an einer Stelle, wo er mich auch beeinflussen konnte. Ich sah sofort, dass dieser Fremdkörper nicht nur in mir, sondern auch in den Köpfen vergangener Völker wirkte. Er war jene ursächliche Fehlkonstruktion in den Gehirnen dieser Menschen, die vorgaukelte, dass zur Eroberung von Gebieten jedes Mittel recht sei und selbst Massenmord gerechtfertigt sei. Dieses Übel hatte rasch aus dem Gedankengut der Menschheit entfernt zu werden, sollten solche Gräueltaten, wie sie die Atlanter an dem Volk der Taoristin begangen hatten, nicht mehr vorkommen!

Diese Verwachsung in der Menschheitsentwicklung saß an einer schwer erreichbaren Stelle in den Volkskörpern und trieb die Menschen immer wieder leichtfertig zu Untaten. Die Menschen trafen, beeinflusst durch die ausgestrahlte Energie dieses Gewächses, leichtfertig und ohne viel Überlegung solche schwerwiegenden Fehlentscheidungen. Diese konnten dann später nicht mehr rückgängig gemacht werden.

Weil ich einsah, dass nur durch eine operative Entfernung dieses Übel für die Zukunft verhindert werden konnte, gab ich mein Einverständnis, diesen Unhold aus meinem Schädel und gleichzeitig auch aus den Volkskörpern entfernen zu lassen, um ein für alle Mal in den jungen Völkern diese Fehlentwicklung zu vermeiden. „Die Menschheit muss befreit werden von diesem Geschwür des Bösen!“ schrie es verzweifelt in mir.

Ich erkannte, dass wenn aus meinem Körper dieses Ding herausgeschnitten würde, ich also bereit sei, die Schmerzen einer Operation zu ertragen, dieses sinnbildliche Opfer für die Völker ebenfalls gelte und auch dort die geforderte Wirkung erzielt werden könne. Zusätzlich wollte ich dieses Opfer auch als Gegenleistung für das Erreichen des Tores durch die gesamte Prozession anbieten. Mir schien dies ein passendes und sauberes Opfer. Dass ich dabei physisch leiden würde, wollte ich jedoch auf mich nehmen, um mir selbst und den zukünftigen Völkern zu helfen.

Diese Änderung meiner Empfindungen und Einstellungen zu dem Vorgang bewirkte, dass ich wieder in das unendliche, schwarze, sich ständig ausdehnende innere Universum zurückfiel, und es stellte sich eine Wahrnehmung ein, als ob, außerhalb von mir, zwei Kräfte darüber stritten, wem ich nun gehören sollte. Ich ordnete diese Kräfte als Gut und Böse ein und entschloss mich, sofort die helle, die gute Kraft zu unterstützen.

Ich begab mich dorthin, wo das helle Licht leuchtete. Durch diese Parteinahme kam ich den Streitparteien immer näher und die gesprochenen Worte wurden für mich immer deutlicher hörbar. Es war tatsächlich ein Zank um meine Person. Die beiden Streitenden waren aber für mich nicht visuell erfassbar. Die Gestalten waren nur zu hören. Die eine Stimme war hell, und von dem Ort, wo sie erklang, strahlte gleißendes Licht aus. Die andere Stimme war dumpf, und der Ort ihres Ursprunges saugte alles Licht auf. Dieser Zank wog hin und her, ohne dass es zu Tätlichkeiten kam. Dabei bemerkte ich, dass nicht ich der Grund des Streites war, sondern es ging um meine Einmischung in diesen Völkerzwist. Meine bedingungslose Bereitschaft, diese Aufgabe zu lösen, war beiden Kontrahenten nicht vorstellbar. Die dunkle Gestalt wollte verhindern, dass ich diese Aufgabe erfolgreich löste, und drohte dem Licht, es gänzlich aufzusaugen. Dieses wiederum stellte meine Teilnahme als Teil der Volksaufgabe meines werdenden Volkes hin und goutierte sie ausdrücklich.

Immer, wenn die dunkle Seite sich der hellen Seite bedrohlich näherte und dabei immer mehr Licht absaugte, bekam die dunkle Macht einen hellen Energiestoß, der sie weit wegschleuderte. Dieser Stoß ging aber nicht von der hellen Kraft selbst aus, da war noch eine dritte, eine ordnend eingreifende Macht, die offenbar verhinderte, dass die beiden Gegenspieler sich zu nahe kommen konnten.

Die dunkle Seite gab aber nicht auf und kam immer wieder zurück. Ich erfasste diese dunkle Kraft plötzlich als Machtgier. Mich ekelte vor dieser Kraft und ich rief aus: „Ja, schneide das alles weg, räume diesen Sumpf zur Gänze aus und befreie mich vor diesem satanischen Gewächs! Ich bin bereit, dafür Schmerzen zu ertragen!“

Kaum hatte ich dies gerufen, zerplatzte die dunkle Gestalt urplötzlich, als ob sie jene Angst in mir wäre, die meine Zustimmung zur Entfernung des Fremdkörpers verhindern wollte. Dadurch wurde alle Energie, die diese dunkle Macht aufgesogen hatte, wieder befreit und erleuchtete hell meine Umgebung. Sogleich bat ich diese Kraft, meinen Körper zu stärken, um rascher die Folgen des Eingriffes zu überstehen.

Es war, als ob ich urplötzlich in ein anderes, helles, freundliches Universum übergetreten wäre, in dem ich mich sofort sicher und wohl fühlte. Meine Umgebung war nun ungemein hell und freundlich und es schienen nur mehr positive Energien vorzuherrschen. Es war ebenfalls ein grenzenloses, sich ausdehnendes Universum, aber in seiner hellen und liebevollen Ausstrahlung so gewinnend, dass mein ganzes Wesen glaubte, sein Zuhause gefunden zu haben, und für immer hier bleiben wollte.

Die helle Kraft näherte sich mir, und ich erkannte meinen Schutzengel. Ich versuchte noch, sein Gesicht genau zu erkennen, das gelang mir aber nicht. Die Gestalt schritt würdevoll an mir vorbei und sagte wie beiläufig: „Noch kannst du hier nicht bleiben, noch wirst du auf der Erde gebraucht, um deine und die Volksaufgabe fortzuführen! Jene Aufgaben, die in Zukunft auf dich zukommen, werden schwerer zu lösen sein!“ Daraufhin entschwand der hohe Geist der Gestalt im hellen Licht. Die Helligkeit wich mit ihm und es wurde wieder dunkel.

Das Bernsteinherz machte sich wieder bemerkbar. Es hatte viel an Energie verloren, schickte sich aber an, eine letzte Anstrengung zu vollbringen, um mich doch noch zu stoppen: Es rotierte und pulsierte heftig. Es rumorte in meinem Schädel, sodass dieser höllisch schmerzte. Ich erkannte, dass es dabei war, seine letzte Kraft zu verbrauchen. Als Gegenmaßnahme versuchte ich mich durch Erhöhung des Energiepegels zu schützen, weil es mich unter Einsatz seiner letzten Kräfte niederkämpfen wollte.

Mir schoss der Gedanke durch mein Bewusstsein: ‚Ich sollte mit diesem aggressiven Angreifer so wie schon einmal von Herz zu Herz sprechen! Ich sollte freundlich und liebevoll mit dem Steinherzen reden, um seine negativen Einflüsse nicht aufzunehmen. Ich riss mich also zusammen und erklärte im freundlichsten Ton, den ich aufbieten konnte: „Wenn du dich so anstrengst, wirst du schnell zu viel Energie verlieren und dich selbst vernichten.“

Es loderte auf und keifte: „Was kümmert dich meine Energie. Ich habe soviel davon, dass ich dich vernichten und dann noch weiterleben kann.“

Lächelnd entgegnete ich: „Das habe ich daran gesehen, dass du nur mehr halb so groß bist wie zu Beginn deines Angriffes. Dein heimliches Eindringen in meinen Schädel hat dich wohl übermütig gemacht? Vermutlich bereitete es dir Spaß, dass ich es erst zu spät bemerkte? Meine hochgeistigen Beschützer haben es aber so gefügt, dass die richtigen Personen zur richtigen Zeit zusammenkamen, um dieses von dir angerichtete Problem ein für alle Mal aus der Welt zu schaffen. Mit derselben Tat wurde auch der unselige Zwist zwischen den Atlantern und Taoristin bereinigt. Du hast verspielt! Das wird dir zwar nicht schmecken, aber es ist notwendig, um dem atlantischen und meinem Volke zu ermöglichen, ein ganz wichtiges Vorhaben zu vollenden. – Der damit verbundene Fortschritt", schoss es mir ein, „kann nicht verhindert werden, er ist bereits in die Wege geleitet, und wer sich dagegenstellt, legt sich mit einer höchsten Macht an, der niemand widerstehen kann."

Nach diesen meinen Worten schrie das Herz im Zorn auf: „Jetzt hast du mich genug gereizt, jetzt vernichte ich dich!"

Als das Herz seine Anstrengungen verstärkte, um sein Vorhaben wahrzumachen, erkannte ich, welche ungeheuren Mengen an negativen Energien ihm durch die Zerstörung dieses Volkes zugeflossen waren. Diese riesigen Mengen an negativen Energien hat es in die Kristallwelt eingebracht und dort das Gefüge so verändert, dass eine nachhaltige Störung dieser Welt entstand.

„Diese Energien müssen abgeführt werden", so wusste ich mit einemmal, „weil sie nur jener dunklen Wesenheit dienten, die dieses Bernsteinherz als Angriffswaffe benützt!" Dieses Wesen wird die erworbene energetische Kraft natürlich verteidigen und nicht bereit sein, sie freiwillig herauszugeben, da es der Ansicht ist, durch die Mitwirkung an dem Völkermord diese Energien berechtigt erhalten zu haben.

Plötzlich konnte ich die Ausmaße dieses Wesens erkennen. Es war riesig und bedrohlich. Es konnte die verschiedensten grauenhaften Gestalten annehmen und tat es auch ständig. Es war beweglich wie Rauch und wirkte gefährlich wie ein riesiges Feuer! Es machte den Eindruck, jeden Augenblick auf mich losgehen zu wollen, setzte aber nur Drohungen, an ernsthaften Tatausführungen wurde es vermutlich von einer anderen Macht gehindert. Langsam begriff ich, dass dies keine reale Bedrohung war, sondern nur Vorgaukelungen und Umschreibungen, weil es in der Kristallwelt als Fremdkörper nicht fähig war, selbstständig reale Taten zu vollbringen.

Noch bevor ich richtig begreifen konnte, was vorging, sagte eine Stimme – es war der Operateur, der an meinem Körper den Eingriff am Ohr vornahm: „Jetzt habe ich den Zugang geschaffen, nun kann ich es zur Gänze entfernen!“ Diese Worte, die irgendwie durch den Nebel der Bewusstseinsferne eindrangen, ließen mich aufatmen, und ich fiel wieder zurück in eine Stimmung tiefsten göttlichen Friedens. Es war mir also geglückt, das Wesen so lange hinzuhalten, bis es gepackt und entfernt werden konnte.

Dadurch kam ich in eine Stimmung der Überlegenheit, wollte einfach die Arme ausbreiten und mich fallenlassen in die Zufriedenheit. Mir wurde klar, dass nun der Frevel, den die Schildkröten an den Taoristin begangen hatten, so bereinigt war, dass Völkermord nicht mehr vorkommen würde. Es wird keinem Volk auf dieser schönen Erdkugel jemals wieder gelingen, ein anderes Volk zur Gänze auszurotten. Dafür werden zukünftig die nun in den menschlichen Gehirnen eingerichteten Schutzmechanismen sorgen. Dieses Gewächs war aus allen Gehirnen nun entfernt und vernichtet.

In diesem Augenblick erschien mir ein anderer, ein größerer, wunderschön geschliffener, glitzernder Brillant, der sich anstelle des blauen Steines vor mein Herz platzierte. Er bildete einen durchscheinenden energetischen Schild vor mir. Ich war überzeugt, dass dieser Schild von der dunklen Wesenheit, welche das Bernsteinherz lenkte, nicht durchdrungen werden kann. Das Bernsteinherz hatte tatsächlich der Kraft des Brillanten nichts entgegenzusetzen.

Es verschwand kurz nach seinem Erscheinen mit einem zischenden Laut, nachdem es noch einen vergeblichen Angriff gewagt hatte. Dieser Laut hörte sich an wie jenes Geräusch, das entsteht, wenn man glühendes Eisen in kaltes Wasser taucht.

Dann hörte ich ein Geräusch, welches ein Stein verursacht, der in einer tiefen Schlucht auf dem Talboden aufschlägt. Und darauf folgte ein langgezogenes erlöstes Seufzen, welches so viel Trauer ausdrückte, dass ich fast Mitleid mit dem Bernstein empfand und ihm vermittelte: „Nun hast du deine Aufgabe erfüllt, sei zufrieden! Ruhe dich ein wenig aus, womöglich wartet die nächste Aufgabe bereits!“

Da hörte ich ein glückliches, langgezogenes „Danke!“ aus der Tiefe, es konnte nur von dem Herzen gekommen sein. Das Wort war mit dem Ausdruck einer so tiefen Dankbarkeit gesprochen, als ob es nie Worte des Trostes von mir erwartet und nie geglaubt hätte, dass ich etwas Positives in seinem Tun hätte sehen können. Es war aber auch die Erlösung von der anhaftenden negativen Energie, die nun von ihm genommen worden war. Ich empfand diese Danksagung jedenfalls so.

Diese Vorfälle zeigten mir, dass die Entfernung dieses Fremdkörpers aus meinem rechten Ohr die symbolische Lösung jener Fesseln darstellte, mit denen die dunkle Wesenheit die Energie des vernichteten Volkes gefangen hielt und dadurch diese Seelen daran hinderte, aus dem Erdkreis weg ins Seelenreich, dem Frieden entgegenzugehen.

Der Seufzer, den ich gehört hatte, war nicht alleine von dem Bernsteinherz gekommen, sondern war auch das Aufatmen der geschundenen Volksseele, der das Hindernis weggeräumt worden war und die nun den vorbestimmten Weg fortsetzen konnte. Die festhaltende Energie war nun aufgelöst und die Betroffenen konnten sich nun neuen Aufgaben zuwenden.

Die Schmerzen, die ich als Folge der Operation zu ertragen hatte, beweisen, dass Menschenwesen Opfer erbringen, um anderen zu helfen, obwohl die Entfernung des Tumors auch der Unversehrtheit meines Körpers diente. So wie im Universum eine Wechselwirkung zwischen allem und jedem besteht, sind Völker ebenfalls auf andere angewiesen. Jede eingebrachte Veränderung hat Auswirkungen auf das Gesamtgefüge. Das wichtigste Prinzip ist aber: Es muss immer das Gleichgewicht bewahrt oder wiederhergestellt werden, um positiven Fortschritt zu erreichen. Es gibt keinen Schaden, ohne dass damit ein Nutzen verbunden ist. So war nun allen an dieser Handlung beteiligten Wesen geholfen worden, einen versöhnlichen Abschluss zu finden. Ich wünschte mir, dass möglichst alle zukünftigen Handlungen von diesem Gedanken des Gemeinnutzes getragen würden. Aber das zu erkennen und danach zu handeln, ist die Zukunftsaufgabe aller Völker, wurde mir klar.

Diese Gedanken und Erkenntnisse bewirkten in meinem innersten Selbst einen tiefen Frieden, eine erhabene Ausgeglichenheit, sodass ich mir vornahm, diesen Zustand nie mehr wieder aufzugeben. Ich war mit dem Ergebnis so zufrieden, dass ich meinte, die mir gestellte Lebensaufgabe erfüllt zu haben. Auch war ich überzeugt, dass ich nun gehen könne, weil das Ziel erreicht war. Ich bemerkte, wie ich höher glitt – auf das hell leuchtende Tor zu, entlang einer durchsichtigen Energietreppe, und es schien mir äußerst erstrebenswert, durch dieses himmlische Tor einzutreten. So wie die Seelenprozession, deren letzte Paare gerade darin verschwanden.

Sie, die ich zu erlösen hatte, waren alle durchgegangen. Ich wollte mich anschließen. Denn aus dem Tor kam eine so herzvolle, liebliche Stimmung und es erklangen so wunderbare Melodien, dass ich die Bewegung dorthin beschleunigen und den anderen rasch folgen wollte.

Da hörte ich eine andere, eine weibliche Stimme, die rief: „Er entgleitet mir, er will wegtauchen, das muss ich verhindern!"

Ich begriff erst später, dass die Ärztin gesprochen hatte, die für mein Wohlergehen in der Anästhesie verantwortlich war. Ich hatte mich so weit zurückgelehnt, dass der Geist und die Seele den Körper verlassen wollten. Das war aber noch nicht vorgesehen.

Wichtig war aber, dass ich bei diesem Vorgang tiefe Empfindungen entfaltete, da die Entfernung des Fremdkörpers aus meinem Körper und die vollständige Bereinigung in meinem Geist auf die Völkerebene durchzuschlagen hatte. Es war kein Platz mehr auf dieser Welt für so primitive, martialische, tötende und entwicklungshemmende Geschwüre in allen Völkern. In Zukunft würde die Menschheit es nicht mehr zulassen, dass eine solche Waffe zum Einsatz kommt, die in Sekundenbruchteilen ein ganzes Volk hinwegrafft. Die positiven Kräfte werden darüber wachen, dass ein solcher Schaden verhindert wird.

Was jetzt folgte, waren nur mehr jene Maßnahmen, welche die Wunden schlossen und Entzündungen verhinderten. Die beiden Patienten, der Mensch und die Volksseele, wurden zum Aufwachen vorbereitet.

Die erste Empfindung nach der Rückkehr war eine tiefe Enttäuschung. Ich hatte gehofft, meinen Beitrag geleistet zu haben und jetzt göttlichen Frieden genießen zu dürfen. In diesem rituellen Vorgang hatte ich derart intensiv mitgelebt, dass ich mein irdisches Dasein, meine Familie, meine zukünftigen Aufgaben und meine Umgebung vollkommen vergessen hatte. Ich war bereit, mich der Gerechtigkeit des Schöpfers zu stellen.

Dann erinnerte ich mich jedoch an die Worte meines Schutzengels, der mich gemahnte: „Diese Aufgaben sind nicht die letzten und auch nicht die schwersten, die du bewältigen wirst!"

Ich hatte jedenfalls alle Empfindungen und Schmerzen, die man hat, wenn man am Körper operiert worden ist. Schrecklicher Durst quälte mich. Ich konnte nicht deutlich sehen, sprechen und hören, hatte Schmerzen am Rückgrat und glaubte, von einer Rinderherde überrannt worden zu sein. Ich wollte aufstehen, ohne dass ich gewusst hatte, gelegen zu haben.

Da hörte ich aber den Priester sagen: „Bleibe liegen! Diese Strapazen waren zwar groß, doch nun ist alles vorbei und es ist besser gelungen, als wir je erhofft hatten. Du warst großartig. Tatsächlich hatte ich dich unterschätzt. Schlaf jetzt!“ Seine Stimme war so sanft und sie klang zufrieden. Er sprach wie jemand, der bei der Erfüllung einer großen Aufgabe dabei gewesen war und mit dem Ergebnis höchst zufrieden und stolz auf sich war.

Ich spürte noch, wie jemand meine rechte Hand ergriff, und glaubte zu wissen, dass es der Botschafter war. Dass es tatsächlich meine Tochter aus einem späteren Leben war, die ich damals noch nicht kannte, erfuhr ich erst später, als ich gelernt hatte, wie man durch die Zeit reist. Dieser rituelle Vorgang, den ich vorgenommen hatte, war eine unbewusst angetretene Zeitreise. Dabei erkannte ich, dass alle Seelen, auch die meine, schon alt sind und wiederholt auf dieser Erde inkarnieren, bis das Wesen die gestellten Aufgaben erfüllt hat. Wir kommen immer dann zurück auf die Erde, wenn wir uns im Jenseits vorgenommen haben, einen weiteren Schritt zur Erfüllung der Lebensaufgabe zu tun.

Auch kam ich drauf, dass meine Seele eine Vorliebe für Zeitenwenden haben musste, weil sie immer dann zurückkehrt, wenn große Aufgaben anstehen, zu deren Erfüllung es besonderer Kraftanstrengungen bedarf und Aufgabenlösungen für ganze Völker anstehen. In den Zeitenwenden sind die zu lösenden Aufgaben immer schwieriger und haben die größeren Auswirkungen auf Einzelwesen und auf Völker.

Diese Lebenszyklen erschienen mir wie der Fortlauf der Jahreszeiten. Auch Völker haben Jahreszeiten. Sie erblühen, reifen, fahren die Ernte ein, indem die Menschen, die ihre Aufgabe erfüllt haben, in die nächsthöhere Sphäre eintreten. Die Menschen, die ihre Aufgabe nicht schaffen, gehen unter im Frost der Zeitenwende, während die neu kommenden ihre Aufgaben antreten und in ihrer Entwicklung zügig voranschreiten.

Schade ist es nur um jene Menschen, die es zum Schluss noch immer nicht begriffen und ihr Ziel nicht erreicht haben – um jene, die mit den anderen nicht Schritt halten konnten. Diese Menschen können sich nicht in die neu entstehenden Völker integrieren. Sie haben den Anschluss verpasst und gehen verloren. Es sind verängstigte Kinder, sie haben keine Lebenskraft und vegetieren planlos dahin. Sie bleiben draußen und fristen ein schreckliches Dasein, bis ein Auserwählter, der von der höchsten Kompetenz gesandt wird, ein Messias, hilft, ihre Aufgabe wieder zu finden und den vorgegebenen Prozess wie einen Faden wieder aufzunehmen, um ihre Aufgabe fortzusetzen.

Wann ein solcher Auserwählter kommt, kann von diesen Zurückgebliebenen nicht vorhergesagt werden. In ihrem Inneren keimt jedoch die Hoffnung auf eine solche Erlösung, und sie verwenden sehr viel Energie auf diese Hoffnung, dass Gott sie nicht im Stich lässt und den Auserwählten entsendet. Durch ihre körperlichen Leiden, die sie mit unendlicher Traurigkeit ertragen, gelingt einigen unbewusst ihre Aufgabenerfüllung und sie schaffen dann auch den so wichtigen Aufstieg.

Auch stand für mich fest, dass ich in dieser Zeremonie eine Einweihung erfahren hatte und einen erweiterten Einblick in den höheren Plan, in das Wirken Gottes im Experiment Mensch auf dieser Erde, erhielt.

Mir dämmerte schon, dass mein Leben in Zukunft nicht einfach sein würde. Gleichzeitig bekam ich aber die Gewissheit, dass mir ein langes, erfülltes Leben bevorstand, und ich versprach spontan: „Ich werde alles tun, was mir von den göttlichen Kräften aufgetragen wird, um meine Lebensaufgabe zu erkennen und sie möglichst vollständig zu erfüllen." Ich wusste plötzlich: Wenn ich mein Schicksal selbst in die Hand nehme, gelange ich schneller zum Ziel. Die Überschreitung der materiellen Barriere ins nichtstoffliche Sein ist die Zielsetzung allen irdischen Denkens und Handelns.

Diese Erkenntnis hatte mich an Geist und Körper verändert. Ich fühlte mich erhaben, aber nicht überheblich. Es war ein großes Wissen in mir aufgetan worden. Dies erkannt zu haben, war ein schönes und befriedigendes Gefühl, eine große, liebevolle Gnade!

Nun war ich gewappnet für die Nachwehen der Operation. Ich war mir sicher, dass sie kommen würden, weil die negativen Kräfte nicht so schnell aufgeben und wieder versuchen werden anzugreifen. Die Probleme kamen auf der geistigen Ebene. Ich fühlte, dass der Geist den Körper verließ und förmlich außerhalb und über ihm stand, so als wollte er darüber nachdenken, ob er dieses Vehikel verlassen sollte, um ihm alleine die Schmerzen zu überlassen.

Ich dämmerte dahin und nahm zeitweise die Umgebung nicht wahr. Ich hatte keine Freude an irgendwelchem Tun und lag nur auf dem Bett. Dieser Zustand dürfte einen Tag lang angehalten haben. In dieser Zeit nahm ich meine besorgte Mutter, einen wütenden Vater und den Botschafter wahr, der bemüht war, mir den Zustand erträglich zu gestalten.

Am nächsten Tag wachte ich auf und war wieder ich selbst und wieder in meiner Welt, fühlte mich aber ausgelaugt, fast ein bisschen geschändet. Am Ende dieses Tages teilte mir der Botschafter mit, dass er mit mir in das Lager vor dem fürstlichen Hof zurückkehren wolle, weil es dort viel mehr Möglichkeiten gäbe, mir zu helfen, diese Nachwehen zu überwinden.

Der Priester kam vorher noch zu mir und gab mir ein Amulett, das an einem starken Lederriemen hing. Dazu sprach er: „Ich danke für deine selbstlose Tat. Dieses Amulett wird dich in Zukunft beschützen. Es birgt Kräfte in sich, die von der dunklen Seite nicht überwunden werden können, solange sein Träger auf dem gerechten Weg bleibt. Deiner zukünftigen Botschaftertätigkeit sei viel Erfolg beschieden! Auch hoffe ich, dass du mich nicht vergisst. Wir sehen uns bald wieder!"

Zusammen mit Eltern und Bruder reisten wir vom Hof ab. Ich folgte Alundalt ins Zeltlager, und meine Familie suchte den Hof des Großfürsten auf.

Zurück im Zeltlager

Im Lager wurde ich in die Sanitätsstation gebracht, und dort legte mich der Botschafter auf ein hartes Lager, das in einer, aus goldglänzendem Material gefertigten, Pyramide stand.

Er erklärte mir: „Dieser Apparat verstärkt die positiven Energien des Erdmagnetfeldes und führt sie an einem Punkt im Inneren zusammen. Diese wiederum regen die Selbstheilungskräfte deines Körpers an." Da ich ziemlich skeptisch dreinblickte, riet er mir noch: „Du solltest Kreislauf und Atmung beruhigen und an etwas Schönes denken, um die kosmoterrestrischen Energien auf deine angeschlagene Wesenheit positiv Einfluss nehmen zu lassen! Dadurch wird die fehlende Energie wieder zugeführt und dein Körper zusehends erstarken."

Die Behandlung wirkte fantastisch und ich fühlte mich zunehmend besser. Mir schmeckte das Essen wieder, ich verlangte zu trinken. Auch das dumpfe Brummen in meinem Schädel entfernte sich bald. Es ging rasch aufwärts, obwohl eine hellrote Flüssigkeit noch einige Tage aus meinem rechten Ohr rann und mich daran erinnerte, dass ein Eingriff stattgefunden hatte. Das taube Gefühl in meiner rechten Schädelhälfte ging ebenfalls zurück, und ich traktierte mit vielen Fragen zu Dingen, die neu für mich waren, alle Personen meines Haushaltes. Endlich konnte ich lernen, die Uhr und ihren Zweck zu verstehen.

Meine Eltern hatten sich in der Zwischenzeit auch wieder beruhigt. Nur mein Bruder wurde immer abweisender. Er konnte es nicht ertragen, nicht im Mittelpunkt des Interesses zu stehen. Er bildete sich ein, dass ihm alle Menschen Aufmerksamkeit zu widmen hatten. Auch war er wegen meines Hofstaates, wie er es nannte, neidisch auf mich. Insbesondere die schöne Hierim hatte es ihm angetan. Zu ihrem deutlich ersichtlichen Ärger versuchte er bei jeder

Gelegenheit, ihr schöne Augen zu machen. Sie beschwerte sich darüber jedoch nicht bei mir und ich beschloss, bei einer passenden Gelegenheit mit ihr über meinen Bruder zu sprechen.

Es tat ihm im Herzen weh, dass sie ihn nicht beachtete und „nur Augen für mich hatte", wie er hämisch bemerkte. Elik war ebenfalls aufmerksam geworden und deutete an, dass mein Bruder mit Hierim etwas Dummes anstellen könnte.

Ich fragte ihn, wie er das meine. Worauf Elik ausführte: „Ich habe gesehen, wie sich Herunwulf mit zwei dunklen Gestalten getroffen hat, die so vertrauenserweckend wie Räuber waren." Es sei Herunwulf sichtlich nicht recht gewesen, mit diesen Männern zusammen gesehen worden zu sein, und er befürchte einen Übergriff, weil mein Bruder das Mädchen begehre.

Ich überlegte, dass meinem Bruder so eine Schandtat ohne Weiteres zuzutrauen wäre, besonders wenn er sich benachteiligt sah. Er war schrecklich nachtragend und Abweisung schürte seine Wut. Deshalb bat ich Elik, geeignete Maßnahmen zum Schutze von Hierim zu ergreifen. Er solle diese Maßnahmen aber so dezent setzen, dass niemandem etwas auffiele, da sonst mein Vater sein Gesicht verlöre, wenn unberechtigt die Ehre seines Stammhalters verletzt würde. Auch versprach ich Elik, mit Hierim zu sprechen, um sie um ihre Meinung zu fragen und sie zu warnen.

Elik sagte geeignete Maßnahmen zu und gab mir einen schönen Halskettenanhänger. Ich sollte diesen Schmuck Hierim überreichen und sie ersuchen, diesen Anhänger ständig zu tragen, denn mit seiner Hilfe könne man ihren Aufenthaltsort feststellen, wenn dies erforderlich werden sollte. Beflissen fügte er hinzu: „Das ist nur für den Fall des schlimmsten Falles... falls etwas Unvorhergesehenes passiert und wir sie suchen müssten." Gleichzeitig gab er mir einen Telprain mit der Erklärung: „Nur für alle Fälle. Er ist auch Empfangsgerät für die vom Anhänger ausgesendeten Impulse." – Dann zeigte er mir die erforderlichen Einstellungen, wie dieses Gerät zu bedienen war. Ich war mit diesen Maßnahmen einverstanden, da wir so die Angelegenheit vorläufig für uns behalten konnten, bat aber Elik, eine Kette für Hierim zu besorgen, sodass sie den Anhänger um den Hals tragen konnte.

Nachdem wir das geregelt hatten, begab ich mich zu Hierim, um sie über meinen Bruder zu befragen.

Sie funkelte mich zornig an und schimpfte: „Wenn er mich noch einmal berührt, schlage ich ihn nieder! Ich bin in mehreren Kampfarten ausgebildet, von denen er noch nicht einmal gehört hat, und... ich kann ihn einfach nicht leiden! Er ist so ungehobelt und stinkt wie ein Tier!"

Diese Antwort war überraschend und ich fragte daher: „Wann ist Herunwulf zudringlich geworden?"

Sie antwortete sofort: „In der Nacht, als der Botschafter und Ihr, Herr, in der Höhle, in der Nähe des Hofes, wart, hat er mich im Hof überrascht, als ich den Nachthimmel betrachtete!" Sie erzählte, sie hätte im Vorhof gestanden und habe den Nachthimmel beobachtet. Dabei hätte sie tief in Gedanken versunken an einer Hausecke gelehnt, als er sie von hinten angefallen habe. Es sei ihm gelungen, sie von hinten mit beiden Händen zu ergreifen, an sich zu drücken, um sie küssen zu können. Sie habe ihn daraufhin mit einer Wurftechnik zu Boden geworfen und habe ihm mit dem Ellbogen einen Schlag gegen den Hals versetzt. Daraufhin sei er keuchend weggelaufen. An seiner widerwärtigen Ausdünstung hätte sie ihn eindeutig erkannt.

Schon am Tag zuvor habe er sich angebiedert und anzügliche Bemerkungen gemacht. Als sie ihm entgegnet hätte, er solle sich zuerst einmal waschen und dann versuchen, mit ihr zu sprechen, habe er ihr wutentbrannt geantwortet, sie werde schon sehen, wer hier der Herr sei und wer zu gehorchen habe."

In der Zwischenzeit war Elik mit Goldkette samt Anhänger zurückgekommen. Ich hatte keinen Grund, an den Worten Hierims zu zweifeln. Deshalb entschuldigte ich mich: „Ich will nicht haben, dass meine Hausdame von meinem Bruder belästigt wird. Diese unerfreulichen Vorfälle machen mich besorgt. Die Übergriffe meines Bruders sind ungerechtfertigt und ich möchte mich entschuldigen." – Sie nahm das mit einem Lächeln zur Kenntnis. – „Ich kenne aber die Art meines Bruders und weiß, dass er nicht nachgeben wird. Als Ausgleich zum widerfahrenen Ungemach möchte ich als Gutmachung diesen Schmuck überreichen", erklärte ich galant. „Dieser Anhänger ist auch ein Schutz, sodass dir nichts angetan werden kann, ohne dass ich davon erfahre."

Ich wollte nicht erwähnen, dass in meiner Brust ein Flämmchen aufflackerte, von dem ich glaubte, dass es Zuneigung war.

Kaum hatte ich den Schmuck erwähnt, errötete Hierim und ließ sich die Kette mit sichtlichem Vergnügen um den Hals legen. Sie mochte sich vielleicht auch in mich verliebt haben. Das alles freute mich zwar einerseits, ging mir aber eindeutig zu schnell.

Ich war kaum mit dem Einordnen der Geschehnisse in der Höhle fertig geworden, geschweige denn wusste ich, wie meine Zukunft aussehen würde, als schon die nächste große Gefühlswallung auf mich zusteuerte.

Um nicht überfordert zu sein und alle Gefühle richtig einordnen zu können, wollte ich erst einmal Abstand gewinnen und mich nicht Hals über Kopf verlieben. Deshalb ging ich schnell weg und murmelte entschuldigend, dass ich mit meiner Familie zu reden hätte. Ich war irgendwie froh, aus der Nähe dieser reizenden Frau zu kommen, die mich sonst vollkommen eingesponnen hätte.

Wohl aber wollte ich mit meinem Bruder reden. Ich suchte die Festung auf, fand aber nur Mutter und Vater vor. Als ich beide fragte, wo mein Bruder sei, bekam ich von meinem Vater die blöde Antwort: „Bin ich etwa der Hüter deines Bruders?"

Ich wandte zornig ein: „Vielleicht wäre es besser, du würdest ihn behüten, denn er ist gerade dabei, den Ruf unserer Familie zu beschmutzen, indem er Frauen belästigt, die man besser nicht anrührt! Aber sei versichert, ich werde ihn schon zur Rede stellen!"

Kaum hatte ich das gesagt, als ich schon wieder grußlos aus dem Raum war und die Türe zuknallte. Ich war zornig geworden, denn ich fühlte die Ablehnung meines Vaters im Raum stehen wie eine Wand.

Seit der Nacht in der Höhle waren meine Leute sehr verändert. Es war eine für mich nicht verständliche Spannung zwischen uns entstanden, die ich für völlig unangebracht hielt. Möglicherweise hatten diese Menschen aber nicht verstanden, welche Tragweite meine dort vollbrachte Handlung tatsächlich hatte, und erkannten die Auswirkungen auf unser Volk noch nicht? Wenn sich diese Spannung nicht lösen sollte, war es angebracht, mit meinen Eltern darüber zu reden.

Kaum hatte ich diesen Gedanken abgeschlossen, als mir auffiel, dass ich beinahe übersehen hatte, dass mein Vater bei seinem blöden Spruch hämisch grinste. Er wusste also von den Ambitionen meines Bruders gegenüber Hierim! Nun wurde ich wütend, weil ich den Verdacht hatte, dass mein Vater von dem Vorfall nicht nur wusste, sondern diese Annäherungen auch noch billigte.

Diese Esel wissen gar nicht, worauf sie sich da einlassen! ging es mir durch den Kopf. Die glaubten noch immer, sie könnten mit Frauen umgehen, wie es ihnen beliebte. Sich einfach nehmen, was sie brauchten. Wenn es sein musste mit Gewalt. Dass dieses dumme Verhalten in diesem Fall nur Probleme aufwerfen könnte, auch für den Fürsten und die noch gar nicht eingeleiteten, bilateralen Beziehungen, daran dachten diese Schwachköpfe gar nicht.

Momentan wusste ich nicht so recht, was ich tun sollte, um Schaden zu verhindern. Einerseits fühlte ich, dass Hierim in Gefahr war, und andererseits plagte mich mein Bruder, der mit seinem Verhalten die Probleme aufwarf. Ich war richtig in einen Zwiespalt geraten. Einerseits war ich sicher, dass mir Hierim ihre Empfindungen richtig gezeigt hatte, andererseits wollte ich keine voreiligen Schlüsse über die Absichten meines Bruders ziehen.

Da fiel mir ein, dass mir Elik ein Telprain mitgegeben hatte. Ich nahm es zur Hand und schaltete es ein. Als ich Elik rief, antwortete er im heiteren Tonfall: „Ich wusste, dass mein Herr sofort mit einem solchen Gerät umzugehen versteht!"

Ich fragte ihn, ob er wüsste, wo mein Bruder sei.

„Ja, der sitzt mit seinen beiden Kumpanen in einer Kneipe vor der Festung des Fürsten. Die Drei sind dabei, etwas auszuhecken, denn sie sitzen tuschelnd zusammen und sprechen kräftig dem Met zu. Ich glaube, es geht um die Entführung von Hierim in der kommenden Nacht."

Ich antwortete verblüfft: „Wie kannst du das wissen?"

Er erklärte: „Du hast mir gesagt, ich solle die notwendigen Vorkehrungen treffen, und das habe ich getan! Der saubere Bruder meines Herrn ist wie besessen und will unbedingt eine Prinzessin für sich haben. Es ist vorgesehen, sie in der Höhle meines Herrn beim Hof einzusperren, bis sie gefügig ist. Es soll angeblich schon ein Käfig für Hierim gebaut worden sein. Das geht aus dem Gespräch hervor, das die Männer in der Kneipe führen. Ich hoffe, dass eine genaue Zeitabsprache getroffen wird, was bei der Intelligenz der Beteiligten nicht sicher sein kann. Und ich hoffe, es kommt zu keinem Eklat! – Was hat mein Herr diesbezüglich vor, wenn ich fragen darf?"ging er sofort zum nächsten Gedanken über.

„Deshalb hab ich dich angerufen, schätze ich. Ich weiß mir keinen Rat, Elik. Ich sitze zwischen zwei Sätteln. Denn ich möchte verhindern, dass jemand sein Gesicht verliert und die Mission des Botschafters gefährdet wird", gestand ich ihm.

„Hm. Man könnte diese Männer so lächerlich machen, dass sie sich in Zukunft freiwillig fernhalten. Diese Schmach wird zwar nicht offiziell, aber sie werden sie nie mehr verwinden, könnte ich mir vorstellen", riet er vorsichtig. „Wenn mein Herr zu seiner Unterkunft kommt, können wir die notwendigen Einzelheiten besprechen", fügte er umsichtig an.

Ich sagte zu und begab mich zum Zelt. Da kam mir meine Mutter entgegen.

Sie rief mir zu, anzuhalten und gefälligst mit ihr zu sprechen. Sie beschwerte sich ganz aufgeregt: „Mir sagt ja keiner, was eigentlich los ist. Was macht dein Bruder wieder für einen Ärger?" Ich fragte zurück, wie sie darauf komme, dass Ärger heraufziehe. Da brach es entrüstet aus ihr heraus: „Das Verhalten meiner drei Männer lässt diesen Schluss zu!"

Weil sie offenbar nicht eingeweiht war, klärte ich sie auf: „Mein Bruder hat meine Haushälterin nächtens überfallen und dabei Prügel bezogen. Das wird er nicht auf sich sitzen lassen und plant einen Übergriff. Vater dürfte Bescheid wissen. Bitte rate ihnen, dieses blöde Vorhaben aufzugeben! Es werden damit Schwierigkeiten heraufbeschworen, die nicht nur den Ruf unserer Familie schädigen. Erkläre Vater, er solle doch besser auf Herunwulf aufpassen! Ich kann einen Übergriff nicht zulassen und werde einschreiten. Diesmal wird er mit mir ernsthafte Probleme bekommen, da er mich durch sein Handeln gegen meine Hausdame zu einer entsprechenden Reaktion zwingt. Diesmal kann und will ich nicht ausweichen und die Sache auf sich beruhen lassen. Ich bin gezwungen, meine Ehre und das Ansehen meiner Hausdame zu wahren! Erkläre Vater das bitte auch!"

Damit verließ ich sie. Ich hörte sie noch rufen: „Bitte! Es wird doch nicht ein Bruder den anderen bekämpfen? Wegen einer Dienstmagd!"

Ich blieb stehen, wandte mich langsam um und legte mich fest: „An mir soll es nicht liegen. Der Ältere und Gescheitere darf entscheiden. Du bist jetzt am Zug, liebe Mutter! Rede mit Herunwulf und Vater, bevor es zu spät ist!“ Danach ging ich verstimmt auf mein Zelt zu.

Meine Mutter folgte mir auf dem Fuß.

Sie war richtig zornig und schimpfte: „So kannst du mit deiner Mutter nicht umgehen! Das gehört sich nicht!“

Ich antwortete ihr sachlich: „Wenn Vater und du Herunwulf nicht so vieles während seiner Kindheit hättet durchgehen lassen, wäre er heute vielleicht ein gerader Mensch. So ist er ein Ungeheuer geworden. Er muss gezähmt werden, wenn er einmal Vaters Erbe antreten soll! Wenn seine Einstellung zu anderen Menschen so bleibt, wie sie jetzt ist, wird der Hof untergehen, weil bei ihm kein Mensch wird arbeiten wollen“, stellte ich meinen Standpunkt klar. „Lasse mich jetzt bitte mit meinen Leuten alleine, ich habe Wichtiges zu tun! Ich verspreche, es wird deinem Söhnchen keine Gewalt zustoßen, solange ich den Überblick behalten kann. Um die Übersicht zu bewahren, muss ich mich jetzt mit Elik besprechen und Vorkehrungen treffen, sonst bekommen Unschuldige ihnen nicht zugedachte Auswirkungen zu spüren!“

Dann ließ ich sie einfach stehen und betrat mein Refugium.

Von Elik erfuhr ich, dass Herunwulf noch immer mit diesen zwielichtigen Gestalten zusammensaß und bereits mächtig betrunken war. Die Stimmung sei schon sehr ausgelassen und die Bewegungen so unkoordiniert, dass von ihnen in diesem Zustand vermutlich vorläufig keine Gefahr ausginge. Ich bat ihn, trotzdem aufzupassen, und Elik versicherte mir, dass drei Männer vom Militär mit der Beaufsichtigung der Saufbolde beauftragt seien. Außerdem funktioniere die elektronische Überwachung Hierims einwandfrei.

Nachdem wir diese Angelegenheit besprochen hatten, wurde ich zum Botschafter gerufen. Der Herold sagte etwas von besorgniserregenden Problemen mit den einheimischen Burschen.

Als ich zum Botschafter kam, war dieser guter Laune und sprach mich lachend an: „Die verwöhnte, eitle Damenwelt kann sich der verliebten Gockel deines Volkes nicht mehr erwehren! Im Zuge der Reiterspiele dürften die Damen vermutlich für die einfältigen Gemüter dieser Burschen zu aufreizend aufgetreten sein, und diese haben sich vermutlich amouröse Abenteuer ausgerechnet. Jedenfalls war in der vergangenen Nacht keine Ruhe im Lager, da ständig irgendwelche Fremden herumschlichen und zu den Damen in die

Zelte gelangen wollten." – Er machte eine Pause und sah mich etwas strenger an. – „Nun, da dies nicht gelang, kam es zu Grölereien und Beschädigungen, die aber nicht weiter ins Gewicht fallen. Ich wurde davon in Kenntnis gesetzt, dass die Damenwelt von den Nachstellungen genug habe und langsam Angst aufkomme, dass sie den wilden Kräften dieser rauen Burschen nicht gewachsen sein könnten", sagte er in mahnendem Ton. Dann sah er mir auffordernd in die Augen.

„Und was gedenken sie jetzt zu unternehmen?" hakte ich ein.

Alundalt seufzte. „Jetzt wünschen unsere Damen, dass die fremden Männer nicht mehr in das Lager kommen. Was die Damen wirklich wollen, weiß sowieso kein Mann jemals zu sagen, wie ich glaube. Ich bin sicher, dass die eine oder andere einen eurer Leute vernaschen möchte, um ihn in ihre Männersammlung einzureihen und vor den anderen damit zu prahlen. – Das möchte ich nicht weiter ausufern lassen, wenn du verstehst? Es könnte dadurch zu Komplikationen kommen, die nicht in unserer Absicht sind", erklärte er diplomatisch.

„Deshalb ersuche ich dich, euren Großfürsten aufzusuchen und ihm mitzuteilen, dass ich ihn morgen am Vormittag gerne sprechen möchte! Ich werde den Aufenthalt hier so rasch wie möglich beenden, zumal wir unsere Hauptaufgabe vorzeitig und zur vollsten Zufriedenheit erledigt haben. – Vermittle bitte dem Großfürsten, dass ich um eine Audienz ersuche! Ich brauche sein Wohlwollen, um bald ohne protokollarische Verwicklungen abreisen zu können."

Ich tat, wie mir aufgetragen, und machte mich sofort auf den Weg. Dazu benützte ich wieder einen kleinen Gleiter und begab mich zum Hofe des De Grahs. Dort war gerade ein großes Gelage in der Halle im Gange. Die meisten Adeligen waren bereits betrunken, obwohl das Mittagsmahl noch bevorstand, und auch der Fürst lallte, als er mich zu sich winkte und höhnte: „Ah, unser hochwohlgeborener Botschafter in Atlantis gibt uns auch wieder die Ehre! Sind wir nicht zu niedrig für seine Gnaden?"

Er sah sich prostend in seinem Kreis um und bekam lallende Zustimmung. „Wenn es nach mir gegangen wäre, wäre eine Person mit größerem Verdienste Botschafter geworden, die den Anstand gehabt hätte, nach der Rückkehr ihren Fürsten aufzusuchen", vermeldete er lautstark.

Ich sah den betrunkenen und kindisch beleidigten Mann an und überlegte, dass er vielleicht sauer war, weil er nicht zur Reise auf den Hof eingeladen worden war. Deshalb beschloss ich, mich nicht aufzuregen und diese besoffene Runde zu negieren. Ich antwortete mit ruhigen Worten und in angemessener Distanz: „Es stimmt schon, dass ich nicht von höchstem Adel bin", und fügte rasch, bevor Vater aufbrausen konnte, hinzu: „Doch alle Vornehmen werden wohl im Lande selbst vonnöten sein, um ihre geballte Kraft der ordentlichen Führung der Ländereien und der Unterstützung des Großfürsten zu widmen.

Ein Botschafter wird sicher unter den niedrigeren Rängen auszuwählen sein, um die Führung des Landes nicht zu dezimieren und trotzdem seinem Land zu Diensten sein zu können. Auch habe ich überrascht mitbekommen, wie mein Fürst sofort eilig zustimmte, als die Wahl des atlantischen Botschafters auf mich gefallen war. Da konnte ich kein Zeichen von Ablehnung sehen. Warum hat mein Fürst nun seine Meinung geändert? Es wird ihm wohl mitgeteilt worden sein, dass der Botschafter in der Nähe unseres Hofes eine für unsere Völker wichtige Aufgabe erledigt hat, an der auch Sorumtest, der Priester, und ich maßgeblich mitwirken konnten. Ich habe also meinem Volke bereits einen außerordentlichen Dienst erwiesen, den kein anderer hätte leisten können", brachte ich meine Funktion ins rechte Licht.

„Ihr solltet mich mehr nach meinen Verdiensten messen und nicht nach dem Pegelstand des Mets in Euren Adern", versetzte ich schließlich. Ich ließ ihm keine Zeit für eine Antwort und schwenkte gleich auf den Zweck meiner Reise um: „Nun will ich aber zur Sache kommen und den Grund meiner Anwesenheit kundtun!"

Ich warf mich in Pose, versuchte ein würdevolles Gesicht aufzusetzen, und gab von mir: „Weil der Botschafter durch seinen verlängerten Aufenthalt auf unserem Gut länger vom Hofe abwesend war als vorgesehen, bittet er Euch, den Großfürsten, und sein Gefolge sich nicht vernachlässigt und ausgeschlossen zu fühlen. Deshalb hat er mich beauftragt, ein Gesuch um Nachsicht zu übermitteln. Gleichzeitig möchte er für morgen am Vormittag um eine Audienz hier am fürstlichen Hof ersuchen!"

Das Gesicht des Fürsten hellte sich auf und er bestätigte in herablassendem Tonfall: „Diese Audienz ist ihm morgen, zur Frühbrotzeit gewährt!“ Dann winkte er gelangweilt mit der rechten Hand, als Zeichen dafür, dass ich mich verabschieden sollte. Ich verbeugte mich und dankte für die Gewährung der Audienz.

Dann ging ich rasch zu meinem Vater an den Tisch und fragte ihn, ob er wisse, wo mein Bruder sei. Er wurde sofort wieder wütend und brauste auf: „Ich habe nicht die Absicht, auf deinen Bruder aufzupassen. Ich weiß nicht, wo er steckt!“

Erbost über seine Ignoranz machte ich ihn darauf aufmerksam, dass mein Bruder mit zwei Halsabschneidern in einer üblen Kneipe saufen würde und schon völlig betrunken sei. Ich fügte noch warnend hinzu, dass dieses Verhalten dem Ruf der Familie nicht zuträglich wäre.

Da stimmte mir mein Vater zu meiner Überraschung sofort zu und versprach, unverzüglich in den ‚Schwarzen Schwan' zu gehen und meinen Bruder aus dieser dunklen Kneipe herauszuholen. Da war es an mir, überrascht zu sein, denn mein Vater kannte den Namen der Spelunke, in der mein Bruder soff. Als ich ihn darüber zur Rede stellte, sagte er diesmal ganz ruhig, dass bereits die Wachen des Fürsten gemeldet hätten, dass das Verhalten von Herunwulf ungebührlich sei und er dem Treiben nun ein Ende zu machen habe.

Das beruhigte mich, weil dadurch vielleicht ein unangenehmer Vorfall verhindert werden konnte, also verabschiedete ich mich mit den Worten: „Seid gegrüßt, mein Fürst und ihr hochwohlgeborene Adelige!“ Da ich mich dabei verbeugte, sah ich nicht, dass Hühnerkeulen und Methörner nach mir geworfen wurden, die mich aber glücklicherweise nicht trafen, sonst hätte ich mich mit den Werfern noch auseinandersetzen müssen, um meinem Ansehen nicht zu schaden, was mir sehr zuwider gewesen wäre.

Die rauen Sitten dieser Betrunkenen ekelten mich an, und ich bemerkte erstmals mit Verwunderung, dass ich mich schon mehr zum Gefolge des Botschafters gehörig fühlte als zu den einheimischen Adeligen. Wohl hatte ich mich auch früher nicht viel um ihre Gesellschaft gerissen, sodass mir noch nie solche Auswüchse bei Trinkgelagen auffielen. Einzig Mutter tat mir leid, denn sie stand zwischen den Fronten und konnte nichts unternehmen. Ich spielte schon mit dem Gedanken, sie nach Atlantis mitzunehmen, das war aber leider nicht möglich, denn sie gehörte an die Seite meines Vaters. Da war ihr Platz, den sie selbst gewählt hatte.

Als ich in das Zeltlager zurückkehrte, war ich schon etwas abgespannt. Ich wollte nur schnell dem Botschafter Bescheid sagen und mich dann zurückziehen. Da bemerkte ich einen lautstarken Tumult in der Nähe meines Zeltes. Ich verlangte vom Piloten, er solle rasch dort landen.

Dort angekommen, sah ich dann die Bescherung. Mein Bruder und die beiden Halunken, mit denen er gezecht hatte, waren von mehreren Militärs gestellt worden. Herunwulf hielt mit der linken Hand Hierim fest gepackt und drückte die Spitze eines Dolches an ihre Kehle. Die beiden Gauner hatten ihre Schwerter gezogen und eine drohende Haltung gegen die Militärs eingenommen.

Ich entstieg dem Gleiter und eilte zur Gruppe hin. Als mir einer der Halsabschneider nahetrat, versetzte ich ihm einen Fußtritt gegen den Unterleib, dass er sich heulend am Boden wand. Ich ging zu Herunwulf hin und forderte ihn auf, sofort Hierim freizulassen.

Er schrie: „Bleib stehen, oder ich steche sie ab!"

Ich schritt trotzdem langsam weiter und kündigte leise an: „Wenn du ihr auch nur ein Haar krümmst, ziehe ich dir die Haut streifenweise vom lebenden Körper ab." Ich war so wütend, wie ich mich selbst noch nie erlebt hatte. Ich ließ alle Vorsichtsmaßregeln außer Acht und näherte mich unbeirrbar. Gleichzeitig achtete ich genau auf jede seiner Bewegungen.

Mein Bruder hatte meine Entschlossenheit, Hierim zu befreien, in meinem Gesicht festgestellt, denn er wurde unsicher. Gehetzt umherblickend suchte er nach einem Ausweg aus dieser misslichen Situation. Dies nützte ich sofort aus, zog meine Seitenwaffe und schritt langsam mit gerade ausgestreckter Hand, mit der Waffe auf seinen Hals zielend, weiter.

Er schrie noch einmal: „Bleib stehen, oder sie stirbt!"

In der Zwischenzeit hatte Elik den zweiten Halunken seiner Begleiter überwältigt. Der war außerhalb des Blickwinkels meines Bruders gestanden, mein Bruder bekam aber in den Augenwinkeln die Bewegungen des Handgemenges mit und drehte sich mit Hierim zum Ort des Geschehens um. Dadurch verlor er mich kurzzeitig aus den Augen. Diese Möglichkeit benützte ich sofort und sprang ihn an, schlug ihm den Dolch aus der Hand, riss ihn herum und versetzte ihm einen Faustschlag an das Kinn, dass er sofort zu Boden ging. Die Militärs sprangen hinzu und überwältigten ihn.

Ich kümmerte mich sofort um Hierim, die am Boden kniete und weinte. Der Dolch hatte ihr am Hals eine Wunde geritzt, die leicht blutete. Sie schluchzte so heftig, dass ich sie in meine Arme nahm und zu beruhigen suchte, indem ich ihr gütlich zuredete. Sie legte sofort den Kopf an meine Schulter und weinte, dass die Tränen wie kleine Bächlein über meinen Rücken liefen.

Da kam Mutter um das Zelt gelaufen und schrie entsetzt auf, als sie sah, dass ihr Sohn gefesselt war, nahm sich aber sofort Hierims an. Ich bedeutete Elik, die beiden Frauen in mein Zelt zu führen.

Da kam auch schon Botschafter Alundalt in einem Gleiter heran und wurde sofort von einem Militär über die Situation aufgeklärt. Er eilte direkt zu mir. „Was nun?" fragte er besorgt.

Ich erklärte, froh zu sein, dass der Vorfall so glimpflich ausgegangen war, und ich dem heimischen Großfürsten gern die Entscheidung über die Täter überlassen würde. Ich fügte noch hinzu, dass es schließlich sein Land sei, wo der Vorfall passierte, und alle drei Männer seiner Gerichtsbarkeit unterstünden. Auch gab ich dem Botschafter zu bedenken, dass mein Bruder nach meinem Dafürhalten durch mein Auftreten schon gesehen habe, dass er zu weit gegangen war. Deshalb sei er zuletzt nur mehr halbherzig bei der Sache gewesen, denn sonst wäre mir die Befreiung Hierims nicht so leicht gelungen. Auch sein durch den Alkohol beeinträchtigter Zustand, in dem er nicht mehr ganz Herr seiner Sinne und Gliedmaßen gewesen sei, habe die rasche Lösung erleichtert. Ich fügte dies in der Absicht an, die Tat etwas zu verharmlosen. Auf den skeptischen Blick Alundalts beeilte ich mich aber sofort anzufügen: „Das soll keine Entschuldigung für die Abscheulichkeit der Tat sein."

Als ich nun in das Gesicht des Botschafters sah, zog dieser missmutig seine rechte Augenbraue hoch.

Da rief Herunwulf aus dem Gleiter, in den man ihn in der Zwischenzeit gebracht hatte: „Ich brauche kein falsches Mitleid! Ich will diese Frau haben! Ich bin der Ältere, und sie steht mir zu, nicht dir, du Schlappschwanz!"

Ihn und den heranstürmenden Vater ignorierte ich nun einfach und ging wortlos in mein Zelt. Vater brüllte auf dem Vorplatz herum und rannte dann hinter dem Gleiter her, der Herunwulf in den Großfürstenhof transportierte.

Da fiel mir ein, dass ich den Botschafter draußen einfach hatte stehen lassen. Ich wollte hinausgehen, aber Elik hielt mich sanft zurück: „Der Botschafter ist bereits zu seinem Zelt gefahren und wird einen Militär beauftragen, den Vorfall eurem Großfürsten zu melden, um entsprechende Konsequenzen zu fordern. Er verlangte, dass du dich um die Frauen kümmern solltest."

Das tat ich dann auch. In der Zwischenzeit hatte sich Hierim schon etwas gefangen und schimpfte nur lauthals. Sie ärgerte sich über sich selbst und nannte sich ein dummes Huhn, das auf den ältesten Trick der Welt hereingefallen sei, den es überhaupt gäbe. Sie meinte, sie hätte nicht einfach vor das Zelt treten und diesem Wolf vertrauen sollen. Er hätte sich freundlich tuend herangeschlichen und zugepackt, bevor sie noch habe an Abwehr denken können.

Dann sagte sie etwas, was mir den Schweiß auf die Stirn trieb: Sie verlangte ernsthaft, morgen mit einer Metallstange als Waffe gegen Herunwulf kämpfen zu wollen. Dies sei in ihrer Heimat so üblich, wenn ein Mann einer Frau Gewalt antat.

Ich war ob diesem Verlangen verzweifelt und wollte das rundweg ablehnen. Da erfasste mich Elik am linken Handgelenk und flüsterte mir zu, dass ich dieses Ansinnen nicht ablehnen sollte. Er erklärte: „Sie ist eine gute Kämpferin und viel gewandter als dieser Wolf." Als er dann noch anfügte: „Es ist ihr gutes Recht und die einfachste Bestrafung für deinen Bruder. Auch glaube ich, dass Herunwulf im Stabkampf keine Chance gegen Hierim hat!" kannte ich mich gar nicht mehr aus.

Ich gab verwundert zu verstehen: „Du kennst meinen Bruder nicht! Der ist verschlagen und hält sich an keine Regel. Der tut alles, um seinen Gegner zu demütigen, und vor allem kann er nicht verlieren", warnte ich. „Ihm wird jedes unfaire Mittel recht sein, nur um zu siegen!"

Elik fing die Situation diplomatisch auf: „Sobald sie zu verlieren droht und nicht mehr aufstehen kann, musst halt du in die Bresche springen und den Kampf fortsetzen. So verlangt es die Sitte bei uns. Es ist deine Pflicht als Familienoberhaupt einzuspringen, wenn ein Mitglied deines Hofstaates gedemütigt wird."

Ich schaute ungläubig zu Hierim hin und fragte noch mal nach: „Ist dieser Kampf wirklich dein Ernst? Als sie trotzig mit dem Kopf nickte, rief ich besorgt: „Du willst tatsächlich mit diesem Mann kämpfen, wo er doch so primitiv ist und stinkt wie ein Tier?" zitierte ich ihre eigenen Worte, um sie zu überreden, davon abzulassen.

Sie antwortete ganz erbost: „Natürlich! Was glaubt denn mein Herr? Soll ich diese Schmach auf mir sitzen lassen? Will mein Herr eine entehrte Frau als Vorsteherin seines Haushaltes in seiner Nähe dulden? Wäre ihm lieber, wenn alle Welt über mich hinterrücks tuscheln und grinsen würde, wenn man mich sieht? Ich wäre für alle Zeit der Lächerlichkeit preisgegeben!" begehrte sie empört auf. Dabei blitzten ihre Augen zornig, bevor sie fortsetzte: „Du musst verstehen, Herr: Diese Sitte ist mit dem atlantischen Volke gewachsen und stammt noch aus jener Zeit, in der die Frauen das Sagen hatten! Kein Mann in Atlantis hat es jemals gewagt, dieses Frauenprivileg anzugreifen oder es abzuschaffen."

„Das ist ja alles recht und schön, und ich will auch, dass mein Bruder bestraft wird", lenkte ich ein. „In unserem Volk sehen wir im Ausgang eines solchen Kampfes ein Gottesurteil. Doch ein Gottesurteil ist hierzulande nur üblich, wenn der Großfürst keinen geeigneten richterlichen Schuldspruch finden kann. Dann muss der Angegriffene mit dem Aggressor kämpfen, wenn ersterer Gerechtigkeit fordert. Der Ausgang des Kampfes ist dann das unumstößliche Urteil und von jedermann anzuerkennen", erklärte ich nun meine Sichtweise. „In diesem Fall ist aber die Schuld eindeutig und der Herrscher gezwungen, zu einem Urteil zu kommen. Unser Großfürst hat dann gar keine andere Wahl, als Herunwulf schwer zu bestrafen", stellte ich ihr unsere Sitte abschreckend vor Augen.

Sofort beharrte sie stolz: „Ich will ihn selbst bestrafen, damit er in Zukunft seine schmutzigen Finger von Frauen lässt, die ihn abgewiesen haben!"

Kopfschüttelnd über diese Hartnäckigkeit gab ich vernünftig zurück: „Er wird aber alleine die Schmach, mit einer Frau kämpfen zu müssen, nie verwinden können. Wenn er tatsächlich unterliegen sollte, würde er zu einem Feind, der dich bis ans Ende der Welt verfolgen würde."

Stur erwiderte Hierim: „Dass mein Herr mir das sagt, ist gut. Ich werde mich danach richten und ihn so bestrafen, dass er mir nie mehr wird nachlaufen können!"

Ich erboste mich nun schreiend: „Aha, du willst ihm also die Beine brechen und so zum Krüppel machen? – Verdammt, bin ich denn nur mehr von Dickschädeln umgeben? Will jeder einfach alles durchsetzen, was ihm in den Kopf kommt?“ Dabei schaute ich Hilfe suchend Elik und meine Mutter an.

Elik bemerkte: „Wenn sich Hierim das einmal vorgenommen hat, wird niemand sie davon abbringen können. Es ist ihr gutes Recht, denn der Angriff erfolgte hier im Lager, also im atlantischen Sittenbereich. Den Mann dem Großfürsten zu übergeben, war falsch, sehe ich nun ein.“ Er sah mich mahnend an. „Du wirst sie zum Botschafter begleiten müssen, um ihr die Möglichkeit zu geben, in entsprechender Form ihr Verlangen vortragen zu können!“

Ich seufzte, willigte aber ein, ohne ein weiteres Wort zu verlieren. Es schien mir momentan aussichtslos, einen anderen Ausweg aus dieser Situation zu finden als den Weg zum Botschafter.

Es wurde ein Gleiter gerufen.

Meine Mutter, die noch kein einziges Wort verloren hatte und ob der Vorgänge nur staunend den Kopf schüttelte, sowie mein ganzer Haushalt stieg in den Gleiter ein, und wir rauschten zum Residenzzelt des Botschafters ab.

Dort wurden wir schon erwartet. Der Botschafter vermittelte Hierim: „Ich wäre enttäuscht gewesen, wenn anders entschieden worden wäre. Ich hoffe, du erteilst diesem arroganten, ungehobelten Menschen eine Lektion, die er nie mehr vergessen kann!“

Zu mir gewandt, bat er: „Willst du dem Fürsten meine schriftliche Aufforderung zur Durchführung dieses Kampfes überbringen? Ich nehme an, er wird einverstanden sein, weil er glaubt, dass dein feiner Bruder diese Frau verprügeln wird. Nach dem Auftritt deiner Hausdame wird den andern Männern in der Festung aber wohl ebenfalls die Lust zum nächtlichen Wandeln auf Freiersfüßen in unserem Lager vergehen. Vertraue Hierim! Sie wird schon alles richtig machen!“

Nun war ich endgültig verdutzt und willigte in den Auftrag des Botschafters ein, ohne weiter darüber nachzudenken. Dann fiel mir ein, dass dieser Zweikampf insofern eine gute Lösung wäre, weil mein Bruder lediglich blaue Flecken davontragen und keine fürstliche Strafe würde auf sich nehmen müssen, die sicher nicht so geringfügig ausfiele. Da mir diese Wende nun doch passender erschien, überbrachte ich die Zweikampfforderung auch mit meinem inneren Einverständnis dem Hof.

In Begleitung des Herolds begab ich mich neuerlich in den Empfangssaal unseres Großfürsten. Dort wurde gerade mein Bruder von den Militärs vorgeführt, wo gerade De Grahs sich darüber aufregte, dass fremde Wachen einen seiner Adeligen festgenommen hatten. Da kam ich gerade rechtzeitig und verlangte, gehört zu werden.

Der Fürst wendete sich mir zu und protestierte: „Du schon wieder! Was berührt dich diese Angelegenheit? Willst du die schändliche Tat deines Bruders schönreden, damit deine Ehre als Gesandter bei den Atlantern unangetastet bleibt?" warf er mir hämisch hin.

Ich konterte: „Nein. Ich habe Herunwulf und dieses Individuum niedergeschlagen." Gleichzeitig zeigte ich auf den einen Halunken, den die Militärs ebenfalls vorgeführt hatten. „Mein Bruder wollte meine Hausdame mit Waffengewalt entführen und drohte sie umzubringen, wobei er ihr einen Dolch an den Hals hielt. Bei diesem Vorgehen hat er sie am Hals verletzt", berichtigte ich den Verdacht. „Diese beiden Figuren haben ihn dabei mit gezogenen Schwertern unterstützt. Sie haben auf diese Weise auch die Militärs des Botschafters bedroht", klagte ich offen an. „Ich konnte durch mein rechtzeitiges Einschreiten ärgere zwischenstaatliche Verwirkungen verhindern, mein Großfürst. – Ich stehe keinesfalls für die Tat meines Bruders ein. Diese drei Idioten hätten von den Militärs leicht mit deren Waffen getötet werden können. Man hat diesen Waffeneinsatz aus Rücksicht auf den hiesigen Fürsten aber unterlassen. Das ist es, was ich in dieser Sache zu sagen habe. Ferner überbringe ich den schriftlichen Wunsch des Botschafters, der die Art der Bestrafung des Haupttäters betrifft", leitete ich nun auf das atlantische Begehren über.

In der Runde hörte man einige Adelige spöttisch keifen: „Hört, hört, jetzt bestimmt der Botschafter schon, wie ein hiesiger Adeliger hingerichtet wird!"

Ich hakte bestimmt ein: „Wer außer Ihnen spricht von einer Tötung des Täters? Keiner will eine Hinrichtung. Auch will niemand dem Großfürsten seine Gerichtsbarkeit streitig machen, obwohl der Angriff im atlantischen Lager geschah. Oder will der Großfürst eine bewaffnete Entführung einer Frau aus dem Gefolge eines ausländischen Gesandten ungeahndet lassen, obwohl für diese Gesellschaft Gastrecht besteht?" stellte ich sachlich in den Raum.

Dem Fürsten war das alles offenbar zu schnell gegangen, und man sah ihm an, dass er peinlich berührt war, weil seine Überforderung sichtbar wurde. De Grahs war es gewohnt, die Ahndung solcher Delikte den Familien der Betroffenen oder seinem Hauptmann zu überlassen. Offenbar schmeckte es ihm auch nicht, eine Strafe gegen einen Adeligen aussprechen zu müssen, der eine Fremde bedroht hatte. Andererseits, so schien mir, wollte er sicher den Vorschlag hören, der ihm möglicherweise gelegen kommen könnte.

Schon bei unserem Eintreten war mir aufgefallen, dass wir neuerlich ungelegen kamen, und ich wurde das Gefühl nicht los, dass die versammelten Fürsten mit der ausländischen Delegation eine Niederträchtigkeit vorhatten.

Die mir nun offen entgegenschlagende Ablehnung verstärkte diese Annahme, und ich äußerte meine Bedenken: „Ich hoffe, mein Fürst wird sich nicht das Zepter aus der Hand nehmen lassen? Ich weiß nicht, was während dieses Gelages gesprochen wurde, kann Sie aber nur warnen, dass die Militärs der ausländischen Delegation leicht mit allen unseren Bewaffneten im Handumdrehen fertig würden, und danach würde es auf unserer Seite lediglich zahlreiche Tote zu beklagen geben. Bevor Sie beschließen, was Sie tun wollen, warne ich Sie anzugreifen!“ rüttelte ich alle Kaelter-Fürsten auf. „Ich habe so das Gefühl, dass hier eine verdammt falsche Meinung von den Möglichkeiten der Atlanter vorherrscht und diese besoffene Gesellschaft einen bewaffneten Angriff gegen die Delegation überlegt. Die atlantischen Militärs sind keinesfalls verweichlicht und kampfungeübt. Die haben Taktiken und Möglichkeiten drauf, die unser Heer nur in die Niederlage treiben könnten. Ich warne Sie! Lasst die Finger von diesem Vorhaben, auch wenn die Verlockung noch so groß scheint!“ verdeutlichte ich nun, an De Grahs gewandt.

Meine Worte hatten gesessen. An ihren verlegenen Gesichtern erkannte ich, mit meiner Annahme richtig gelegen zu haben. Sofort wandten der Großfürst und seine engsten Vertrauten sich ab, um nicht entlarvt zu werden.

Bevor sie sich fangen konnten, legte ich noch nach: „Der Botschafter verlangt lediglich einen Zweikampf. Herunwulf soll gegen die beleidigte Frau kämpfen“, stellte ich den verdutzten Adeligen hin und warf das Schreiben des Botschafters schwungvoll auf die Tafel.

In der Pause, die sich nun ergab, erhob sich ein Raunen in der Gesellschaft. Dann schrieen einige Fürsten in wildem Durcheinander auf. Sie hatten empört realisiert, dass ein Adeliger aus ihren Reihen mit einer Frau kämpfen sollte.

Ich rief erklärend in die Menge: „In Atlantis ist es so üblich, denn die Frauen sind dort ebenfalls kampfgeübt. – Als einzige Waffe wird ein mannshoher Metallstab eingesetzt. Gekämpft wird, bis einer der Kontrahenten nicht mehr aufstehen kann“, beschrieb ich das zu Erwartende. „Sollte Herunwulf hinterhältig kämpfen, bin ich nach dem atlantischen Recht verpflichtet, einzuspringen und den Kampf zu Ende zu führen!“

Ich ließ ihnen einen Moment der Besinnung und wandte mich wieder zu De Grahs: „Ist mein Fürst... und ist mein Bruder Herunwulf mit diesem Vorschlag einverstanden?“

Bevor der Fürst noch etwas sagen konnte, keifte mein Bruder: „Ich werde ihr den Kopf abschlagen und dann schlage ich dich zum Krüppel!“

Angewidert, doch ruhig, entgegnete ich ihm: „Ich werde mich bei gegebener Zeit an deine Drohung erinnern, Bruder. – Warte es ab, wer morgen Prügel bezieht! Ich denke, ich weiß, wer es sein wird.“

Ungeduldig wandte ich mich wieder De Grahs zu, der zustimmte: „Wenn alle schon damit einverstanden sind und Beifall klatschen, so will ich nicht im Wege stehen. – Ich werde durch einen erfahrenen Turnierleiter dafür sorgen, dass keine faulen Tricks angewandt werden. Ich bestimme beim Kampf die Regeln“, behielt er sich vor. „Die Fremden sollen sehen, dass wir ein zivilisiertes Volk sind, die Frauenentführungen nicht gutheißen“, gab er sich vornehm.

„Sperrt diesen betrunkenen Herunwulf in das Verlies! Die beiden Galgenvögel werden noch heute in die Minen gebracht, wo dreißig volle Jahreszeiten der Zwangsarbeit auf sie warten. Da wird ihnen das Entführen von Frauen schon vergehen“, fügte er demonstrativ für mich an. „Bringt sie weg! – Und du suche deinen Botschafter auf und übermittle ihm: Nach der Frühbrotzeit und der Audienz hier im Saal soll der Kampf am Turnierplatz stattfinden!“ gab er mir mit. „Ich hoffe, es ist dem hohen Herrn Botschafter diese Zeit auch recht?“ kam es gehässig nach.

Ich verneigte mich würdevoll, versuchte noch, meinen Vater unter den Leuten zu finden, der war aber nicht zu sehen, und machte zügig meinen Abgang.

Dabei schmunzelte ich innerlich bei dem Gedanken, dass das Schreiben des Botschafters in atlantischer Sprache abgefasst war, sodass keiner es würde lesen können. Es war dem Großfürsten bis zu diesem Augenblick nicht aufgefallen, da ich die Sache mit Worten vorgebracht hatte. – Könnte er es lesen, würde es ihm die Zornesröte in das Gesicht treiben, weil darin zu lesen war, dass er, der Großfürst, offenbar nicht imstande sei, seine Horden im Zaume zu halten.

Ob er den Inhalt mitbekam, sah ich aber nicht mehr, weil ich bereits den Saal verlassen hatte.

Das Komplott

Ich begab mich zum Botschafter zurück und teilte ihm den Entschluss unseres Großfürsten mit. Um dem Herold zuvorzukommen, setzte ich ihn gleich davon in Kenntnis, dass ich befürchtete, dass am Fürstenhof einige Adelige – offenbar in betrunkenem Zustand – mit der Absicht spielten, das atlantische Lager zu überfallen, um an die Kostbarkeiten, die Waffen und an die Frauen heranzukommen. Möglicherweise käme diese Zweikampfforderung den Fürsten gerade recht, denn der Kampf würde am Turnierplatz stattfinden und dieser sei am Schlosshügel außen an der Festung eingerichtet, wobei drei Seiten von Mauern umgeben seien. Es stelle meiner Meinung nach eine Falle dar.

Der Botschafter winkte mit der Erklärung ab: „Meine Leute sind über die Stimmung am Hof genau unterrichtet. Ob die Audienz und der Zweikampf stattfinden, entscheide ich noch heute. Das schändliche Vorhaben der hiesigen Adeligen wird vorher aufgedeckt und liefert uns den Grund, sofort abzureisen. Wir werden den Adeligen eine Lektion erteilen, an die sie noch auf ihrem Sterbebett denken werden“, legte er mir in überlegener Ruhe dar. „Es sollte dabei keiner getötet werden. Einige werden aber einen ganzen Tag lang gut schlafen“, setzte mir Alundalt sehr zuversichtlich auseinander. „Diese Maßnahme hat nur den Sinn, sie zu hindern, uns beim Abbruch des Lagers stören zu können, worauf wir ohne Probleme zu unserem Sammelplatz am Meer zurückkehren. Von dort werden wir dann unbehelligt mit den großen Schiffen nach Atlantis abreisen. Am Landeplatz werden vielleicht schon andere Botschafter warten, und wir können diese Mission, die so erfolgreich verlief, rasch abschließen“, resümierte er zufrieden.

Alundalt ordnete einige Unterlagen, während er sprach. „Es wäre schade, wenn diese Begegnung, die so friedfertig begonnen hat, im Blut enden sollte. Ich bin sicher, es geht alles gut“, beruhigte er mich. „Verabschiede dich vielleicht heute noch von deiner Mutter! Sie ist noch immer hier und mutet richtig hilflos an“, ging er väterlich auf mich ein.

Ich kehrte also in mein Zelt zurück und erzählte, dass ich in der Festung De Grahs gewesen war und was dort über den Zweikampf gesprochen wurde. Dann setzte ich mich zu Mutter. Sie wollte sofort verhindern, dass Herunwulf das Mädchen tötet, indem sie ihren Protest gegen den Kampf einzulegen gedachte. Aber ich teilte ihr mit, dass alle glaubten, Herunwulf werde Schläge beziehen und nicht das Mädchen. Das schien sie zu beruhigen. Sie fragte nur noch, ob der Großfürst mit dieser Art von Strafe einverstanden wäre. Als ich dies bejahte, atmete sie auf, weil sie an den Ruf unseres Geschlechtes dachte.

Dann berichtete ich noch, welchen Eindruck ich von der Stimmung am Hof gewonnen hatte. Da begann sie zu weinen und sagte mir im Vertrauen, sie habe etwas Ähnliches bereits befürchtet. Die herrlichen Geschenke, die der Botschafter verteilt habe, hätten die Gier nach mehr geweckt. Im Rausch sei dann der Mut in einigen Adeligen gewachsen, und sie schmiedeten Pläne, weil sie das Geschmeide und die Waffen erbeuten wollten, gestand sie uns.

Um sie nicht weiter zu ängstigen, erklärte ich Mutter, dass ich annehme, die Leute des Botschafters schätzten die Situation bereits richtig ein und hätten alles im Griff. Mehr wollte ich nicht preisgeben. Ich bat sie, um des Friedens willen zu ihrem Manne zurückzukehren, um zu verhindern, dass er Dummheiten begehe.

Jetzt weinte sie wieder, weil sie begriff, dass unsere Trennung bevorstand. „Ich will dich nicht verlieren, mein Sohn!“ sagte sie traurig. Dabei hielt sie meine Hand fest und zwang sich zu einem Lächeln. Sie war richtig verzweifelt.

„Du verlierst mich schon nicht, Mutter. Ich werde sicher eines Tages zurückkehren“, wollte ich sie trösten. Dabei beschlich mich ein eigenartiges Gefühl der Wahrheit, die ich spüren, aber nicht sehen konnte. Ich lenkte absichtlich ab: „Jetzt will ich aber meiner Aufgabe nachkommen“, damit sie loslassen und gehen konnte. – Dazu gab ich ihr ein Gerät mit, das wie ein Spiegel aussah und etwa so groß wie zwei zusammengelegte Handflächen war. Mit diesem Gerät könne sie zu jeder Zeit mit mir in Verbindung treten, erklärte ich. Sie brauche nur den roten Knopf zu drücken.

Sofort erklärte Elik ihr die Handhabung und führte das Gerät vor. Er bat sie aber, dieses Gerät verborgen zu halten, um nicht Probleme mit den Landsleuten zu bekommen, die sonst Verrat befürchten könnten.

Meine Mutter war von dem Gerät angetan, getraute sich aber nicht, es anzufassen. Um ihr die Scheu davor zu nehmen, übte ich zusammen mit ihr mehrmals die Verbindungsaufnahme. Sie machte anfangs nur sehr zögernd mit, um langsam sicherer zu werden. Das Wissen, ständig mit mir in Verbindung treten zu können, sollte uns die Trennung leichter machen.

Meine Mutter war nun einigermaßen beruhigt und zufrieden, obwohl sie dem Gerät noch sichtlich misstraute. Kaum hatte sie das Gerät in dem dazugehörigen Kästchen übernommen, als man vom Vorplatz die Stimme meines Vaters vernahm. Er rief nach mir.

Ich trat vor das Zelt und fragte ihn, warum er so schreie.

„Was hast du mit meinem Erstgeborenen gemacht und wo ist meine Frau?“ fuhr er mich wankend und lallend an. Er war betrunken und wütend.

Ich klärte ihn auf, dass Herunwulf im Verlies der Großfürsten-Burg stecke und morgen mit Hierim, die er entführen wollte, würde kämpfen müssen. „Deine Gattin ist hier“, erklärte ich ihm in Güte, „du hast dich ja nicht um sie gekümmert, und sie hat mit ansehen müssen, welche abscheuliche Tat ihr erstgeborener Sohn verübte.“

Da schrie er wieder: „Abscheulich ist, was du dir anmaßt! Bringst deinen Bruder in das Verlies! Ich hasse dich ..., du bist nicht mehr mein Sohn ..., ich enterbe und verstoße dich!“ drohte er mir an und brüllte wie von Sinnen.

Da rief meine Mutter beherrscht dazwischen: „Mann, versündige dich nicht! Hätte Hermanwulf nicht so umsichtig gehandelt, wäre sein Bruder vielleicht schon tot. So muss er sich lediglich dem Zweikampf stellen und sich nicht dem Gericht des Großfürsten unterwerfen. Bedenke das und rede nicht so einen Unsinn daher“, gemahnte sie wie eine heilige Ahnfrau. „Man muss sich ja schämen für dein blödsinniges Gerede!“ Während sie schimpfte, war sie aus dem Zelt getreten, erfasste ihn am Arm und ging wortlos mit ihm weg.

Er brummelte noch etwas, trottete aber folgsam mit.

So war dieser Tag doch noch ohne größeren Schaden zu Ende gegangen. Es hätte sicher schlimmer kommen können, dachte ich abschließend bei mir.

Um weiteren Überraschungen vorzubeugen, bezogen mehr Militärs als sonst Posten zwischen den Zelten, wie ich bemerkte. Sie hatten schwere Waffen dabei. Ich fürchtete, dass sie auf unsere Adeligen schießen würden, wenn sich diese dem Lager bewaffnet nähern sollten. Besorgt wandte ich mich daher an Elik: „Diese Waffen können doch sicher so eingestellt werden, dass sie nur einen erschreckenden Schlag austeilen?"

Elik verstand, dass ich um meine Landsleute besorgt war. Er antwortete mit einem verschmitzten Zwinkern: „Natürlich! Das wird die Leute vertreiben. Es führt nur zu leichten Verbrennungen und starken, kurzen Schmerzen, ... insbesondere dann, wenn die Leute Waffen aus Metall tragen", versicherte er aus eigener Erfahrung. „Sie werden heulend verschwinden, sobald sie getroffen wurden. Danach werden sie außer Schussweite bleiben. Die Nacht wird sicher ruhig verlaufen", schloss er gelassen. „Kümmere dich jetzt lieber um Hierim, mein Herr, sie wartet auf dich!"

Ich fragte befremdet zurück: „Was soll das? Ich bin doch nicht ihr Mann!"

„Das nicht, ... aber als ihr Gebieter hast du die Vorbereitungen für den Zweikampf zu treffen. Du bist in gewisser Hinsicht der Sekundant, ihr Beistand", eröffnete er mir. „Außerdem solltest du, für den Fall des Falles, selbst bereit sein, einzuspringen und den Kampf zu beenden", ließ er als Warnung anklingen.

In mir kam leichter Unmut auf. Wenn das so weiterging in meiner Laufbahn als Botschafter, würde ich mir bald die Seele aus dem Leib rennen und zusammenbrechen, weil ich von einer Belastung zur anderen gehetzt wurde!

Mit Widerwillen ging ich zu dem Zelt, das am Vorplatz für Hierim aufgestellt worden war, und staunte nicht wenig, sie in einem ledernen Kampfanzug mit Metallbeinschienen und einem Lederhelm vorzufinden. Sie trainierte mit einem Stab gegen einen Militär. Dabei ging sie so geschickt vor, dass ich unwillkürlich interessiert zusah. Ich hatte als Junge ebenfalls mit einem Holzstab das Fechten geübt. Ihre Art, mit diesem Stab umzugehen, war aber anders. Sie war geschmeidig, katzenartig und schnell. Ich sah aber keine wuchtigen Schläge, sondern nur gleitende Bewegungen. Damit wird sie gegen die wütenden Angriffe meines Bruders nicht ankommen, dachte ich bei mir.

Ich machte mich bemerkbar und fragte, ob diese zierliche Kampfart nur im Training geübt werde, um niemanden zu verletzen, „oder soll damit der Körper warm und geschmeidig gemacht werden?"

Da fragte der Militär, was ich damit sagen wolle.

Um zu zeigen, was ich meinte, bat ich Hierim, mir ihren Stab zu überlassen, und stellte mich dem Militär. Nun forderte ich den Mann auf anzugreifen.

Er widersprach mir, das würde er nie tun, er würde sich nur verteidigen. Es schwang ein wenig Überheblichkeit in seiner Stimme mit, die ich ihm sofort auszutreiben gedachte. Er stellte sich breitbeinig und abwartend hin, als ob er noch auf weitere Argumente von mir warten wollte, da griff ich wuchtig an und ließ den Stab richtig durch die Luft pfeifen. Obwohl ich nicht richtig fest zuschlug, gelang es mir bald, die Deckung des Mannes zu durchbrechen und ihn zu treffen. Die Taktik, den Stab an einem Ende festzuhalten und fest auf den Boden zu stellen, um seitliche Angriffe abzuwehren und gleich wieder zuschlagen zu können, kannte er nicht.

Da wurde mir um Hierims Gesundheit Angst und Bange. Die angewandten Kampfarten waren zu verschieden, und Hierim hatte so wenig Chancen zu siegen, weil sie sich an eingelernte Regeln hielt, die hierzulande niemand beachten würde. Ich musste ihr zeigen, mit welchen abscheulichen Tricks mein Bruder kämpfte, um sie auf seine Hinterhältigkeiten vorzubereiten!

Deshalb stellte ich ihr klar vor Augen: „Mit dieser Kampftechnik hast du gegen meinen Bruder nicht den Funken einer Chance! Der schlägt mit dem Metallstab so fest zu, dass du sofort zu Boden gehst, auch wenn er nur deinen Stab trifft!" warnte ich mit Nachdruck. „Den zweiten Niederschlag überstehst du dann nicht, Hierim, der bricht dir die Knochen", malte ich anschaulich die Unterschiede der Kampfmoral aus. „Seine Drohung, dass er dir den Kopf abzuschlagen beabsichtigt, ist nicht auf die leichte Schulter zu nehmen", wurde ich immer eindringlicher. „Ich kenne diesen Drehschlag, den er auf einen Schlag von hinten auf die Waden folgen lässt. Dieser Schlag wird mit solcher Wucht geführt, dass dir der Stab den Hals bricht."

Hierim und der Mann in Uniform sahen mich finster an und pressten die Lippen aufeinander.

Ich setzte nun nach: „Außerdem habe ich bei diesem Training keine Stöße mit den Stabenden gesehen. – Diese Stöße sind sehr gefährlich, weil auf die inneren Organe gezielt wird. Besonders der Herzstoß ist eine Spezialität meines Bruders", ließ ich nicht locker. „Ich werde euch diese Techniken vorführen!"

Nun warf ich Hierim ihren Stab zu und verlangte einen dritten Stab. Dann sagte ich zu beiden, sie sollten sich verteidigen, und griff an. Ihre Ausweichtechniken waren sehr ausgefeilt und brachten sie oft außerhalb meiner Reichweite. Als ich dann aber mit Kniefalltechniken und Stößen anfing, waren sie überrascht. Bald hätte ich gegen den Hals des Militärs und gegen das Herz von Hierim leicht einen Stoß anbringen können, mit denen ein echter Kampf geendet hätte. Ich stoppte mit den Worten: „Diese Techniken und die Abwehr musst du trainieren, wenn du eine Chance gegen ihn haben willst!"

Ich führte ihnen im Anschluss vor, wie mein Bruder anzugreifen pflegt. Ich zeigte die seitlichen Hiebe, die er zur Verblüffung seiner Gegner mit großer Wucht führt, und führte entsprechende Ausweichtechniken vor, die beide noch nicht kannten. Dann vollführte ich auf den Stab aufgestützte Überschlagsprünge, durch die man in den Rücken des Gegners gelangt, um von hinten seitlich gegen die Nieren zu schlagen. Dazu erklärte ich: „Diese Sprungtechnik kennt mein Bruder noch nicht und kann sie auch nicht ausführen, weil er zu schwer ist. Die Schläge gegen die Nieren verursachen Koliken, die den Kreislauf und in weiterer Folge das Sehvermögen beeinträchtigen. Sie sind sehr wirkungsvoll."

Nun veranlasste ich Hierim, diese Übungen so lange zu trainieren, bis sie einwandfrei klappten. Sie tat es und hatte diese Techniken in erstaunlich kurzer Zeit verinnerlicht. Sie führte sie ganz passabel aus. Besonders der Sprung hinter den Gegner gelang bald sehr gut, was mir wieder etwas Hoffnung gab, sie könnte doch siegen.

Dann zeigte ich die Abwehrtechniken, bei denen man den Stab in den Boden stößt und wuchtige, seitlich geschlagene Hiebe durch Festhalten des Stabes am freien Ende abwehrt.

Dazu erläuterte ich: „Diese Abwehr spart Kraft und verursacht dem Gegner Schmerzen in den Handgelenken, wenn er gegen den fixierten Stab schlägt, weil seine Handgelenke die Aufprallwirkung voll abfedern müssen. Auch kann dabei der Stab des Gegners leicht verbogen werden, wenn der fixierte Stab mit dem langen Ende getroffen wird."

Ich machte die Bewegungen leicht nachvollziehbar vor und schnellte dann noch einmal in der endgültigen Geschwindigkeit mit dem Stab herum. Damit brachte ich Hierim und den Atlanter schnell außer Atem.

„Auch kann der Stab aus der Hand des Schlägers geprellt werden, worauf der Angreifer wehrlos ist", führte ich konzentriert aus. „Darauf kann man dann rasch einen Aufwärtsschlag zwischen die Beine des Gegners anbringen. – Auch ein Stoß gegen die Beine ist möglich. – Beide sind äußerst schmerzhaft – der Gegner geht zu Boden und kann lange nicht mehr aufstehen", führte ich sichtbar aus und deutete die Schläge gleichzeitig an. „So könnte der Kampf ohne schwere Verletzung beendet werden", überzeugte ich die beiden.

Diese erklärten Techniken übten wir dann auch einige Zeit, bis sie verinnerlicht waren.

Dabei bemerkte ich, dass Hierim keine Schläge von hinten führte und mit solchen auch nicht rechnete. Ich fragte nach dem Grund, und sie antwortete, dass dies unfair und verboten sei.

Mitleidig lächelnd entgegnete ich darauf: „Das wird meinen Bruder kaum daran hindern, auf diese Weise zuzuschlagen. Wenn er einmal getroffen ist, gebraucht er vorwiegend nur mehr gemeine Schläge. Der Kampfrichter kann dann gar nicht schnell genug eingreifen, um so etwas zu verhindern, denn wenn der Schlag einmal sitzt, ist die körperliche Beeinträchtigung da, ob nun der Schlag verboten ist oder nicht." Dabei sah ich sie mit einem strengen Blick an, und als sie seufzend nickte, zeigte ich alle faulen Tricks meines Bruders, die mir einfielen.

Ich schärfte ihr ein, dass sie ihn nie aus den Augen lassen dürfe, auch dann nicht, wenn sie auf den Boden zu liegen käme. In diesem Fall habe sie sich sofort auf den Rücken zu rollen, und zwar so, dass die Entfernung zwischen ihr und dem Gegner größer würde. Für diesen Fall zeigte ich noch, wie eine Beinschere funktioniert. Ausgeführt gegen den Hals des Gegners, wenn sich der Gegner über den liegenden Widersacher beugt, kann man sich durch seitliche Drehungen, unter Fixierung des gegnerischen Halses und anschließendem Wegrollen außer Reichweite des gegnerischen Stabes bringen, wobei man dem Gegner Schmerzen am Hals zufügen kann, welche die Seitendrehung des Kopfes und somit das Blickfeld beeinträchtigen oder ihn den Stab verlieren lassen.

Wir trainierten noch diese und andere wirksame Techniken, und ich staunte, wie gelehrig Hierim war und wie schnell sie meine Anweisungen richtig umsetzte. Sie war eine intelligente Frau und scheinbar völlig unerschrocken. Außerdem hatte sie eine erstaunliche Ausdauer und einen durchtrainierten Körper, sodass sie sehr wenig schwitzte.

Um sie aber nicht überheblich werden zu lassen, nahm ich mir vor, einige heimtückische Tricks anzuwenden, und hob sie mit dem Stab nach einigen Drehungen um die eigene Achse von hinten aus und deutete danach einen Schlag gegen ihren Kopf an, als sie lag. Von dieser Angriffstechnik war sie völlig überrascht worden, da sie zu ehrlich dachte und keine List erwartete. Dann, als sie einmal innerhalb der Reichweite war und ich den Stab mit der linken Hand führte, versetzte ich ihr mit der rechten Hand einen leichten Faustschlag gegen den Kopf, worauf sie umfiel.

Sie empörte sich darüber ziemlich und schimpfte lauthals.

Ich beruhigte sie: „Das sind die faulen Tricks, die mein Bruder anwendet, und wenn du sie nicht kennst, kannst du ihnen nicht begegnen. Er wird morgen sicher seine Fäuste gepanzert haben! Diese Schläge schmerzen sehr und hindern am ordentlichen Weiterkämpfen. Besonders das Aufkeimen von Ärger solltest du vermeiden, denn der macht blind und man rennt sehr leicht in eine Schlagkombination, die das Ende bedeutet“, belehrte ich sie vorsorglich.

Hierim erhob sich vom Boden, und ich zog sie mit einer Hand in den Stand.

„Behalte ihn im Auge und bleibe außerhalb der Reichweite seiner rechten Hand, wenn er den Stab mit der Linken führt“, bläute ich ihr ein. „Seine linke Hand ist weniger gefährlich. – Treibe ihn in den Zorn! – Da ergreift er den Stab mit beiden Händen. Dann kannst du ihn überspringen und mit seitlichen Schlägen fertigmachen, weil er durch die Wucht seiner eigenen Schläge vorgebeugt wird, wenn er ins Leere schlägt!“ – Ich setzte meine Aufzählungen von Hinterlisten noch lange fort. – „Bleib' nie liegen, sondern rolle sofort weg, wenn du liegst, oder springe sofort auf! Er schlägt oder sticht sicher sofort zu, wenn er eine Gelegenheit sieht", machte ich sie mit allen Eventualitäten vertraut.

Wir übten noch eine ganze Weile, bis ich den Eindruck hatte, dass sie nun für den morgigen Kampf ausruhen müsste, um nicht überanstrengt zu werden.

Sie war sehr zufrieden, weil ich mich so sorgsam um ihr Wohl bemüht hatte, und gab mir unerwartet einen Kuss auf den Mund, bevor sie ins Bad ging. Ich stand danach mit rotem Kopf und offenem Mund da, was alle Anwesenden laut auflachen ließ. Hierims Lippen waren infolge der Anstrengung ganz heiß gewesen, und meinen Körper durchschoss ein Blitz von besonderer Art: Ich war in sie verliebt.

Elik bemerkte einfühlsam neben mir: „Ja, so ist es mit unseren Frauen: Sie zeigen einem ihre Zuneigung unverblümt, auch wenn man gar nicht damit rechnet!"

Jetzt musste ich mich setzen und rief Hierim verhalten nach: „Morgen, nach Sonnenaufgang kommt die nächste Übungseinheit! – Und wehe, ich bekomme danach keinen Kuss!" schäkerte ich lausbubenhaft.

Sie lachte im Umdrehen und flötete in ihrer unverwechselbaren Grazie: „Mit allem einverstanden! Bei gutem Übungsfortschritt gibt es zwei Küsse, mein Herr!"

Nach diesen Kampfübungen setzte ich mich noch zu meinem Lehrer, Aresit, und unserem Koch, Zemt. Um denen nicht das Gefühl zu geben, dass ich sie vernachlässige, und um ihre Wichtigkeit in meinem Haushalt zu betonen, besprachen wir dann die Küchenführung und das Lernprogramm, das der Weise für mich vorbereitet hatte.

Aresit betonte, dass er mir heute die Jahreseinteilung hatte erklären wollen, dies sei aber bei dem dichten Programm, das ich vorgab, nicht möglich gewesen. Ich entschuldigte mich, weil er so verstimmt dreinschaute, und versprach, das Versäumte demnächst nachholen zu wollen.

Der Koch stellte mir den Speiseplan für morgen vor, in dem ein besonderes Frühstück für Hierim vorgesehen war, damit sie die nötige Kraft und Ausdauer für ihren Kampf hätte. Ich war einverstanden und beide waren zufriedengestellt. Nun sehnte ich mich nach einem Bad und hoffte, endlich ausruhen zu können. Ich nahm ein

Erfrischungsgetränk, legte mich hin und schlief sofort ein, ohne geduscht zu haben.

Ich dürfte einige Zeit geschlafen haben, als ich durch einen Tumult vor dem Zelt geweckt wurde. Draußen war es noch dunkel und mehrere grelle Lichter huschten umher. Darin waren einige Landsleute zu sehen, die von Militärs verfolgt wurden. Nachdem sie eingeholt worden waren, kam es zu einem Handgemenge, in dem die Verfolgten nicht gut aussahen. Sie bekamen ordentlich Schläge und rannten dann schreiend in Richtung des Großfürsten-Hofes davon.

Ich dachte mir noch, an den Schlagfolgen in deren Gesichtern wird man sie morgen wohl wiedererkennen können, und schlief wieder ein. Dann weckte mich ein Kuss. Hierim kniete neben mir auf dem Bett und sagte: „Mein Herr hat sich gestern bei der Übung wohl überanstrengt, weil er so lange schlafen muss. Die Sonne ist schon aufgegangen und bis zur Abfahrt des Botschafters zur Audienz sind es nur mehr zwei Stunden“, meinte sie in freundlicher Zurechtweisung.

Ich wischte mir mit dem Unterarm den Mund ab und tat, als ob ich empört wäre. Dann maulte ich: „Küssen die Haushälterinnen ihren Herrn immer am Morgen, oder wärmen sie ihm nächtens das Bett?“

Sie riss beleidigt den Kopf in den Nacken und wollte davon rauschen. Ich ergriff sie am Unterarm und bat sie in ruhigem Ton: „Ich ersuche um ein bisschen mehr Respekt vor dem Gebieter, ja?“ – Der eigentliche Grund, dass ich das sagte, war, dass ich nicht haben wollte, dass sie durch die Liebe zu mir im Kampf abgelenkt würde. Das könnte nur schaden. Außerdem ging mir das alles viel zu schnell und ich fürchtete, die Kontrolle über meine Gefühle zu verlieren, sollte ich mich der Liebe so schnell hingeben.

Vermutlich hatte ich etwas Angst vor ihrer Überlegenheit im atlantischen Umgang mit solchen Dingen. Auch sollte man mit dem Personal Derartiges tunlichst unterlassen, hatte mir mein Vater einmal eingebläut, als ich es noch nicht verstand.

Sie riss sich wortlos los und ging weg.

Ich wollte aber ihre Kampftechnik vertiefen und rief ihr versöhnlich nach: „Nach dem Frühstück treffen wir uns hinter den Hangets auf der Wiese!“

Sie gab keine Antwort mehr und verließ einfach beleidigt das Zelt. Ich beschloss damals für mich: Diesen Dickschädel werde ich noch bekämpfen müssen, wenn ich mit ihr zusammenbleiben will – gleichgültig, ob sie nun Haushälterin bleibt oder meine Geliebte wird.

Wie zur Antwort brachte nun Zemt das Frühstück. Er servierte leichte Speisen. Ich setzte mich also im Bett auf und aß mit Genuss das köstliche Frühstück.

Er erklärte mir gut gelaunt: „Diese Speisen decken sehr gut den Flüssigkeitsbedarf bei Anstrengungen ab ... und beinhalten viele Stoffe, die helfen, den Energieverbrauch zu regulieren ... außerdem sind sie leicht verdaulich."

Nach dem Frühstück und der üblichen Prozedur des Ankleidens begab ich mich zusammen mit Elik zu den Hangets. Hierim trainierte bereits zusammen mit dem Militär vom Vorabend. Ich schaute zuerst nur zu, weil zahlreiche gute Ausweichtechniken dabei zu sehen waren, dann forderte ich den Militär auf, Hierim mit den von mir gestern gezeigten Techniken anzugreifen. Da das nicht richtig klappte, verlangte ich den Stab und übte mit ihr weiter.

Sie war richtig zornig auf mich und funkelte mich an. Dann griff sie wütend an. Ich ließ sie mehrmals auflaufen und warf sie dann zu Boden. Da begann sie zu weinen.

„Mit Tränen wirst du meinem Bruder nicht beikommen", spottete ich, um sie richtig zornig zu machen.

Daraufhin sprang sie auf wie eine Katze und griff fauchend an. Ich hatte alle Hände voll zu tun, um sie abzuwehren. Auch reizte ich sie noch mehr, indem ich ihr zurief: „Wenn du die Raubkatze spielst, bekommst du ein richtig hässliches Gesicht!"

Das spornte sie tatsächlich noch mehr an und sie schlug mich mit einem hinterhältigen seitlichen Schlag nieder. Als ich am Boden lag, griff sie weiter an. Ich brachte die Beinschere an und machte einen Überschlag über die rechte Schulter, mit dem ich sie mitriss. Sie wurde im weiten Bogen weggeschleudert und blieb liegen.

Ich ging gelassen auf sie zu und half ihr hoch. „Zorn ist nicht der richtige Partner in einem Kampf", löste ich die Spannung. „Er verhindert die so wichtige Übersicht. Lass dich also nicht zum blinden Zorn hinreißen, sondern plane mehrere Schläge im Voraus", riet ich ihr in freundlichem Ton. „Du solltest wissen, dass mein Bruder schwer auf beiden Füßen steht und eher ungelenk ist, da hast du mit deiner Behändigkeit eine große Chance."

Meine Überlegungen erkennend, nickte sie kurz und nahm Angriffsposition ein.

Dann zeigte ich ihr noch meine beliebte Abwehrtechnik, indem man mit aufgestütztem Stab den Gegner mit großem Schwung mit beiden Füßen vor die Brust stößt. Auf diesen Trick fällt mein Bruder immer herein und liegt dann da wie ein Käfer auf dem Rücken. Bei dieser Gelegenheit ist ein Schlag oder Stoß gegen die rechte Schulter des Gegners das Ende des Kampfes, ohne eine unheilbare Verletzung zugefügt zu haben.

Ich schärfte ihr nochmals ein, ihm nie den Rücken zuzukehren und ihn nie aus den Augen zu lassen, und sagte ihr noch, dass er auch vor dem Aufstehen Staub oder Sand in die Augen zu werfen versucht.

Als sie mich erneut zornig anfunkelte, fragte ich mit einigem Nachdruck, ob sie das überhaupt verstanden habe, was ich ihr zu sagen versuchte. Dabei meinte ich zu sehen, dass sie noch immer feuchte Augen hatte. Sie antwortete nicht, sondern nickte nur. Dann klappte sie ein durchsichtiges Visier aus der Lederkappe. Das schützte ihre Augen und sie konnte gleichzeitig nicht von der Sonne geblendet werden. Ich hatte aber den Eindruck, dass ich nicht ihre Tränen sehen sollte.

Nachdem sie Übungen mit einer beliebten Abwehrtechnik von mir gut drauf hatte, war ich der Meinung, dass es genug sei, und ich zog mich zurück, um mich umzuziehen. Schließlich wollte ich nicht verschwitzt beim Botschafter erscheinen.

Hierim gab mir Bescheid, dass sie noch mit dem Militär etwas üben möchte, weil sie ja beim Empfang nicht dabei sein müsse und die Tischmanieren der Adeligen ohnehin wenig schätze, sodass sie erst auf dem Turnierplatz zu uns stoßen wolle.

Zurück in meinem Zelt, zog ich nach einer ausgiebigen Körperreinigung ein goldfarbenes Gewand an, das Elik bereitgelegt hatte. Er gab sich etwas verstimmt, weil er die Arbeit von Hierim hatte übernehmen müssen, ... „weil sie eine Kriegerin spielen wollte", wie er sich ausdrückte.

Ich bemerkte kameradschaftlich: „Du machst das ganz gut und hast einen guten Geschmack. Wer weiß, ob Hierim meinen Geschmack auch so träfe wie du?" Das schien ihm zu schmeicheln, denn er lächelte wieder versöhnlich. Bevor ich ging, zeigte er mir einen Lederanzug, den ich am Turnierplatz tragen sollte. Das Kleidungsstück hatte an den wichtigen Stellen gepolsterte Einlagen, welche die Schläge und Stöße stark mindern würden, sollte ich getroffen werden. Als ich ihn ausprobierte, passte er ausgezeichnet! Ich bedankte mich bei Elik für seine Umsicht und fuhr mit meinen Leuten zum Zelt des Botschafters.

Dort wurde ich schon erwartet.

Der Botschafter wirkte besorgt. Er folgte angespannt dem Vortrag des obersten Militärs an einem Modell des Großfürsten-Hofes. Daraus entnahm ich, dass dort offenbar eindeutige Vorbereitungen für einen Angriff auf den Botschafter und sein Gefolge getroffen würden. Die Vorzeichen kamen einem heimtückischen Hinterhalt gleich.

Der Militär trug ganz nüchtern vor, dass alle Männer des Großfürsten, die in den einzelnen Hinterhalten um den großen Saal steckten, am Turnierplatz fehlen würden. Das erleichtere die Sache sehr, meinte er, weil es dadurch ein Leichtes wäre, diese Hinterhalte während des Zweikampfes in einem Überraschungsschlag auszuheben, ohne dass die anderen Soldaten und der Großfürst am Turnierplatz etwas davon bemerken könnten. Die anschließende, vorübergehende Festnahme des Großfürsten und seines unmittelbaren Gefolges sei dann durch die wenigen Männer, die Gegenwehr leisten könnten, ebenfalls einfacher und ungefährlich, führte er aus.

Um meine Teilnahme zu dokumentieren, stellte ich mich demonstrativ neben ihn, worauf er mir als Zeichen des Verstehens freundlich eine Hand auf die Schulter legte, während wir weiter den Ausführungen seines Obersten folgten.

Dieser rollte den Plan weiter aus, dass die festgenommenen Männer dann zunächst im Verlies der Festung verwahrt werden sollten. Ich hatte den Eindruck, dass er sich wie auf ein Spiel freute und nicht davon ausging, dass es gefährlich werden könnte.

Der Stratege klatschte abschließend in die Hände und schloss lächelnd: „Diese Esel sollen nur machen, wir werden ihnen die Ohren langziehen“, malte er übermütig aus, „sodass sie noch lange Zeit an dieser Schmach kauen!“ Dabei nickte er grimmig.

Der Botschafter resümierte: „Ich werde aufpassen müssen, dass ich mich nicht im Gespräch verrate. Vielleicht sollte ich aber Andeutungen machen, sodass De Grahs am Ende erkennt, dass wir schon immer über ihre Pläne Bescheid wussten? Ja, er soll wissen, dass fortschrittliche Menschen nicht mit so primitiven Plänen übertölpelt werden können und solche schändlichen Vorhaben nur den Verursachern Schaden zufügen", beschloss er das Gespräch.

Ich war beschämt und ließ entschuldigend zum Botschafter anklingen: „Ich habe gehofft, die Adeligen meines Volkes wären nicht derartig von Gier verblendet. Ich entschuldige mich in aller Form für diese Vorgänge. Ich war bei der Planung nicht einbezogen und will auch nicht hineingezogen werden. Ich bin aber am Turnierplatz bereit, dem Fürsten mein Missfallen auszudrücken und ihm die Schändlichkeit seiner Tat vor Augen zu halten, wenn Sie es wünschen. Ich bin auch einverstanden, wenn Sie mich als Ausgleich für diese Beschämung als Geisel festnehmen wollen", bot ich ihm mit ernstem Gesicht an.

Der Botschafter lachte und erklärte aus tiefer Überzeugung: „Mach nicht so ein trauriges Gesicht! Wir sind solche Übergriffe während Besuchen bei anderen Völkern gewohnt. Unsere Prachtentfaltung und unsere Waffen haben schon oft Begierden geweckt, die in die Schranken gewiesen werden mussten."

Er begab sich zu einem Stuhl und forderte mich auf, mich neben ihn zu setzen.

„Diese Vorgangsweise eures Großfürsten ist mir in gewisser Weise erklärlich. Stellt er sich gegen seine Adeligen, bleibt er nicht mehr lange der Großfürst. Hätte er also diesen Überfall nicht gut geheißen, hätten die anderen ihn durchgeführt, ihn selbst eingesperrt und nach dem Erfolg abgesetzt oder gar getötet", führte er mir die Situation unseres Großfürsten vor Augen. „Es geht nicht nur um die Kostbarkeiten, es geht um die Macht, die sie glauben, durch unsere Waffen zu erlangen, wenn sie diese in Händen hätten, ... wenngleich sie damit nicht umgehen könnten. – Sie sehen sich vermutlich schon alle als große Eroberer und Fürsten. Leider wird nichts daraus und ich habe gute Lust, De Grahs persönlich dafür zu bestrafen", überlegte der Botschafter laut. Er sah mich mit einem prüfenden Blick an. „Nun, die Art der Strafe werde ich noch bestimmen! – Nun, Schluss damit, der Obrist wird die Sache im Auge behalten. Wir sind also auf alles vorbereitet", gab er sich zufrieden und schlug unterstreichend mit der flachen Hand auf die Stuhllehne. Diese Worte lenkten mein Augenmerk auf einen hohen Militär, der einen seltsamen Helm trug, an dem vor seinem linken Auge ein kreisrundes, durchsichtiges Ding befestigt war, das ständig in verschiedenen Farben leuchtete.

Der Botschafter bemerkte wie zur Antwort: „Ja, dieses Gerät ist das Im-Auge-Behalten, das ich gemeint habe. De Grahs und seine Adeligen können keine Bewegung machen, ohne dass wir alles hören und sehen“, kam es mit gewohnter Überlegenheit. Er machte eine abwehrende Geste. „Übrigens, De Grahs ist ein fürchterlicher Ehemann! Schon für das Schlagen seiner Frau und seinen Umgang mit den Mägden, die er vergewaltigt, gehörte er zur Rechenschaft gezogen“, erläuterte er angeekelt.

Ich wusste darauf nichts Passendes zu sagen und schwieg betroffen.

Alundalt wandte sich an seine rechte Hand: „Jetzt aber, mein Majordomus, gebt das Zeichen zum Aufbruch!“

Bei mir löste dieser hastige Aufbruch ein mulmiges Gefühl aus und ich schickte, einer Vorahnung folgend, Elik zurück: „Hole bitte meinen Bogen und Pfeile aus meinem Zelt!“ Um meine Bedenken zu erklären, befragte ich den Obristen: „Was haben Sie unternommen, um zu verhindern, dass der Botschafter und die Leute seines Stabes bereits im großen Saal gefangengenommen werden? – Wenn ich der Großfürst wäre, würde ich dort vorgehen, weil dies die geringere Mühe mit weniger Leuten in diesem leicht überschaubaren, abgeschlossenen Raum darstellt und das Burgverlies gleich darunter liegt“, setzte ich ihm auseinander. „Auch eine Vergiftung beim Frühstück wäre zu bedenken.“

Der Mann sah mich alarmiert an, hatte er dort einen Angriff doch nicht erwartet.

Ich bat ihn kurz angebunden: „Zeigen Sie mir noch einmal die Positionen der Leute in der Festung!“

Er kam der Bitte sofort nach, und mir fiel es wie Schuppen von den Augen. Rasch erklärte ich meine Schlussfolgerung: „Diese Männer“ – dabei zeigte ich auf Männer, die auf dem Torweg versteckt postiert waren – „sind eingeteilte Beobachter, die lediglich das Kommen des Botschafters und die Anzahl der Begleiter melden.“ Nun zeigte ich auf weitere postierte Kämpfer und erläuterte: „Diese beiden da bewachen das innere Tor ... und diese, oberhalb des Tores im Turm, schließen das Fallgitter. Wie Sie sehen können, sind die meisten Männer um den großen Saal postiert. Sagen Sie mir: Wie sind diese Leute bewaffnet?"

Der Obrist sprach in ein Gerät, und in der Scheibe vor seinem Auge entstanden Bilder, die auch auf ein Hologramm im Hauptraum des Zeltes übertragen wurden. Da sah man, dass diese Leute Pfeil und Bogen trugen. Sofort war mir der Plan klar, und ich fasste zusammen: „Sie werden ja nicht die gesamte Delegation niedermetzeln wollen. Ich kenne einige der Bogenschützen und weiß, dass sie mit ihren Langbogen bisher noch nie daneben geschossen haben." – Daher wandte ich mich nachdenklich an Alundalt: „Herr Botschafter, die wollen gar nicht mit Ihnen essen! Die wollen sie einfach umbringen! Und das noch im großen Saal in der Festung. – Sie dürfen keinesfalls dort hineingehen!" warnte ich mit Nachdruck.

„Das werden wir doch!" widersprach der Botschafter ernst. „Wir haben energetische Schilde, die uns gegen Waffenwirkungen schützen. Diese wehren auch die primitiven Pfeile ab", versicherte er mir.

Da meldete sich Aresit zu Wort und pflichtete mir bei: „Da bin ich mir nicht so sicher! Diese Schilde schützen uns gegen elektronische und elektrische Impulse, nicht aber gegen mechanische Waffen." – Er zeigte auf Elik, der soeben mit meinem Bogen daherkam, und bat mich: „Probieren wir es aus, ob die Schilde gegen diese Pfeile schützen!"

Die Situation erfassend, fragte mich der Obrist, ob ich in der Lage sei, eine armdicke Säule, die im Hauptraum des Zeltes stand, zu treffen. – Ich bejahte. – Daraufhin befestigte er einen kleinen eckigen Kasten mit einem Gürtel an der Säule und betätigte einen Schalter. Es erschien eine flimmernde, durchsichtige Wand rund um die Säule.

Zu mir gewandt, erklärte er: „Das ist der Schutzschild, den wir alle mit diesen an unseren Gürteln befestigten Geräten aktivieren können. Versuchen Sie, die Säule zu treffen!"

Ich nickte mit dem Kopf und ging rückwärts bis zum Eingang des Zeltes, legte einen Pfeil auf die Sehne und spannte den Bogen. Ich zielte auf die Säule, die ich durch den Energieschild deutlich sehen konnte. Dann ließ ich los und der Pfeil sauste ins Ziel. Er durchdrang den Schild mühelos und schlug in der Säule ein, worauf diese heftig zitterte.

Aresit kommentierte seelenruhig: „Das habe ich mir gedacht. Diese Schilde helfen nicht gegen mechanische Waffen. Wir sind dagegen ungeschützt. Wir haben also nur Schutzwesten und Solsten", resümierte er. „Die Westen sind jedoch nicht ausreichend. Wir müssen versuchen, die Leute des Fürsten zu betäuben, bevor diese auf uns schießen können. In der Festung gibt es aber ... viel zu viele Versteckmöglichkeiten für die Feinde ... und der Herr Botschafter stünde in dem großen Raum wie auf dem Präsentierteller: schutzlos und leicht zu töten", machte er uns die Situation erschreckend deutlich. „Es geht nicht an, dass wir diesen Adeligen ein so leichtes Ziel bieten. Ich denke, da sind wir uns einig?" fragte er in die Runde. Als alle nickten oder zustimmend brummten, setzte er fort: „Ich schlage daher vor, dass wir nicht in die Festung, sondern gleich auf den Turnierplatz fahren! Dem Fürsten lassen wir ausrichten, dass es sich der Botschafter anders überlegt habe und vor dem Kampf nicht essen könne, weil er zu aufgeregt sei", führte er verschmitzt grinsend aus. „Diese Botschaft übergeben wir einem Abgesandten des Großfürsten, der bald hierher kommen dürfte, wenn wir uns nicht aus dem Lager bewegen", meinte er vorausschauend. „So braucht sich niemand in die Gefahr zu begeben, in der Festung gefangen oder getötet zu werden."

Alundalt erklärte sich einverstanden.

Mir fiel ein, dass meine Familie, die ebenfalls in der Festung weilte, möglicherweise etwas von diesen Plänen mitbekommen haben könnte. Es konnte wichtig sein, das zu erfahren, daher erbot ich mich den Anwesenden: „Ich werde meine Mutter kontaktieren. Vielleicht kennt sie Einzelheiten von dem Plan des Fürsten."

Ich betätigte mein Telprain, und nach einiger Zeit sah ich meine Mutter: Sie weinte! Ihr Gesicht war vom Weinen schon ganz geschwollen. Ich grüßte sie gefühlvoll und fragte nach: „Mutter, warum weinst du?" Sie gab keine Antwort, deshalb sprach ich ihr zu: „Du brauchst nur ganz normal zu reden! Ich höre dich schon."

Nach einigen Erklärungen zur Bedienung des Gerätes antwortete sie ganz aufgelöst: „Dein Vater wurde zu deinem Bruder in das Verlies geworfen, weil er sich gegen den Plan der Adeligen aufgelehnt hat."

Ich merkte schon, dass sie gar nicht auszusprechen wagte, was dieser Plan genau beinhaltete, deshalb bohrte ich sofort nach: "Wurdest du auch eingesperrt?"

Sie bestätigte.

Nun waren wir für den Moment ratlos.

Elik warf ein, ob sie uns zeigen könne, in welchem Raum sie festgehalten werde. Er schlug vor, sie sollte ein rotes Tuch über den Sims eines unvergitterten Fensters legen und festklemmen.

Sie antwortete, dass sie in einer der oberen Etagen, in einem Raum mit einem Söller vor einer Türe, festgehalten werde.

Dazu meinte Elik, dass dies gut für eine Befreiung sei. Da könnten wir sie mit einem kleinen Gleiter einfach abholen, während der Großfürst mit seinen Kumpanen zum Turnierplatz unterwegs sei.

Ich wandte ein: „Die Befreiung von Vater und meinem Bruder wird wohl schwerer werden, da wir nicht wissen, wo genau sie sich befinden."

Aresit meinte: „Alle unsere Aktionen sollten gleichzeitig stattfinden, um zu verhindern, dass eines der Familienmitglieder zu Schaden kommt."

Ich fragte Mutter, wie viele Frauen mit ihr eingeschlossen seien, und sie antwortete, dass drei Dienerinnen im Nebenraum weilten, während sie alleine sei.

Nun beratschlagten wir unser Vorgehen. Für die Frauen fand sich schnell eine Lösung, denn Elik erklärte: „Die Frauen befreien wir mit einem kleinen Gleiter. Sie sollten sich zusammen bereithalten, wenn sie sehen, dass unser Tross vom Zeltplatz zum Turnierplatz fährt."

Ich weihte Mutter sofort in unser Vorhaben ein und forderte sie auf, gegenüber den Mägden vorher kein Wort verlauten zu lassen. Die Dienerinnen sollten erst im letzten Moment erfahren, was vorgeht, um einen möglichen Verrat auszuschließen. Mutter wollte etwas einwenden, aber ich erklärte ihr, dass dies besser sei, weil es dadurch zu keinen Diskussionen kommen kann, die andere unbemerkt mithören. Dieses Argument verstand sie. Ich sprach ihr noch Mut zu und versicherte ihr, dass Gatte und Sohn auch von uns befreit würden. Packen sei auch nicht notwendig, weil sie anschließend bald wieder zurückkehren könnten. – Dann forderte ich sie auf, den roten Knopf zu drücken und das Gerät sorgsam zu verwahren, um es sofort mitnehmen zu können, wenn wir sie abholen.

Jetzt war nur noch die Mannschaft zur Befreiung der beiden Männer zusammenzustellen.

Elik erklärte sich bereit, zusammen mit fünf Männern meine Mutter und die Frauen abzuholen. Dafür bedankte ich mich.

„Da ich als Einziger in der Festung ortskundig bin und zu wissen glaube, dass meine Verwandten im Verlies festgehalten werden, möchte ich diese Befreiung selbst übernehmen", erklärte ich mit sicherer Stimme. „Der Zeitpunkt müsste jedoch vor dem Kampf am Turnierplatz gewählt sein, sodass bei der Festsetzung der gesamten Bande De Grahs' am Turnierplatz nicht ein unvorhergesehener Zwischenfall eintritt und meine Leute zu Schaden kommen", gab ich zu bedenken.

„Wie willst du ungesehen in den Kerker hineingelangen?" fragte Alundalt interessiert.

„Wir fliegen mit einem Gleiter zu jener Türe, die in der Außenwand der Festung aus dem Kerker ins Freie führt. Da haben wir nur zwei Türen bis zum Zellentrakt zu überwinden." Ich sah fragend zum Obristen. „Sind Sie mit dieser Vorgehensweise einverstanden?"

Alle stimmten zu, und der Obrist verlangte, diese Aktionen sollten gleichzeitig mit dem Abrücken zum Turnierplatz erfolgen, „denn da ihr Bruder, Herunwulf, im Verlies gefangen ist, ist der Kampf mit Hierim nicht mehr vorgesehen." Er hüstelte. „Durch die Änderung seines Planes, die sich aus unserer Umdisponierung ergibt, wird der Großfürst umdenken müssen und unter irgendwelchen Vorwänden versuchen, Zeit zu gewinnen. So erhalten wir den erforderlichen Spielraum, um die Befreiung durchzuführen, die Kopflosigkeit in der Festung auszunützen und die nötigen Positionen am Turnierplatz zu beziehen." Er fasste noch einmal zusammen: „Ich schlage vor, wir rücken sofort zum Turnierplatz ab, beziehen dort Stellung und erklären den Leuten des Großfürsten über Lautsprecher, dass der Verlauf der Veranstaltungen geändert wurde. Das wird zu hektischen Beratungen in der Halle führen, und in der Zwischenzeit laufen unsere Befreiungsaktionen."

Zu mir gewandt, sagte er: „Wir geben Ihrem Trupp fünfzehn Minuten Zeit. Sollten Sie bis dahin nicht zurück sein, stürmen wir die Halle und betäuben das ganze Gesindel. Sie nehmen zehn Mann und eine mittelschwere Waffe mit, mit der die Türverschlüsse leise aufgeschnitten oder notfalls aufgeschossen werden können! Ein Mann wird uns ständig über Funk den Verlauf melden. Einverstanden?"

Ich war bereit.

Der Obrist gruppierte seine Leute um, änderte die Bewaffnung, und wir fuhren mit acht großen und zwei kleinen Gleitern in Richtung Turnierplatz. Es war vereinbart, dass die beiden kleinen Gleiter dort heimlich verschwinden, wenn die Gelegenheit günstig und die notwendige Deckung gegen den Einblick der Putschisten erreicht ist.

Ich weihte meine Leute in meinen Plan ein und warf meinen Bogen und Köcher über die Schulter. Ich erklärte das folgendermaßen: „Diese Waffe nehme ich nur für den Fall des Falles mit, möglicherweise ist sie vonnöten, denn man kann sie geräuschlos einsetzen. Wir wissen ja nicht, wo wir da hineingeraten."

Obwohl es sich um erfahrene Soldaten handelte, wirkten alle sehr angespannt auf mich. Ich erklärte mir diesen Umstand damit, dass der bevorstehende Einsatz schließlich nicht alltäglich war. Ich spürte förmlich, wie die Luft vor Energie knisterte.

Nachdem wir vom Zeltplatz weggeglitten waren, gab mir Elik eine dünne, ärmellose Jacke. Er forderte mich auf, diese unter meine Überjacke zu ziehen. „Das ist ein sicherer Schutz für alle wichtigen Organe deines Körpers", erklärte er fürsorglich, „gegen Messerstiche und Schwerthiebe. Das Ding ist zwar altmodisch, aber wirksam. Schau! Alle haben solche Jacken an!"

Ich nahm sie entgegen und streifte sie mir über. Es konnte ja nicht schaden.

Kaum hatten wir den Turnierplatz erreicht, als die Männer des Obristen in kleinen Gruppen ausschwärmten, beziehungsweise mit den Gleitern strategisch wichtige Punkte besetzten. Dann war die Stimme des Botschafters über einen Lautsprecher zu hören. Das Gerät trug den Schall so weit, dass alle in der Festung seine Worte hören und verstehen mussten. Er rief den Großfürsten und bat ihn, auf den Turnierplatz zu kommen, weil er vor Aufregung nicht essen könne, bevor der Kampf stattgefunden habe.

Nach diesem Anruf herrschte betretenes Schweigen hinter den Mauern. Nun glitten die kleinen Gleiter vom Turnierplatz weg, um die Aktionen in der Festung auszuführen. Elik hatte schon gesehen, wo ein großes, rotes Tuch über eine Söllerbrüstung hing, und glitt in Richtung auf diesen Söller zu, immer die Deckung der großen Mauer ausnützend.

Ich zeigte dem Piloten unseres Fahrzeuges den Weg zu einer Türe, die in der Umfassungsmauer über dem Abgrund in schwindelnder Höhe aus dem Verlies ins Freie führte. Durch diese Türe wurden die Abfälle und auch die Körper der Toten ins Freie geworfen. Ich wusste, dass dort keine Wache aufgestellt war, weil sie von außen nicht erreichbar schien. Wir kamen unbemerkt bis zur Türe hin, hielten den Gleiter schwebend an, ein Mann richtete die mitgeführte große Waffe auf die Scharniere der Tür. Er drückte einen Knopf und ein rot glühender, fingerdicker Strahl schnitt die Scharniere in wenigen Augenblicken durch. Sofort hoben zwei Männer die Türe aus, und wir sahen in den dunklen Gang.

Da war niemand zu sehen. Dann schlichen wir durch den geradeaus führenden Gang zu den Zellen und suchten meine Verwandten. In der dritten Zelle fanden wir Vater und Sohn eingesperrt. Wir öffneten wie vorhin die schwere Zellentüre und befreiten die Männer von den Fußketten. Ein Mann legte einen Würfel auf dem Steintisch der Zelle ab und erklärte mir: „Sobald jemand die Zelle betritt oder die Türe öffnet, nachdem wir weggegangen sind, wird er durch diese Blitzbombe für eine Stunde gehindert, Alarm zu schlagen. So haben wir Zeit, alles Weitere planmäßig über die Bühne gehen zu lassen, ohne vorzeitig aufgedeckt zu werden."

Ich umarmte meine Leute wortlos, und wir schlichen aus der Zelle, stellten die Türe wieder vor die Öffnung, schlichen durch den Gang zum Gleiter zurück, setzten die Türe wieder ein, und der Mann verband das Eisen der Scharniere mit der Waffe wieder, indem er die Scharnierteile zusammenschmolz. So konnte keiner sehen, dass wir durch diese Außentüre gekommen waren. Dann glitten wir zum Turnierplatz zurück. Der Mann, der die Zeit beobachtete, sagte leise zu mir: „Die ganze Aktion hat 3 Minuten gedauert!"

Als wir am Platz ankamen, erfuhr ich, dass der andere Gleiter, der die Frauen geborgen hatte, bereits zum Lager unterwegs war. Nachdem die Militärs ausgestiegen waren, bat ich meine Verwandten, im Gleiter verborgen zu bleiben, bis der Botschafter sie aufforderte, sich zu zeigen. Ich warnte, sie dürften keinesfalls den Plan durch vorzeitiges Auftauchen gefährden. Beide sagten mir bereitwillig die Mitarbeit zu und blieben beschämt sitzen. Sie hatten nach dem Vorfall mit meinem Bruder nicht damit gerechnet, durch die Leute des Botschafters befreit zu werden.

Um ihnen zu ermöglichen, die Vorgänge am Platz beobachten zu können, wurde ein kleiner Bildschirm im geschlossenen Gleiter eingeschaltet.

In der Festung rührte sich lange nichts. Dann schoss ein greller Lichtblitz aus dem Verliesfenster, in dem meine Verwandten gefangen gewesen waren. Wieder rührte sich lange nichts.

Nach langem Warten, ich glaubte schon, unser Plan wäre gescheitert, erschien ein Adeliger in einem Turmfenster und verkündete, dass der Großfürst mit seinem Gefolge gleich am Turnierplatz eintreffen werde. Er erklärte, dass die Änderung der Vorgangsweise den Fürsten überrascht und verärgert habe. Solche unabgesprochenen Änderungen sei er nicht gewohnt und wünsche auch keine Wiederholung.

Der Botschafter und ich schauten uns grinsend an.

Ich sagte: „Bin gespannt, was ihm jetzt eingefallen ist und welche Ablenkung er plant! Vermutlich werden Mannschaften in Wagen versteckt", legte ich eine Taktik offen, die ich schon einmal erlebt hatte.

Kaum hatte ich das gesagt, als auch schon der Prunkwagen des Großfürsten, gefolgt von einer Kolonne von vier Handelswagen mit Planen, aus dem Haupttor zum Turnierplatz rollte.

Der Obrist meinte: „Das ist gut! So können wir mit einem einzigen Streich ganze Wagenbesatzungen außer Gefecht setzen. Denken Sie an den Blitz in der Zelle!"

Ich verstand, bat aber trotzdem: „Bitte nicht töten, nur betäuben! Sonst ist das Fürstentum zu sehr geschwächt und benachbarte Fürsten könnten versuchen, diese Schwäche auszunützen, indem sie das Land eroberten. Dadurch entstünde dann viel zu viel Leid für die nichtsahnende Bevölkerung."

Der Militär lächelte und erklärte etwas derb: „Keine Angst! Aber diese Männer werden tagelang kotzen wie kranke Hunde. Das verspreche ich!"

Die Wagen fuhren vor der Tribüne vor, auf der wir Platz genommen hatten. De Grahs und sein engster Hofstaat mit Gattinnen begaben sich in die fürstliche Loge gegenüber und der Prunkwagen fuhr wieder ab. Die einfachen Wagen fuhren auf der gegenüberliegenden Seite des Turnierplatzes in einer erkennbaren strategischen Anordnung in Pfeilschussentfernung auf. Der atlantische Obrist teilte dem Botschafter leise mit, dass auch hinter den Tribünen Mannschaften zu Fuß aufziehen. „Diese Bogenschützen werden wir sofort einzeln außer Gefecht setzen, sodass keiner von ihnen in die Lage kommt einzugreifen", taktierte er hörbar und gab leise seine Befehle durch das Helmgerät weiter.

Gleichzeitig kamen Militärs und teilten an uns Nichtmilitärs Gegenstände aus. Der Obrist erklärte mir: „Das sind Schutzbrillen, die setzen wir auf mein Zeichen gleichzeitig auf. Diese Brillen schützen uns vor den Lichtblitzen der Waffen, die wir in die Wagen werfen werden. Dadurch können wir nach deren Explosion sofort sehen, die Leute des Fürsten aber sind für Minuten geblendet.

Er zeigte mir, wie ich dieses Gestell auf meine Nase und Ohren zu setzen hatte. Dann trat gespannte Ruhe auf der Gästetribüne ein und alles schaute auf den Großfürsten.

Dieser rührte sich nicht. Er machte keine Anstalten, den Botschafter und seine Gäste zu begrüßen. Lediglich Marketenderinnen kamen mit Körben mit Süßigkeiten auf die Gästetribüne zu.

Die Militärs bedeuteten den Damen, die den Botschafter begleiteten, durch Zeichen, dass sie diese Backwaren nicht anrühren sollten. Niemand aus der Delegation nahm daraufhin von den Süßigkeiten.

Wiederum nach einigen Minuten des betretenen Schweigens kam ein Reiter im gestreckten Galopp aus dem Haupttor zum Großfürsten geritten, sprang vor dessen Loge aus dem Sattel und eilte zu De Grahs. Diesem flüsterte er etwas ins Ohr. Daraufhin sprang der Großfürst auf und schrie mit hochrotem Gesicht: „Welch eine Ungeheuerlichkeit! Wer hat es gewagt, meine Gefangenen zu befreien?" Er sah dabei den Botschafter an.

Dieser antwortete ganz ruhig: „Wie, die beiden Galgenvögel, die geholfen haben, Hierim zu entführen, sind entflohen? Das ist doch kein Beinbruch, die werden später wieder eingefangen werden."

„Nein!" brüllte der Fürst jetzt triumphierend: „Geralux und Herunwulf wurden aus dem Verlies befreit."

Der Botschafter fragte mit unschuldigem Gesichtsausdruck zurück: „Warum war Geralux im Verlies? Der hatte doch nichts mit der Entführung zu tun? Ist in diesem Fürstentum Sippenhaftung üblich? – Ach, wie abscheulich primitiv!" Gleichzeitig machte er eine wegwerfende Handbewegung mit seiner Linken.

Diese Aussage brachte den Großfürsten vollends aus der Fassung. Er begehrte nun brüllend auf: "Ich werde Euch zeigen, wie primitiv wir sind!"

Bevor es ihm gelang, den Arm zu heben, rief der Obrist über einen Lautsprecher das Wort „Jetzt!" Auf der Gästetribüne setzten alle blitzartig die Brillen auf und Militärs schossen feurige, kleine Kugeln ab, welche die Wagenplane durchschlugen und in den Wageninneren mit grellen Blitzen explodierten. Die Männer in den Wagen wurden durch die Wirkung dieser Waffen teilweise herausgeschleudert und fielen regungslos zu Boden. Die einzeln stehenden Wachen des Großfürsten, die bei den Tribünen standen und momentan nichts sehen konnten, waren im Handumdrehen entwaffnet und zu Boden geworfen. Gleichzeitig hatte der Obrist De Grahs am Kragen gepackt, vom Sitz gehoben und durch Fesseln der Arme auf dem Rücken in Gewahrsam genommen.

Einer der Militärs bemerkte: „Eine gute Einsatzzeit, insgesamt 23 Sekunden, alle Achtung!"

In der Fürstenloge lagen die Männer auf dem Boden. Einige Militärs des Botschafters waren sofort in die Sitzreihen gesprungen und hatten die männlichen Adeligen dingfest gemacht, bevor diese erfassten, was vorging. Die Fürstenfrauen schrieen indessen wild durcheinander und hielten sich die Hände vor die Augen – die hellen Lichtblitze hatten auch sie geblendet. Daher konnten sie nun nicht mehr sehen, was um sie herum vorging.

Dieser Tumult dauerte einige Minuten, da aber kein Kampf stattfand, beruhigten sich die Frauen wieder und lauschten angestrengt.

Alundalt erhob sich von seinem Platz und begab sich in die Fürstenloge. Er sprach auf die Damen beruhigend ein: „Meine Damen, sie brauchen keine Angst zu haben, es wird Ihren Gatten kein Haar gekrümmt. Obwohl wir allen Grund dazu hätten, da ihre Männer einen schändlichen Plan gegen mich und meine Begleiter ausgeheckt haben, wurde keiner von ihnen ernsthaft verletzt oder getötet. Sie werden alle früher oder später wieder aufwachen, denn sie wurden nur betäubt."

Dann wandte er sich direkt an die Gattin des Großfürsten: „Werte Madame, Sie haben wahrscheinlich keine genaue Vorstellung von den Vorgängen am Platze. Eure Hoheit, wie ich an Eurer Reaktion erkennen kann, seid Ihr von dem Vorfall überrascht, da Ihr in den Plan eures Gatten nicht eingeweiht wurdet. Ich rate Euch, unverzüglich mit allen Damen den großfürstlichen Wagen zu besteigen und Euch in die Sicherheit der Festung zurückzuziehen! Es werden Euch dazu die nötigen Hilfestellungen gegeben, ein Kutscher zur Verfügung gestellt, sodass Ihr sofort unbehelligt in die Festung zurückkehren könnt. Alle Männer aus der Festung bleiben vorerst hier", teilte Alundalt den Frauen in unumstößlicher Form mit, „bis über die weitere Verfahrensweise eine befriedigende Entscheidung getroffen werden konnte. Denn wie Ihr verstehen werdet, lassen wir uns nicht gerne berauben oder töten!" meinte er etwas zynisch.

Er setzte in hartem Ton fort: „Wir haben im Lager die notwendigen Vorkehrungen getroffen, um die Soldaten des Großfürsten ebenfalls vor Plünderung und Mord zu schützen. Berichten Sie dies den Fürsten, die in der Festung verblieben sind! Sollten Leute aus Euren Reihen trotz dieser Warnung unser Lager angreifen, werden sie nicht so glimpflich wegkommen wie jene, die heute an dem hinterhältigen Anschlag beteiligt waren! Ich werde einen Angriff auf unser Lager als kriegerischen Akt ansehen und mit tödlicher Waffengewalt beantworten. Das bedeutet, es würde dann das Blut Ihrer Landsleute fließen. Haben Sie mich verstanden?" schloss er in höflichem Ton, aber mit eindrucksvoller, mächtiger Stimme.

Die eingeschüchterte Großfürstin nickte nur zustimmend. Die ängstlicheren Frauen hatten sich hinter ihr versteckt.

Um den Vorgang zu beschleunigen, setzte der Botschafter fort: „Ich habe nicht die Zeit, mich angesichts der Situation mit endlosen Erklärungen aufzuhalten, und fordere Sie auf, mit den Fürstendamen sofort abzufahren!"

Die Damen wurden von mehreren Militärs wortlos zu dem Wagen des Großfürsten geführt. Beschämt und schluchzend verließen sie die Loge über den Abgang. Die Hoffrauen und Dienerinnen folgten wortlos mit gesenkten Häuptern. Auf ein Zeichen des Obristen fuhr der kutschierende Militär den Wagen an den Treppen der Tribünen vor und die Frauen bestiegen ihn eilig und wortlos. Die Damen hatten es eilig, möglicherweise aus Angst, der Botschafter könnte nicht Wort halten. Dann fuhr der Wagen in Richtung Haupttor davon. Die Frauen schienen sehr darauf bedacht, rasch aus dem Gefahrenbereich zu kommen.

Ich fragte mich, ob ihr schlechtes Gewissen sie wohl plagte, denn sicherlich hatten alle den Plan des Großfürsten gekannt. Mit welcher Gegenmaßnahme des Botschafters mochten sie wohl gerechnet haben? Konnten diese Leute wirklich glauben, dass ihr Komplott verborgen bliebe und die technisch so überlegenen Atlanter nichts dagegen zu unternehmen wüssten?

Auf meinen fragenden Blick weihte Alundalt mich in den weiteren Ablauf ein. „Ich glaube nicht, dass uns aus der Festung heraus etwas passiert, wenn wir hier auf der Ehrentribüne alle schön zusammenrücken“, sagte er unerwartet. „Mit den Katapulten können Steine nicht so weit geworfen werden. Außerdem würden dabei ihre eigenen Adeligen gefährdet. Für gezielte Pfeilschüsse ist es ebenfalls zu weit. Wir haben unsere schweren Waffen so umgruppiert, dass sie jederzeit gegen die Festung wirken könnten. Das dürften diese Esel dort oben bereits bemerkt haben. Wir könnten Wehrhaftigkeit auch durch einen Warnschuss demonstrieren. So weit ist es aber noch nicht.“ Er sah mich ruhig an und forderte mich auf, mich zu setzen.

„Und was kommt jetzt, Herr Botschafter?“ platzte ich neugierig heraus.

„Nun, dem Zweikampf steht nichts mehr im Wege, wie ich meine, zumal alle Wetten abgeschlossen haben“, meinte er gelassen.

Ich verstand zwar nicht genau, was mit Wetten gemeint war, glaubte aber zu erkennen, dass diese etwas mit dem Ausgang des Zweikampfes zu tun haben dürften. Im Moment plagte mich jedoch mehr die Sorge, was mit den Fürsten geschehen werde, als mich um die Bedeutung dieses Wortes zu kümmern.

Der Großfürst war in der Zwischenzeit körperlich verfallen und vom Obristen auf seinen Thron zurückgesetzt worden. Er war als Einziger nicht in Ohnmacht gefallen und saß wie ein Häuflein Elend da, hatte die geblendeten Augen niedergeschlagen und wagte es nicht, laut zu atmen. Er hatte eine Körperhaltung eingenommen, als wollte er sich förmlich in dem Thron verkriechen. Er wirkte kleiner, als er eigentlich war. Ab und zu stammelte er unverständliche Worte, wie ein Kind, das völlig eingeschüchtert war und sich geistig in sich zurückgezogen hatte.

Der Botschafter stellte sich vor ihm auf und fragte deutlich hörbar: „Was haben Sie sich dabei gedacht?“ Da keine Antwort kam, sprach er ruhig weiter: „Ich bin über Euren Plan vollständig im Bilde, verehrter De Grahs! Ihr wolltet mich und meine Leute ausrauben und womöglich ermorden lassen. Seid Ihr noch recht bei Sinnen? – Nahmt Ihr etwa an, wir hätten eure aggressiven Einstellungen und tölpelhaften, verräterischen Pläne nicht schon längst bemerkt und durchschaut?“ warf er ihm hin.

Der Mann schwieg noch immer und hockte wie ein geprügelter Hund da.

„Die gesamte Familie unseres geschätzten Hermanwulf ist natürlich befreit worden, bevor ihr ihnen hattet den Hals abschneiden lassen können!“ stellte er lautstark vor der Menge klar, wobei er sich über den Thron beugte. In härterem Ton und mit mächtiger Stimme setzte er fort: „So viel Niedertracht habe ich noch nie gesehen! Zuerst Gastfreundschaft heucheln, Geschenke annehmen und dann ein Massaker an den Gästen planen! Was für ein charakterloser Mensch seid Ihr?“

Als der Fürst den Kopf wegdrehen wollte, schien er wie unter Zwang dem Botschafter in die Augen sehen zu wollen. Doch gleich darauf sprang er auf und wollte wegrennen. Da packte Alundalt De Grahs am Kragen, hob ihn spielerisch hoch und schüttelte ihn in der Luft wie einen Sack. Dann ließ er ihn wieder auf den Thron zurückfallen, worauf dieser sich ängstlich vor dem Atlanter wand.

Der Botschafter schien bereits leicht angeekelt. Daher fand ich seine Haltung in dieser Situation bewundernswert.

„Antworte mir gefälligst!“ ertönte nun die Stimme des Botschafters machtvoll.

Weinerlich jammerte der bloßgestellte Mann: „Ich war ja von Anfang an dagegen ... und ... und Geralux auch! Wir sagten immer, dass wir so unsere Gastfreundschaft nicht missbrauchen dürften, weil dies Schande brächte ... über das Land“, stammelte er. „Es waren die ... die Adeligen, sie wollten unbedingt eure Waffen ... und natürlich auch eure Wertsachen“, flennte er erbärmlich.

„So? Wirklich?“ kam es zynisch vom Botschafter.

„Ja! – Damit wollten sie dann Krieger anwerben, um mit diesen das ganze bekannte Land zu erobern! Sie – sie ... wollen alle fürstliche Macht über die Nachbarvölker ...“, jammerte er weiter, sich reinzuwaschen suchend. „Wenn ich nicht mitgemacht hätte, hätte ich um das Leben meiner Familie bangen müssen. Sie haben gesagt, dass ich ein Verräter sei, wenn ... falls ich nicht mitmache. Sie hätten mich schon zum Schweigen gebracht", denunzierte er seine Leute und verkroch sich feige hinter ihnen.

„Wenn ich Euch glauben soll, dann nennt mir den Namen des Anführers!" ließ der Botschafter nicht locker. Seine Stimme ließ keinen Widerspruch zu.

Nun leuchteten die Augen des Jammerlappens auf, als er heraussprudelte: „Der Anführer ist der Mundschenk, Selmers von Gorth. Er ... er liegt dort drüben!" meinte er zaghaft und zeigte mit dem ausgestreckten rechten Arm auf den Mann.

Der Botschafter ging nun etwas auf Abstand und wandte sich zur Seite. Deutlich hörbar sprach er: „Interessant, jetzt sorgt er sich um seine Familie? Gestern am Abend hat er noch seine Frau verprügelt und eine Magd im Ehebett vergewaltigt. Da war ihm seine Frau gleichgültig." Er sah wieder zu dem Mann hin. „Habt ihr so wenig Verstand, um Euch auszurechnen, dass Ihr nach dem eingetretenen Erfolg dieses Planes sicher nicht mehr Großfürst gewesen wäret?"

De Grahs wurde immer kleiner und konnte sich sichtlich nicht erklären, woher der Botschafter sein schändliches Verhalten des nächtens kannte.

Alundalt wandte sich kurz von dem Mann und dem Thron ab und schritt nachdenkend vor dem Thron auf und ab. „Ich gebe Euch nur eine Chance, De Grahs, wenn Ihr wollt, dass Eure Familie und Eure Leute am Leben bleiben sollen, dann gebt freiwillig die Führung dieses Landes ab, denn Ihr seid es nicht wert, ein Großfürst genannt zu werden! Setzt mit sofortiger Wirkung Geralux von Sehngried zu Eurem vorläufigen Nachfolger ein! Er hat viel mehr Charakter und Führerqualitäten, als Ihr je haben werdet."

„Und wenn ich mich weigere?" fragte der gedemütigte Mann vorwitzig.

„Wenn Ihr Euch dieser Forderung widersetzt, werde ich dafür sorgen, dass dieses Land einen neuen Großfürsten braucht – so oder so!" kam es nun hart.

Der Botschafter wartete nun nicht auf eine Antwort, sondern deutete einem Militär, den Mundschenk herzubringen.

Dieser hob den noch immer bewusstlosen Mann vom Boden auf. Er hielt ihm einen runden, metallenen Stab an den Hals und drückte am hinteren Ende darauf, worauf ein leiser Zischlaut entstand.

Nach kurzer Zeit bewegte sich der Mundschenk wieder. Als er seine Sinne beieinander hatte und die Situation überblickte, heulte er auf wie ein Wolf: „Verdammt! Ihr habt alles verdorben!“ funkelte er den Großfürsten an. „Verflucht soll dieser Botschafter sein und dieser Hermanwulf dazu, dieser Verräter!“ schrie er mit gehetzten Blicken zum Botschafter. Er spuckte nach diesen Worten aus. Dafür bekam er von dem Militär, der ihn aufgehoben hatte, zwei schallende Ohrfeigen versetzt, worauf er neuerlich zu Boden fiel.

Sofort zog der Mann Selmers wieder auf die Beine und stellte klar: „Noch eine weitere beleidigende Geste dem Botschafter gegenüber, und du wirst gefesselt!“

Es durfte in meiner Heimat keinen zweiten Mann geben, dem man mit nur zwei Ohrfeigen den Schneid abkaufen könnte. Aber der Mundschenk verfiel zu einem Elendswicht, wurde grau im Gesicht und begann wie ein Geistesgestörter zu stammeln. Er redete davon, dass er in die Sache hineingehetzt worden sei, seine Frau hätte ihn dazu getrieben.

Das war nun offenbar meinem Vater zu viel, denn er sprang im Gleiter auf und nagelte ihn laut fest: „Du falscher Hund, du! Du hast alle betrunken gemacht und sie dann alle mit salbungsvollen Reden in diese Sache hineingehetzt! Denkst du, ich hätte das nicht mitbekommen? Du hast auch veranlasst, dass ich und meine Familie eingesperrt wurden! Unser Großfürst ist in seiner bekannten Kurzsichtigkeit besoffen dabei gesessen und hat nur blöde gegrinst. Der hat gar nicht mitbekommen, dass er auch abgehalftert wurde und du das Kommando bereits übernommen hattest.“ Während dieser Worte war Vater ausgestiegen und auf den Mundschenk zugeeilt. Als er ihn erreicht hatte, zischte er wütend: „Diese Kerkerschmach wirst du mir büßen! Ich verlange Genugtuung!“

„Gut“, hakte der Botschafter ein, „noch ein Zweikampf“.

Als der Mundschenk dies hörte, wand er sich wie ein Fisch am Trockenen und jammerte: „Gegen diesen Wüstling habe ich keine Chance, der bringt mich glatt um! Bitte lasset dies nicht zu!“

Der Botschafter konstatierte: „Wer die Verschlagenheit hat, einen so schändlichen Plan auszuhecken, muss auch den Mut haben, eine Herausforderung anzunehmen. Stelle dich wie ein Mann oder gehe als Feigling unter, du hast die Wahl! Solltest du nicht kämpfen wollen, werde ich dich für immer zeichnen. Ich lasse dir das rechte

Ohr abtrennen, sodass alle wissen, dass du die Kreatur bist, die seine Gäste ermorden lassen wollte. Äußere dich dazu!"

In seiner Not flennte der Mann feige: „Ich kämpfe nicht. Du kannst mich nicht dazu zwingen!" Gleichzeitig warf er einen giftigen Blick zum Großfürsten.

Da griff der Obrist – wieder auf ein Zeichen seines Herrn – zu seiner Seitenwaffe, schoss mit einem dünnen, roten Strahl auf das rechte Ohr und trennte es so vom Kopf des Mannes mit einem sauberen Schnitt ab. Es fiel zu Boden wie ein verwelktes Blatt von einem Baum. Dabei war kein Blut zu sehen. Der Energiestrahl hatte die Wunde sofort wieder geschlossen.

Selmers kroch auf den Knieen am Boden herum und suchte sein Ohr zu ertasten. Als er es fand, hob er es auf, drehte es in den Händen hin und her und jammerte hysterisch: „Ich bin entstellt! Ich kann nie mehr als Mundschenk auftreten! – Ihr habt mich vernichtet!" Dann zog er einen Dolch und stach wie ein Blinder Löcher in die Luft. Dabei kreischte er: „Das wirst du Verräter mir büßen!" Gleichzeitig versuchte er mich zu erhaschen, da er durch die Wirkung der atlantischen Waffen noch immer nicht gut sehen konnte.

Ehe er jemanden verletzen konnte, lag er schon wieder durch die Hand des Obristen auf dem Boden. Dieser hatte ihn mit der Waffe betäuben wollen. Diesmal war er aber tot.

Der Obrist meldete dem Botschafter: „Der Mann ist irrsinnig geworden! Es tut mir leid, aber ich musste unseren Gast schützen."

Der Botschafter gab zurück: „Schon gut. Er hat seinen Tod herausgefordert! Aber was machen wir jetzt mit diesem Haufen verbrecherischer Adeliger?" Dann wandte er sich an Geralux: „Würden Sie die Führung dieses Volkes annehmen, wenn Sie von den Adeligen dazu aufgefordert würden?"

Mein Vater stutzte bei dieser Frage und sah den Botschafter überrascht an. Er wollte feststellen, ob diese Frage zynisch oder ernst gemeint war. Nach einigem Zögern antwortete er: „Sie können mich nicht zum Fürsten einsetzen. Ich verstehe aber, dass De Grahs nicht weiter Großfürst sein kann, daher würde ich vorläufig die Führung der Edelleute übernehmen. Ich werde mich bemühen, alle Adeligen unseres Volkes nach dem Anteil ihrer Schuld bestrafen zu lassen. Denn um das Volk vor Unbill zu schützen, muss so schnell wie möglich ein neuer Großfürst eingesetzt werden, der den

Nachfolgeregelungen entsprechen kann. Diese Wahl dürfen nur die, nach unseren Gesetzen bestimmten, Personen im vorgesehenen Ritual durchführen", zeigte er seine Achtung gegenüber dem uralten Gesetz der Kaelter.

„Dieser Wahl will ich mich auch stellen", setzte er fort, an seine Landsleute gewandt. „Sollte ich gewählt werden, nehme ich das Amt in Ehre an, obwohl ich mich darum nicht reiße, es bringt nur Arbeit und Ärger. Die Erfahrung hat gezeigt, dass die Großfürsten allzu schnell vom Ehrgeiz der Edelleute überrollt werden, aber in der Arbeit und Sorge für das Volk kaum Unterstützung erhalten."

Der Botschafter war etwas überrascht von der Reaktion meines Vaters, erklärte sich aber sofort mit dem Angebot einverstanden, dass Geralux von Sehngried die Führung vorläufig übernehmen wollte. Er befahl den Militärs, die ohnmächtigen adeligen Männer nach versteckten Waffen zu durchsuchen, auf die Gästetribüne zu tragen und aufzuwecken.

Der Anweisung wurde unverzüglich Folge geleistet.

Die Verschwörer brauchten einige Zeit, um die Nachwirkungen der Betäubung zu überwinden und sich der Lage bewusst zu werden, in der sie sich befanden. Einige konnten nicht verstehen, wie sie auf die Besuchertribüne gekommen, von den Militärs entwaffnet, umstellt und in diese missliche Lage geraten waren. Andere fluchten lästerlich.

Der Obrist nahm ein Sprachrohr vor den Mund und setzte der Unruhe ein Ende: „Fluchen nützt jetzt auch nichts mehr. Sie alle wurden durch die Aussagen einiger Zeugen und durch das Geständnis ihres Rädelsführers der Planung und versuchten Durchführung eines Massenmordes angeklagt. Ihr wolltet uns ausrauben und töten. Es wird hoffentlich jeder verstehen, dass dies bestraft werden muss. Sie stehen vorerst unter Arrest und werden einer gerechten Strafe zugeführt werden. Diese Bestrafung wird aber nicht durch uns erfolgen, wir überlassen diese Aufgabe eurem neuen Großfürsten!" erklärte er durchdringend.

Nun nahm Alundalt souverän das Wort: „Wir wollen mit euch nichts mehr zu tun haben und werden nach dem Zweikampf, der heute wie geplant durchgeführt wird, unverzüglich abreisen. Ihr solltet keinen von unserem Volk je wieder zu Gesicht bekommen, denn wir werden euch und dieses schändliche Verhalten vergessen, ja, wir werden euch in unseren Geschichtsbüchern nicht einmal erwähnen. Das ist unsere Strafe. Herr von Sehngried hat sich bereit erklärt, vorerst die Führung bis zur Wahl eines Großfürsten zu übernehmen. Ich kann ihn nach Ihrem Recht zwar nicht als Großfürsten einsetzen, aber ich schwöre Ihnen allen: Sollten nicht alle, die hier versammelt sind, ihm hier auf der Stelle Gefolgschaft schwören, werde ich es mir anders überlegen und das geplante Attentat gegen die atlantische Delegation nach unserem Recht vergelten. Das dürfte Ihnen wenig bekommen. Und Ihr könnt mir glauben, wir können das!“ wies er sie überzeugend in ihre Schranken. „Erhebt euch und hebt die rechte Hand zum Schwur!“ gab er mit strenger Schärfe vor.

Alle Adeligen und Soldaten hoben ihre rechte Hand, einige der Edelleute riefen wild durcheinander. Mein Vater hob ebenfalls seine Arme und übernahm das Zeremoniell, um eine Ordnung hineinzubringen. Er sprach langsam die Worte vor, die von den anwesenden Männern unseres Volkes geeint wiederholt wurden:

„Geralux von Sehngried soll ab heute unser Anführer sein. Wir schwören bei der Ehre unserer Vorväter, ihm bedingungslos zu folgen und seinen Schiedsspruch anzunehmen. Wir erwarten unsere gerechte Strafe, wie es unserem ehrenhaften Stand gebührt, denn wir haben es nicht anders verdient. Wir schämen uns“, er ließ allen eine angemessene Pause, um sich zu diesem Bekenntnis durchzuringen, bevor er weiter sprach: „... und bitten unsere ehrenwerten Gäste um Verzeihung!“

Danach trat Stille ein. In diese Stille hinein meldete sich mein Bruder Herunwulf. Er trat mit ernster Miene vor den Botschafter und bat mit belegter Stimme: „Hoher großherziger Herr, ich möchte mich für die schändliche Entführung von Hierim, für die Schmach und Schmerzen, die ich ihr zugefügt habe, entschuldigen. Bitte sagt mir, wo diese schöne Frau ist. Ich will mich sofort vor ihr in den Staub werfen und sie um Vergebung anflehen!“

Der Botschafter war verblüfft, deutete aber Hierim mit einer galanten Handbewegung vorzutreten.

Kaum hatte Herunwulf sie erspäht, als er sich tatsächlich der Länge nach hinwarf und bat: „Schöne Frau, ich habe in der Nacht im Kerker Zeit gehabt, über meine verbrecherische Tat nachzudenken. Zuletzt habe ich gesehen, wie großzügig Ihre Landsleute mit mir und unseren Verrätern umgegangen sind. Daher kann ich nicht mehr umhin, sie um Vergebung und Nachsicht anzuflehen. Ich bitte Euch, vergebt mir diese Tat und mein aufdringliches Ansinnen!"

Hierim ergriff zart seine rechte Hand und zog ihn freundlich in die Höhe. „Ich mag es nicht, wenn sich ein Mann so unterwürfig gebärdet. Bitte erhebe dich! – Falls du mir versprichst, keiner Frau jemals mehr Niederträchtiges anzutun, will ich dir gerne vergeben", kam sie ihm mit sanfter Anmut entgegen.

Herunwulf kniete wie vor einer Fürstin nieder, hob die Hand zum Schwur und versicherte feierlich: „Ich gelobe, ab nun jede Frau zu achten und mit Wertschätzung zu behandeln. Ab heute werde ich außerdem jede Frau beschützen vor allen männlichen Übergriffen. Ich werde jeder Frau Schutz vor männlicher Willkür gewähren und die Männer für ihre Verfehlungen bestrafen!"

Hierim lächelte ihn verzückt an. „Da hast du ja bis zu deinem Lebensende genug zu tun bei der Art des Umgangs der hiesigen Männer mit Frauen! Mache es gut, du hast meinen Segen! Und du kannst gleich mit der Bestrafung eures abgedankten Großfürsten beginnen, der seine Frau wie einen Hund schlägt", fügte sie mit einem strengen Blick zu De Grahs und in verächtlichem Ton an.

Herunwulf erfasste spontan ihre rechte Hand, küsste sie und versprach inbrünstig: „Ich danke dir, meine Königin, ich bin für immer dein ergebener Diener!"

Sie entzog im rasch die Hand, drehte sich um und ging etwas auf Abstand. „Aus der Ferne darfst du mir dienen! Folge mir aber nicht, du würdest es bereuen." Sie sah kurz fragend zum Botschafter, ob das wohl alles wäre. Dann schritt sie mit erhobenem Kopf zu einem Gleiter und stieg ein.

Nun versetzte Geralux in seiner brummigen Art: „Mit diesem rührseligen Geschwafel werden wir diese Lage nicht meistern. Jetzt sind Taten gefragt!" Er trat vor Alundalt hin und ersuchte: „Verehrter Herr Botschafter, ich bitte um ein Gefährt und einige Männer, um die Lage in der Festung zu erkunden! Schließlich geht das Leben weiter", ergriff er die Initiative, um seinem neuen Amt gerecht zu werden.

Der Botschafter stimmte zu und gab entsprechende Anweisungen. Mein Vater schwebte kurz darauf in einem Gleiter mit weiteren zehn Mann in Richtung Haupttor davon.

Als die Männer in der Festung sahen, dass sich ein Gleiter näherte, schlossen sie eilig das Haupttor. Der Gleiter schwebte über die Mauer und blieb über dem großen Hof stehen.

Dann hörte man durch die Lautsprecher die Stimme meines Vaters bis auf den Turnierplatz, wie er den Leuten die Lage am Turnierplatz erklärte. Er brachte ihnen zur Kenntnis, dass er vorläufig die Führung anstelle des Großfürsten De Grahs übernommen habe. Er forderte zur Vernunft auf und verlangte eine sofortige Normalisierung der Lage in der Festung und die sofortige Öffnung der Tore. Als er verlautbarte, dass keiner von den Fremden etwas zu befürchten hätte, brandete Jubel auf und das Haupttor schwang wieder auf.

Daraufhin kam der Gleiter zurück, und mein Vater versammelte die Edelleute um sich. Er hämmerte ihnen ein, dass er in Zukunft keine Missstände und Abweichlereien mehr dulde und sofort die Vorbereitungen für die Wahl des Fürsten treffen werde. Vorsorglich verlangte er unbedingten Gehorsam unter Androhung von Ehrverlust und strengen Strafen. Er rief dem Adel in Erinnerung, dass das Land durch dieses schändliche Vorhaben an den Rand eines Krieges und harter Zeiten für die davon betroffenen Familien geraten sei. Dann ernannte er vier zuverlässige Männer in seinen vorläufigen Führungsstab.

Der Tatendrang meines Vaters und seine Umsicht beeindruckte den Botschafter und er bestärkte ihn freundlich: „Jetzt ist dieses Volk in den richtigen Händen, und ich glaube, auf Ihren Erstgeborenen können Sie sich jetzt auch wieder verlassen. Ich bin sicher, Sie werden diese Aufgabe meistern! Ich hoffe für dieses Volk, dass Sie sich das Zepter nicht mehr aus der Hand nehmen lassen, denn ich glaube nicht, dass ein besserer Anführer gefunden werden kann.“ Er sah sich im Kreise um und schien zufrieden. „Ich will mich nun im Namen meiner Gesellschaft von Ihnen verabschieden. Ich bin sicher, Sie werden verstehen, dass es uns jetzt nach Hause zieht, da wir unsere Hauptaufgabe doch in so kurzer Zeit erfolgreich erledigt haben. – Da kommt auch schon Ihre werte Gemahlin, die mitsamt ihrem Gefolge unversehrt befreit werden konnte und Ihnen nun tatkräftig zur Seite stehen wird.“ Er machte eine Pause und wartete das allgemeine Interesse für die Ankunft der Damen ab. Dann griff er erneut das Abschiedsthema auf: „Auf Hermanwulf werden Sie einige Zeit verzichten müssen, Geralux! Er wird vielleicht zu einem späteren Zeitpunkt wieder zurückkehren, nachdem er viel Wissen und neue Erkenntnisse gesammelt hat. Er wird Ihr Volk an unseren Höfen würdig vertreten und sicher fruchtbare Verbindungen zwischen den Völkern herstellen!" postulierte er. „Lebt alle wohl und vergesst die Lehre des heutigen Tages nie!"

Ich trat zu meinen Eltern und meinem Bruder und verabschiedete mich mit kurzen Worten von meinen in sich gekehrten Verwandten. Vielleicht liefen die letzten Geschehnisse für sie ein wenig zu rasch ab, sodass sie der Tragweite innerlich noch nicht folgen konnten.

Zuletzt tröstete ich Mutter leise: „Du hast ja das Gerät, um dich mit mir in Verbindung zu setzen, und du wirst es Vater zu gegebener Zeit zeigen. Möglicherweise ist es auch eine Hilfe und nicht nur eine Verbindung. Lebe wohl und werde eine glückliche und gnadenvolle Großfürstin!" baute ich sie auf und umarmte sie.

Sie drückte mich fest an sich, küsste mich und wies mich an: „Kniee nieder, mein Sohn, ich will dich segnen!" Ich tat, wie sie verlangte, und sie legte mir beide Hände auf das Haupt und murmelte eine Formel. Dann zog sie jenen Verlobungsring aus einer Tasche ihres Kleides, den schon ihre Mutter getragen hatte, und erklärte beherrscht: „Für deine zukünftige Frau! Sag ihr, welchen Wert dieser Ring für deine Familie hat und dass alle meine Segenswünsche mit ihm verbunden sind! Ich weiß, du wirst in Atlantis die richtige Frau finden!"

Ich küsste sie nochmals, ging zu meinem Bruder, drückte ihn an mich und bat ihn: „Bitte hilf tatkräftig unserem Vater! Er hat keine leichte Aufgabe übernommen. Zusammen werdet ihr sie aber meistern. Übernimm du die Führung der Bewaffneten! Du hast den flinkeren und listenreicheren Geist als Vater, gleichzeitig kannst du ihn entlasten. Dich werden die Feinde weniger leicht überlisten können. Du bist auch vorsichtiger als Vater, und diese Eigenschaft wird in naher Zukunft öfter gefragt sein, wie ich glaube. Aber jetzt braucht das Volk den Älteren, den bekannten Führer, damit es diese Schmach überwinden kann. Lebe wohl, mein Bruder, ich grüße dich!"

Dann ging ich weg, um den anderen meine innere Bewegtheit nicht zeigen zu müssen, mir war plötzlich zum Weinen zumute.

Nachdem ich etwas Abstand gewonnen hatte, dachte ich bei mir: Wenn all die kommenden Tage so ereignisreich werden wie die letzten, dann steht mir noch viel Aufregung bevor! Ich werde lernen müssen, damit umgehen zu können! – Ich winkte meinen Leuten zu und wollte nur mehr einige Zeit ausruhen. Jetzt, nachdem die Spannung nachgelassen hatte, bemerkte ich erst, wie müde und geschafft ich mich fühlte, obwohl der Zweikampf glücklicherweise ausgefallen war.

Ich schaute mich nach den Leuten meines neuen Haushaltes um, winkte sie zu mir, und wir bestiegen gemeinsam einen Gleiter. Hierim nahm neben mir Platz. Sie ergriff meine Hand und sagte sehr einfühlsam: „Ich bin sehr froh, dass sich alles zum Guten gewendet hat. Es wäre sicher nicht gut gewesen, wenn ich gegen den Bruder meines Herrn zum Kampf angetreten wäre – ganz gleich, welchen Ausgang er genommen hätte. Ich hätte vor meinem Herrn nur an Ansehen verlieren können. Habe ich recht?"

Ich war dankbar über die kleine Ablenkung von meinen sorgenvollen Gedanken. „Darüber habe ich noch nicht nachgedacht", meinte ich verlegen. „Ich habe mich nur davor gefürchtet, meine hübsche, junge Hausdame zu verlieren, die ich so dringend brauche", antwortete ich, ebenfalls um Freundlichkeit bemüht.

Sie lehnte ihren Kopf an meine Schulter und seufzte: „Es ist so gut, dass der Anschlag vereitelt wurde und wir nun einen guten Grund haben, sofort abreisen zu können. So habe ich nun mehr Zeit, um mich meinem Herrn zu widmen." – Auf einen fragenden Blick meinerseits lenkte sie wieder ab: „Der Botschafter ist schon ungeduldig. Ich glaube, er hat es eilig, nach Atlantis zurückzukommen."

Die Abreise nach Atlantis

Als wir ins Lager zurückkamen, waren die Zelte bereits abgebaut und es herrschte geschäftiges Treiben. Zahlreiche Leute waren emsig damit beschäftigt, alles Gerät zu verpacken und in die Transportgleiter zu verladen. Einige große Gleiter standen bereits beladen an der Westseite des Lagers in Reih' und Glied, abreisebereit.

Der Botschafter lehnte das Ersuchen des Obristen ab, die Abreiseanordnungen zu treffen, und übertrug diese Aufgabe stattdessen dem Fragesteller, indem er ihm für diese Aufgabe alle nötigen Vollmachten erteilte. Auch wenn gewisse Damen wieder Einwände haben sollten, solle er selbstständig die erforderlichen Weisungen erteilen und durchsetzen, betonte der Botschafter. Er wünsche nur, dass unnötige Dinge und lebende Tiere, ausgenommen die Fürstengeschenke, nicht mitgenommen werden, weil die Quarantänevorschriften dagegensprächen.

Elik wurde jener Gleiter zugeteilt, mit dem wir vom Turnierplatz gekommen waren, und mehrere Leute halfen beim Zusammenpacken und Verstauen von Zelten und Gerätschaften. Es war alles im Handumdrehen erledigt, denn diese Zelte waren derart praktisch gefertigt, dass Auf- und Abbau beinahe von selbst vonstattengingen. Ich hatte den Eindruck, dass alle Beschäftigten besonders zügig arbeiteten, weil jeder diese ungastliche Stätte so rasch wie nur möglich verlassen wollte.

So war ich also der Letzte, der fertig wurde, obwohl ich mich nur umzukleiden hatte. Da ich mich durch die letzten Vorfälle mit meinen Landsleuten irgendwie besudelt fühlte, zog ich es vor, ein Bad zu nehmen, bevor ich in jene frisch duftende, praktische Kleidung schlüpfte, die aus einer hellbraunen Jacke bestand, welche mit einer Hose zusammengenäht war, und zahlreiche aufgesetzte Taschen hatte. Der passende Gürtel und die weichen, braunen Lederstiefel sahen abenteuerlich aus, fand ich.

Nach dem Bad fühlte mich in diesen neuen Kleidern wohl und übermütig, also bereit für das nächste Abenteuer. Die schändlichen Anschlagspläne meiner Landsleute hatte ich im Bad abgewaschen und dachte schon nicht mehr daran. Außerdem hatte mich das Reisefieber gepackt. Nun sollte ich zum ersten Mal das Meer sehen! – Ich hatte richtig Herzklopfen, musste ich mir eingestehen. – Dazu kam noch, dass ich diese grandiose Stadt, Poseidonia, bald sehen würde, von der ich so manches Mystische und Schöne schon gehört hatte. Ich konnte mir eine solch große Stadt überhaupt nicht vorstellen, aber ich fühlte eine glühende Erwartung in meiner Brust darüber, dass ich sie bald zu Gesicht bekommen und innerhalb ihrer Mauern umhergehen sollte. Diese Gedanken überlagerten alles Betrübliche, das in den letzten Stunden der Delegation widerfahren war, zu der ich mich nun bereits vollwertig dazugehörig fühlte.

Elik brachte den Gleiter in die Wartekolonne, und ich begab mich zum Botschafter, um ihn nach Anweisungen für die Reise zu fragen. Er bat mich, zusammen mit der Besatzung zweier kleiner Kampfgleiter die Vorhut zu übernehmen, da ich Land und Leute gut kannte, die auf der Reisestrecke lebten. Ich verstand und begab mich sofort zu den Gleitermannschaften.

Dort sprach ich mich mit den Kommandanten der Einheiten ab und wir kamen überein, dass Elik mit unserem Gleiter als erstes Gefährt die Spitze übernehmen und die beiden anderen Gefährte, links und rechts nach hinten versetzt, folgen sollten. Die beiden außen fliegenden Gleiter sollten sich zeitweise seitlich an der Kolonne zurückfallen lassen und die Flanken der Kolonne decken.

Danach warteten wir nur mehr auf das Zeichen zur Abreise.

Am Hauptturm der Festung wurde inzwischen eine große Fahne aufgezogen, zum Zeichen der Verabschiedung der Kolonne und um die Reisenden versöhnlich zu stimmen.

Kurz vor Mittag brachen wir dann auf. Es war eine imposante Kolonne, die da vom Zeltplatz wegglitt! Für mich war es insbesondere deshalb interessant, weil wir keinen Weg nehmen mussten, sondern einfach in einer Reihe auf einer geraden Linie über die Wälder hinweg zum Ziel gleiten konnten. Einige kleine Kampfgleiter schwirrten um die Kolonne herum wie Hornissen. Unser Weg führte uns ans Meer, das in Richtung der Nachmittagssonne lag. Die Fahrt verlief ruhig und war erstaunlich kurz.

Nach einer Stunde waren wir am Meer angekommen. Dort war ein großes Zeltlager zu sehen, das auf einer großen, ebenen Fläche am Rande der senkrecht zum Wasser abfallenden Klippe aufgeschlagen war. Auch dort herrschte reges Treiben. Ganz besonders in der Nähe eines riesigen runden Gefährtes, das aussah wie zwei an den Rändern übereinander gelegte gewaltige Teller. Es schimmerte metallisch im Sonnenlicht und stand auf vier gewaltigen Beinen. Das gab ihm das Aussehen eines riesigen Käfers. Es war größer als die großfürstliche Festung. Dieses Ding sah einfach furchteinflößend aus.

Vorerst hatte ich aber keine Zeit, es zu bestaunen, da ich meine Aufgabe als Kommandant der Sicherungstruppe sehr ernst nahm und bis zum Aufsetzen der Kolonne die Überwachung nicht abbrechen wollte. Gleichzeitig war ich sehr darauf bedacht, möglichst viele technische Details über Gleiter und andere Fahrzeuge zu erfahren, in dem Bestreben, mich schnell in die neue Umgebung einzuleben. Daher löcherte ich unentwegt Elik und den Piloten mit zahlreichen Fragen zu allem Möglichen, was mir auffiel und ich nicht verstehen konnte.

Elik antwortete bereitwillig und bemühte sich, die Antworten möglichst ohne Fachausdrücke zu geben. Er führte stolz aus: „Mit dem großen Schiff kann man sehr schnell und sehr bequem überallhin auf dieser Erde reisen und auch auf dem Wasser landen. In diesem Gefährt haben mehrere Expeditionsgruppen gleichzeitig Platz, die eine ähnliche Anzahl an Personen haben wie unsere Delegation."

Das Fahrzeug hätte einen Magnetantrieb, schilderte er, sei völlig geräuschlos und könne gegen Angriffe gut verteidigt werden. „Es schützt sich selber mit mehreren großen Solhubien, die von der Kommandozentrale aus ferngesteuert abgefeuert werden", erklärte er begeistert. Dieses Gefährt könne auch gegen Feindsicht getarnt werden, sodass es mit dem bloßen Auge nicht mehr sichtbar sei. Ebenso könne es auch mit elektronischen Schutzschilden gegen Feindbeschuss geschützt werden. Es sei so stabil gebaut, dass es einen Absturz aus größerer Höhe ohne nennenswerte Schäden überstehe. – Ein solcher Absturz sei allerdings bisher noch nicht vorgekommen, behauptete er. „Diese Fahrzeuge werden für größere Handelsmissionen, Expeditionen und für größere Transporte in fremdes Gebiet verwendet und nur vom Militär eingesetzt", instruierte er mich mitreißend.

Die Stadt Poseidonia

Sofort nach unserer Ankunft suchte der Botschafter das große Zelt des Lagerkommandanten auf. Er wollte erreichen, so schnell wie möglich in die Hauptstadt gebracht zu werden. Nach kurzer Zeit war er zurück und teilte uns mit, dass die Hälfte der Expeditionsgruppen bereits zurückgekehrt sei und man beabsichtige, nach Verstauung der Gerätschaften unserer Kolonne sofort abzureisen. Das Schiff werde anschließend zur Abholung der anderen Expeditionen zurückkehren.

Mir war das recht, denn ich brannte darauf, diese sagenhafte Hauptstadt so rasch wie möglich zu Gesicht zu bekommen. Als wir dann mit unserem Gleiter auf diesen metallenen Riesenkäfer zuglitten, erklärte mir Elik den inneren Aufbau dieses Fahrzeuges. Vor Staunen über das Gehörte kamen meine Gedanken völlig durcheinander. Zusätzlich war ich aufgeregt wie ein kleiner Junge, der ein neues Spielzeug bekommen hatte. Um Fragen stellen zu können, hielt ich mich an Elik und Hierim, die mir erklärten, dass alle Gleiter eigene Parkpositionen in den Hangets im Inneren dieses Luftschiffes hätten. Die Gleiter würden durch große Tore in dieses Riesengefährt hinein fliegen, um in Hangets verankert zu werden. Die Persönlichkeiten, Militärs und das Personal hätten in dem Schiff eigene Räumlichkeiten, die die Bequemlichkeit während der Reise erhöhten.

Das Schiff hatte die Größe des atlantischen Lagerplatzes vor dem heimatlichen großfürstlichen Hof. Es waren mehrere Reihen von Öffnungen übereinander an den Außenflächen zu sehen, was auf mindestens fünf Etagen übereinander schließen ließ. Es glänzte wie frisch gegossenes Zinn und reflektierte die Sonnenstrahlen. In seinem Inneren hätte man in den Etagen mit den Lagerräumen und Kabinen für Personal und Gäste unser halbes Volk samt Viehbestand unterbringen können.

Wenn sich Gleiter dem Schiff näherten, gingen Öffnungen in der Außenhülle auf, in die diese wie durch Tore hineinglitten. Danach schlossen sich diese Öffnungen wie von Geisterhand wieder. Im geschlossenen Zustand verschmolzen sie mit der Außenhaut und waren nicht mehr zu erkennen.

Ganze Kolonnen von Menschen gingen am Boden unter das Schiff zu einem Zylinder, der aus der Schiffmitte senkrecht zum Boden herabführte. Zwischen Erdboden und Schiffunterseite hätte man leicht eine große Tanne aufrichten können, ohne dass diese die Schiffsunterseite berührt hätte, so hoch war der Unterboden des Fahrzeuges vom Erdboden entfernt. Es warf einen Schatten, der größer war als unser See zu Hause.

Dieses Gefährt war mir etwas unheimlich, weil seine Dimensionen mein Vorstellungsvermögen überstiegen. Ich bestaunte es zeitweise mit offenem Mund, weil ich mir nicht vorstellen konnte, dass Menschen so ein riesiges Ding aus Metall fertigen konnten und es auch zum Fliegen brachten. Ich sagte mir aber, dass ich mich schon an die Gerätschaften und Fahrzeuge und an die Lebensgewohnheiten der Atlanter gewöhnen würde. Diese Atlanter besaßen offenbar technische Kenntnisse, die mein Volk erst in ferner Zukunft würde entdecken dürfen.

Auch unser Gleiter flog durch eine solche Öffnung in das Innere des Riesenschiffes. Wir gelangten in eine riesige Halle, in deren halbdunklem Inneren unzählige Gerätschaften und Gleiter bereits verwahrt waren. Unser Gleiter bekam einen Platz zugewiesen, glitt langsam dorthin und wurde mit Metallklammern am Boden befestigt, nachdem er gelandet war. Wir stiegen aus und wurden von einem offenen Gefährt zu einer inneren Türe gebracht, hinter der sich ein Personenlift befand, der senkrecht alle Etagen des Fahrzeuges miteinander verband.

Elik und Hierim führten mich zu diesem Aufzug, der sich in jenem Zylinder bewegte, den man auch außen sah und der vom Erdboden bis zum obersten Deck des Luftschiffes reichte. In diesem Zylinder glitten Menschengruppen ohne sichtbaren Antrieb in die Höhe und stiegen auf den verschiedenen Etagen aus, obwohl dies aussah, als ob sie durch die Luft hochschwebten.

Wir stellten uns in diesen Aufzug hinein, nachdem sich die Seitenwand der Röhre mit einem Zischlaut geöffnet hatte, und glitten in der Röhre in die Höhe. Das war für mich völlig neu und ungewohnt und ich fürchtete abzustürzen. Da aber die Leute meines Haushaltes so selbstverständlich in die Röhre eintraten, als ob dies das Natürlichste der Welt sei, wollte ich nicht zurückstehen und tat es ihnen gleich. Obgleich ich gestehe, dass mir die Knie zitterten. Dann glitten wir nebeneinanderstehend aufwärts, bis wieder eine Türe aufging. Nun betraten wir unsere Quartierebene. Vom Lift führten Gänge weg, an die zahlreiche Kabinen angebaut waren. Elik und Hierim führten mich zu einer dieser Türen und wir traten ein.

Kaum war ich in dem gemütlich eingerichteten Raum, als mich eine große Müdigkeit befiel. Von den unzähligen Eindrücken war ich derart überwältigt worden, dass ich beschloss, vorläufig nicht über diese fortschrittliche Technik nachzudenken und ein wenig auszuruhen. Diese vielen Erkenntnisse, die in so kurzer Zeit auf mich eingeströmt waren, hatten meinen Geist in überwältigender Art erschüttert.

Hierim bemühte sich rührend um mich, brachte mir auch sofort etwas zu trinken, als ich danach verlangte. Ich nahm einige Schlucke von der dargebrachten Erfrischung, legte mich aufs Bett und war sofort eingeschlafen, ohne mich entkleidet zu haben.

Dadurch hatte ich den Start des Schiffes verschlafen. Es war auch besser so. Als ich wieder aufwachte, bemerkte ich, dass sich das

Gefährt bewegte. Sofort erkundigte ich mich bei Hierim, wo wir uns befänden.

Elik war im Raum und stellte einen Bildschirm an, auf dem zu sehen war, dass wir in großer Höhe über Wasser flogen. Ich sah nur Wasser, so weit das Auge reichte. Das Schiff raste mit einer hohen Geschwindigkeit über das Meer hinweg Richtung Westen. Elik erklärte mir, dass jede Gästekabine so eine elektronische Verbindung zur Außenwelt habe und jeder Reisende jederzeit sehen könne, was außerhalb des Fahrzeuges vorginge.

Weil mich der Botschafter sprechen wollte, hatte mich Elik geweckt und führte mich zu Alundalts Quartier. Wir waren also in dem großen Schiff, das gerade dabei war, auf das planetare Flugfeld der Nordinsel von Atlantis zuzusteuern. Da ich aber zum Botschafter gebeten worden war, konnte ich nicht auf dem Bildschirm jenes riesige Gelände sehen. Dort parkten mehrere große Flugmaschinen. Eine flog gerade ab und andere landeten gleichzeitig mit uns. Dieses Gelände und die Fluggeräte hatten Ausmaße, die ich bisher nicht kannte und mir auch nicht vorstellen konnte. Von dem technischen Können meiner Gastgeber war ich geradezu übermannt.

Ich dachte mir, dass es noch viele Jahre oder Jahrhunderte brauchen werde, bis mein Volk diese Entwicklungsebene erreicht haben würde, um solche Gerätschaften zu fertigen. Noch während ich diese Überlegungen anstellte, erreichten wir den Botschafter.

Er teilte mir nach einer freundlichen Begrüßung mit, dass es nun angebracht sei, sich festlich zum Empfang in seiner Residenz zu kleiden. Er werde veranlassen, dass ich sofort nach der Ankunft im Palast der Hauptstadt dem Hohen Rat vorgestellt werde, weil ich mitgeholfen hatte, diese für das atlantische Volk so wichtige Angelegenheit mit der Schuld am Volk der Taoristin zu regeln, denn der Hohe Rat habe ein Recht auf unverzügliche Berichterstattung. Außerdem wäre mein baldiges Erscheinen im Tempel vonnöten, um dem Herzen von Atlantis die erfolgreiche Erledigung der Aufgabe zu berichten.

Ich wollte momentan nicht viele Fragen stellen, obwohl ich gern wissen wollte, was dieses „Herz von Atlantis“ ist. Also tat ich einfach, was mir aufgetragen wurde, und schlüpfte in die von Hierim bereitgelegten Kleider. Es war ein mit Goldfäden durchwirktes, weißes Wams mit eingearbeiteten Nerzfellen an Kragen und Säumen, eng anliegende, weiße Hosen, die in schwarz glänzenden Stiefeln steckten, und eine weiße, runde Kopfbedeckung mit einer Feder. Um die Hüfte war ein metallisch glänzender Gürtel geschlungen und rechts daran mein Dolch befestigt, der mich als Botschafter auswies.

So bekleidet fand ich mich mit Elik im großen Gleiterhanget wieder ein, nachdem das Schiff sanft aufgesetzt hatte und das tiefe Brummen des Antriebes verstummt war.

Dieser Schiffsantrieb war mir ein Rätsel – wie viele andere Dinge, die ich heute zum ersten Mal sah. Ich beschloss aber, ein anderes Mal um technische Aufklärung zu ersuchen, und widmete mich dem faszinierenden Anblick der riesigen Landefläche, die, vollkommen eben und wie aus einem Stück gegossen, auf uns wartete.

Wir bestiegen mit dem Botschafter und dessen engstem Stab einen festlich geschmückten Gleiter und schwebten langsam aus dem Hanget des Schiffes, ohne auf dem Landeplatz zu verweilen. Dann ging es sofort weiter in Richtung zu der aus großer Ferne sichtbaren Stadt Poseidonia. Ich war schon gespannt auf den Anblick dieser ruhmvollen Hauptstadt.

Zwischen dem Flugfeld und der Stadt war ein seeartiges, ruhiges Wasser zu sehen, an dessen weit entfernten Ufern Felder und Baumplantagen lagen. Ich konnte viele Gerätschaften auf den Feldern und zwischen den Baumreihen ausmachen, deren Zweck ich nicht kannte. An flachen, freien Uferstellen lagen und tummelten sich viele nur wenig bekleidete Menschen. Viele schwammen auch im Wasser. Diese Menschen machten einen lustigen und friedlich entspannten Eindruck. Leider konnte ich nicht viel davon betrachten, da wir mit unseren Gleitern zu schnell über das Wasser Richtung Stadt weiterflogen.

Schon kam die Stadt, deren Konturen zusehends Gestalt annahmen, immer mehr ins Blickfeld. Ich sah, dass sie kreisförmig angelegt und sehr groß war. Der Anblick war tatsächlich überwältigend schön, noch herrlicher, als ich es erwartet hatte! Die Gestaltung wirkte trotz der riesigen Ausmaße vollkommen harmonisch und zeugte von der großen Baukunst der Atlanter.

Ich hatte noch nie eine so große Ansammlung von Häusern gesehen. Alles blitzte und funkelte im Sonnenlicht. An Balkonen und Fenstern waren Blumen zu sehen, und das Grün der Parkanlagen fügte sich angenehm in die Baureihen ein und beruhigte das Auge.

Mittelpunkt dieser Stadt war ein Hügel, der auf seiner Spitze einen weiß schimmernden Tempel trug. Dieses Bauwerk hatte ein gewaltiges Giebeldach. Auf halber Hügelhöhe wurde ein Palast sichtbar. Die Ausmaße beider Gebäude schienen mir unglaublich. Sie waren offenbar aus weißem Marmor errichtet. Auf dem Hügel sah ich nur diese beiden Gebäude, sonst bedeckte dichter Laubwald aus sehr hohen Bäumen seine Flanken.

Von der darunter liegenden Stadt führte eine weiße Steintreppe mit zahlreichen Absätzen zum Palast und von diesem zum Tempel hoch. Diese beiden Gebäude waren mit Sicherheit in jeder Hinsicht der Mittelpunkt der Stadt und auch das geistige Zentrum des Landes. Das konnte man an der Größe, Harmonie, Ausstrahlung und Pracht der Anlagen sofort sehen. Sowohl der Palast als auch der Tempel war reich mit goldenen Ornamenten verziert, die weithin im Sonnenlicht leuchteten. In Nischen und auf Vorbauten hatte man zahlreiche Statuen platziert, und die Säulenreihen, welche die Dächer trugen, wirkten überragend und unerschütterlich. Diese Prachtentfaltung machte großen Eindruck auf mich, und ich dachte bei mir, dass das prächtigste Bauwerk meines Volkes, die Großfürstenburg, nur ein magerer, billiger Abklatsch dieses Volkszentrums war.

Am Fuße des Hügels standen zahlreiche große Häuser, die alle mehrere Geschosse übereinander aufwiesen. Sie waren ebenfalls aus weißem Marmor gebaut, mit goldenen Verzierungen versehen und festlich geschmückt. Einige dieser prachtvollen Villen waren von großzügigen Parkanlagen umgeben. Es waren nur wenige, festlich gekleidete Menschen zu sehen, die, aus den Gassen zwischen den Häusern kommend, der breiten Steintreppe zustrebten, die an einem Platz zwischen den Häusern begann und zum Palast führte. Diese etwa zehn Mannslängen breite Treppe war an den Seiten durch eine steinerne Balustrade gesäumt, die durch zahlreiche Steindenkmäler auf den Absätzen unterbrochen wurde. Sie stellten Menschen- und Tierfiguren sowie in gemischten Gruppen scheinbar Kampfszenen dar.

Diesen innersten Bezirk umgab ein ringförmiger Kanal, auf dem mehrere Prunkschiffe fuhren. Der Kanal war etwa zweihundert Einheiten breit, wie mir erklärt worden war. Außerhalb dieses Kanals sah ich ringförmig Festland angeordnet, das etwa eintausend Einheiten breit war. Auf diesem Festlandring standen in mehreren Reihen kleinere Häuser, alle mit roten Giebeldächern versehen, die ebenfalls den Eindruck aufwendiger Bautechnik machten. Dazwischen befanden sich große, mehrgeschossige Gebäude mit großen Innenhöfen und Parkanlagen. Außerhalb davon schloss wieder ein ringförmiger Kanal an, der breiter als der innere war. Auf diesem fuhren viele kleine Schiffe hin und her, die dem Transport von Waren zu dienen schienen.

Dieser Kanal wurde wieder durch ein ringförmiges Festland umschlossen. Dieses war breiter als der innere Ring. Darauf standen sehr viele kleine Häuser, die nicht so künstlerisch, sondern eher praktisch gebaut schienen. Zwischen diesen Häusern herrschte in den Gassen ein reges Treiben. Die Menschen waren derart mit Handwerkstätigkeiten beschäftigt, dass sie gar nicht zu unserer Kolonne aufsahen, als wir über sie hinwegglitten.

Außen an dem zweiten Landring folgte ein noch breiterer dritter Kanal, der zur See hin durch eine ringförmige, gewaltige Mauer abgeschlossen wurde. Innen an dieser Mauer waren Hafenanlagen zu sehen, mit Anlegestellen und Lagerhäusern. Die riesige Mauer schützte die gesamte Stadtanlage zur See hin und hatte eine Höhe von gut fünfundzwanzig Einheiten. In die Mauer waren mehrere riesige Einfahrtstore eingelassen, durch welche Handelsschiffe ein- und ausfuhren und sich im Hafenkanal verteilten oder innen an großen Speicherhäusern angelegt hatten. Dort wurden Waren ausgeladen und in die Speicher verstaut. Die Schiffe fuhren alle in eine Richtung, egal ob sie hereinkamen oder aus dem Hafenkanal wieder durch ein anderes Tor hinausfuhren. Das sah eigenartig aus, dürfte aber praktisch sein und der Sicherheit dienen.

Alle Menschen, die in diesem künstlich angelegten Hafen arbeiteten, hatten einfache Kleider an und waren schmutzig. Diese Schiffe waren völlig unterschiedlich und mussten ihrem Aussehen nach von fremden Völkern kommen, die mit den Atlantern Handel trieben. Dieser Handel musste große Ausmaße haben, denn diese Stadt schien der Haupthandelsplatz eines für mich unermesslich großen Volkes zu sein. Das schloss ich aus der Warenmenge, die da umgeschlagen wurde. Nirgends waren Winden und Aufzüge zu sehen. Mit Gleitern, die zwischen den Speichern und den Schiffen hin und her flitzten, wurden die Waren aus den Schiffen entladen.

Der Mauerwall war zur Verteidigung der ganzen Stadt errichtet, wie mir Elik bestätigte. Er war sicher doppelt so hoch wie der der Festung von De Grahs und bestand aus riesigen Granitsteinen, die beinahe fugenlos zusammengefügt waren. Er schien unüberwindbar, wie ich vorher noch nie eine Wehrmauer gesehen hatte.

Als wir mit den Gleitern über die Mauer flogen, konnte ich die breite Krone sehen, die keine Zinnen oder Wehrgänge aufwies. Sie war oben genauso glatt wie an den Flanken und absolut eben. Ich konnte mir nicht vorstellen, wie solche großen Steine bewegt und so genau bearbeitet werden konnten, dass eine so solide, fugenlose Mauer ohne Mörtel entstand. Auf dieser Mauer sah ich keine Wachen, wohl aber runde, turmartige Erhebungen. Was diese Türmchen darstellten oder wozu sie dienten, konnte ich mir nicht vorstellen, denn Wachtürme, so wie ich sie kannte, waren es sicher nicht. – Später sollte ich erfahren, dass sich darin eingebaute Solhubien befanden, mit denen die Mauer auf weite Entfernung verteidigt werden konnte. Diese Türme waren also beweglich, und die großen Strahlenwaffen konnten oben aus der Mauer hochgefahren werden.

Ich zählte vier Tore in der Mauer. Diese Tore bestanden aus je einer riesigen, viereckigen Metallplatte, welche die Öffnungen auch unter Wasser abschloss. Die Platten hatten grüne Patina angesetzt und schienen aus Bronze gefertigt zu sein. Abends wurden diese Tore immer geschlossen, wurde mir erzählt, und sie schlossen wasserdicht ab. Wenn die See durch Sturm aufgepeitscht gegen die Mauer schlug, verhinderten sie, dass Sturmwasser in den Hafen eindrang. Außer den Toren war keine Öffnung zu sehen und deshalb schien sie mir schier unbezwingbar zu sein. Jedenfalls konnte man nicht daran hochklettern, weil man keine Griffpunkte gefunden hätte, um sich festzuhalten.

Die Ringkanäle wurden von einem Stichkanal, der genau von Norden nach Süden verlief, mit Wasser gespeist. Neben diesem Stichkanal führten auf Höhe der Festlandringe bogenförmige Steinbrücken über das Wasser, welche die Inselringhälften miteinander verbanden.

Als Elik meinen bewundernden Blick für diese Anlage sah, erzählte er: „Diese Hafenanlage und die Mauer waren neben dem Tempel die ersten Bauwerke, die in dieser Stadt errichtet wurden. Der Göttersohn Poseidon erbaute selbst diese Befestigung, die nur er mit seinen überragenden Fähigkeiten errichten konnte. Er konnte die Schwerkraft überwinden und diese riesigen Steine mühelos heben. Auch verfügte er über eine Technik, mit der man Steine ohne Mörtel so zusammenfügte, dass beinahe keine sichtbaren Fugen

entstanden. Unsere Vorfahren lernten ebenfalls mit Gerätschaften umzugehen, die eine Bauweise mit schwerem Material ermöglicht. Bisher ist es keinem Feind gelungen, diese Mauer zu überwinden. Wir hatten aber schon seit Hunderten von Jahren keinen Feind mehr vor der Stadt. Alle Fremden, die diese Anlage einmal sehen, wissen, dass ein Angriff sinnlos ist."

Nach einer Pause erklärte er weiter: „In dieser Stadt leben Menschen aller Bevölkerungsschichten. Welchen Bereich der einzelne

Mensch bewohnt, hängt von seiner Bildung und geistigen Einstellung ab. Diese Einteilungen sind kein politischer Zwang, sondern ergeben sich aus der Ausbildung. So entstand ein zwangfreies Volksgefüge, das so ausgewogen ist, dass eine lückenlose Versorgung des gesamten Staates reibungslos erfolgen kann. Daher gibt es in unserem Land weder Mangelerscheinungen noch schwere Krankheiten. Auch seelisch ist unser Volk relativ gesund.

Wir glauben an einen mächtigen Gott, der der Schöpfer allen Lebens ist, und Poseidon ist ein Sohn dieses Gottes und wacht über unser Volk", schilderte er mir stolz. „Jeder kann, je nach Intelligenz, jede Schule besuchen. Alle Kinder werden nicht nur gesundheitlich und psychologisch betreut, auch wird vom Kleinkindalter an festgestellt, für welche Schulen und welchen Werdegang jedes geeignet scheint. Die Kinder können trotzdem selbst wählen, welche Schulen sie besuchen wollen. Nur beim Zugang zum Militär gibt es strenge Auswahlkriterien, um zu verhindern, dass labile Menschen an gefährliche Waffen herankommen. In der Politik sind alle Stände, Handwerksgruppen und Wissenschaftszweige vertreten. In die große Ratsversammlung, das höchste Gremium der Volksvertretung, muss man aber gewählt werden", schränkte er ein.

Auf meine Frage, wie denn die Menschen in den Ringen verteilt lebten, erklärte er: „Am ersten Festlandring, der innerhalb des Kanals um den Ringhafen angelegt ist, leben die Handwerker und Dienstleister. Sie haben eine fundierte Ausbildung, betreiben den Handel im Hafen mit den fremden Völkern und versorgen das gesamte Land mit allen Waren und Lebensmitteln. Sie halten den Betrieb der Stadt am Laufen. Diese Menschen transportieren auch die Waren über die Ringkanäle in die inneren Stadtbezirke, direkt zu den Verbrauchern.

Wir Atlanter betreiben Tauschhandel nur mit Fremdvölkern. Untereinander haben wir ein Verrechnungssystem entwickelt. Für erstandene Waren und Leistungen haben wir ein tauschfreies Abbuchungssystem eingeführt, das alle Werte verrechnet. Früher hatten wir Gold als Zahlungsmittel. Das wurde aber zu umfangreich und umständlich, so ist man zu diesem Verrechnungssystem übergegangen. Das ist sehr praktisch, wie du sehen wirst, denn es vereinfacht den Warenverkehr immens", bemühte er sich geduldig, mir nahezubringen. Ich konnte damals nur seine Worte aufnehmen, verstehen konnte ich sie noch nicht.

„Es ist ganz einfach," sprach er weiter, „jeder Bürger hat eine elektronisch geladene Metallplatte, auf der alle Daten des Besitzers gespeichert sind. Diese Karte kann nicht missbräuchlich von einer anderen Person verwendet werden und wird einfach an einer Kette mitgeführt. Wenn ein Atlanter Waren kaufen oder eine Dienstleistung in Anspruch nehmen will, steckt er diese Metallkarte in ein Gerät des Partners und der Gegenwert wird abgebucht. Dieses Verrechnungsgerät steht ständig mit einer elektronischen Zentraleinheit in Verbindung, die sofort die entsprechenden Ausgleiche auf dem persönlichen Leistungskonto der betreffenden Person vornimmt und auch das Guthaben jedes Einzelnen festhält."

„Welche Leute leben auf dem zweiten Landring?" wechselte ich das Thema, denn das interessierte mich jetzt viel mehr.

„Auf dem zweiten Festlandring leben die technische Elite und jene Menschen, denen die Ausbildung der Kinder anvertraut ist. Diese Ausbildungsstufen finden in den großen Gebäuden mit den Parkanlagen statt. Die technische Forschung ist unter den Gebäuden in wasserdichten Anlagen untergebracht und so vor Spionage sicher", führte er sehr kompetent aus. „Die Industrie zur Fertigung aller Gerätschaften und Waren ist in Satellitenstädte ausgelagert, weit weg von der Hauptstadt, um die Stadt vor Lärm und Abfällen frei zu halten. Die Landwirtschaft wird auf dem Land betrieben, entsprechend der jeweiligen Bodenbeschaffenheit", beschrieb er den grundlegenden Aufbau der Verteilung. „So kann die Stadt das gesunde Meerklima ungestört nutzen. Bei uns ist alles geregelt. Jeder hat einen entsprechenden Anspruch auf Freizeit", eröffnete er mir lächelnd. „Dieser Anspruch wird von Ärzten festgestellt und entspricht der geistigen und körperlichen Leistungsfähigkeit des einzelnen Menschen." Er zeigte nach unten. „Diese Leute am Meeresstrand haben Ferien und können diese ungestört genießen", sagte er mit freudigem Gesicht.

Ich lächelte ihn auch an. „Du hast von Schulungsstufen gesprochen. Was kann man da lernen?" hakte ich nach.

„Die Kinder machen die Grundschule und die mittlere Stufe am zweiten Landring. Die geistige Elite und die hohen Ausbildungsstätten unseres Volkes, die Mitglieder der Regierung, sowie die hohen Vertreter der fremden Völker und die Priesterschaft leben im innersten Bezirk um den Tempelhügel", fuhr er interessant fort.

„Lebt im Palast in der Mitte auch jemand? Habt ihr einen König?" fragte ich neugierig.

„Im Palast lebt die Familie jenes Fürsten, der für zwei Jahre gewählt wird und die weltliche Herrschaft über das gesamte Land ausübt. Ferner leben dort die auserwählten Weisen und die Abgesandten der zwölf atlantischen Stämme. Im Tempel ist die priesterliche Schule untergebracht, und hier leben nur jene Priesterinnen, die den Tempel und das Herz von Atlantis betreuen, welches man auch als Gewissen des gesamten atlantischen Volkes bezeichnen kann." Als er das sagte, legte er sich die flache Hand auf die Brust.

„Der Botschafter hat das Herz von Atlantis auch schon erwähnt. Wieso heißt es Herz?" löcherte ich ihn ungeniert.

„Gute Frage", meinte er. „Dieses riesige Instrument wurde von Poseidon in den Tempel gebracht. Es stammt von einem bereits ausgestorbenen, geistig hochstehenden Volk und registriert alle wichtigen Vorgänge in unseren zwölf Stämmen. Es ermöglicht so dem Machtinhaber, unverzüglich festzustellen, in welchem Volksteil Schwierigkeiten auftreten, wo etwa unerlaubte wissenschaftliche Experimente durchgeführt werden, die nicht mit der Volksethik vereinbar sind", deutete er mit ein wenig Bitterkeit in der Stimme an. „Leider gibt es bei uns Wissenschaftler, die sich nicht an die Gesetze und die göttlichen Gebote halten und bereits durch grauenhafte Versuche großen Schaden angerichtet haben", sagte er traurig.

„Alundalt hat es meinen Eltern und mir erzählt, als ich mit ihm und dem Priester zu dem Kraftplatz gehen sollte, wo ein altes Vergehen des atlantischen Volkes gesühnt und bereinigt werden sollte", warf ich ein. „Erzähle mir mehr über das Herz, bitte!"

„Das Herz spürt, wenn sich in einem der Stämme Spannungen oder andere negative Energien aufbauen. Der Fürst des betroffenen Stammes wird nach einer vom Herzen an die Priesterinnen gegebenen Warnung aufgefordert, festzustellen, was vorgefallen ist, und trägt das Vorkommnis in einer großen Volksversammlung vor. Wenn festgestellt wurde, welches Fehlverhalten vorliegt, beschließt die Versammlung die erforderlichen Korrekturen und sucht das Gleichgewicht wiederherzustellen", legte er mir einleuchtend offen, aber ich konnte es mir dennoch nicht vorstellen. Ich wollte Elik nicht unterbrechen, so setzte er fort: „Diese Regelung hat bisher das atlantische Volk zumeist vor großem Schaden bewahrt, nur diese Ausgleiche gelangen nicht immer. In den letzten Jahren war es wiederholt nicht möglich, Probleme vollständig aus der Welt zu schaffen, und es kommt immer öfter vor, dass die Fürsten es verabsäumen, die Versammlung einzuberufen." Er sah mir in die Augen, ob ich auch alles verstehen konnte. „Einmal im Jahr ist aber ein solches höchstes Treffen der Fürsten aller Stämme zwingend vorgeschrieben. Da kommen dann alle Probleme zur Sprache, die nicht behandelt worden sind, um die Harmonie im Gesamtstaat aufrechtzuerhalten. Zu diesen Versammlungen werden die Weisen und Abgesandten fremder Länder oft beigezogen und deren Ratschläge eingeholt", erläuterte er.

„Kannst du mir sagen, wie dieses Herz von Atlantis aussieht?" hakte ich nach.

Er strahlte mich an. „Ja, das kann ich. Dieses Herz von Atlantis ist ein riesiger Kreisel. Auf einer senkrechten Achse sind mehrere Scheiben angebracht. Diese Achse ist an beiden Enden in Energielagern eingebettet und dreht sich ständig. Auf den Scheiben sind lebensgroße Schädel aufgelegt, die aus Bergkristall geschnitten wurden. Diese Kristalle stellen die Stammessymbole dar und leuchten in verschiedenen Farben. Wenn im Volk alles ruhig ist, dreht sich der Kreisel eher langsam und die Kristalle leuchten nur schwach. Disharmonien in einem Stamm führen zu erhöhten Drehzahlen und vermehrtem Aufleuchten des entsprechenden Kristalls. – Die Justierung des Energie-Kreisels nehmen die Priesterinnen auf Weisung der großen Ratsversammlung vor. Dort besprechen die Ratsherren Auswirkungen und Ursache. Nach einer erfolgreichen Abhandlung der Ursache in der Ratsversammlung beruhigt sich der Kreisel wieder. Wenn diese von der Versammlung vorgenommene Maßnahme nicht zur Zufriedenheit des Herzens ausgefallen ist, läuft es weiterhin ungleichmäßig. Dann versuchen Priesterinnen durch Auflegen weiterer kleinerer Kristalle auf die Scheiben, den Lauf des Kreisels wieder zu harmonisieren. Diese Maßnahmen sind schwierig durchzuführen und bringen nicht immer den erwünschten Erfolg. Poseidon wird zunehmend unzufriedener mit unserer weltlichen Regierung und hat bereits zornig angedroht, sich vom atlantischen Volke abzuwenden, falls die Entartung weiter fortschreiten sollte", zitierte er mit hartem Gesichtsausdruck.

„Wieso kennst du dich so gut mit diesen Dingen aus, Elik?" lenkte ich ihn ein wenig ab.

Er lächelte. „Ich wurde vom Botschafter in diese Dinge eingeweiht, er hat es mir gezeigt. – Wir haben eine echte Krise, Hermanwulf", beteuerte er ernst. „Es wird der Volksregierung immer schwieriger, die Ordnung aufrechtzuerhalten, weil die Stammesregierungen immer weniger zusammenarbeiten und einige Stammesfürsten die Vorherrschaft anstreben", legte er mir offen. „Vor Jahrhunderten war es einfacher zu regieren und das Herz von Atlantis musste sehr wenig justiert werden, weil die Menschen verantwortungsbewusst und noch nicht so dekadent waren. Da sich nun aber in unserem Volk immer mehr niedrige Instinkte bemerkbar machen, nicht zuletzt durch den negativen Einfluss von heimlichen Heiraten mit Angehörigen fremder Völker, wird es leider zusehends schwieriger, die Vorstellungen der Bevölkerung im Einklang mit den gesetzlichen und moralischen Vorgaben zu halten. Diese unseligen Blutvermischungen mit Angehörigen geistig niedrig entwickelter, fremder Völker haben unserem Volk schwer geschadet, da scheinbar hauptsächlich die niedrigen Eigenschaften und Instinkte der fremden Wesen vererbt, aber die positiven Werte der Eltern verdrängt werden."

„Wann ist die nächste große Ratsversammlung angesetzt?" forschte ich wieder weiter.

Elik nickte, weil er feststellte, dass ich verstanden hatte. „Weil eine solche Ratsversammlung zum Ausgleich der Kreiselbewegung bevorsteht, hat es der Botschafter so eilig hinzukommen. Hörst du das zornige Brummen in der Luft?"

Ich lauschte. Dann hörte ich tatsächlich ein tiefes Brummen, das vom Tempelberg zu kommen schien.

„Das ist das Herz", sagte Elik ernst und fügte an: „Die Tonlage ist besorgniserregend tief. Normalerweise ist das Geräusch viel leiser und auf einer viel höheren Tonlage, so hoch, dass das menschliche Ohr diesen Ton kaum wahrnimmt, weil die Drehzahl des Kreisels bei ordentlichem Lauf höher liegt.

„Was will er der Versammlung erzählen?" folgte ich Eliks Bericht mit dem nächsten Gedankenschritt.

„Der Botschafter wird die positive Energie der Aussöhnung mit den Taoristin schnell der Maschine in einem ritualisierten Bericht zur Kenntnis bringen", beantwortete mir Elik meine Frage ohne Umschweife, „um die Drehung dieses göttlichen Gerätes wieder zu erhöhen. Vermutlich wirst du als neuer Abgesandter deines Volkes anwesend sein und als Hauptakteur während der Abhandlung fungieren", stellte er mir in Aussicht.

Wir unterbrachen das Gespräch, da der Gleiter langsamer wurde und in den Vorgarten eines schlossartigen Gebäudes einschwebte, das in einem mir fremden Stil erbaut war. Dieser Komplex war riesengroß! Er stand in einem nicht überschaubaren Park mit zahlreichen verschiedenartigen Bäumen, von denen ich viele nicht kannte. Das Gras war dunkelgrün und ganz kurz gehalten, so kurz und gleichmäßig hätten es Schafe nie abweiden können. Zahlreiche Büsche blühten in überschwänglicher Pracht und in allen Regenbogenfarben. In kunstvoll angelegten Formen waren Blumen angepflanzt, die ebenfalls alle freudig zu blühen schienen. Dazwischen führten Kies- und Steinwege wie ein Muster durch die Pracht. Diese Anlage machte einen sehr gepflegten Eindruck, wirkte aber auf mich ohne Tiere und Menschen sehr unnatürlich.

Der Gleiter bewegte sich die breite, zweigeteilte Zufahrtsrampe zum Gebäude hinauf und hielt vor dem riesigen Eingangstor, das aus einem schweren Rahmen aus Metall gefertigt, vergittert und trotzdem durchsichtig war und sich plötzlich, wie von Geisterhand, selbstständig öffnete. Wir machten uns ans Aussteigen.

In der Eingangshalle hatten sich zahlreiche Menschen in einem Doppelspalier aufgestellt und blickten erwartungsvoll den Fahrzeugen entgegen. Elik klärte mich auf, dass dies die Mitarbeiter des Botschafters seien, die ihn nun nach seiner erfolgreichen Reise entsprechend würdig begrüßen wollten.

Und tatsächlich brandete Beifall auf, als der Botschafter den Gleiter verlassen hatte. Die Leute klatschten und pfiffen freudig, als der Botschafter stolz durch das Spalier glitt. Er tat dies in einer ganz besonderen Art der Bewegung, wie immer, wenn er mit seiner Leistung zufrieden war. Da nahm er eine ganz besondere Haltung ein und seine Ausstrahlung veränderte sich. Er wirkte majestätisch – und er genoss sichtlich den freundlichen Empfang.

Diese Freude wich schlagartig und für mich deutlich spürbar, als er am Ende des Spaliers, halb von einer mächtigen Säule verdeckt, eine ganz in Schwarz gekleidete Person erblickte, die ihn mit einer unsympathisch krächzenden Stimme ansprach, welche für mein Ohr vor Missgunst und Neid nur so troff. Ich konnte die Worte nicht verstehen, da ich der atlantischen Sprache noch nicht mächtig war, bemerkte aber an der Reaktion des Botschafters, dass ihm etwas Unangenehmes ausgerichtet wurde.

Elik setzte mich leise in Kenntnis: „Das ist der Aasgeier von Merhandis, der jetzige Fürst des kläglichen Restes des Schildkrötenstammes, der dem Botschafter und dir den Erfolg missgönnt, den ihr in der Höhle eingefahren habt. Er hatte in zahlreichen Anläufen nie ansatzweise einen ähnlichen Erfolg erreichen können, um die Schmach seines Stammes gegenüber den Taoristin zu tilgen“, kam es wieder hart von Elik.

Ich musterte ihn mit einem eindringlichen Blick. „Ist er der Verursacher der derzeitigen Spannungen im Herzen?“ fragte ich leise zurück. „Nicht direkt. Aber in der Ratsversammlung wird es wieder zu Spannungen kommen, weil die Schildkröten die Vorgangsweise des Botschafters als Einmischung in ihre Angelegenheiten anprangern werden, um ihre Erfolglosigkeit zu verschleiern“, klärte mich Elik auf. „Er hat dem Botschafter in die Glückwünsche und Begrüßungsworte zahlreiche kleine Beleidigungen eingebaut, die sicher schmerzen werden und die er nicht unbeantwortet lassen kann, will er nicht sein Gesicht verlieren“, unterrichtete er mich dezent. „Diese Geier hätten auch bis zur Versammlung warten können! So ist die Stimmung schon vorher gründlich verdorben.“

Schon als Elik gesprochen hatte, war Hierim zu uns getreten und forderte mich auf, ihr zu folgen. Sie führte mich eine breite Treppe hoch in die erste Etage des riesigen Hauses und danach durch eine Reihe von Zimmern, die riesige Fenster hatten, durch welche wunderbar die Sonne schien und durch die man einen künstlich angelegten Teich mit Wasserfall im Park sehen konnte. Die Zimmer waren sehr hell und mit überschwänglich verzierten Möbeln ausgestattet. An den Wänden hingen bunte Darstellungen von Landschaften und Menschen. An den Seiten der Fenster hingen schwere Stoffe von Laufleisten an der Decke herab und außen waren türartige Flügel angebracht, die man offenbar schließen konnte.

Sie erläuterte mir höflich: „Diese Räume hat der Botschafter für dich und deine Mitarbeiter vorgesehen... und er hofft, du wirst dich hier wohlfühlen und so lange bleiben, bis du von deinem Posten abberufen wirst!“ Ihre Worte fasste ich als Willkommensgruß auf.

Ich konnte ihren Ausführungen nur staunend folgen. Dann zeigte sie mir noch einen riesigen Speiseraum, in dessen Mitte ein länglicher Tisch mit zahlreichen, eleganten Stühlen stand. Dahinter lagen die Räume, die Elik, Aresit, Zemt und sie selbst bewohnen würden.

Es folgte nun eine eigentümliche Art von Begegnung, denn sie zeigte mir ein Wesen, welches regungslos neben der Eingangstüre stand. Dies war die Gestalt eines Knaben, mit einer ganz dunklen Haut und ganz unatlantisch gekleidet. Auf die Gestalt deutend, erklärte sie wieder freundlich: „Das ist ein Robot, der zu jeder Sekunde für dich zur Verfügung steht. Man sollte ihm einen Namen geben! Wird er gerufen, erscheint er unverzüglich.“

Mir fiel Ali als Name ein, da auf unserem Hof ein Junge mit dunkler Haut lebte, der so hieß. Eine Magd hatte ihn einmal mitgebracht. Ich sprach diesen Namen aus, und sofort stand der Bursche grinsend neben mir und schaute mich erwartungsvoll an. Ich grüßte ihn, worauf Hierim sofort einwandte: „Das ist kein Mensch, sondern ein Android, also eine von unseren Technikern geschaffene Maschine, die nur wie ein Mensch aussieht. Er ist so programmiert, dass er alle Hausarbeiten und Botengänge machen kann“, kam sie auf das Wesentliche. Nun sah ich sie aber sehr erstaunt an.

„Bitte behandle ihn nicht wie einen Menschen, er hat kein Gefühl und keine Empfindungen“, meinte sie etwas mitleidig. „Und er kann jederzeit durch die langgezogen ausgesprochene Wortkombination ‚halt und aus‘ ausgeschaltet werden“, fügte sie noch an, als wäre das die Erklärung für die unfreundliche Behandlung.

Mich auf ein inneres Gesetz versteifend, entgegnete ich ihr: „Jede Gestalt, die aussieht wie ein Mensch, wird von mir als solcher behandelt! Vielleicht bekommt Ali dadurch Empfindungen und Gefühle und ist eines Tages froh über meine Freundlichkeiten“, stellte ich ihr genauso undurchsichtig hin, wie sie mir ihre Erklärung präsentierte. „Sicher wird er sich aber durch eine menschliche Behandlung besser als Diener bewähren“, stellte ich stur fest. Es war mir egal, ob das in ihre Vorstellungen passte oder nicht.

Hierim schüttelte den Kopf, entgegnete aber nichts mehr. Sie bat nur noch, ihre Räume aufsuchen, sich frisch machen und umkleiden zu dürfen, und verschwand, bevor ich etwas hätte sagen können.

Ich war einverstanden und bemerkte laut, dass ich ebenfalls baden und dann schlafen möchte.

Sofort wandte sich Ali an mich, zeigte mir das Bad und legte Badetücher bereit. Dann ging er in einen Raum, den er als Umkleide bezeichnete, um Kleider für mich herauszusuchen. Er kam mit einem bequemen Mantel aus glänzenden, fein gewebten Materialien, mit Kordel um die Mitte, dazu feinen Pantoffeln und Unterwäsche wieder. Die Kleider legte er im Bad bereit und verschwand wieder.

Ich badete genüsslich, kleidete mich an, suchte dann angenehm erfrischt den Balkon vor dem Schlafzimmer auf und legte mich in eine Hängematte. Dort schlief ich sofort ein, ohne mich um das freundliche Wetter und die wunderschöne Umgebung zu kümmern.

Vor der Ratsversammlung

Ich hatte ruhig geschlafen. Geweckt wurde ich aber durch ein aufgeregtes Geschrei im Park, am Teich, der keinen Steinwurf von meiner Terrasse entfernt war. Dort standen zwei Knaben im Alter von etwa zehn Lenzen am Rand des Teiches und versuchten einen Dritten, der ins Wasser gefallen war, mit einem Stock ans Ufer zu retten.

Der Bursche im Wasser klammerte sich mit beiden Händen an den Ast, schrie erbärmlich, tauchte zeitweise unter und rang nach Luft, wenn sein Köpfchen wieder über die Wasseroberfläche kam.

Ich verstand den Grund dieses Geschreis nicht, an der Stimmlage vermeinte ich aber zu erkennen, dass die Kinder den Schwimmer in Gefahr wähnten. Obwohl ich nur mit Unterwäsche bekleidet war, den Mantel hatte ich ausgezogen, sprang ich über die Brüstung der Terrasse, landete in einem Blumenbeet und rannte barfuß zum Ufer. Dort sah ich, dass sich der zappelnde Bursche mit den Füßen in Wasserpflanzen verheddert hatte und unterzugehen drohte. Daher sprang ich, ohne nachzudenken, in das hüfttiefe Wasser, erfasste den Knaben am Kragen seines Gewandes, brachte ihn zum Ufer und stieg selbst wieder aus dem Wasser.

Dort angekommen, registrierte ich erst die entsetzten Gesichter der Knaben. Die Angst konnte sich nicht mehr auf die Gefahr für ihren Gefährten beziehen. Sie starrten mich an und klopften zaghaft mit ihren kleinen Händen meine nackten Beine ab, so als ob sie nicht verstehen könnten, dass ich unversehrt geblieben war.

Ich fragte sie, was dieses seltsame Verhalten bedeuten sollte, aber sie konnten mich natürlich nicht verstehen. Und ihre Worte verstand ich nicht. Sie plapperten in einer mir unverständlichen Sprache. Als sie sich wieder etwas beruhigt hatten, nahm mich einer der Knaben an der Hand, führte mich am Teichufer zu einer freien Wasserfläche und zeigte auf die dort schwimmenden Fische. Diese schwammen aufgeregt hin und her, waren etwa eine halbe Elle lang und machten auf mich keinen gefährlichen Eindruck. Dann nahm er ein Stück Fleisch, das auf einem Teller auf einer Gartenbank abgelegt war, und warf es ins Wasser. Er zeigte aufgeregt wieder auf die Fische. Diese stürzten sich auf das Stück und hatten es in Windeseile aufgefressen. Dabei war ein Strudel im Wasser entstanden, weil die Fische wie rasend hin und her geschwommen waren und nacheinander kleine Stücke aus dem Fleisch gerissen hatten. Da verstand ich: Es waren fleischfressende Fische, die nur so harmlos wirkten.

Zufällig bemerkte ich, dass einer der Fische bei der Balgerei um das Futter eine blutende Wunde erlitten hatte. Als die anderen Fische das Blut wahrnahmen, fielen sie über diesen armen Artgenossen her und verzehrten ihn in kürzester Zeit ohne Rückstände.

Ich begriff nun immer besser die Aufregung der Kinder. Ich war aber offenbar inmitten der Wasserpflanzen in der kurzen Zeit, die ich im Wasser war, für die Fische nicht erreichbar gewesen, sonst wäre auch ich angegriffen worden. Glücklicherweise hatten wir, sowohl der Knabe als auch ich, dieses unfreiwillige Bad unbeschadet überstanden.

Nun kamen einige Leute herbeigelaufen, denen die Kinder schreiend entgegenrannten. Zwei Frauen nahmen sich des nassen Knaben an, trockneten ihn ab und sprachen ganz aufgeregt auf ihn ein. Dieser zeigte mehrmals auf mich, als er antwortete, und dann bewegte sich die ganze Prozession auf mich zu. Man reichte mir ein Tuch, mit dem ich meinen nassen Körper abtrocknen und meine Blöße bedecken konnte.

Eine Frau redete ununterbrochen auf mich ein, wobei sie sich mehrmals verbeugte und dann meine rechte Hand küsste. Ich verstand jedoch kein einziges Wort. Diese Unterwürfigkeitsdarbietung widerstrebte mir erst recht. Ich konnte sowieso nichts erklären, deshalb drehte ich mich wortlos um und wollte ins Haus gehen.

Da kam Elik gelaufen. Er hatte einen Mantel in der Hand, den er über meine Schultern warf, um mich vor neugierigen Blicken zu bedecken, und erklärte: „Herr, du hast den Sohn des Botschafters von Äquetoria gerettet. Die Fische hätten das Kind zerfleischt, hättest du nicht vorher eingegriffen", setzte er mir die Situation auseinander. „Auch dir hätten die Fische einen ganz wichtigen Körperteil abbeißen können, so wenig bekleidet, wie du warst!" Er grinste dabei schelmisch. – Er wurde wieder ernst und sprach kurz mit der Frau, die meine Hand geküsst hatte. Darauf entfernten sich die Frauen samt den Kindern und Elik klärte mich auf, dass die Kinderfrauen offenbar zu wenig auf die lebenssprühenden Knaben geachtet hätten. Der Aufgeweckteste von den Dreien sei dann beim Herumrennen in den Teich gefallen. Und da ihm bekannt war, dass diese Raubfische im Wasser waren, habe er sofort angefangen, zu schreien und zu rudern, was dich glücklicherweise geweckt hat."

„Ja, glücklicherweise", meinte ich etwas zynisch.

„Ich hab es nicht gesehen, aber du hast sehr mutig eingegriffen!" Augenzwinkernd meinte er: „Man kann dich aber auch keine Sekunde aus den Augen lassen. Kaum bist du in Atlantis, ... bist du schon als Held und Lebensretter in aller Munde", zog er mich ein wenig auf. Ich winkte ab und entgegnete nachdenklich: „Ich weiß nicht, wie ich gehandelt hätte, wäre mir bekannt gewesen, dass im Wasser diese schwimmenden Fressmaschinen schwimmen."

Elik erzählte mir daraufhin, dass ein Feind des Botschafters diese Tiere heimlich eingesetzt habe und sie seither mit keinem Mittel auszurotten wären. „Sie vermehren sich übermäßig und fressen sich selbst, wenn keine andere Nahrung mehr vorhanden ist", berichtete er kritisch.

Verwundert stellte ich die Gegenfrage: „Habt ihr es schon einmal mit Ablassen des Wassers versucht? Man gibt ein Netz in den Abfluss und lässt das gesamte Wasser ab. Nach einigen Tagen im trockenen Schlamm sterben selbst die widerstandsfähigsten Fische. Diese Monster vermutlich früher." Als ich feststellte, dass diese Möglichkeit noch nicht bedacht worden war, ergänzte ich grinsend: „Diese Anregung ist kostenlos und kommt von einem einfachen Barbaren!" Bei dieser Aussage stellte ich mir vor, wie diese Fische mich an den verschiedensten heiklen Stellen hätten anknabbern können. Ich schüttelte den Kopf, als könnte ich die Bilder damit abschütteln, und wir kehrten ins Haus zurück. Noch im Garten bat ich Elik: „Könnten wir einen Seiteneingang nehmen? Ich will nicht noch von anderen Weibern abgeküsst werden, sonst wird mir noch Hierim eifersüchtig."

Kaum hatten wir das Nebenstiegenhaus betreten, als uns die total aus dem Häuschen geratene Hierim in die Hände lief. Sie kam mit fliegenden Gewändern auf mich zugeschossen und plapperte ununterbrochen, sodass ich sie an den Unterarmen erfassen und ihren Körper kräftig schütteln musste, um ihren Redefluss abzustellen.

„Was ist los?“ fragte ich sie eindringlich und langsam.

Sie antwortete ganz aufgeregt: „Wie kannst du nur in diesen Teich springen, wo unzählige Ungeheuer dort drinnen sind? Die hätten dich schwer verletzen oder gar auffressen können!“

Ich lachte und fragte sie, ob sie nachsehen wolle, ob an mir alles heil geblieben sei. Gleichzeitig öffnete ich den Knoten an der Kordel und war dabei, den Mantel mit beiden Händen weit zu öffnen. Doch das verhinderte sie eilig, indem sie sich fest an mich drückte und mich auf den Mund küsste.

Das war mir nicht unangenehm und ich erwiderte den Kuss.

Infolge der Aufregung hatte sie diese Erwiderung nicht sofort bemerkt. Dann wurden aber ihre Wangen rot, sie riss sich los und lief davon, den Gang entlang, in der Richtung zu ihren Räumen.

Elik lachte lauthals auf, was Hierim dazu brachte, ihm im Weglaufen die erhobene rechte Faust zu zeigen. Sagen mochte sie offenbar nichts mehr.

Jetzt wusste ich, wie es am einfachsten war, ihre Wortwasserfälle abzustellen, nämlich mit einem herzhaften Kuss.

Ich begab mich in meine Räume, schüttelte den Kopf und sagte zu mir selbst: „Die Frauen in diesem Atlantis werde ich wahrscheinlich nie richtig verstehen.“

Da kam Ali vorbeigetrottet und bemerkte ganz lapidar: „So sind halt die Frauen, völlig undurchschaubar!“

Ich war so verblüfft über die Aussage der angeblichen Maschine, dass ich ihn anwies, stehen zu bleiben. – Er hielt an und wandte sich, auf Wünsche wartend, um. – Ich nagelte ihn fest: „Was weißt du schon von Frauen?“

Er antwortete: „Ich habe auch eine, die mich Tag für Tag nervt.“

Jetzt verstand ich gar nichts mehr, schon gar nicht seelenlose Maschinen mit Familienanschluss.

Ich beeilte mich, in den Salon zu kommen. Dort erwartete mich eine völlig in schwarzes Leder gekleidete Figur, die ich sofort missgelaunt anherrschte: „Was machen Sie in meinen Räumen?“

Der Mann verbeugte sich höflich und reichte mir ein Schreiben. Dazu stellte er sich vor: „Ich bin der Zenturio der Garde des Botschafters von Äquetoria. Mein Herr lässt sich herzlichst bedanken für die Rettung seines Sohnes und wird die nachlässige Kinderfrau den Löwen vorwerfen lassen.

Ich prustete unwillkürlich über diese Vorstellung. Da ich diese Maßnahme als absolut unangebracht ansah, erwiderte ich entschieden: „Das wäre wohl etwas überzogen! Diese viel zu dicke Kinderfrau hätte ein so lebhaftes Kind im Freien nie beaufsichtigen können. Ich möchte eher raten, jemand mit besseren Voraussetzungen mit der Aufgabe zu betrauen. Sagen Sie das Ihrem Botschafter!"

Der Mann nickte und überreichte mir eine in Leder eingelegte Schriftrolle. Ich nahm sie mit einem Kopfnicken entgegen, erbrach das Siegel und las. Das Schreiben war in kaeltischer Sprache und in einer sehr kunstvoll verschnörkelten Schrift abgefasst. Es enthielt in salbungsvollen und blumenreichen Worten einen Dank für die Rettung des Sohnes des Botschafters und eine förmliche Einladung zu einem Abendempfang. Es war mit einem Datum versehen, das ich nicht verstand.

Da ich mir keine Blöße geben wollte, ließ ich Elik nach Aresit rufen, der sofort ein entsprechendes Antwortschreiben als Zusage zum Empfang, der am Ende der Woche stattfinden sollte, aufsetzte. Ich siegelte das Schreiben mit meinem Ring und übergab es dem äußerst unsympathisch wirkenden Abgesandten des äquetorianischen Botschafters.

Der Mann hatte eine äußerst unangenehme Ausstrahlung in seiner schwarzen, militärischen Aufmachung, die mit zahlreichen Zierwaffen behängt war. Er schien ein eitler Pfau zu sein. Und ich war froh, als er nach einer übertriebenen Verbeugung verschwand, da er ein abfälliges Grinsen auf den Lippen hatte, als er sich zum Gehen wandte. Am liebsten hätte ich dem Mann in sein fettes Hinterteil getreten. Sein Äußeres und diese gewaltige Parfümwolke, die er verbreitete, vermutlich um den Schweißgeruch zu überdecken, war mir äußerst zuwider.

Ich war dann sehr erleichtert, als nach seinem Verschwinden diese negative Ausstrahlung nachgelassen hatte. Ich dachte über diese Erscheinung nach und hatte irgendwie das Gefühl, diesem Wesen schon begegnet zu sein.

Ali kam sofort nach dem Weggehen des unsympathischen Zenturios mit einem kleinen Kessel, der auf einigen heißen Kohlen wohlriechende Harze verbrennen ließ. Der Rauch verbesserte sofort die Atmosphäre. Aresit belehrte mich: „Es war zwar höflich, die Einladung nicht abzuschlagen, aber viele Gäste werden nicht auf dem Fest sein, weil keiner diese Äquetorianer wirklich mag. Sie haben den Ruf, hinterhältig, schleimig und arrogant zu sein, obwohl mir nie zu Ohren kam, dass sie jemals einem ihrer Gäste Schaden zugefügt hätten. Sie treiben schon viele Jahre mit unserem Volk Handel. Dabei ist es noch nie zu Zwistigkeiten gekommen, die sie herbeigeführt hätten. Wenn man sie ungerechtfertigt beschuldigt, werden sie aber sehr unangenehm und fordern auf äußerst aufdringliche Art ihr Recht. Dabei gehen sie bis zum Äußersten", bereitete er mich vor. „Man sagt auch, wer einen Äquetorianer als Freund hat, kann sich auf ihn bis zu seinem Lebensende verlassen. Freundschaft gilt in diesem Volk mehr als die Familie und mein Herr hat nun den Botschafter zum Freund."

Er zeigte auf ein Siegel auf dem Schreiben, und als ich näher kam, erläuterte er: „Durch das Vorzeigen dieses Siegels kann der Inhaber bei diesem Volke immer Respekt einfordern! Das ist das Zeichen für ewige Freundschaft", machte er mir deutlich.

Als Aresit diese bedeutenden Worte aussprach, wusste ich noch nicht um die Tragweite dieser Worte. Später wurden Botschafter Harm und ich richtig dicke Freunde. Aber dazwischen sollte noch vieles vorfallen.

Es war mittlerweile später Nachmittag geworden, als der Herold Alundalts kam und mich ersuchte, beim Botschafter zu erscheinen. Da ich mich schon in der Zwischenzeit entsprechend eingekleidet hatte, konnte ich gleich mit dem Herold namens Fanfa mitgehen. Er brachte mich in jenen Teil des Hauses, den der Botschafter selbst bewohnte.

Elik gab mir ein Telprain mit, mit der Bemerkung, dass ich so leichter erreichbar sei, falls wieder etwas Außergewöhnliches vorfallen sollte. Er fügte noch grinsend hinzu: „Es ist übrigens wasserdicht und stoßfest, kann also auch zweckentfremdet eingesetzt werden!"

Alundalt bedankte sich bei mir ebenfalls für die Rettung des Kindes und schimpfte auf diese Fische und alle faulen, stets nur tratschenden Weibsbilder, die nicht einmal auf Kinder in einem übersichtlichen Park aufzupassen imstande seien.

Ich gab wieder meine Weisheit über das Ablassen des Teiches zum Besten, die der Botschafter sofort als Weisung an einen Robot-Diener weitergab, der sogleich davoneilte, wohl um den Teich abzulassen. Ich rief ihm schnell nach, dass er auf mich warten solle, weil ich diese Arbeit beaufsichtigen und die erforderlichen Anweisungen geben wollte, um zu verhindern, dass jemand Schaden nehme. Dann schenkte ich dem Botschafter wieder meine ganze Aufmerksamkeit.

Alundalt vermittelte mir nun eindringlich: „Derzeit ist eine große Ratsversammlung im Palast im Gange, und ich wurde angewiesen, um zwanzig Uhr im Sitzungssaal zu erscheinen. Ich hätte dich gerne dabei gehabt, um dich den Fürsten, Weisen und Priesterinnen vorzustellen. Auch sollte die Lösung der karmischen Kette zwischen den beteiligten Völkern, die wir in deiner Höhle zusammen bewerkstelligten, zur Sprache kommen." – Ich bemerkte, dass Alundalt über etwas beunruhigt war. – „Einige Fürsten glauben nicht, dass du diese Aufgabe, ohne eine Gegenleistung zu fordern, angenommen hattest, und sie wollen nun wissen, was du verlangst", überbrachte er mir.

Ich dachte kurz über das Gesagte nach und antwortete dann selbstbewusst: „Ja, ich werde etwas verlangen. Wenn es in diese Holzschädel – Verzeihung! – nicht hineingeht, dass ich die Lösung dieser Aufgabe auch als einen Teil meiner diesmaligen Lebensaufgabe sehe, werde ich dafür fordern, mich als gleichberechtigten Menschen in die Atlantische Gemeinschaft aufzunehmen."

Nach dem ersten Satz wurde Alundalt etwas blass um die Nase. Als ich aber zu Ende gesprochen hatte, beruhigte er sich wieder und brummte: „Ja, gut. Das ist eine sehr gute Reaktion auf diese ..., nun, ziemlich kurzsichtige ... Einstellung dieser hohen Herren", kommentierte er nicht ohne Zynismus.

Bevor ich entlassen wurde, erkundigte ich mich noch, welche Kleidung ich tragen sollte. Darauf erfuhr ich, dass die Kleider derzeit angefertigt und anschließend in meine Räume gebracht würden. Fanfa käme dann um neunzehn Uhr dreißig, um mich abzuholen. Er ersuchte mich, gut ausgeruht zu sein, weil die Versammlung sicherlich bis weit nach Mitternacht dauern werde. Zu den Ratsversammlungen werde traditionsgemäß zu Fuß geschritten, um gesammelt zu sein und würdevoll auftreten zu können.

Als ich wieder in meinen Räumen war, bat ich Ali und Elik, mir zum Teich zu folgen. Dort war der Android Alundalts bereits mit mehreren Fischern in Booten auf dem Wasser dabei, Fische zu fangen.

Ich forderte sie auf, ans Ufer zu kommen und mir zum Teichabfluss zu folgen. Dort angekommen, erläuterte ich den Fischern, wie sie vorgehen sollten. Sie sollten ein Netz vor den Ausfluss spannen und dann die Vorrichtung zum Ablassen des Wassers öffnen. Das abfließende Wasser wird diese fressgierigen Fische ins Netz treiben. In der Annahme, dass neben diesen Fressmaschinen kaum andere Fische im Teich sein konnten, höchstens Welse, die sich im Schlamm verkriechen, würde ein Aussortieren von Nutzfischen nicht notwendig sein und man könne den gesamten Netzinhalt gleich zur Verwertung bringen.

Die Männer waren sofort einverstanden und gingen davon, um Netze zu holen.

Ich stellte fest, dass dieses Wehr schon lange nicht mehr betätigt worden war. Daher forderte ich die Diener auf, den Abflusskanal abzuschreiten, um Hindernisse zu entfernen, die ein Überlaufen hervorrufen könnten.

Elik erklärte mir, dass sich diese Schleuse automatisch dem Wasserstand des Teiches anpasste, um stets einen entsprechenden Durchfluss an frischem Wasser zu erreichen, sodass der Sauerstoffgehalt im Wasser hoch bleibt. Der hohe Sauerstoffgehalt würde auch das Entstehen von Stechmücken verhindern.

Als die Männer mit Netz und Behältern zur Aufnahme der Fische zurückkamen und das Netz vor dem Ausfluss angebracht war, wurde die Schleuse geöffnet. Nach einigen Minuten Beobachtung ließen wir die Fischer und den Robot alleine und schritten zum Haus zurück. Vorher verlangte ich einen Fisch zum Essen, weil sie mir sehr schmackhaft erschienen. Er verneinte aber mit der Begründung, dass diese nicht essbar seien und lediglich als Tierfutter verwendbar wären, weil das Fleisch bitter schmecke.

Vor meinen Räumen angelangt, hörte ich Hierim aufgeregt zetern.

Als wir eintraten, sahen wir eine sehr dicke, schwarzhäutige Frau, die an einem schneeweißen, umhangartigen Mantel arbeitete. Sie war in das verbale Kreuzfeuer meiner Haushälterin geraten. Diese arme Frau kam gar nicht zum Reden, weil Hierim keine Pause einlegte. Sie schnappte nur kurzatmig nach Luft.

Ich erlöste sie, indem ich grüßte, und fragte, was der Grund der Aufregung sei. Die Frau verstand meine Sprache natürlich nicht und war durch meine Anrede endgültig verwirrt, was man ihr deutlich am Gesicht ansah.

Hierim empörte sich nun in mir verständlichen Worten, dass diese Ratstoga nicht richtig verziert sei, weil ich ein ausländischer Botschafter wäre, die aufgenähten goldenen Verzierungen aber zu einem Weisen passten.

Da wandte Elik ein: „Botschafter ist er tatsächlich, und die grünen Lorbeerzweige des jungen Weisen würden ihn sehr ehren und durch die goldenen Weinranken des Botschafterstandes würdevoll ergänzt werden."

Diese Aussage schien meine Haushälterin zu besänftigen, und sie gab der dicken Frau ein Täfelchen in die Hand, nachdem sie mit einem Stift darauf mehrere Markierungen angebracht hatte.

Ich wusste nicht, wovon die beiden sprachen, hatte es mir aber abgewöhnt, ständig nachzufragen. Wusste ich doch, dass allzu viele Fragen nur bei meinen Leuten die Köpfe rauchen lassen würden.

Um bald ohne Dolmetscher auszukommen, nahm ich mir vor, die atlantische Sprache so schnell wie möglich zu erlernen. Ferner wollte ich mich mittlerweile gründlich umsehen, bis ich alles gesehen und verstanden hätte, da ich nicht mehr als Ausländer betitelt werden wollte, der nichts versteht.

Anschließend ließ ich Aresit durch Ali herbeiholen, um die Gepflogenheiten und den Ablauf der Ratsversammlung zu erfahren.

Aresit war sehr geduldig mit mir und erklärte mir alles ganz genau. Er kündigte mir an, dass mich eine junge Priesterin vor der Eingangshalle erwarte und in die Versammlungshalle zu meinem Platz führen werde. Ich könne sie daran erkennen, dass sie einen grünen Ölzweig in das Haar geflochten habe, ein weißes Kleid mit roter Kordel und goldene Sandalen trage. – Ich hätte meine rechte Hand flach, mit ausgestrecktem Arm, auf deren linke Schulter zu legen. „Sie wird den Kragen ihres Kleides über deine Hand schlagen, zum Zeichen, dass du ein Berechtigter bist. Nachdem du deinen Platz erreicht hast, wird sie dir einen kurzen Stab mit vergoldeter Spitze reichen. Er ist das Zeichen deiner ordentlichen Zulassung", führte er mich äußerst interessant in den Brauch ein. „Dieser Stab in erhobener Hand ist das Zeichen, gehört werden zu wollen. Es wäre aber besser, beim ersten Mal nur über Aufforderung der Hohepriesterin zu sprechen, denn unaufgefordert und zu viel reden gilt als unschicklich und aufdringlich", warnte er mich.

Nach den Worten Aresits erwarteten alle in der Halle das Eintreffen der Hohepriesterin stehend. Erst dann setze man sich. Meine Vorstellung übernehme Botschafter Alundalt. Er würde auch die Handlung in der Höhle entsprechend schildern. „Es wird vermutlich zu Wortgefechten zwischen den Fürsten kommen. Das ist üblich und ist nicht besonders zu beachten", warnte mich Aresit vor. Um allen Reden folgen zu können, die in verschiedenen Sprachen gehalten werden würden, werde die Priesterin ein Gerät an einem meiner Ohren befestigen, das alle Worte in meine Sprache übersetze, erklärte er mir. „Wenn du zum Sprechen aufgefordert werden solltest – wohlgemerkt, zum ersten Mal nur durch die Hohepriesterin – dann sprich in deiner Sprache, denn alle anderen haben ein gleiches Gerät! Keinesfalls solltest du dich provozieren lassen", warnte er eindringlich. „Das ist ein beliebtes Spiel anderer Botschafter, um Aufsehen zu erregen und Konkurrenten zu erniedrigen."

Aresit sah sich aufmerksam nach allen Seiten um, als mustere er schon jetzt mit ernsten Augen die anderen Gäste in der Halle. Ich folgte aufmerksam seinen Blicken.

„Sollte jemand dich beleidigen", setzte er entschlossen fort, „dann zeige ganz ruhig mit dem Stab auf den Mann und der Kontrahent sollte durch die Vorsitzende zum Schweigen gebracht werden. Hektik wäre völlig unangebracht und schadet der Würde der Person. Wer besonnen und ruhig bleibt, gewinnt an Achtung", bereitete er mich mit freundlichen Augen vor. „Ganz wichtig aber ist: keine Beifallsrufe! Keine Gestik oder Mimik, die den Gemütszustand verrät! Und niemals klatschen!" zählte er eindringlich auf. „Das ist sehr verpönt und wird als Dummheit gewertet", klärte er mich gutgemeint auf, „nur die Anerkennung einer außergewöhnlichen Leistung wird vorgenommen."

Ich sollte mir immer gewärtig sein, ein Neuling zu sein, der von allen altgedienten Mitgliedern der Versammlung geschützt wird, solange er sich nicht selbst außerhalb der Reihe stellte. „In der hohen Ratsversammlung gibt es nur Männer. Die anwesenden Frauen sind ausländische Botschafterinnen, Priesterinnen, Ärztinnen und Bedienstete, die für das leibliche Wohl der Versammlung sorgen", erklärte er weiter. Aresits Aufklärungen schienen kein Ende zu nehmen.

Er maß mich plötzlich mit einem seltsamen Blick. „Solltest du menschliche Bedürfnisse verspüren, zeige mit deinem Stab zu Boden, vor deine Füße, und die Priesterin wird dich an den Ort führen, wo du dich erleichtern kannst. Benimm dich ihr gegenüber würdevoll, grüße und bedanke dich durch Kopfneigen", betonte er nachdrücklich, wie mir schien. „Gesprochen wird üblicherweise nicht, nur dann, wenn es gilt, Missverständnisse aufzuklären", bläute er mir nochmals ein.

Ich nickte und zeigte ihm mit meinen Augen, dass ich es begriffen hatte.

Er nickte ebenfalls ruhig. „Nach der Verlesung der Tagesordnung und nach erfolgter Begrüßung werden die neuen Botschafter von ihrem Mentor vorgestellt, um dann von einem Fürsten die Akkreditierung zu erhalten", leitete er nun zu den Formalitäten über. „Dazu wird die Priesterin dich zu unserem Stammesfürsten, Leonidoros, in die Mitte der Halle geleiten. Dabei berührst du sie nicht und folgst ihr gemessenen Schrittes", führte Aresit nun feierlich aus. „Sie hält so an, dass du, rechts neben ihr stehend, die Rolle entgegennehmen kannst, weil du dann genau dem Fürsten gegenüberstehst." Er machte mit seinen Händen die Bewegungen mit, als er sprach: „Du ergreifst die Lederhülle mit der rechten Hand, hebst sie mit ausgestreckter Hand hoch, sodass sie jeder sehen kann, verbeugst dich leicht vor dem Fürsten, anschließend drehst du dich über rechts um und verneigst dich vor der Versammlung", schilderte er es so, dass ich mir die Abfolge merken konnte. „Dann geht die Priesterin weg und du folgst ihr, ... solltest du nicht vom Fürsten angesprochen werden", fügte er noch mit erhobenem Zeigefinger an.

„Und was, wenn er mich anspricht?" hakte ich neugierig ein.

„Sollte der Fürst etwas sagen, wird es nur zum Vorfall in der Höhle sein, und du sprichst nur eine kurze Floskel, wie: „Gerne geschehen" oder: „Das war meine Aufgabe". Danach gehst du nach einer Verneigung weg! Kein Palaver, verstanden?" kam es mit einigem Nachdruck. – Ich nickte. – „Sollte der Fürst dich ansprechen, so ist das eine Spitze gegenüber der Hohepriesterin", eröffnete mir Aresit aufklärend. „Daher ist nur eine kurze, höfliche Antwort angebracht, sonst ist ihr Zorn erweckt. Das wäre nicht gut und führte nur zu unnötigem Ärger."

Aresit war bedacht, mir möglichst alle Maßregeln mitzugeben, und mahnte stets zur Zurückhaltung und Vorsicht. Er sprach ganz offen an: „Diese Ratsversammlung ist ein schlüpfriger Boden, da kann man schneller ausrutschen, als man denken kann."

Er vermittelte mir noch einige Verhaltensmaßregeln zum Empfang, der nach der Akkreditierungszeremonie stattfindet. Dieser sei mit einem Imbiss, der in einem anderen Raum eingenommen werde, verbunden. „Die Priesterin besorgt für dich Speise und Trank, nachdem sie dich dorthin geleitet hat", erklärte er wieder sehr praxisorientiert. „Es gibt traditionsgemäß nur alkoholfreie Säfte. Die Priesterin kennt deinen Geschmack, sie ist von Hierim bereits eingewiesen", eröffnete er zu meinem Erstaunen. „Wenn sie dir ein Tablett gereicht hat, fordere sie mit einer Geste zum Mitessen auf! Das ist höflich. Sie wird wahrscheinlich nichts nehmen, weil sie aufgeregt sein wird, denn sie vollführt diese Aufgabe zum ersten Mal", erläuterte er gefühlvoll. „Jedem neuen Botschafter wird eine Novizin zugeteilt, die ihm dient, bis er die Versammlung wieder verlässt. Diese Priesterin hat die Ausbildung mit hervorragenden Ergebnissen beendet. Nur Mädchen hochgestellter Persönlichkeiten werden für die Betreuung von Botschaftern herangezogen. Sie durfte sich den Botschafter auswählen, dem sie assistieren wollte", führte er mich in die Bräuche ein. „Sie ist auch für die Beschaffung der erforderlichen Unterlagen zuständig, also ist sie auch deine Sekretärin", zeigte er mir ihre Aufgaben auf. „Konsumiert wird im Stehen, und der Vorgang dauert höchstens dreißig Minuten. Zum Ausklang erschallt ein Gong, und alle nehmen gemessenen Schrittes ihre Plätze wieder ein", folgte er seinem roten Faden. „Anschließend beginnt der geschäftliche Teil der Versammlung."

„Ist diese Abfolge immer gleich?" unterbrach ich ihn, denn ich konnte mir langsam seine vielen Anweisungen nicht mehr merken.

„Das Meiste", kam es prompt. „Zum Schluss folgt diesmal ein spiritueller Teil im Tempel, an dem nur mehr einige Fürsten, zwei Weise und Priesterinnen teilnehmen. Heute ist dazu auch deine und des Botschafters Alundalt Anwesenheit erwünscht. Dieser Teil wird in unmittelbarer Nähe der Energiemaschine, im Zentrum des Tempels, stattfinden", stellte er mir wieder eindrucksvoll vor Augen. „Die Berichterstattung über eure Tat findet in einem besonderen Raum des Allerheiligsten statt." Als ich wieder deutlich nickte, fuhr er ernst fort: „Vor dem Betreten des Allerheiligsten wirst du in einer Massagekabine von der Priesterin umgekleidet und mit einem Öl gesalbt. Sie wird das heilige Öl mit dem rechten Daumen auf Stirn, Kinn, Ohren und Brust aufbringen und dich neu ankleiden", bereitete er mich vor, wofür ich sehr dankbar war. „Nach dem Ende der Zeremonie ziehst du dich wieder um. Während dieser Salbungshandlung folgst du nur den Anweisungen der Priesterin!" kam es wieder mit Nachdruck. – Aresit sah scheinbar in die Ferne und schien zu überlegen.

Ich lächelte ihn ermutigend an und zeigte, dass ich aufmerksam war. Er hüstelte kurz. „Sollte eine zweite Frau in die Kabine treten und dich locken, so beachte sie nicht! Sie darf dich nicht berühren!" warnte er mit erhobenem Finger. „Das Auftreten dieser nackten, hübschen Frau ist ein uraltes Ritual, das deine lautere Gesinnung prüft. Sie hat die Aufgabe, dich zu verführen", erklärte er ganz sachlich. „Gelingt ihr dies, darfst du den Tempel nie mehr betreten. Nur wer reinen Herzens und bei klarem Verstand ist, darf in das Allerheiligste", dozierte er wieder sehr eingehend. „Wenn du der nackten Schönheit deinen Rücken zuwendest, wird sie aufgeben und verschwinden. Die Priesterin wird sie gar nicht beachten. Zeige keine sexuelle Erregung, das würde die Priesterin zu einer Handlung zwingen, die nicht von Vorteil für deine körperliche Unversehrtheit sein würde und bisher nur bei wenigen unbeherrschten Barbaren angewendet werden musste. Solch ein Ausrutscher wäre dann Tagesgespräch auf der Insel und diente keinesfalls der Förderung deines Rufes", schloss er zurückhaltend. Dabei fixierte er mich, als könne er durch mich hindurchsehen.

Ich beherrschte mich und hielt den Mund. Damit er sehen konnte, dass seine Anweisungen angekommen waren, nickte ich auch ernst.

Aresit hatte sich sehr bemüht, mich vorzubereiten, offensichtlich lag ihm sehr viel daran, dass ich eine ordentliche Premiere hinlegte. Mein Verhalten legte nicht nur ein Zeugnis über meine eigene Reife ab, sondern sollte auch Alundalt zur Ehre gereichen.

Mir war nach diesen vielen Belehrungen ganz schwindlig, und ich sagte: „Danke, mein Freund, es wird schon schiefgehen!" – Damals wusste ich noch nicht, was mir im Tempel tatsächlich widerfahren würde, und ich war ein wenig aufgeregt, weil doch der mir bevorstehende Ablauf und die Personen hier völlig fremd waren.

Aresit schüttelte zu dieser Aussage nur den Kopf und beendete seinen Unterricht mit den Worten: „Ich weiß, du tust in kritischen Situationen instinktiv das Richtige. Daher habe ich viel Vertrauen. Du wirst dich wacker schlagen und dem Botschafter und deinem Volke viel Ehre machen."

Da mir der Schädel brummte, beschloss ich, kurz auszuspannen, und schickte alle Leute weg. Es waren nur mehr zwei Stunden bis neunzehn Uhr dreißig und ich wollte meinen Geist ordnen und mein Gemüt beruhigen. Kaum, dass ich alleine, war ich auf einem Sofa liegend eingeschlafen.

Als Hierim mich dann weckte, äußerte sie aufgeregt: „Wie kannst du vor deiner ersten Ratsversammlung nur so ruhig sein? Ich wäre vor Aufregung bereits zersprungen!"

Ich empfand ihre Aufregung unangenehm, deshalb konterte ich mürrisch: „Aber nicht hier – in diesem Raum."

„Was, aber nicht hier'?" fragte sie zurück.

Und ich antwortete unwirsch: „ Na, zerspringen natürlich. Das würde hier eine schöne Schweinerei anrichten."

Das hatte gereicht. Nun schwieg sie und kleidete mich mit dieser Toga an, welche die dicke Schwarze gebracht hatte. Dabei sah sie stets betont beleidigt weg.

Der edle Umhang stand mir ausgezeichnet, fand ich. Hierim hatte ihn mit einem kühnen Schwung um meine Schulter gelegt und die Kordel mit einem kunstvollen Knoten versehen. Dann hängte sie mir einen Beutel an die rechte Seite, und Elik erklärte dazu, dass darin Spielsteinchen für Kinder seien. Die könne ich jenen Kindern geben, die zahlreich auf der Treppe zum Palast säßen und mir durch ihre Art oder durch geistreiche Aussprüche auffielen. Diese Kinder warnten die Ratsmitglieder vor Hochmut und negativen Gedanken während der Versammlung.

Ich nahm das Gesagte kommentarlos zur Kenntnis und bestaunte mein Ebenbild aufmerksam in einem riesigen Spiegel, als der Herold

Alundalts schwungvoll eintrat. Er bat mich, zum Botschafter zu kommen, weil mir dieser noch etwas mitzuteilen hätte.

Sofort nachdem wir den Botschafter erreichten, äußerte dieser sorgenvoll: „Ich habe erfahren, dass die Hohepriesterin sich auf dich eingeschossen hat. Sie wolle nicht glauben, dass hauptsächlich deine Entschlusskraft und Opferbereitwilligkeit den großen Erfolg in der Höhle herbeigeführt hätte", eröffnete er mir ernst. „Sollte sie diesbezüglich etwas äußern, was nicht ausdrücklich an dich gerichtet ist, erwidere bitte nichts!" warnte er nun deutlich. „Sollte sie dich direkt ansprechen oder gar angreifen, dann erkläre unbedingt, dass du auch ein persönliches, körperliches Opfer erbracht hättest! Derartiges wird so hoch eingeschätzt, dass sie beschämt wird schweigen müssen", gab er mir seine Rückendeckung. „Sollte es aber zu einer Konfrontation zwischen euch beiden kommen, wird dadurch die Situation keinesfalls vereinfacht. Die Spannungen werden von ihr ausgehen und das kannst du nicht ändern. – Nun, sei gewarnt! Es wird ein turbulenter Abend", meinte er ruhig. „Sie wird dir eine Nymphomanin in die Umkleidekabine schicken, die es bisher noch immer geschafft hat, eine sexuelle Erregung hervorzurufen."

Zum Glück wusste ich durch Aresits Aufklärungen schon, was er damit meinte.

„Ich habe schon deiner Priesterin sagen lassen, dass sie keinesfalls Essen oder Getränke nehmen dürfe, die ihr angeboten würden. Glücklicherweise kennt niemand außer ihr deinen Geschmack, doch Speisen gänzlich abzulehnen, wäre wiederum unhöflich", schränkte er ein. „Soll ich lieber die Hände von den Speisen lassen, mein Freund?" fragte ich vorsichtig.

„Diese Bewirtung hat die Hohepriesterin Karan wieder eingeführt, um unliebsame Zeitgenossen manipulieren zu können. Ich kann es nicht beweisen, aber ich glaube, sie lässt Getränke bestimmter Personen mit aufputschenden Mitteln versehen, sodass der Betroffene sich nach dem Genuss nicht mehr beherrschen kann", vermutete Alundalt offen. „Du hast aber das Glück, dass dich eine junge Priesterin ausgewählt hat, die ihre Hohepriesterin nicht sehr mag, weil ihr schon übel mitgespielt wurde. Sie wird alles tun, um Unbill von dir fernzuhalten, weil deine Probleme auch ihr schaden würden", kündigte er mir tröstend an. „Also sind wohl alle Voraussetzungen gegeben, dass es spannend werden könnte." – Er sah nun nachdenklich zu Aresit. „Ja, ich erkenne immer mehr, dass Spannungen während der Versammlungen immer häufiger werden, seit diese Hohepriesterin den Vorsitz führt."

„Die Fürsten werden bald gezwungen sein einzugreifen, weil sonst die Machtverhältnisse zugunsten der Hohepriesterin kippen werden", warf ihm Aresit bestätigend hin.

„Also, Kopf hoch und gehen wir!" schloss Alundalt das Thema vorerst. „Lasst uns den Stier bei den Hörnern packen und in den zweiten Kanal werfen, wie es bei uns heißt!"

Die große Ratsversammlung

Der Botschafter verließ, mit sorgenvoller Miene, zusammen mit mir seine Residenz, nachdem wir von Hierim, Elik und anderen Mitarbeitern in einer Form verabschiedet wurden, als ob wir in den Krieg zögen. Ich erhielt mehrere Küsse von Hierim, und es wurde uns mehrfach Glück gewünscht. Alle Bediensteten waren sonderbar aufgeregt, so als ob sie Schlimmes befürchteten.

Mir war dieses Getue peinlich und ich äußerte unwirsch: „Was ist denn los? Wir kommen beide unbeschadet wieder, ich weiß nur nicht genau, wann."

Als wir dann unter uns waren, richtete Alundalt in ernstem Tonfall das Wort an mich: „Du nimmst das alles viel zu locker! Ich habe aber das Gefühl, es wird nicht so einfach ablaufen, wie du es siehst. Meine Leute, die während meiner Reise hier in Atlantis geblieben waren, haben mir berichtet, dass die Hohepriesterin inzwischen einiges unternommen hat, um die Macht der Fürsten und Weisen zu schwächen. Es wurden Intrigen gesponnen, von denen man derzeit nicht recht weiß, wem sie letztendlich nützen", warnte er mich. „Mich ekelt vor solchen Machenschaften. Aber ich habe schon vor meiner Abreise feststellen müssen, dass diese Frau gegen meine Intentionen und Pläne ist, obwohl ich stets das Wohl des ganzen Volkes im Auge habe. Sie hat meine Bemühungen zur Aussöhnung mit den Taoristin als Versuch zur Spaltung des Volkes hingestellt", eröffnete er mir die Hintergründe der Spannung, die ich mittlerweile auch spüren konnte. „Dieses Volk sei zu schwach und zu dumm gewesen, um sich rechtzeitig zu wehren, und sei daher zu Recht untergegangen, war ihre Bemerkung zu diesem Völkermord", zitierte er die Hohepriesterin aufgebracht.

„Kann man gegen diese feindliche Haltung etwas tun?" brachte ich ein.

„Sie muss in die Schranken gewiesen werden, weil sie Unheil im Sinn hat. Wenn nicht eingegriffen wird, wird sie bald die Macht haben, gegen missliebige Potentaten vorzugehen. Überdies ist sie eine Männerhasserin, die gezielt jene Männer umgarnt, die sie für ihre Intrigen braucht. Wenn der Mann für sie nutzlos geworden ist, dann frisst sie ihn wie eine Spinne auf, nachdem sie ihn öffentlich bloßgestellt hat", machte er sich Luft. „Ich glaube, sie will das Matriarchat, das vor Hunderten von Jahren an seiner Korruption und Inkompetenz gescheitert ist, wieder einführen. – Sie bringt nur Unheil und kann unsere sensible Energiemaschine im Tempel nicht richtig bedienen. Sie hat die Fähigkeiten, die zur richtigen Handhabung notwendig sind, nicht erworben und hat kein Gefühl für dieses Gerät", führte Alundalt sehr bodenständig aus. „Ich habe nichts gegen einen frischen Wind, aber nun... – ihre Macht- und Habgier hindern sie daran, dieses hohe Amt ordentlich zu bekleiden. Sie ist sicher dabei, die Macht der Fürsten taktisch zu schmälern. Sie ist viel zu intelligent, um nicht zu wissen, dass ihr nur wenig Zeit bleibt, ihre Pläne umzusetzen", sprach er seine Sorgen offen aus.

Ich sah ihn sorgenvoll an, um ihm mein Verständnis zu zeigen. Da fuhr er fort: „Sie hätte nie zur Hohepriesterin und Ratsvorsitzenden gemacht werden dürfen. Wir werden mit ihr noch die größten Probleme haben – und das gerade in dieser für Atlantis so schwierigen Zeit!", sprach er die momentane Krisis des atlantischen Staates an. „Ich befürchte, dass sie heute eine neuerliche Konfrontation plant, um auch meine Position zu schwächen. Ich weiß nur noch nicht, wie weit sie zu gehen wagt und auf welche Unterstützung sie zählen kann", hielt er mir vor Augen.

„Was kann sie denn gegen Sie unternehmen, Botschafter?" wollte ich wissen.

„Hm. Möglicherweise hat sie während meiner Abwesenheit weitere Stammesfürsten auf ihre Seite gezogen. Es sind leider zu viele Fürsten nicht fähig, ihr Amt auszufüllen. Sie hören zu gerne auf falsche Einflüsterungen oder erliegen weiblichen Reizen", legte er deren Schwachstellen offen. „Vermutlich wird sie auf dich losgehen, weil ihr der in der Höhle von uns erreichte Erfolg überhaupt nicht in den Kram passt und für sie eine Niederlage bedeutet. Sie bemüht sich auffallend, eine negative Einstellung des Volkes zu Fremdvölkern zu initiieren, und redet der Eroberung das Wort. Sie will das gesamte atlantische Volk beherrschen, für ihre gefährlichen Expansionspläne einspannen und dann die ganze Welt ausbeuten", stellte Alundalt mit der Kraft der Wahrheit in seiner Stimme klar. „Ihr Credo war immer eine baldige Eroberung des östlich gelegenen Festlandes, weil das atlantische Volk diesen Lebensraum zu seiner bestimmungsgemäßen Entfaltung brauche, wie sie bei jeder Gelegenheit betont!"

Diese Aussage dämpfte meine freudige Erwartung auf das bevorstehende Ereignis ein wenig und mir entfuhr: „Das sind ja schöne Startbedingungen zum Beginn meiner Karriere als Botschafter in diesem hochzivilisierten Atlantis, ... obwohl man sich zur Landschaft und dem Klima hingezogen fühlen könnte", fügte ich an, „wenn es da nicht so viele schlechte Menschen gäbe. Ich bin es nicht gewohnt, jedem Menschen, dem ich begegne, nur Misstrauen entgegenzubringen", sprach ich mir nun auch vom Herzen. „Ich bin zu Offenheit und Freundlichkeit erzogen worden und hasse Menschen, die nur Böses im Sinn haben. Aber wenn man seinen Feind kennt, kann man ihm leichter begegnen. Sich die Feinde aussuchen, kann man leider nicht."

Alundalt sah mich gütig an, nickte zustimmend.

„Aber bitte lass uns von etwas Schönerem reden! Das Unwetter kommt noch früh genug", lenkte ich ihn ein wenig ab.

Während dieses Gespräches waren wir am Fuße der großen Treppe angelangt. Diese Treppe, aus weißem Marmor gefertigt, war äußerst imposant und vom Baumeister so angelegt, dass man den Eindruck hatte, sie sei für die Ewigkeit gebaut worden.

Am unteren Absatz stehend, kam man sich klein wie eine Ameise vor. Sie war so breit, dass zwanzig Mann nebeneinander hätten gleichzeitig hochgehen können. Sie passte sich dem Hang durch Absätze genau an, war aber so geschickt gebaut, dass man trotz dieser baulichen Maßnahme glaubte, uneingeschränkt ihre ganze Länge sehen zu können. Sie schien nach oben hin nicht schmäler zu werden, obwohl der Tempel sicher vierzig Maßeinheiten höher lag. Diese Treppe wurde an beiden Seiten von einer Balustrade gesäumt, deren Mauerteile aus dem gleichen Marmor und die eingefügten Felder aus gegossenem Metall gefertigt waren. Das Metall schien mir Bronze zu sein, weil es eine schimmernde Patina angesetzt hatte.

Die Treppe hatte bis zum Palast fünf Absätze. An jeder dieser Flächen waren an den Seiten je vier Figuren aufgestellt, die eine harmonische Gruppe darstellten. Diese schienen jeweils ein bestimmtes geschichtliches Ereignis zu erzählen.

Auf den Seiten waren auch in regelmäßigen Abständen bronzene Säulen mit je vier durchsichtigen Kugeln errichtet, die der Botschafter als Beleuchtung bezeichnete. Dem unteren Treppenende, wo wir standen, näherten sich nun von allen Seiten Männer, die ähnlich gekleidet waren wie wir.

Alundalt grüßte sie sehr würdevoll durch Kopfnicken, und ich tat es ihm gleich. Es fiel kein Wort in dieser Prozession, die nun diese riesige Treppe erklomm. Nachdem wir mehrere Absätze hochgeschritten waren, drehte ich mich um, weil ich die Stadtanlage sehen wollte. Aus dieser Überhöhung erschien diese Stadt noch imposanter als im raschen Überflug und ich machte mir klar, dass dieses Volk alleine mit der Errichtung dieser Stadt eine hervorragende Leistung erbracht hatte. Sie war zur Gänze so sauber und so durchdacht angelegt, dass man alleine schon dadurch eine bestimmte Achtung vor den Menschen bekam, die dieses Meisterwerk geplant und gebaut hatten.

In dieser Stadt musste man sich einfach wohlfühlen, weil die Ausstrahlung dieser Anlage sehr anheimelnd wirkte. Ich beschloss für mich, meinen Aufenthalt hier nutzbringend zu gestalten, um meine Anwesenheit zu rechtfertigen.

Bald griff der Botschafter wortlos nach meiner rechten Hand und bedeutete mir weiterzugehen. Ich wollte ihm keine Probleme machen und schritt weiter. Ich hoffte, dass ich ganz oben, beim Tempel, Gelegenheit bekommen würde, die Stadt in Ruhe betrachten zu können.

Auf den oberen Absätzen saßen auf den Balustraden Kinder, die leise Sätze murmelten. Die Abgeordneten nahmen ihre Beutel von der Kordel und gaben einzelnen Kindern Spielsteine daraus, während sie gemessenen Schrittes weiter dem Palast zustrebten. Alundalt und ich gaben jenen Kindern, die uns positiv auffielen, Steinchen.

So gelangten wir zum Palast hinauf. Es war kein einziges Wort zu hören, obwohl mindestens 100 Menschen auf der Treppe waren. Alle schienen in gespannter Erwartung zu sein.

Ich hatte den Eindruck, es bedrückte sie etwas. Sie kamen mir vor wie Menschen, die wussten, dass die Bewältigung einer schweren und unangenehmen Aufgabe unmittelbar bevorstand. Viele musterten den Botschafter Alundalt und mich mit verstohlenen Blicken, so als ob sie versuchten, uns einzuschätzen, keiner sprach uns aber an.

Am letzten Treppenabsatz standen zahlreiche hübsche, junge Mädchen in einer Reihe quer zum Stiegenabsatz. Sie trugen weiße Umhänge und Olivenzweige in den Haaren.

Mein Mentor blieb etwa fünf Mannslängen vor einem dieser Mädchen stehen, verneigte sich zu mir und dann zu dem Mädchen grüßend hin und wartete, bis es auf ihn zukam. Sie führte ihn wortlos weg. Unmittelbar danach kam jenes wunderhübsche Mädchen, das mir sofort in der langen Reihe aufgefallen war – sie war sicher erst neunzehn Lenze alt, mit einem Engelsgesichtchen – mit tänzelnden Schritten auf mich zu. Ich hatte sofort, als ich die Priesterinnen sah, wie magisch angezogen nur mehr ihr Gesicht gesehen und war so sehr in ihre betörende Ausstrahlung vertieft, dass ich beinahe hochschreckte, als sie tatsächlich vor mir stehen blieb. Ihre weiblichen Formen wurden von dem Gewand, das sie trug, geradezu erotisch nachgezeichnet.

Der wunderschöne, klassische Schwung ihrer Hüften und die hochsitzenden, mittelgroßen Brüste betonten ihre jugendliche Weiblichkeit auf eine harmonische Weise, die durch ihre hochgewachsene, gertenschlanke Figur mit schlanken Beinen und Fesseln geradezu göttlich abgerundet wurden. Sofort schoss es mir durch den Kopf: So ein wunderschönes Mädchen! Ob ich eine Chance hätte, sie näher kennenzulernen? So ein bezauberndes Wesen sollte einmal meine Frau werden!

Ihr schulterlanges, blondes Haar wehte leicht im Wind, und ich sah ihre meerblauen Augen. Ihr Erdbeermund und der Augenaufschlag einer Elfe ließen mich geradezu erstarren, sodass ich wünschte, dieser Augenblick möge nie vergehen, und gleichzeitig spürte, dass ich errötete, als mir klar wurde, dass ich mich Hals über Kopf in dieses zauberhafte Wesen verliebt hatte.

Sie musste meine Gemütsbewegung bemerkt haben, denn auf ihren Wangen entstand ebenfalls eine leichte Röte. Auch lächelte sie für einen Moment etwas unsicher. Meine Gefühlsaufwallung war für den Moment völlig unpassend, daher war ich direkt froh, dass sie sich nach einer begrüßenden Verneigung vor mir umdrehte und in Armlänge vor mir stehen blieb. Wie ich es beim Botschafter gesehen hatte, legte ich meine rechte Handfläche mit ausgestrecktem Arm ganz sanft auf ihre linke Schulter, um zu folgen. Bei dieser Berührung meiner Hand durchzuckte mich ein Energiestrahl, wie ich ihn in Gegenwart eines weiblichen Wesens noch nie empfunden hatte, und mein Herz entflammte. Ihr Haar, von der lauen Brise auf der Terrasse bewegt, streichelte über meine Hand und ihr zartes, süßes Parfüm erreichte meine Nase. In diesem Augenblick wusste ich, dass ich ihr bereits vollständig verfallen war. Dieses bezaubernde Wesen hatte in der Zeit eines Lidaufschlages mein Herz mit seiner fraulichen Ausstrahlung eingefangen. Als ich mechanisch hinter ihr hertrottete, war ich gezwungen, diesen ebenmäßig geformten mädchenhaften Körper zu betrachten, der sich unter dem weißen, fast durchscheinenden Kleid abzeichnete. Ich hatte noch nie zuvor einen solch vollendeten weiblichen Körper gesehen. Das Mädchen hatte außerdem eine sehr geschmeidige, sportliche Art, sich zu bewegen. Ihre Muskelbewegungen flossen harmonisch ineinander, als sie vor mir einherschritt. Ich musste mich gewaltsam zusammenreißen und mich von ihr ablenken, indem ich mein Augenmerk auf die Umgebung konzentrierte, um nicht auffällig unruhig zu werden.

Die Mädchen in meiner Heimat waren im Vergleich zu diesen Mädchen völlig anders gekleidet, ja, geradezu züchtig verhüllt, sodass ein Durchscheinen der Körperkonturen durch die Kleidung ausgeschlossen war.

Da fielen mir die Worte Aresits wieder ein: ‚Die Hohepriesterin wird dir sicher eine Priesterin zuteilen, die deine Sinne betört. So schön und anmutig wird sie sein, damit sie dich ablenkt und möglichst zu einer Dummheit während der Versammlung verleitet.'

Diese Warnung holte mich wieder auf festen Boden zurück. Noch bevor die schöne Priesterin die Eingangshalle erreichte, war ich wieder voll da. Ich war wieder Herr meiner Sinne, und ich empfand es als unangebracht, im Zusammenhang mit diesem schönen Mädchen unanständige Gedanken zu hegen. Außerdem – ich wusste ja aus den Ausführungen von Aresit, dass ich genug Gelegenheiten bekommen würde, sie näher kennenzulernen, da sie in Zukunft meine Sekretärin sein und mir bei der Bewältigung meiner Botschafteraufgaben zur Hand gehen würde.

Ich folgte ihr nun gemessenen Schrittes und widmete mich der Architektur des Palastes. Das imposante Gebäude war ebenfalls kunstvoll aus Marmor gebaut. Es war so riesig und treppenförmig abgesetzt konstruiert, dass man, am Vorplatz stehend, seine Ausdehnung nicht zu überblicken vermochte.

Die Eingangshalle wurde von Säulen getragen, die mindestens zwölf Mann hoch waren. Der Giebel und die Dachkonstruktion waren so groß und schwer, dass ich mir nicht vorstellen konnte, welche Hilfsmittel eingesetzt worden waren, um diese schweren Teile auf ihren Platz zu heben. Die Konstruktion machte einen so soliden Eindruck, dass man das Gefühl hatte, dieser Palast sei für die Ewigkeit gebaut. Das Bauwerk flößte mir einen Respekt ein, der mich wieder gedanklich zur Ameisengröße schrumpfen ließ.

Wir gingen an den großen marmornen Säulen vorbei. Sie waren sehr kunstvoll gearbeitet und schienen in endlosen Reihen aufgestellt zu sein, denn ich konnte die letzte Säule vom Vorplatz aus nicht sehen. Zwischen den Säulen standen Statuen, die ebenfalls aus Marmor von Meisterhand gefertigt waren.

Das Mädchen vor mir schritt zielstrebig durch den breiten Mittelgang zwischen den höchsten Säulen entlang, gleich wie die anderen Menschengruppen sich bewegten. Dann gelangten wir in eine kreisrunde Halle, die hell vom Tageslicht erleuchtet schien. Erst als wir an den inneren Randsäulen vorbeigingen und zum stufenförmig abfallenden Boden kamen, sah ich, dass diese Halle ein durchsichtiges Dach hatte, das aus einem Metallgerippe bestand und in dessen Zwischenräumen das Licht durch große Glasflächen hindurch hereinschien. In der Mitte hing an einer oberschenkeldicken Kette ein riesiges, rundes Ding aus Metall. An diesem waren zahlreiche, durchsichtige Kugeln befestigt. Dieses Gerät schien mir, wie die Kugeln an der großen Treppe, eine überdimensionale Beleuchtung zu sein.

Die bereits anwesenden Menschen standen in Gruppen auf den Stufen zusammen und unterhielten sich leise. In der Mitte war ein Kreis aus Marmorwürfeln gebildet, in dessen Mitte ein Podest stand. Dieses Podest stand genau unter dem Metallding, das im Mittelpunkt der Halle aus der Deckenkonstruktion herunterhing. Durch das leise Geflüster war in dieser riesigen Halle ein stetes Summen zu hören, das auch durch die zunehmende Spannung entstand, die in dem Raum deutlich zu spüren war. Alle Menschen blickten erwartungsvoll zur Mitte des Raumes, obwohl dort niemand zu sehen war. Diese zwischen den Säulen hereinströmenden Menschen hätten aber eigentlich Aufmerksamkeit verdient. Ich dachte mir insgeheim: In dieser Halle könnte man sicher unser halbes Volk unterbringen, so groß ist sie.

Die Versammlungshalle füllte sich zusehends mit Menschen. Einige von ihnen nahmen auf den Marmorquadern Platz. Sie trugen

Kleider, die bunt gefärbt und golden verziert waren. Die Priesterinnen, die diese Männer hereinführten, blieben nicht neben den Männern stehen, sondern gingen sofort wieder auf dem Wege zurück, auf dem sie gekommen waren.

Als schließlich die Stufenreihen und die Marmorquader alle besetzt waren, erklang ein Gong, der mich erschreckte, so laut und durchdringend hallte er.

Daraufhin wurde auf einem thronartigen Sessel eine prächtig geschmückte Dame mit pechschwarzem, langem Haar und überreichem Goldschmuck hereingetragen. Die Sänfte wurde von vier kräftigen Frauen auf den Schultern getragen, die eine uniforme Kleidung wie unsere Gardisten trugen, und vor dem Podest abgestellt. Die hohe Dame verließ sodann den Thron und schritt hinter das Podium. Dort angekommen, hob sie beide Arme, drehte sich im Kreis, und alle, die sie reihum ansah, verbeugten sich vor ihr.

Das war ohne Zweifel die Hohepriesterin Karan, die den Vorsitz in dieser Versammlung führte.

Nach dem rituellen Gruß setzten sich die Versammelten.

Es entstand kurzzeitig eine fast atemlähmende Stille.

Von dieser Frau ging eine so beklemmende Ausstrahlung aus, dass, wie mir schien, allen im Saal der Atem stockte und die Ratsherren zu vorsichtigem Schweigen brachte. Jeder hielt sich gespannt zurück, in Erwartung der ersten Worte.

Nun bekam ich von meiner jungen Priesterin ein kleines, zylindrisches Gerät in meinen linken Gehörgang gesteckt, aus dem ein durchsichtiges Röhrchen bis in die Nähe meines Mundes ragte. Sie nickte mir zu und ich tat ebenso. Das musste das Sprech- und Übersetzungsgerät sein, von dem Aresit erzählt hatte.

Gleich darauf hob die Vorsitzende einen goldenen Stab mit der rechten Hand, worauf Fanfaren erschallten, die aus dem Nichts Töne in den Saal zu schmettern schienen.

Nun traten würdevoll vier Priesterinnen vor das Podest, nahmen dort zu den Versammelten gewandt Aufstellung und verkündeten, wie aus einem Mund gesprochen, eine salbungsvolle Begrüßung. Anschließend verlasen sie die Tagesordnung, die mir nicht sehr umfangreich erschien, da sie nur aus vier Punkten bestand.

Besonders begrüßt wurden die zurückgekehrten Botschafter mit den mitgereisten Vertretern der besuchten Völker. Jeweils wenn ein

Botschafter und sein Anhang genannt wurden, standen diese Personen unaufgefordert auf, verneigten sich zur Mitte des Saales hin und setzten sich wieder wortlos nieder.

So taten auch wir möglichst gemessen, als Alundalt und ich genannt wurden.

Als wir uns setzen wollten, hob Karan ihren Stab und bedeutete einer Priesterin, zu ihr zu kommen. Der Botschafter und ich blieben stehen. Diese Priesterin trat zum Podest, erhielt einen Gegenstand, den ich nicht genau sehen konnte, und eine geflüsterte Anweisung, dann schritt sie geradewegs auf mich zu. Sie hielt mit ausgestreckter Hand eine mit purpurnem Samt überzogene, mit Goldverzierungen versehene Schmuckschatulle vor mich hin und schaute mir wortlos und erwartungsvoll in die Augen. Ich rührte mich nicht, immer an die Worte von Aresit denkend, und das war gut so.

Gemessen drehte sich meine junge Priesterin zur Botin, zauberte ein kleines Silbertablett aus ihrem Gewand und hielt es unter die Schatulle, worauf die Botin das Behältnis stellte. Wir verneigten uns gleichzeitig gegeneinander, und ich verneigte mich nochmals zur Hohepriesterin hin.

Sofort war ein Erstaunen ausdrückendes Raunen im Saal zu hören, sodass ich zuerst nicht wusste, ob ich einen Fehler gemacht hatte oder Zustimmung erntete.

Da stand auch Karan auf und sagte mit kräftiger, schneidender, herrischer Stimme: „Dieser Stein in dem Kästchen ist als meine Anerkennung für Ihre außergewöhnliche Leistung gedacht!“

Ich antwortete, noch immer stehend: „Es war lediglich meine Pflicht!“ Dann setzte ich mich gleichzeitig mit der Vorsitzenden wieder nieder. Es ging wieder ein Raunen durch die Menge, welches wie Beifall klang.

Meine Priesterin schaute mir anerkennend in die Augen, als sie sich niedersetzte, und übergab das Tablett mit der Schatulle einem kleinen Mädchen in Priesterinnengewand, das auf ein Handzeichen meiner Priesterin herbeigeeilt war. Wortlos entfernte sich das Kind mit dem Tablett in der Hand.

Meine Priesterin war sichtlich mit mir zufrieden. So wusste ich, dass ich an Ansehen gewonnen und bisher alles richtig gemacht hatte. Das steigerte mein Selbstvertrauen und ich verstand, dass ich den ersten Provokationsversuch der Hexe also glücklich überstanden und meinem Mentor keine Schande gemacht hatte. Diese stahlharte, messerscharfe Stimme jener sehr großen und durchaus schönen Frau hatte mich aber gleichzeitig gewarnt. Sie war für meinen Geschmack zu hart, zu metallen und berührte mich unangenehm. Was musste eine Frau für ein Wesen haben, die sich derart hart ausdrückte? Ihr Herz musste aus Granit sein, denn es war nicht ein Funken an Menschlichkeit oder Anerkennung in der Erklärung über das Geschenk zu hören gewesen. Es war jedenfalls die Stimme eines Monsters, das niemand anderem als sich selbst einen Fehler verzeiht. Dass diese Frau im Rat den Vorsitz führen konnte, war aus meiner Sicht eine Schande für Atlantis.

Ich fragte mich: Wie konnten die zwölf Fürsten dieses so fortschrittlichen Volkes nur so ein Weib an die religiöse Spitze lassen und ihr noch den Vorsitz im höchsten politischen Gremium übergeben? Was müssen diese Männer doch für Schwächlinge sein! Und mit welchen Mitteln kann diese Frau die Fürsten unter Druck setzen, dass ihre Wahl zum Vorsitz unterstützt und nun geduldet wurde?

Kaum hatte ich diese Gedanken gefasst, fühlte ich, dass Karan wiederum zu mir herüberblickte. Kurz vorher hatte sie mir noch den Rücken zugekehrt und nun blickte sie mir geradewegs in die Augen. Ich spürte ihren Blick mehr, als dass ich ihn aufgrund der großen Entfernung sehen konnte. Ich fühlte ihren forschenden Geist in meinen Kopf und plötzlich eine Welle des Hasses durch meine Empfindungen schlagen und wusste sofort, das kam von der Hexe. Sie nutzte ihre Fähigkeiten, um in meinen Gedanken zu forschen, weil sie meine Ablehnung mitbekommen hatte. Ihr Hass und ihr Zorn waren deutlich präsent.

Aus der Gewohnheit, dass Männer sofort nach ihrer Pfeife tanzten, konnte sie ihren Zorn über meine Abneigung nicht völlig beherrschen und dieser schlug in Wellen zu mir herüber. Ich wusste sofort: Sie stuft mich als Gegner ein und ich darf sie keinesfalls aus den Augen lassen! Ich musste mich meinerseits gewaltig zusammennehmen, um nicht der Welle von Kälte, die plötzlich meinen ganzen Körper befiel, nachzugeben. Es gelang mir, meinen Körper so zu beherrschen, dass er keine Reaktion zeigte, und ich befahl meinem Geist, sie hinauszuwerfen. Eine bessere Abwehrmaßnahme fiel mir in der geistigen Zwangslage, in der ich mich plötzlich befand, nicht ein. Sie wirkte aber.

Ich streckte unwillkürlich den rechten Arm kurz aus und meine Hand zeigte auf die Vorsitzende. So schickte ich ihre zudringlich forschenden Gedanken symbolisch zurück. Danach bildete ich mir ein, zu sehen, wie sich kurz ihr Körper schüttelte. Es war mir gelungen, ihre Einflussnahme zurückzuweisen, bevor sie sich in meinem Geist einnisten konnte.

Um jeden weiteren Zugriff zu meinen Gedanken unmöglich zu machen, nahm ich mir vor, an eine Blumenwiese zu denken, und suggerierte mir den Duft von Blumen und taufrischem Gras, nur um diese Hexe in meine Gedanken und Empfindungen nicht wieder eindringen zu lassen.

So gelang es mir, nach einigen bangen Momenten, sie tatsächlich fernzuhalten. Vermutlich mochte sie keine Blumen, wohl eher giftige Schlangen, und konnte mit diesen Bildern in meinem Kopf sicher nichts anfangen! Die Gedanken waren bestimmt zu liebevoll, um dagegen ankommen zu können. Solche Gedanken wollte sie sicher nicht verinnerlichen.

Aresit hatte mich leider nicht auf die telepathischen Fähigkeiten dieser Frau aufmerksam gemacht. Wäre ich vorbereitet gewesen, hätte ich von Anfang an entsprechend agieren können. Durch die Warnungen des Weisen war ich zwar auf vieles vorbereitet, dass aber dieses Weib meine Gedanken aus dieser Entfernung lesen konnte, war doch unvorhergesehen. Ich beschloss, gedanklich bei der Blumenwiese zu bleiben, selbst auf die Gefahr hin, mich aus den Vorgängen in der Halle teilweise auszuklinken.

So hörte ich prompt nicht, wie die neuen Botschafter aufgerufen wurden. Dadurch, dass meine Priesterin mich auffordernd ansah, als sie aufstand, bemerkte ich erst, dass ich der erste Botschafter war, der zur Akkreditierung gerufen wurde. Ich folgte dem Mädchen und hätte beinahe aus Gedankenlosigkeit meine Hand wieder auf ihre Schulter gelegt. Diese Unschicklichkeit fiel mir aber noch rechtzeitig auf, und ich tat mit der fast ausgestreckten rechten Hand so, als ob ich mit einem Schwung der Hand mein Gewand an der Schulter zurückschlagen würde, um die begonnene falsche Bewegung zu kaschieren.

So kamen wir zu Leonidoros, dem Fürsten des Löwenstammes, von dem Botschafter Alundalt auf die Reise in mein Land geschickt worden war.

Er war ein groß gewachsener, ebenmäßig gebauter Mann von etwa sechzig Jahren, der, gleich wie der Botschafter, keine Beine hatte, sondern zu gleiten schien. Er hatte silberglänzendes, gelocktes Haar, auf dem ein goldener Lorbeerkranz saß, und am Ringfinger der rechten Hand trug er einen Ring mit einem großen Rubin. Er war bartlos und hatte eine sehr freundliche Ausstrahlung. Seiner Erscheinung wollte ich entnehmen, dass er der Hohepriesterin Karan nicht Paroli bieten könne.

Die Priesterinnen nannten nun meinen Namen, mein Volk und den Umstand, dass ich bereits Hervorragendes für Atlantis geleistet hätte.

Ich verneigte mich würdevoll, nahm vom Fürsten eine mit Goldbeschlägen verzierte Lederrolle entgegen, hob diese hoch in die Luft, verneigte mich nochmals und wollte weggehen.

Da sagte Leonidoros mit zwar leiser, aber trotzdem deutlich hörbarer, kräftiger Stimme: „Mein Sohn, ich danke dir für diese Völker verbindende Leistung, die du in deiner Heimat zum Wohle des atlantischen und des vernichteten taoristischen Volkes erbracht hast!"

Ich war zwar überrascht, vom Fürsten angesprochen zu werden, antwortete aber besonnen: „Ich bin froh, an dieser so schönen und für mein Gastgebervolk so wichtigen Aufgabe mitgewirkt zu haben!"

Dann verneigten wir uns wieder und ich drehte mich über rechts um.

Dabei bemerkte ich den stechenden Blick der Hohepriesterin. Ich sah deutlich, dass sie die Erwähnung meiner Tat durch den Fürsten nicht erwartet hatte und diese nicht hatte verhindern können, um meine Auszeichnung zu vermeiden. Vermutlich war diese Aussage nicht im Konzept vorgesehen! Nun waren alle Anwesenden im Saal bereits auf mich aufmerksam geworden, und sie war in Bezug auf meine Person gezwungen, die von uns durchgeführte Sühne zu erwähnen. Ihre zusammengekniffenen Lippen zeigten, dass sie verärgert war. Sie schien nun fieberhaft nachzudenken, wie weiter vorzugehen sei.

Es war mir nicht möglich, an ihrem Gesichtsausdruck festzustellen, ob sie diesen öffentlichen Dank des Fürsten als Spitze gegen sich auffasste, denn ich wandte ihr den Rücken zu, während ich zu meinem Platz zurückkehrte. Jedenfalls schien sie nun intensiv mit der Führung der Versammlung beschäftigt und peitschte die Akkreditierung der neuen Botschafter geradezu durch. Sie war sichtlich darauf bedacht, keinen der Fürsten mehr zu Wort kommen zu lassen, um dieser letzten Reise auf den Kontinent, die sie hatte verhindern wollen, nicht noch mehr Aufmerksamkeit und Gewicht zu geben.

Die Hohepriesterin war offenbar dabei, Zeit zu gewinnen, um nachdenken und umdisponieren zu können. Unmittelbar nachdem der letzte Botschafter sein Beglaubigungsschreiben erhalten hatte, bedeutete Karan einer ihrer Priesterinnen heranzutreten und flüsterte ihr etwas zu. Sofort verkündeten die vier weiblichen Sprachrohre, dass man sich in eine Nebenhalle begeben möge, um einen Imbiss einzunehmen.

Sie unterbrach sichtbar eilig und darauf bedacht, keine Wortmeldung mehr zuzulassen, die Sitzung. Die Riesenhalle leerte sich nun, als alle folgsam zum Buffet trotteten.

Vermutlich war Karan eine weitere Schandtat eingefallen, die nun vor der Umsetzung stand. Eigentümlicherweise war ich in der Lage, alle ihre Schandtaten ganz nüchtern und ruhig und unmittelbar, nachdem sie ausgebrütet waren, richtig vorherzusehen.

Während all der eben geschilderten Vorgänge war es draußen dunkel geworden und diese unzähligen, runden, durchsichtigen Kugeln überall, auf dem großen Metallgerüst in der Hallenmitte und an den Säulen, erstrahlten in hellem, angenehmem Licht, ohne dass dabei ein Feuer zu sehen war. Ich hatte wieder eine neue technische Errungenschaft der Atlanter kennenlernen dürfen. Sie nannten diese Technik elektrisches Licht.

Die Priesterin und ich erreichten kaum den Buffet-Raum, als auch schon Botschafter Alundalt zu uns kam und mir zuflüsterte: „Deine Priesterin und du, ihr habt euch beide bisher ganz hervorragend gehalten. Es war eine ganz hervorragende Idee, diese Schmuckschatulle ins Büro bringen zu lassen, wo doch niemand weiß, was wirklich enthalten ist und welche Wirkung diese Gabe auf deine Person hätte hervorrufen sollen. So können wir die Wirkung von Karans Geschenk später in aller Ruhe und gefahrlos erkunden“, rollte er seine Sicht auf. „Dies war nun der zweite Angriff auf deine Person“, konstatierte er bemüht sachlich. „Jetzt kommt vermutlich der dritte!“ Er wandte sich zur Priesterin und ersuchte: „Bitte, seien Sie bei der Speisenwahl auf der Hut!“

Sie nickte nur und ging zu den Tischreihen, an denen Köche Essen und Getränke ausgaben. – Nach einiger Zeit kam sie zurück und lenkte meine Aufmerksamkeit auf einen kräftigen, vollbärtigen Fremden, der an der Kleidung ebenfalls als ein ausländischer Botschafter zu erkennen war. Ohne dass ein Wort gefallen war, wusste ich sofort, dass dieser an meiner statt die für mich bestimmten Speisen erhalten hatte. Nun beobachteten wir ihn, während er aß.

Anfänglich konnten wir aber nichts Ungewöhnliches bemerken, bis der Gong erklang. Als ob dies für ihn das Zeichen gewesen wäre, erfasste der Botschafter seine Priesterin, hob ihre Toga hoch und wollte ihr zwischen die Beine greifen. Das Mädchen schrie vor Schreck und erstarrte völlig. Sie war zu keinerlei Abwehr fähig.

Wie aus dem Nichts traten unmittelbar nach dem Aufschrei der Priesterin zwei völlig schwarz gekleidete Militärs aus dem Gang in den Raum, überwältigten den Botschafter, erfassten ihn wortlos an den Oberarmen und beförderten den rasenden Mann in Blitzeseile aus dem Buffet-Raum.

Ich prustete kräftig Luft aus beiden Backen und blickte dankend meiner Priesterin in die Augen.

Dem Botschafter entschlüpfte erleichtert: „Das war knapp! – Hättest du von den Speisen genommen, wären wir beide nun erledigt!"

Ich antwortete nicht, sondern beeilte mich, den Ort zu verlassen, an dem ich eine verheerende Niederlage hätte erleiden sollen. Insgeheim dankte ich meinen Helfern und dem großen Schöpfer für die Abwendung dieser Schmach. Der Plan Karans war neuerlich nicht aufgegangen. Leider hatte nun ein Unschuldiger die Folgen zu tragen. Vermutlich würde ihm aber nichts Schlimmes widerfahren, nachdem Karan erkennen musste, dass der falsche Botschafter ihrem gemeinen Angriff anheimgefallen war. Ich wünschte, sie würde rasen vor Wut, nachdem sie festgestellt haben würde, dass ich den Schutz höherer Mächte genoss, die in der Lage waren, ihre Pläne völlig zu durchkreuzen.

Dennoch besann ich mich aber sofort, dass ich weiterhin auf der Hut sein müsse. Dies wird sicher nicht der letzte Angriff gewesen sein! dachte ich alarmiert. Ich wusste, dass böse Menschen nicht so schnell aufgeben. Bisher war auf meiner Seite auch viel Glück im Spiel gewesen. Vermutlich würde sie nun ihre Taktik verfeinern und die nächsten Angriffe dürften schwerer zu durchschauen sein.

Die Versammelten stellten inzwischen die Teller und Gläser ab und strömten zurück in die große Halle, ohne eine Reaktion auf den Vorfall zu zeigen. Andere wiederum verabschiedeten sich durch Kopfnicken und Verbeugungen und verließen die Versammlung.

Als endlich alle Ratsmitglieder, auch die Weisen und Fürsten, vollzählig wieder versammelt waren, drängte die Vorsitzende mit lauter, schneidender Stimme auf eine rasche Fortsetzung der großen Versammlung und gab vor, im Zeitverzug zu sein. Ihre Stimme verhieß nichts Gutes und zeigte mir, dass die Frau derart wütend war, dass sie ihre Gemütslage kaum verbergen konnte. Sie blickte nur zweimal kurz zu mir herüber. Daher war es mir nicht möglich, an ihrem Gesichtsausdruck nähere Details zu erkennen. Sie dürfte aber nun weitere Fehlschläge mit aller Macht zu verhindern suchen.

Plötzlich schoss mir der Gedanke durch den Kopf, dass diese Frau verwunschen oder besessen sein könnte und deshalb in ihrer jetzigen Inkarnation eine schreckliche Aufgabe zu erfüllen habe. Es fühlte sich stimmig an. Daher empfand ich plötzlich Mitgefühl mit ihr.

Unmittelbar nachdem dieser Gedanke in mir aufgekeimt war, schalt ich mich dafür, da ich an ihrer Blickwendung bemerkte, dass sie neuerlich in meinen Gedanken herumgeisterte. Ich rief also wieder die Blumenwiese auf und nahm mir vor, ihr diese zu übermitteln.

Wie ich gleich feststellen konnte, war dieser Entschluss ein voller Erfolg, denn sie musste plötzlich niesen. Ich frohlockte innerlich, da ich auf dem umgekehrten Wege zu ihrem Hirn Zugang gefunden und diese Reaktion hervorgerufen hatte. Dies sollte ihr als Warnung dienen, in Zukunft in meine Gedanken einzudringen!

Als sie nun wieder zu mir herüberblickte, glühten ihre Augen, während sie sich verlegen die Nase putzte. Sie hatte also sofort gewusst, wer die Schleimhautreizung verursacht hatte.

In der Folge wurde nun jener Tagesordnungspunkt aufgerufen, der die zurückgekehrten atlantischen Botschafter aufforderte, Bericht über ihre Missionen zu erstatten. Nun war viel die Rede davon, welche Entwicklungen die besuchten Völker genommen hatten, welche geistigen und technischen Errungenschaften sie kannten und wie sie lebten. Auch erzählten die Botschafter von bisher nicht gekannten Tier- und Pflanzenarten. Viele hatten sogar Exemplare davon mitgebracht. Auch zählten sie die erkundeten Erzlager auf. Gleichzeitig liefen auf einer großen Energietafel begleitende Hologramme, welche das Gesprochene veranschaulichen sollten. Außer einigen neugeknüpften Handelsbeziehungen waren da jedoch keine außergewöhnlichen Errungenschaften erkennbar, wie ich an den Reaktionen der Ratsmitglieder zu erkennen glaubte.

Als Letzter war Alundalt an der Reihe, über seine Reise zu berichten.

Ich dachte mir sofort, dass dies von Karan taktisch nicht klug gewählt war, weil er nun Gelegenheit bekam, ausführlich zu berichten. Dies konnte nicht im Sinne der Vorsitzenden sein, die ja diese Reise nie gewollt und stets zu verhindern versucht hatte. Ihr Gedanke, den Botschafter bis zum Schluss schmoren zu lassen, ließ sie offenbar diese unerwartete Gelegenheit übersehen.

Bevor er beginnen konnte, hob die Vorsitzende ihren goldenen Stab und herrschte den Botschafter sehr unfreundlich an: „Von dem Geschehen in der Höhle wird hier nichts erwähnt, das geht nur das ‚Herz von Atlantis' etwas an!"

Alundalt erwiderte sachlich mit fester und lauter Stimme, während er sich den Fürsten zuwandte: „Das geht alle, auch das Volk von Atlantis, etwas an! Die Einzelheiten über das entscheidende Einschreiten meines Freundes hier und die Auswirkungen auf unser Raum-Zeit-Gefüge bringe ich dann im Zuge des genauen Vortrages im Tempel vor", sagte er mit klarer, beeindruckender Stimme. „Ich sehe mich aber verpflichtet, auch hier zu berichten, weil die Geschehnisse auch das ganze Volk betreffen. Alle Atlanter haben das Recht zu erfahren, dass die Schmach, die den Taoristin zugefügt wurde, gesühnt ... und die Schuld, die sich unser Volk aufgeladen hat, getilgt ist!"

Sofort wollte Karan dem Botschafter unwirsch entgegnen, als sechs Fürsten gleichzeitig zum Zeichen, dass sie sprechen wollten, ihre rechte Hand hoben. Ihnen wurde nacheinander das Wort erteilt, und die Fürsten waren alle der gleichen Ansicht wie unser Botschafter. – Die anderen sechs Fürsten schwiegen. – Ich fühlte deutlich, wie Karan unsicher wurde, bevor sie als Ausweg eine Abstimmung verlangte.

Die sechs Fürsten, die sich zu Wort gemeldet hatten, mehrere Weise und Alundalt hoben zum Zeichen der Zustimmung die

Hand. Nach dem Aufruf zur Gegenprobe rührte sich kein Stimmberechtigter.

Aus dem folgenden fahrigen Verhalten der Vorsitzenden entnahm ich, dass die Auffassung Alundalts sich durchgesetzt hatte. So war es dann auch und er wurde zum Bericht aufgefordert.

Die Schilderung Alundalts war sehr eindrucksvoll und rief wiederholt ein anerkennendes Raunen hervor, als die so wichtigen Vorfälle in meiner Höhle zur Sprache kamen. Ganz besonders mein Beitrag, den Alundalt sehr eindrucksvoll schilderte, wurde als Leistung anerkannt.

Anschließend berichtete er über den Vorfall um Hierim und die missglückte Verschwörung. Ich glaubte zu sehen, dass Karan mit dem Ausgang des Aufstandes nicht einverstanden war. Ihr entfuhr das Wort „Stümper", nachdem mitgeteilt wurde, dass der Aufruhr keine ernsthaften Konsequenzen zur Folge hatte. Die Leute in meiner näheren Umgebung wussten offenbar nicht genau, wen Karan mit diesem Ausdruck bedachte – meine aufrührerischen Landsleute oder den Botschafter mit seinem Gefolge!

Ich aber verstand sofort, dass sie nur meine zu blöden Landsleute meinen konnte, die ihre Tat vermasselten. Der Tod Alundalts wäre ihr Triumph gewesen. Außerdem hätten sie ihr damit einen Vorwand geliefert, gegen meine Landsleute vorzugehen. Nach Alundalts lebensnaher Schilderung erhoben sich alle Anwesenden wortlos ohne Aufforderung und verneigten sich zweimal in unsere Richtung.

Dem schloss sich die Vorsitzende, sichtlich widerwillig, an, um sich nach dieser sehr hölzern ausgefallenen Verbeugung eilig wieder zu setzen. Daraufhin eröffnete sie die Debatte.

Mir kam vor, es wurde nun endlos, aber vorerst ohne Emotionen geredet. Die meisten Reden riefen keine Gegendarstellung hervor. Erst als die Ausführungen Alundalts zur Sprache kamen, kam es zu Wortwechseln. Zwei der Fürsten, die sich bisher nicht gerührt hatten, bemühten sich, die vergangene Handlungsweise der Mitglieder des Stammes der Schildkröten gegen die Taoristin zu verniedlichen. Ein anderer sah keine befriedigende Lösung der zwischenvölkischen Beziehung und keine Erlösung der verlorenen Seelen durch den Vorgang in der Höhle und verlangte eine weitere Abhandlung. Einige andere Fürsten gaben sich jedoch sehr zufrieden.

Zur Abwechslung meldete sich ein Weiser. Diese Leute waren an purpurroten Tuniken, mit weißen Kordeln um die Hüfte, zu erkennen. Der Mann schien eine angesehene Persönlichkeit zu sein, weil sich ihm sogleich alle erwartungsvoll zuwandten und gespannt auf seine Ausführungen zu warten schienen.

Er erklärte langsam, mit schöner Stimme: „Eine Beurteilung dieser so weitreichenden, spirituell-energetischen Leistung ist erst nach einer genauen Schilderung und Wiedergabe der gesamten Aufzeichnung im Tempel möglich. Lasst ab von jedweder Zankerei hier im Vorfeld! Es ist schon genug Negatives durch die Vorsitzende zu dieser Sache in mehreren Versammlungen vorgebracht worden."

Diese Worte wurden kopfnickend zur Kenntnis genommen. Auch die Vorsitzende sagte dazu kein Wort. Sie hielt sich sichtlich zurück und widersprach diesem Mann nicht. Er schien mir großen Einfluss zu haben.

So wurde die große Ratsversammlung mit Abstimmungen zu den einzelnen vorgetragenen Punkten abgeschlossen und man rüstete sich zum Gang in den Tempel.

Es war mittlerweile weit nach Mitternacht, als die dazu Bestimmten zum heiklen Teil der Berichterstattung schritten. Die Priesterinnen führten uns, nunmehr etwas zwangloser, wie mir schien, denn keiner hatte mehr die Hand auf die Schulter der Mädchen gelegt. So stiegen wir alle über die weiterführende, hell beleuchtete Treppe hinauf zum Tempel. Dieser war ebenfalls hell beleuchtet und seine Fassade war so mit Licht angestrahlt, dass seine baulichen Strukturen durch die Schattenwirkung verstärkt wurden.

Der Tempel hatte, im Gegensatz zum Palast, eine kantige Form. Er wirkte viel größer, schwerer und stabiler als der eher verspielt, mit filigran ausgeführten Verzierungen versehene Palast. Die Säulen waren höher und dicker. Der Dachgiebel wirkte kantig und die Wichtigkeit und Würde des Bauwerkes unterstreichend. Es gab keine verspielten, verschnörkelten Verzierungen. Nur im Giebel war eine Reihe von Figuren eingemeißelt, die auch vergoldet waren gleich wie die Kapitelle der Säulen. Die Ausmaße waren auch hier gewaltig. Das Dach wurde von einer rundum laufenden Säulenreihe getragen. Erst innerhalb eines breiten Säulenrundganges war die eigentliche Mauer aus großen Steinquadern errichtet.

Ich bekam wieder jenes bedrückende Gefühl bei dem Anblick des riesigen Gebäudes und war froh, dass mein Volk solche Riesengebäude nicht herstellte und dem Schöpfer in freier Natur huldigte. Im großen Tempel der Natur fiel eine Feier zum Dank an den Gott erbauend aus und nicht so einschüchternd wie in diesen imposanten Kultbauten.

Wir schritten auf ein großes Tor in der rot gefärbten Mauer zu. Drinnen teilte ein breiter Gang das Gebäude in der Länge. Ich sah, dass sich der Gang in der Mitte zu einer Halle weitete, in der eine Lichtfülle herrschte, wie ich sie noch nie vorher während Nachtzeiten gesehen hatte. Das Licht war so stark, dass ich eine große Figurengruppe, die von einer überdimensionalen Männerfigur beherrscht wurde, anfangs nur schemenhaft wahrnehmen konnte. Erst als sich die Augen an diese gleißende Lichtflut gewöhnt hatten, konnte ich das Kunstwerk genau erkennen. Das schien mir das Allerheiligste zu sein! Hinter dieser Halle schien der Gang, durch den wir schritten, weiterzuführen und an einem gleichen Eingangstor zu enden.

Die zentrale Figurengruppe aus Marmor stellte Poseidon mit seinem fünfspännigen Streitwagen und mit Dreispitz in der Hand dar.

Ich konnte mir diese Götterstatue nicht näher ansehen, weil meine Priesterin mich in den letzten, rechts abzweigenden Quergang führte und dann durch eine schwere Eichentüre ein angenehm eingerichtetes, aber viel zu hohes Gemach betrat. In diesem Raum standen eine Liege, eine Badewanne, ein Tisch und ein Bett mit Baldachin. Auf dem Tisch befanden sich zahlreiche kleine, vasenförmige Behältnisse. Der Baldachin über dem Bett war an einem viereckigen Rahmen an der Decke befestigt.

Zwei etwa vierzehnjährige Mädchen standen neben der Badewanne und hielten Tücher auf den Armen. Die Priesterin führte mich hinter den Baldachin und begann mich auszukleiden. Mir schwante, dass es nun ans Eingemachte ging. Aresit hatte etwas von einem uralten Reinigungsritus gesagt, den jede Person über sich ergehen lassen musste, bevor sie dem Herzen von Atlantis vortragen durfte. Der Ritus hatte zum Ziel, dass nur Menschen mit reinem Körper und geläutertem Herzen das Allerheiligste des Tempels betreten durften.

Nun galt es, sich zu beherrschen! Obwohl ich noch nie in meinem Leben von so einem schönen Mädchen entkleidet wurde und vor zwei Kindern ein Bad genommen hatte, fügte ich mich still in die Zeremonie. Ich beschloss, fest an eine schöne Landschaft zu denken, und hoffte, auf diese Weise in den nächsten Minuten alle erregenden Gedanken zu unterdrücken.

So gelang es mir, auch ohne sexuelle Erregung nackt in die Badewanne zu steigen. Die Mädchen standen stocksteif dabei, als mich die Priesterin mit einem weichen Schwamm am ganzen Körper wusch. Da kam wie aus dem Nichts eine Gestalt in den Raum, die sich am Fußende der Badewanne aufbaute. Es war ein Vollweib, das mir da gegenüberstand. Sie war splitternackt, hatte eine bronzefarbene Haut, schwarzes, langes Haar, schwarze Augen, lange, rot gefärbte Fingernägel und trug eine riesige Medaille an einer Halskette. Sie hatte wunderschön geformte, große Brüste. Ihre Augen funkelten und sie machte mit den Lippen saugende Geräusche. Dann steckte sie sich einen Finger in den Mund und saugte daran. Danach steckte sie sich zwei Finger der anderen Hand in ihre Scham und lutschte weiter an ihrem Finger. Da sie aber glücklicherweise überhaupt nicht der Frauentyp war, der mich aufregen konnte, weil ich mich für dunkelhäutige Frauen noch nie interessiert hatte, begann ich zu grinsen. Das irritierte sie, und sie begann, einen verführerisch anmutenden Tanz aufzuführen, wobei ihr Körper schlangenartige, tänzelnde Figuren darbot, die nur von einer Person mit einem sehr beweglichen Körper vollführt werden konnten. Dabei näherte sie sich immer mehr dem Kopfteil der Wanne, in der ich saß. Ich schaute ihr aufmerksam zu, konnte aber keine sexuelle Erregung verspüren, nur diese außergewöhnliche Akrobatik beeindruckte mich, sodass ich still und staunend dasaß.

Alsbald stand sie links neben der Wanne und beugte sich vor, sodass meine Lippen fast ihre linke Brustwarze berührt hätten, dann beugte sie ihren Körper wie einen Bogen nach hinten. Dabei präsentierte sie mir ihre erregte Scheide in einem Abstand von einer Elle, sodass ich die Einzelheiten genau sehen konnte.

Unter anderen Umständen hätte ich sicher nicht so ruhig dagesessen und diese anmutige Frau, die betörend duftete, sicher vernascht. Weil ich aber sofort, nachdem sie aufgetaucht war, wusste, worum es bei dieser Zeremonie ging, blieb ich standhaft und völlig ruhig im warmen Wasser sitzen. Auch war ich sehr bestrebt, mir vor meiner schönen Priesterin keine Blöße zu geben, weil die mich sicher mehr reizte und ich unbedingt ihr Wohlwollen verdienen und nicht durch eine falsche Reaktion verscherzen wollte.

Da ich offensichtlich zu wenig reagierte, verjagte die Schwarze mit Gesten die beiden Mädchen, nahm einen stabförmigen Gegenstand in die Hand und führte ihn in ihre Scheide ein. Ich konnte wieder ihre erotische Handlung genau verfolgen. Weil ich mich weiterhin nicht rührte, machte sie wieder ruckartige Bewegungen, so als würde sie den Gegenstand in ihrer Scham genießen.

Nun wurde es mir zu viel. Ich wollte nicht so weit kommen, dass ich die Kontrolle über meine Sinne verlieren könnte. Ich erklärte: „Nun habe ich genug gebadet!" Gleichzeitig stand ich auf und bat die Nackte, auf ein am Boden liegendes Tuch deutend, das ein Mädchen fallen gelassen hatte: „Gibst du mir dieses Tuch?" Dabei schaute ich so lange tief in ihre Augen, bis sie den Kopf wegdrehte.

Nachdem sie das Tuch aufgehoben und mir überreicht hatte, band ich mir das Tuch gleichgültig dreinblickend um die Hüften und ging unter den Baldachin, der nun das Sofa verdeckte. Dort stand meine Priesterin, die mich mit wohlwollenden Blicken begrüßte und dann mit einer glockenhellen Stimme bat, auf dem Sofa Platz zu nehmen.

Schon war die Nackte wieder da. Sie hatte ein Fläschchen, das vorhin auf dem Tisch gestanden hatte, in der Hand, schüttete eine Flüssigkeit in ihre rechte Handfläche und wollte zu mir treten, um mich zu salben. Da stellte sich blitzartig die junge Priesterin zwischen uns und rief mit einer lauten, schneidenden, kräftigen Stimme, die ich ihr gar nicht zugetraut hätte: „Das ist zu viel, hinaus!" Die Nackte drehte sich so schnell um, dass sie das Öl aus dem Fläschchen auf die Brust der Priesterin verschüttete, und verschwand heulend aus dem Raum. Als die schöne Priesterin sich mir zudrehte, sah ich durch das angefeuchtete Gewand ihre herrlichen Brüste. Die Brustwarzen drückten von innen deutlich sichtbar gegen den feuchten Stoff und mir wurde ganz anders in meinen Sinnen. Ich bemühte mich wegzuschauen, als diese herrlich geformten Brüste immer näher kamen und sich über mich beugten. Doch da begann sie, meinen ganzen Körper mit dem wohlriechenden Öl zu salben.

Ich konnte nicht anders, ich war sofort erregt und in meinen Lenden rührte sich die Männlichkeit. Das war ihr nicht entgangen und sie schaute mich vorwurfsvoll an.

Um die Situation zu retten, deutete ich auf ihren an der Brust benetzten Umhang.

Als sie den Zustand ihres Kleides sah, huschte sie wortlos aus dem Raum und kam nach kurzer Zeit, mit einem trockenen Umhang bekleidet, wieder. Während sie die rituelle Salbung zu Ende brachte, nickte sie versöhnt. Diese Salbung des Körpers sollte mich daran erinnern, jede Unaufrichtigkeit im Bericht zu unterlassen. So vorbereitet, sollte ich in das Allerheiligste eintreten.

Die Priesterin beschäftigte mich jedoch sehr. Da ich ihre Stimme hören wollte und um dieses Mädchen etwas näher kennenzulernen, stellte ich mich mit einer Verbeugung vor, die sehr linkisch ausfiel.

Ihre lieblichen Wangen bekamen einen leicht rötlichen Anflug, als sie sich ebenfalls etwas übertrieben verneigte und den Namen Feeosta hauchte.

Rasch nahm ich ihre rechte Hand, küsste sie und gestand: „Ich freue mich auf unsere zukünftige Zusammenarbeit im Palast und hoffe, dass ich an vielen Ratsversammlungen teilnehmen werde, um Sie sehr oft sehen zu können."

Sie erklärte ganz ruhig: „Wir können uns auch ohne Arbeit sehen, das ist kein Problem."

„Sehr gut!" antwortete ich überrascht und war plötzlich sehr fröhlich, weil ich befürchtet hatte, mit dieser Prinzessin nur zur Arbeit zusammenkommen zu dürfen.

Sodann kleidete sie mich in eine hellgrüne, mit roten und goldenen Verzierungen versehene Tunika, begutachtete mein Aussehen und führte mich wortlos aus dem Raum und durch mehrere Gänge.

Als wir das Allerheiligste erreichten, hörte ich ein surrendes Geräusch aus der Mitte des Tempels kommen, und ich glaubte, eine erhöhte Spannung zu spüren. Tatsächlich hatte ich den Eindruck, dass meine Haare sich aufstellten, und es tanzten sichtbar bläuliche Funken in den Haaren meiner Partnerin.

Feeosta erklärte mir: „Wir befinden uns jetzt über der Raum-Zeit-Energie-Maschine, die für das Wohlbefinden des atlantischen Volkes so wichtig ist. Diese Maschine wird ‚Herz von Atlantis' genannt. Das ‚Herz von Atlantis' ist derzeit etwas unruhig. Wenn es das grandiose Ergebnis der Vermittlungsbemühungen in der Höhle vorgetragen erhält, wird sich das Geräusch hoffentlich ändern und es wird sich wieder versöhnter geben. Die Berichterstattung sollte sachlich und nicht übertrieben ausfallen, denn eigentlich weiß das Herz bereits über die Tat Bescheid und wartet nur mehr den authentischen Bericht ab."

Während dieses Gespräches erreichten wir einen Raum, den ich für einen Weiheraum hielt. Beim Eintreten sah ich Weise, Fürsten, Priesterinnen und Schülerinnen bereits wartend versammelt. Als ich in den Weiheraum gelangte, hatte ich plötzlich eine bildliche Eingebung, ich sah folgende Szene:

Ich stand im Allerheiligsten und sah mich dort um. Der Raum des Allerheiligsten war viel breiter als der Säulengang, der auf die Tür zuführte. Er musste fast die ganze Breite des Tempels einnehmen. Er hatte geradezu gigantische Ausmaße und ließ mich kleinwinzig wie eine Ameise fühlen, als ich im Eingang stand. Der Raum wurde von einem hell leuchtenden Gerät beherrscht, das in der Mitte des Raumes aus dem Boden aufstieg und durch die Decke reichte, obwohl diese in einer Höhe lag, dass fünfzehn Männer, aufeinander stehend, sie nicht hätten erreichen können. Dieses Gerät sah aus wie ein überdimensionaler Kreisel, den ein Energie-Zylinder umhüllte, der durchscheinend war. An der Mittelachse waren drei kreisrunde Scheiben mit unterschiedlichen Durchmessern angebracht. Das Gerät drehte sich mit gleichmäßiger Geschwindigkeit, wobei jede dieser Scheiben in einer anderen Farbe leuchtete. Dieser Energieschleier hinderte mich daran, festzustellen, aus welchem Material der Kreisel gefertigt war.

Sein Energiefeld leuchtete fortwährend in verschiedenen Farben auf und zeigte ständig andere Muster. Einmal waren farbige Spiralen, dann wieder weiße, senkrechte Streifen und auch geometrische Umrisse zu sehen. Gleichzeitig mit der Änderung der Farben und des Musters änderten sich auch die Tonlagen der Klänge. Ich glaubte, eine Melodie oder klingenden Rhythmus zu hören.

Durch diese leuchtende Energiewand konnte ich nicht genau sehen, wie weit diese Maschine in den Boden und durch die Decke hinaufreichte. Es hatte jedoch den Anschein, als ob sie tief in der Erde verankert sei und erst im oberen Geschoss endete. Auf den Scheiben lagen Menschenschädel, die ebenfalls leuchteten. Diese Schädel schienen aus Bergkristall geformt. Zu jeder dieser Scheiben reichte, von einer Wendeltreppe herführend, ein Steg. Auf diesen Stegen gingen Priesterinnen in würdevoller Haltung hin und her.

Diese Priesterinnen trugen über den Händen und Armen schwere, metallisch schimmernde Handschuhe, und in den Händen hielten sie leuchtende Gegenstände, die geometrische Formen hatten. Diese Gegenstände legten sie auf die Scheiben oder nahmen sie weg. – Sie greifen also mit ihren Händen durch das Energiefeld, um an diese Gegenstände heranzukommen! dachte ich berührt.

Den Hintergrund des Raumes beherrschte diese große Figurengruppe aus Marmor, die einen Streitwagen mit einer übermannsgroßen Männerfigur, gezogen von fünf Pferden, darstellte. Der Mann hielt in der linken Hand einen Dreizack, dessen Schaft auf dem Boden des Wagens stand. Über die Brüstung des Wagens war ein Netz geworfen und aus den Haaren des Mannes züngelten Blitze. Es war die Statue, die den Gott Poseidon darstellte, den Gründer der atlantischen Kultur. Er war gefertigt aus schneeweißem Marmor. Diese Gruppe hatte ich in der großen Tempelhalle bereits gesehen, fiel mir ein. Ich wusste nun: Diese Statue stand schon seit der Gründung der Stadt und des Tempels, also schon seit vielen Jahrhunderten da und beschützte zusammen mit dem Kreisel das atlantische Volk. Der Tempel war einst um diese Statue gebaut und von nachfolgenden Generationen fortwährend kunstvoll erweitert worden. Um diese Figurengruppe war die Lichtführung so gestaltet, dass man den Eindruck bekommen konnte, Pferde und Lenker seien lebendig und könnten jeden Moment aus der Halle rasen.

Ich war ganz fasziniert von dieser Eingebung und musste von meiner Priesterin in die Wirklichkeit zurückgeholt werden, indem sie mich am rechten Ärmel zupfte und mich leise fragte, warum ich stehengeblieben sei.

Ich erklärte ihr ganz leise: „Ich habe das ‚Herz von Atlantis' gesehen!"

Die Priesterin blickte mich ungläubig an und schüttelte nachdenklich den Kopf. Scheinbar konnte sie mit meiner spontanen Antwort nichts anfangen.

Da uns niemand begrüßte, sah ich mich in dem eher kleinen Raum um: An den Seitenwänden waren zwei einfache Altäre aufgestellt und in der Mitte des Raumes ragte ein mannshoher, roh behauener Granitstein aus dem Boden, der sich nach oben hin verjüngte. An der Spitze dieses Steines war manchmal eine kleine Rauchwolke zu sehen.

Mit einer weißen, einfachen Tunika bekleidet, trat nun die Hohepriesterin, Karan, ein. Auf ihr Zeichen versammelten sich die Anwesenden um diesen Granitblock in der Mitte des Heiligtums. Dann trugen die Priesterinnen rhythmische, getragene Gesänge vor und aus dem Hintergrund klang leise Musik an mein Ohr. In der Folge hob die Hohepriesterin an, Gebete zu sprechen, und die Handlung bekam ein feierliches Gepräge. Offenbar war in diesem Raum kein Platz für Ränke, Intrigen und niedrige Instinkte. Selbst Karan wirkte versöhnlich, entspannt und zeigte einen ausgeglichenen Gesichtsausdruck.

Alsbald brachten Schülerinnen hölzerne Liegen mit weichen, duftenden Kissen und stellten diese in Gruppen in einem Kreis um diesen Granitstein auf. Jeder ging zu einer solchen Liege und machte es sich dort bequem. Dann reichten die Mädchen schweren Rotwein, Brot und Salz, und jeder nahm sich davon. Das gesalzene Brot wurde von Karan hochgehalten und so zur Weihe dem angebeteten Gott dargeboten. Dann aß und trank jeder.

Nachdem wir uns bequem hingelegt und einige Zeit schweigend zugebracht hatten, trugen zwei junge Priesterinnen einen Dreifuß mit einer großen Pfanne herein, in der Kohle glühte. Karan nahm von einem Altar ein goldenes Behältnis, trat zu der Kohlenpfanne und schüttete vom Inhalt des Behälters etwas über die Kohle. Sofort stieg eine Rauchwolke mit würzigem Duft auf und füllte den ganzen Raum.

Nun stimmten die Priesterinnen einen beruhigenden Gesang an, und alle meine Sinne wurden schwer. Die Hohepriesterin sprach beschwörende Formeln.

Ich konnte die Umgebung und den Stein bald nicht mehr wahrnehmen, sondern sah plötzlich wie durch einen dünnen Nebel meine Höhle. Sofort lief die Handlung wie von selbst ab, wie sie sich ereignet hatte. Ich erlebte alle Ängste, Gefühle und Empfindungen wieder, die ich damals gehabt hatte. Die Handlung wiederholte sich so authentisch, wie man sie keinesfalls hätte erzählen können. Es kam auch die Operation an meinem Kopf getreulich wieder. Auch die Zankerei der beiden Männer.

Ich wusste nicht zu bestimmen, wie lange diese Wiedergabe gedauert hatte. Infolge meines intensiven Wiedererlebens der Vorfälle wurde ich ohnmächtig und rollte von meiner Liege zu Boden.

Als ich, im wahrsten Sinne des Wortes, wieder zu mir kam, lag ich in jenem Raum, in dem ich gesalbt worden war, auf dem Sofa.

Ein Mann, der offenbar Arzt war, und die schöne Feeosta standen neben dem Sofa und diskutierten mit besorgten Gesichtern aufgeregt miteinander. Als sie bemerkte, dass ich wieder bei Bewusstsein war, seufzte sie sichtlich froh darüber und wischte sich schnell eine Träne von der rechten Wange.

„Du hast uns große Sorgen gemacht, mein Botschafter. Offenbar hat die Wiedergabe des damaligen Ereignisses eine derart starke Reaktion ausgelöst, dass du von der Liege stürztest und am Kopf eine blutende Wunde erlittest. Zur Schande aller Anwesenden hat niemand bis zum Ende der Darbietung deine Ohnmacht bemerkt", gestand sie mir. „Karan ist sehr bestürzt, weil das Vergießen von Menschenblut im Allerheiligsten und in den Weiheräumen ein schlechtes Omen für sie als Hohepriesterin darstellt. Ganz gleich, ob es durch eine gewollte oder ungewollte Handlung dazu kam, sie trägt die Schuld, denn sie ist die Wächterin des Allerheiligsten und hat die Anwesenden vor Schaden zu bewahren", berichtete sie aufgeregt. „Du hast mit deinem Blut unabsichtlich ihren Ruf schwer geschädigt, weil im Tempel schon unzählige Jahre kein Blut mehr vergossen wurde. Beim letzten Mal kam es infolge der giftigen Gase, die aus einer Erdspalte strömten, zu einem blutigen Unfall. Danach wurde der Granitstein auf die Erdspalte gestellt, um die betörenden Gase etwas regulieren zu können, die aus der natürlichen Spalte aus dem Erdinneren strömen."

Feeosta deutete nun auf den Mann, der neben ihr stand: „Sie war sehr bemüht um dein Wohlbefinden und hat sofort den besten Arzt holen lassen, den es in der Stadt gibt. Das hat eine Aufregung in der Stadt ausgelöst, weil die Raum-Zeit-Energie-Maschine, deren Drehung sich nach der Berichterstattung wieder normalisierte, nach deinem Sturz kurzzeitig anzuhalten schien. Wäre sie stehengeblieben, wäre Atlantis sicher untergegangen."

Nun schien sie gar nicht mehr aufzuhören mit dem Reden. Sie erzählte mir, die Priesterinnen, die diese Maschine betreuen, hätten zwar versucht, durch Auflegen von Kristallen den Stillstand zu vermeiden, doch ehe eingegriffen werden konnte, konsolidierte sich die Umdrehung selbstständig und der Kreisel liefe nun so ruhig wie schon lange nicht mehr.

„Nachdem der herbeigerufene Arzt an deinem Körper keine schwere Beeinträchtigung festgestellt und deine Platzwunde am Kopf versorgt hatte, lief die Maschine wieder ganz regelmäßig. Die Priesterinnen konnten befreit aufatmen“, schloss sie ihren Bericht mit Erleichterung. Bevor sie weiter sprach, setzte sie einmal ohne Ton zu sprechen an und schien sich dann zu überwinden, mir auch Folgendes mitzuteilen: „Auch dein Blut verschwand vom Marmorboden des Weiheraumes wie von Zauberhand. Dieser Umstand verwirrte Karan zusätzlich, weil es einen vergleichbaren Vorfall bisher nicht gegeben hat. Sie nimmt an, dass dieses Ereignis ein Fingerzeig des Kreisels sein dürfte.“

Feeosta setzte sich unwillkürlich auf die Kante meines Sofas, als sie weiter erzählte: „Vermutlich wirst du das Herz, die Maschine, bald zu sehen bekommen, weil du offensichtlich zu ihr in einer besonderen Beziehung zu stehen scheinst. Ich habe noch nie erlebt, dass die elektrische Spannung der Maschine auf dem darüberliegenden Gang derart intensiv spürbar war wie zu dem Moment, als wir dort gingen. Ich habe diesen Vorfall Karan bereits mitgeteilt und sie war sehr überrascht. Alle Ereignisse, die mit dir in Zusammenhang stehen, verunsichern sie immer mehr und sie schwankt zwischen Bewunderung und Abneigung.“

Wieder erfolgte eine kleine Atempause. Dann hörte ich ihre zarte, liebreizende Stimme wieder: „Ich erinnerte mich sofort an einen weisen Mann, der im Tempelunterricht einmal sagte, dass eines Tages ein Fremder kommen werde, der zu dieser Maschine, genauer gesagt zu ihrem Hüter, in einer direkten Beziehung stehen und mit diesem kommunizieren werde. Zuletzt hat der Hüter mit einem Menschenwesen vor mehr als zweihundertundfünfzig Jahren direkt Kontakt aufgenommen. Daran wird die Hohepriesterin Karan ebenfalls erinnert worden sein. Möglicherweise befürchtet sie, du könntest dieser angekündigte Mann sein. Von einer Priesterin erfuhr ich, dass Karan in letzter Zeit wiederholt von Träumen geplagt werde, die sie ängstigen. Sie scheint zu befürchten, dass jemand kommen könnte, um sie zu vernichten. Angesichts ihrer Rücksichtslosigkeit wundere ich mich nur, dass sie nicht versucht hat, dich schon vor dem Betreten des Palastes zu beseitigen. Offenbar konnte sie in der Öffentlichkeit aufgrund deines dir vorauseilenden Rufes und der damit verbundenen Aufmerksamkeit, die alle Menschen in der Stadt dir widmen, nicht sofort gegen dich vorgehen. Vermutlich fürchtete sie das zu große Aufsehen, das eine solche Tat verursacht hätte."

Der Arzt war vor diesen Erörterungen bereits gegangen.

Während der letzten Worte war Feeosta an einen Tisch an einer Seitenwand getreten und entdeckte die Schatulle, die mir Karan überreichen ließ. „Da ist ja jenes Behältnis, das du von Karan im Saal erhieltest!" wunderte sie sich und sah mich fragend an.

Selbst überrascht, trat ich heran und fragte: „Dieser Raum ist aber nicht der mir zugeteilte Büroraum, in den das Mädchen das Ding hätte tragen sollen?"

Sie verneinte. Als sie das Behältnis öffnen wollte, hielt ich ihre Hand fest und hinderte sie daran.

Ich flüsterte ihr zu: „Das ist sicher wieder ein Versuch der Hohepriesterin, mich lächerlich zu machen. Möglicherweise werden wir belauscht." Während ich dies sagte, ging ich leise auf Zehenspitzen zur Türe, deutete Feeosta mit dem Finger vor dem Mund zu schweigen und riss die Türe mit einem kräftigen Ruck auf. Da kniete ein Mann, der die schwarze Uniform der Militärs trug, lauschend vor der Türe und war sichtlich überrascht, entdeckt worden zu sein. Ich gab ihm eine schallende Ohrfeige, bevor er reagieren konnte. Dann sah ich noch, dass weitere Militärs auf dem Flur standen, und warf die Türe wieder zu.

Noch während Feeosta über den lauschenden Militär staunte, nahm ich sie entschlossen an der rechten Hand und schimpfte: „Diesen ungastlichen Raum will ich sofort verlassen!"

Wir schritten an dem verdutzten Militär vorbei und äußerten deutlich, dass wir nicht aufgehalten werden wollten: „Sie sollten sich dafür schämen, dass Sie sich von dieser Hexe zu solchen Niederträchtigkeiten einspannen lassen!" fuhr ihn Feeosta nun für mich überraschend an. „Das wird Konsequenzen haben! Sie wissen, dass mein Vater sehr einflussreich ist, und ich werde ihm von dieser Niedertracht berichten!" Gleichzeitig machte sie jene Handbewegung, die das Halsabschneiden symbolisiert. Dann schritt sie hocherhobenen Hauptes weiter und machte eine wegwerfende Handbewegung, als sich der Mann entschuldigen wollte, worauf er betroffen schwieg und eilig verschwand.

Ich wollte jetzt mit dieser schönen Frau unbedingt alleine sein, obwohl es schon kurz vor Sonnenaufgang war. Ein kurzer Blick ihrerseits genügte mir, um zu wissen, dass sie die gleiche Absicht hatte. Wir eilten über die Treppe zum Palast und traten durch einen kleinen Seiteneingang ein. Schon im Gang bemerkte ich, dass es Feeosta plötzlich eilig hatte. Ihre Schritte schienen durch den gleichen Wunsch beflügelt, der in mir aufkeimte.

Sie führte mich durch eine Türe in einen sehr angenehm eingerichteten Bereich, der aus mehreren zusammenhängenden Räumen bestand. Sie lehnte sich mit dem Rücken von innen an die Türe und drückte diese zu. Das metallische Geräusch des einschnappenden Schlosses hörte ich schon nicht mehr, denn sie erfasste mich mit beiden Händen liebevoll am Hals und zog mich fest an sich. Dann küsste sie mich fordernd auf den Mund. Ich erwiderte den Kuss inbrünstig.

Wir waren beide sofort erhitzt und sehnten uns nach sinnlicher Erfüllung. Sie begann sofort, mit der linken Hand die Kordel an ihrem Umhang zu lösen, und stand im nächsten Moment nackt vor mir. Ich hatte keine Zeit, ihren aufreizenden, nackten Körper zu betrachten, weil sie bereits die Umschnürung meines Gewandes löste und mir die Tunika abstreifte. Nachdem ich ebenfalls nackt war, hatte sie sofort mein steifes Glied in ihrer zarten, kleinen Hand und begann daran so heftig zu reiben, dass mir der Atem stockte. Ich war so erregt, dass ich befürchtete, mein Zepter würde explodieren. Sie hatte völlig die Initiative ergriffen und war nicht mehr aufzuhalten. Das hätte ich sicher auch nicht getan. Schon gar nicht, als sie beide Arme um meinen Hals schlang, hoch hüpfte und mit einem eleganten Schwung ihr Becken hoch schwang. Noch während sie ihre Beine hinten um meine Hüfte schlang, drang mein Pfahl in ihre Liebesgrotte mit einem schmatzenden Geräusch ein, und wir stöhnten beide lustvoll auf. Ich war ihr jetzt so nah, wie ich es mir schon seit Stunden ersehnt hatte. Ich drang in sie mit aller Männlichkeit ein und sie jauchzte hell auf, als sie meine Stöße empfing.

Sie war meine Göttin! Ihre Bewegungen waren so fordernd und sie stöhnte immer lauter. Dann rief sie: „Ja, schenke mir all deine Lendenkraft!“

Ich konnte spüren und sehen, wie sehr sie den Liebesakt genoss, wenn sie in größter Wonne mit geöffnetem Munde fordernd stöhnte und sich wand wie eine Schlange. Sie hatte die Augen geschlossen, um sich voll dem Genuss hingeben zu können.

Weil mich das pochende Geräusch störte, das unsere Körper an der Türe erzeugten, sah ich mich kurz um und entdeckte im Nebenraum ein breites Bett mit Baldachin. Sofort eilte ich, ohne meine Liebste loszulassen, die so federleicht auf meinen Hüften saß, schnellen Schrittes zu dem Bett. Dort warf ich sie so schwungvoll auf die Decke, dass sie lustvoll gurrte: „Ja, nimm mich, mache mich zur Frau! Ich liebe dich, mein Mann! Ich will dich nie mehr aus mir herauslassen! Jaaaahh! Ja, stoße zu!"

Wir steigerten uns in immer höhere Ekstase, wobei wir mehrmals die Positionen wechselten, bis ich den Erguss nicht mehr zurückhalten konnte, und dann brach in mir der Damm: Der Orgasmus riss mich wie ein Sturm förmlich aus der Wirklichkeit weg. Ich hatte noch nie zuvor eine solch heftige Explosion der Erfüllung erlebt. Ich weiß nicht, wie lange wir so umschlungen gelegen hatten, als ich sie vorsichtig losließ und mich neben sie auf das Bett wälzte.

Feeosta dehnte ihren Körper in alle Richtungen, noch immer leise stöhnend, denn sie war in der Erfüllung ihrer tiefsten, geheimen Sehnsüchte nicht mehr in der Lage, zu denken oder zu reden, und stammelte nur mehr etwas über das Versprechen aus einem Traum. Dann öffnete sie ihre schönen Augen und strahlte mir den Himmel entgegen. Sie schnurrte wie ein Kätzchen, schmiegte sich an mich und zog eine dünne Decke über unsere erhitzten Körper.

In dieser Position lagen wir noch lange, Körper an Körper eng umschlungen beisammen. Unsere Hände wanderten noch immer zärtlich über das Versprechen der Lust in den Körpern, und wenn es uns übermannte, küssten wir uns innig.

Im Nachklang der wunderbaren Gefühle erzählte sie ganz leise: „Bisher habe ich so etwas nur geschildert bekommen. Ich bin froh, dass ich das Glück hatte, es zum ersten Mal mit dir erlebt zu haben. Es war wunderschön, mein Geliebter! Du Wolf vom Festland! Schon als ich dich am Stiegenabsatz vor dem Palast zum ersten Male sah, durchfuhr mich die Liebe zu dir wie ein Blitz. Nun will ich immer dir gehören, bis ans Ende unserer Tage! – Hermanwulf...!"

Sie sagte zum ersten Mal meinen Namen, und es klang wie Engelsgesang in meinen verliebten Ohren. Ich war glücklich wie noch nie in meinem Leben und sagte mir: Diese Frau will ich bis zu meinem Lebensende lieben und sie immerdar beschützen, bis zu meinem letzten Atemzug! Ich gestand ihr meine Liebe mit den schönsten Worten, die mir in diesem Augenblick des höchsten Glücks einfielen. Aber ich fand nicht genug Worte, die ausdrücken konnten, was sie mir bedeutete. Die Worte „Liebe" und „Glück" verlieren in solchen Momenten ihren Zauber, im Angesicht dessen, was man in seinem Inneren erlebt.

Ich fragte Feeosta nach einiger Zeit, wie alt sie sei, und erfuhr, dass sie zwei Lenze jünger war als ich.

Ich war der glücklichste Mann auf der ganzen Welt. Ich nahm ihr Gesichtchen in beide Hände und küsste sie wieder und wieder auf ihre Augen, die Wangen und auf ihren volllippigen, weichen Mund.

Jetzt erst bemerkten wir, dass die Sonne aufging. Wir warfen die Tuniken über, weil uns kalt geworden war, und betrachteten den Sonnenaufgang im Bett sitzend. Es war der schönste Sonnenaufgang, den ich je erlebt hatte, hielt ich doch das bezauberndste Wesen in meinem Arm, das diese Welt mit ihrem Atem segnete. Über der Stadt lag ein leichter Dunst, der von den ersten warmen Strahlen des Zentralgestirns rosa und am Rande rot gefärbt wurde und in der Morgenbrise wogte wie Wasser. Darüber spannte sich das tiefblaue Himmelsgewölbe, ganz ohne störende Wolken. Es war ein wunderschönes Bild und passte ganz zu unserer Stimmung im Raum.

Noch während wir so dasaßen und eng umschlungen den Sonnenaufgang betrachteten, ertönte ein Gong. Durch diesen Klang wurden wir beide schlagartig in die Realität zurückgeholt.

Feeosta zuckte zusammen und erwartete offenbar eine böse Störung. Ich sah sie forschend an und gab ihr durch ein verlegenes Achselzucken zu verstehen, dass ich nicht wüsste, wer draußen sein könnte. Sie fand die Sprache wieder und meinte: „Da ist jemand vor der Türe, vermutlich ein Mädchen oder eine Priesterin. Ich werde hingehen und aufmachen." Sie ordnete schnell ihr Haar und ging zur Türe.

Dort fragte sie vorsichtig, wer draußen sei, und eine kindliche Mädchenstimme antwortete: „Wollen Sie etwas zu essen?"

Feeosta öffnete die Türe und ließ ein kleines Mädchen in Schülerinnengewand in den Raum. Sie hob das Mädchen auf und antwortete freundlich: „Sieguld, das ist aber lieb von dir! Ja, wir haben Hunger."

Das Mädchen teilte geschäftig mit: „Ihr werdet überall gesucht! Niemand weiß, wo ihr hingekommen seid. Weil ich gestern mit dir diese Räume herrichtete, vermutete ich, dass du hier sein könntest nach dieser ereignisreichen Nacht, in der das ‚Herz von Atlantis' fast stehengeblieben wäre."

Dann lächelte sie mich an und fragte: „Darf ich den berühmten Botschafter einmal küssen?" Ich war einverstanden, hob sie hoch, und sie küsste mich auf beide Augen. Dabei lächelte sie wie ein Engelchen. Dann verließ uns das Mädchen wieder, um Frühstück zu bestellen. Ich bat sie noch rasch, zurückzukommen und mitzuessen. Sie sagte freudig zu.

Nun hatte uns der Alltag wieder eingeholt.

Da ich nun stets in ihrer Nähe sein wollte, fragte ich Feeosta, wie es nun weitergehen sollte.

Sie antwortete bestimmt: „Falls Alundalt einverstanden ist, werde ich mich um ein Haus in der Nähe seiner Residenz umsehen und mich von jetzt an um deine Einweisung in die hiesigen Gepflogenheiten und um deinen Unterricht kümmern. Auch werde ich mich um die Einstellung von Hauspersonal kümmern. Zu befürchten ist, dass Karan versuchen wird, unser Zusammensein zu verhindern", vermutete sie. „Aber ich glaube, dass Karan seit heute Nacht nicht mehr allzu viel Macht über dich haben dürfte und versuchen wird, sich mit dir zu arrangieren. Wir müssen nur aufpassen, dass wir ihre Spione nicht in unsere Nähe und in unser Haus lassen!" warnte sie offen.

Dabei brachte sie mit ein paar geschickten Handgriffen, ganz nebenbei, unser Schlafzimmer in eine ansehnliche Ordnung.

Sie lächelte. „Vielleicht bekommen wir von einigen Fürsten und Weisen entsprechende Unterstützung, wo doch alle im Allerheiligsten anwesenden Personen deine tiefe Beziehung zum ‚Herzen von Atlantis' mitbekommen haben."

Da erklang wieder der Gong.

Nachdem ich näher zu der Tür stand als Feeosta, die den Tisch im Nebenraum für das Frühstück herrichtete, und weil ich Sieguld erwartete, öffnete ich. Zu meiner Überraschung stand aber Alundalt draußen, der ein verdutztes Gesicht machte.

Ich verneigte mich leicht und bat ihn: „Bitte einzutreten, Euer Exzellenz!"

Er schimpfte sofort drauflos in seiner typischen, väterlich-trockenen Art: „Was fällt euch ein? Ihr seid einfach verschwunden und die ganze Stadt sucht nach euch! Du wurdest verletzt!" hielt er mir wie eine Rechtfertigung für seine Aufregung hin. „Und alle machen sich Sorgen um deine Gesundheit!"

Ich wehrte mich meiner Haut, indem ich darüber meinen Unwillen zeigte: „Jetzt reicht mir der ganze Rummel, der um meine Person gemacht wird! Kann man nicht einfach sein Bett in Ruhe benützen, ohne jemanden in Atlantis um Erlaubnis fragen zu müssen? Wo ich doch nur mit dem Kopf in aller Frühe auf den Steinboden gefallen und etwas angeschlagen war!"

Der Botschafter grinste bis über beide Ohren nach meinem Ausspruch und nachdem Feeosta zu uns getreten war. „Das Bett benützen?" zitierte er nickend und ließ die Worte auf seinen Lippen zergehen, als er zur Bettstatt sah. Dabei blickte er Feeosta ins Gesicht, die sofort heftig errötete. Ohne weitere Worte wusste er, was vorgefallen war, und blieb in seiner rügenden Tonart: „Du verdammter Schwerenöter! Kommst vom rückständigen Festland hierher und schnappst den einflussreichsten Fürstensöhnen gleich die begehrenswerteste Braut von ganz Atlantis weg! Weißt du denn überhaupt, wer diese junge Dame ist?"

Mein verlegener Ausdruck sagte dazu wohl alles. Daher schimpfte er weiter:

„Sie ist die Tochter des Fürsten Fengostal, und er wird dich vierteilen lassen, wenn er erfährt, dass du mit ihr im Bett warst! Poseidon sei Dank, dass ich das als Erster mitbekomme, sonst wäre der Skandal perfekt und Karan würde triumphieren." Kopfschüttelnd murrte er weiter: „Geht der Kerl gleich bei der ersten Gelegenheit mit einer unberührbaren Priesterin in die Falle." Sagte es und schüttelte mit gespielter Fassungslosigkeit den Kopf. Dann wieherte er unvermittelt auf wie ein Pferd und schüttelte sich vor Heiterkeit.

Nach diesen Worten und der darauf folgenden Gefühlsaufwallung wusste ich nicht so recht, wie er unser Verhalten nun wirklich beurteilte. Noch ehe ich etwas erklären konnte, fuhr er fort: „Das Küchenpersonal kommt mit Frühstück hierher. Darf ich mitessen? Ich habe euch viel zu erzählen." Sagte es und setzte sich an den Tisch.

Feeosta legte ihm ein Platzgedeck vor. Noch bevor ich auch nur ein Wort dazwischen einwerfen konnte, erklang neuerlich der Gong.

Feeosta öffnete und ein großer Servierwagen mit köstlichem Essen, einem bunten Blumenstrauß mit einer Karte daran, wurde hereingeschoben. Feeosta erklärte unmissverständlich, dass sie selbst die Bedienung übernehmen werde, und scheuchte die Menschen aus dem Raum, die neugierig die Hälse reckten. Offenbar hatte bereits das Personal des Palastes von den nächtlichen Vorfällen im Weiheraum gehört und wollte mehr erfahren. Ich konnte mir gut vorstellen, dass Karan diese rasche Verbreitung ihrer Niederlage erzürnen würde.

Während meine geliebte Feeosta den Botschafter und mich bediente, kam Sieguld zurück und setzte sich freudestrahlend dazu. Als sie sich dann ebenfalls zum Essen niederließ, begann der Botschafter zu erzählen: „Die Weisen und auch die meisten Fürsten waren sehr angetan von deinem Einsatz und dem Ergebnis, das für die Taoristin erreicht wurde. Als sie dann sahen, dass du im Weiheraum blutend am Boden lagst und Karan das nicht einmal bemerkt hatte, obwohl sie über die Gesundheit aller Personen während einer solchen Zeremonie zu wachen hat, haben sie die Hohepriesterin für ihre Nachlässigkeit getadelt, weil Blut geflossen war“, berichtete er beflissen. „Karan hat für das Wohl aller zu sorgen, da alle Personen während dieser Zeremonie in einen tranceartigen Zustand versetzt sind, in dem sie ihre Gefühle, Gedanken und ihren Körper nicht selbst kontrollieren können“, erklärte er mir. „Dieser Zustand wird absichtlich herbeigeführt, um die wahrheitsgemäße Wiedergabe der wichtigen Vorfälle zu ermöglichen.“ Er nahm sich von den Brötchen, die Feeosta mit Butter und einem Fruchtmus bestrichen hatte. „Auch einige Fürsten, deren Einstellung zu Karan ich bisher nicht habe beurteilen können, haben sich tadelnd geäußert“, meinte er zufrieden. Dann nickte er Feeosta mit dem Brötchen in der Hand dankend zu.

Feeosta schenkte ihm ein bezauberndes Lächeln, und unsere Blicke trafen sich zwischendurch verliebt.

Aber Alundalt ließ uns keine Zeit, er setzte angetan seinen Bericht fort: „Zu meiner Überraschung brachte Fürst Randolf vom Stamm der Raben auch den Vorfall mit dem fremden Botschafter beim Speisen im Palast zur Sprache und fragte Karan ganz unverblümt, ob sie mit diesem Exzess etwas zu tun habe. Die Hohepriesterin wurde verlegen, äußerte sich aber nicht zu diesem Vorwurf.“ –

Alundalt griff zum dritten Mal nach seinem Tee, aber er trank nicht, weil er weiter berichten wollte. – „Der unvermutete Anwurf und die ungewohnt scharfen Tadel der Mächtigen verunsicherten sie ordentlich, weil diese Reaktionen für sie völlig unerwartet kamen. Nun sieht sie ihre Macht schwinden und wird dadurch für uns noch gefährlicher, weil sie in die Enge getrieben wurde", meinte er warnend mit erhobenem Finger. Dann trank er endlich von seinem Tee.

Feeosta lächelte wieder über die Geschäftigkeit Alundalts.

Ganz begeistert sprach mein Mentor weiter: „Sie hat sich sofort selbst an der Suche nach euch beteiligt. Ich habe sie dann aber aus den Augen verloren, weil ich beschlossen habe, in den Palast zurückzukehren, um dort nach euch zu suchen." Wieder lachte Alundalt unvermittelt auf. „Die Ohrfeige, die dem Zenturio der Tempelgarde verabreicht wurde, ist ebenfalls schon allgemein bekannt, so als hätte er diese Demütigung im Versammlungssaal erfahren. Der Mann ist für sein Leben gezeichnet und ab heute sicher nicht mehr dein Freund", meinte er verschmitzt und hatte ein Lachen in den Augen. „Er hat bereits um Versetzung ersucht und Karan hat sie wutschnaubend genehmigt. Der findet sich bestimmt am verlassensten Platz unseres Landes wieder!" erzählte Alundalt gut gelaunt weiter.

„Er war bisher auch nicht unser Freund, sonst hätte er nicht an der Türe gelauscht" tat ich meine Ansicht kund. Dann eröffnete ich Alundalt: „Lieber Freund, Feeosta und ich haben dir etwas mitzuteilen. Wir haben uns vom ersten Anblick weg ineinander verliebt und wollen in Zukunft zusammenbleiben. Feeosta ist fest entschlossen, den Tempel zu verlassen. Sie möchte sich sogleich um ein Häuschen umsehen, in dem wir ungestört zusammenleben und einen eigenen Hausstand gründen können. Es ist Liebe auf den ersten Blick, die uns da so blitzartig zusammengeführt hat!"

Alundalt saß mit offenem Mund da und hielt ein Brötchen, das er gerade essen wollte, so schief in seiner Hand, dass der Honig vom Brot in seinen Schoß tropfte. Es brauchte einige Augenblicke, bis er sich wieder gefangen hatte. Auf seinem Gesicht war nicht so recht zu erkennen, ob er über diese Nachricht erfreut oder entsetzt war.

Dann, nachdem er mehrmals tief Luft geholt hatte, sprudelte er heraus: „Du darfst mich keinesfalls verlassen! Das werde ich nicht dulden. – Ich gratuliere euch zu diesem Entschluss! Da sind zwei gescheite Menschen mit schnellen Entschlüssen zusammengekommen. Wenn Karan davon erfährt, wird sie aus der Haut fahren", mutmaßte er dann ernst. „Du bist ein richtiger Schwerenöter, weißt du das? Du Windei, du!" sprach er mich wieder mit lachenden Augen an. „Ich möchte zu gerne das Gesicht dieses cholerischen Fengostal sehen, wenn er erfährt, dass du sein künftiger Schwiegersohn bist und gleich seinen Augenstern heiraten willst. Ich glaube, der macht dich einen Kopf kürzer, wenn du ihm gegenübertrittst und bevor du überhaupt gesagt hast, was dein Begehren ist! Genau betrachtet bist du aber sicher ein begehrenswerter Mann und als Schwiegersohn durchaus passabel, wo du doch mit dem ‚Herz von Atlantis' auf du und du stehst", taktierte er laut denkend vor sich hin. Er sah uns beide abwechselnd mit prüfenden Blicken an.

Als Feeosta damit begann, das Frühstücksgeschirr wieder auf den Servierwagen zu räumen, nahm Alundalt eine große Stoffserviette und wischte sich den Mund ab. Er setzte seine Gedankengänge über die Hohepriesterin fort: „Karan wird sich die Kleider vom Leib reißen, wenn sie von euren Plänen erfährt", meinte er fast lakonisch. Dann strahlte er uns an. „Ich beglückwünsche mich, damals bei der Ankunft in deiner Heimat meiner Spontaneingebung gefolgt zu sein und dich als Botschafter vorgeschlagen zu haben! Du kommst hierher und beutelst das ganze atlantische Gefüge mit einer ganzen Reihe überraschender Handlungen so durcheinander, wie es bisher Kriege nicht zu tun vermochten. Mann, du bist großartig!" Er erfasste mich mit beiden Händen am Kopf und küsste mich auf die Stirn. „Leider wirst du jetzt nicht mein Schwiegersohn. Ich habe auch zwei schöne Töchter, die du leider noch nicht gesehen hast", verriet er mir sehr vertraulich. „Ich habe sie dir dummerweise bisher nicht vorgestellt, weil ich die Vorstellung in einem würdigen Rahmen vornehmen wollte, zu dem bisher leider noch keine Zeit war", sagte er in seiner Art, die anderen nicht mehr viel Raum für Einwände ließ. Ich spürte aber sein freundliches Wohlwollen dahinter. „Ich mache dich zu meinem Sohn, so kannst du nicht von mir weg. Das ist zwar egoistisch, aber das Schlösschen in der Parkanlage auf meinem Anwesen steht schon seit Jahren unbewohnt da, und da müsst ihr beide einziehen. Es ist für zwei Turteltauben wie euch wie geschaffen. So gewinne ich eine Tochter, ohne einen Sohn zu verlieren", schloss er seine Pläne kurzerhand ab.

Jetzt stand Feeosta auf und drückte dem Botschafter einen töchterlichen Kuss auf die Wange. „Dieses Angebot wollen wir gerne annehmen, mein neuer Vater, und um meinen brüllenden Vater mach' dir keine Sorgen! Wenn er fertig geschrieen hat und die Vernunft wieder bei ihm einkehrt, wird er wie immer dem Wunsche seiner Tochter folgen und seinen Segen geben. Karans Intrigen machen mir da viel mehr Sorgen", schloss sie traurig.

„Die wird sich bald selbst im großen Weihrauch verbrennen!" antwortete der Botschafter, hinterhältig lächelnd. „Und ich werde alles daransetzen, dass ihre Macht mehr und mehr schwindet, bis sie an ihrem angestammten Platz angelangt ist, das verspreche ich bei Poseidon!" meinte er grimmig. „Sie wird bald keine Gefahr mehr für Atlantis darstellen."

Ich fragte interessiert dazwischen: „Wie konnte es nur so weit kommen, dass diese Frau Hohepriesterin werden konnte?"

Bevor er antwortete, kratzte er sich am Kopf, schüttelte ihn mehrmals und sinnierte. „Darüber habe ich auch schon nachgedacht. Sie hat ihren Werdegang von langer Hand vorbereitet und ist sehr zielstrebig vorgegangen", holte Alundalt etwas aus. „Sie war nacheinander mit zwei Fürsten verheiratet, die beide nach kurzen Ehen verstarben. Die Umstände dieser Tode wurden nie richtig bekannt. Man sagte zwar, dass es beim einen ein natürlicher Todesfall und beim anderen ein Unfall gewesen sein soll, das wollen aber viele nicht so recht glauben. Als Witwe hat sie ein Vermögen und den Einfluss ihrer Verflossenen geerbt und sofort weiter an ihrer Karriere gearbeitet. Dann hat sie sich das Wohlwollen weiterer Fürsten erschlichen oder erpresst, und so saß sie ganz plötzlich fest im Sattel", meinte er wieder verschmitzt grinsend, „bis du dahergekommen bist ... und ihr in wenigen Stunden mehr zugesetzt hast, als sie in mehreren Jahren davor an Widrigkeiten erfahren musste. Durch dich hat sie so schweren Schaden genommen, dass sie sich eigentlich nicht mehr erholen können sollte", schloss er ernst. „Du bist ein Segen für Atlantis", meinte er aufmunternd und legte mir seine Hand liebevoll auf die Schulter. „Du wirst sehen, viele Menschen haben dich schon in ihr Herz geschlossen. Wartet nur ab, bis alle wissen, dass ihr einen Hausstand gründet! Da kann ich zubauen lassen, um alle Geschenke unterzubringen." Er lachte schelmisch und schlug sich vor Spaß auf das, was bei uns Oberschenkel wären. So aufgekratzt hatte ich diesen Mann noch nie gesehen wie in diesem Augenblick.

Ich küsste meine Feeosta, als Besiegelung unseres Bundes, und dankte dem Botschafter für sein großzügiges Angebot.

Er resümierte: „Von wegen großzügig! Eigennutz ist mein Hintergedanke, ha, ha, ha! So kann ich von deinem Ruhm ein wenig mitprofitieren!“

Während wir geredet hatten, war das kleine Mädchen auf Feeostas Schoß geklettert und schmiegte sich an sie.

Spontan fragte ich Feeosta: „Können wir das süße Kindchen nicht zu uns nehmen? Schließlich war sie die Erste, die unser Glück gesehen und sofort wortlos verstanden hat.“

Feeosta fragte das Kind – es war freudestrahlend einverstanden: „Um zu euch zu gehören, würde ich die Tempelschule aufgeben!“

„Nein, nein“, winkte Feeosta gütig ab, „die Tempelschule und die Ausbildung zur Priesterin machen wir schon fertig. Das ist wichtig für kleine Fürstenmädchen in Atlantis!“ Gleichzeitig umarmte sie das Kind und nahm es hoch.

Die Kleine gab ihr sofort einen dicken Kuss auf die Wange. So hatte ich noch am gleichen Morgen ein Kind bekommen, welches wir alle sofort fest in unsere Herzen einschlossen.

Später erfuhr ich, dass Sieguld vor Jahren ihre gesamte Familie verloren hatte. Die Leute waren auf einem kleinen Eiland von einem Unwetter überrascht und getötet worden. Man fand die Leichen erst Tage nach dem Vorfall. Das Mädchen hatte überlebt, weil es damals bereits in der Tempelschule war.

Etwas später, als ich dabei war, Feeosta von meinen bisherigen Mitarbeitern zu erzählen, um ihr zu vermitteln, dass ich diese Leute auch weiterhin in meinem zukünftigen Hausstand haben möchte, erklang wieder der Gong an der Türe.

Sieguld war erschreckt aufgesprungen, machte ein verängstigtes Gesicht und schmiegte sich an Feeosta, so als wollte sie sich vor dem Besucher verstecken. Ich fragte durch die Türe, wer Einlass begehre, und es antwortete zu aller Überraschung Karan. Ich öffnete, ohne zu zögern, um unsere Überraschung nicht zu zeigen, und bat sie ohne Umschweife in freundlichem Tonfall, doch am Tisch Platz zu nehmen, um mit uns zu speisen.

Sie dankte stumm und trat ein. Dabei zeigte sie kein herrisches Auftreten mehr und wirkte eher wie ein in die enge getriebenes Tier. Nachdem sie sich kurz umgeblickt hatte, nahm sie Platz, wobei sie auf Abstand zu uns bedacht war. Dann fragte ich sie nochmals, ob sie mitspeisen wolle, was sie jedoch brüsk ablehnte.

Schließlich wollte sie mir mit gehobener Stimme Vorwürfe zu meinem Verhalten machen, weil ich verschwunden war. Ich entgegnete ihr ruhig und in freundlichem Tonfall, dass ich diese Aufregung nicht verstünde. „Ich habe schon dem Botschafter gesagt, dass ich nichts dabei finde, mich in mein Büro zurückzuziehen, nachdem ich festgestellt hatte, dass ich offenbar von den Wachen in höherem Auftrag belauscht werde. Etwas Ruhe und ein gutes Frühstück haben mir gut getan. Ich bin wohlauf und habe den Unfall im Tempel, der durch mein ungeschicktes Verhalten verursacht wurde, heil und ohne Folgen überstanden!"

Meine Wortwahl zum Vorfall bewirkte, dass sich ihr Gesicht aufhellte.

Alundalt ergriff dann gleich die Gelegenheit, um ihr zu erklären: „Die beiden jungen Menschen haben beschlossen, zusammen in einem gemeinsamen Hausstand zu leben, und ich habe ihnen sofort mein Schlösschen angeboten. Sie werden dort einziehen, nachdem Hermanwulf mit Fengostal über seine Absichten gesprochen hat. Ich habe ihm als Ersatzvater bereits meinen Segen erteilt, und ich bitte nun Euch, Hohepriesterin, dieses herrliche Paar ebenfalls zu segnen und der Verbindung zuzustimmen!"

Diese Wendung überraschte sie neuerlich. Sie sprang auf wie von einem Skorpion gestochen, drehte sich um und wollte schon den Raum verlassen. Dann änderte sie ihre Absicht, fasste sich mit einer Hand ans Kinn und wanderte vor der Türe auf und ab. Man konnte ihr ansehen, dass sie aufs Höchste erregt und momentan nicht in der Lage war, sich zu äußern.

Nach einigen Augenblicken hatte sie sich wieder in der Gewalt und fragte Feeosta mit leiser, scharfer Stimme: „Bist du verrückt? Du willst also für diesen Fremden deine Priesterinnenlaufbahn aufs Spiel setzen? Bist du dir bewusst, was du dadurch für eine glänzende Laufbahn aufgibst?"

Feeosta antwortete, ohne laut zu werden: „Die Ausbildung, die ich angestrebt habe und die einer Fürstentochter geziemt, habe ich bereits erfolgreich abgeschlossen, wie ich annehme? Hohepriesterin zu werden, hatte ich nie im Sinn. Überhaupt will ich keine Konkurrentin zu unserer jetzigen Hohepriesterin sein. Ich ersuche Sie um Ihren Segen, denn ich liebe diesen Mann! Seine Liebe hat mich wie der Blitz getroffen und ich beabsichtige, fortan mit ihm zusammenzuleben."

Zornig stieß Karan hervor: „Macht, was ihr wollt! Keiner von euch hat mich bisher um Erlaubnis gefragt bei allen diesen bedeutungsvollen Ereignissen. Vergiss ihm nicht zu sagen, er habe nach der Hausstandsgründung zu einem Eheführungsgespräch in den Tempel zu kommen ... und durch einen Boten gebührend um einen Termin anzusuchen!" Daraufhin verschwand sie eilig aus dem Büro, wobei sie die Türe zuknallte. Ihren goldenen Stab, den sie vorher auf dem Tisch abgelegt hatte, hatte sie liegen gelassen.

Alundalt und Feeosta sahen einander kurz an und prusteten dann los. Sie lachten aus vollem Halse, und Feeosta bemerkte: „Die Hexe hast du geschafft! Die ist weit mehr angeschlagen, als wir alle zusammen erwartet hatten. Jetzt lässt sie sogar ihr allzu sehr geliebtes Zeichen der Macht gedankenlos liegen, wenn sie vor dir flüchtet! – Liebe Sieguld, bitte bringe diesen Stab einen der Wachen, sie sollen ihr dieses Werkzeug zukommen lassen", wandte sie sich liebevoll an unsere Wahltochter. Die Kleine lief sofort geschäftig los. „Wir müssen uns jetzt aber beeilen und rasch zu meinem Vater fahren, weil der sonst aus fremdem Munde unsere Pläne erfährt, und das wäre nicht gut, schließlich hat er als Fürst und ich als Braut einen Ruf zu verlieren." – wandte sie sich geschäftig an Alundalt: „Bitte, Vater Alundalt, hilf uns! Hermanwulf braucht ein geeignetes Brautwerbegeschenk und wir müssen gleich los."

Alundalt war sofort Feuer und Flamme. Er eilte aus der Türe und rief gleichzeitig: „Ich weiß schon, was er Fengostal schenken wird! Wir treffen uns vor dem Haus des Fürsten, ich bringe alles mit! Gebt mir nur zwanzig Einheiten Zeit, um alles gebührend vorzubereiten!" Dann war er schon verschwunden.

Wir beschlossen, mit den Tuniken aus dem Tempel bekleidet, beim Brautvater vorzusprechen, da diese Kleider dem feierlichen Anlass zu entsprechen schienen. Das Kind, in dessen Haar Feeosta einen Blumenkranz befestigte, nahmen wir mit und begaben uns nach etwa fünfzehn Zeiteinheiten zur Rückseite des Palastes. Dort bestiegen wir einen kleinen Gleiter und schwebten in Richtung Palast des Fürsten des Stierstammes.

Feeosta wurde nun doch aufgeregt. Sie hegte Bedenken, wir könnten eventuell zu spät kommen und der Fürst könnte bereits eingeweiht sein.

Als wir auf das Areal der Residenz einbogen, staunten wir nicht schlecht: Auf den Auffahrtsrampen waren Militärs als Spalier aufgestellt. Zwischen den beiden Auffahrtsrampen vor dem Palasteingang stand eine Musikkapelle, die beim Ansichtigwerden des Gleiters sofort ein Musikstück anstimmte, und im Eingangsbereich waren zahlreiche Hausleute, Botschafter Alundalt und das Fürstenpaar versammelt.

Als der Gleiter vor das große Eingangstor glitt, eilten Elik und Hierim herbei, verbeugten sich und hielten die Gleitertüre auf. Alundalt kam uns entgegen. Er begrüßte uns, als ob wir große Persönlichkeiten wären. Sofort stellte er mich der Fürstin und dem Fürsten vor. Beiden sah man im Gesicht die gespannte Erwartung an.

Nun wurde ich etwas unsicher und dachte bei mir: Ob sich diese Leute meine Person etwas imposanter vorgestellt haben könnten? Ich hatte aber keine Zeit, diesem Gedanken nachzuhängen, da nun Fürst Fengostal zum Eintreten in die Eingangshalle bat.

Das Fürstenpaar begab sich elegant zu einer Sitzgruppe, die unter dem weiten Bogen der doppelten Innentreppe stand, und setzte sich dort erwartungsvoll hin. Sodann kamen die Hausleute herein und gruppierten sich spalierartig auf den Treppen. Der Botschafter führte Feeosta und mich in die Halle, und wir stellten uns, nach seiner Anweisung, vor dem Fürstenpaar auf.

Elik war uns gefolgt. Er hielt einen großen Gegenstand in Händen, der von einem Seidentuch verhüllt war. Hierim stand daneben und hatte eine kostbar verzierte, kleine Schatzkiste in den Händen, die auf einem Samtkissen ruhte.

Schließlich bat der Botschafter um Stille und hob feierlich an zu reden, nachdem er tief Luft geholt hatte. Er berichtete ausholend von der Expedition zu meinem Volk, darüber, wie er mich kennen- und schätzengelernt hatte, wie er meine Familie auf unserem Hof kennenlernte und in kurzem Abriss, was sich in der Höhle begeben hatte. Er endete mit dem Vorfall im Tempel.

Dann wandte er sich mir zu, übergab mir das Wort, indem er, das Fürstenpaar anschauend, erklärte: „Mein Sohn hat ein dringendes Anliegen, das er nun feierlich vorbringen wird!“

Ich fasste mich rasch und begann mit folgender Einleitung: „Wenn ich der Vater einer so schönen Tochter wäre, wie Ihr es glücklicherweise seid, verehrter Fürst, hätte ich immer Bedenken, dass irgendein Bursche daherkommen könnte, der mir meine Tochter in einer ungebührlichen Weise wegnehmen wollte. Mein erster Gedanke wäre dann wohl: Ist dieser Bursche mein Kind wohl wert? Dann würde ich darüber nachgrübeln, nach welchen Kriterien und Gesichtspunkten der Wert eines Menschen zu messen sei und was denn meine Tochter zu dem Begehren dieses jungen Mannes sagte. – Ihr werdet vermutlich schon ähnliche Gedanken gehabt haben? Dann werdet Ihr Euch vielleicht mit dem Gedanken angefreundet haben, dass eure Tochter trotz aller Bedenken irgendwann einmal einen Mann heiraten wird. Und für diesen Fall werdet Ihr sicher eine bestimmte Vorstellung hegen, wie dieser Mann sein Anliegen an Euch heranzutragen habe.“ Ich machte eine kurze Pause. Tief Luft holend, setzte ich nach: „Ich bin mir sicher, dass Ihr Euch diesen Vorgang ganz anders vorgestellt habt, als er nun erfolgt. Es wird Euch vermutlich nicht angenehm sein, dass der Bursche Euch mit der Hilfe eines Botschafters geradezu überfällt. Deshalb möchte ich mich für diese Art und Weise in aller Form entschuldigen. Wir haben aber deshalb Eile, weil es nicht schicklich gewesen wäre, hättet Ihr von unserem gemeinsamen Wunsche aus dem Mund einer dritten Person erfahren. Deshalb bitte ich nochmals um Vergebung für diese Hektik und diesen überraschenden Besuch.“

Beide Eltern von Feeosta hatten zu diesem Zeitpunkt bereits ein zartes Lächeln im Gesicht.

Ich erklärte nun weiter: „Die Vorgänge in der heutigen Nacht im Tempel, bei denen ich unglücklicherweise auf den Kopf gefallen bin, haben scheinbar Folgen nach sich gezogen, mit denen niemand hier rechnete. Sie zwingen mich aus Höflichkeitsgründen zu dieser ungewöhnlichen Eile!“

Ich machte wieder eine Pause und sah am wohlwollenden Lächeln der Fürstin, dass ich sie bereits auf meiner Seite hatte. Das Gesicht des Fürsten drückte noch ein Abwarten aus und ich hoffte inständig, dass es nicht in Zornesröte umschlagen würde, also fuhr ich fort: „Werter Fürst und Brautvater! Ich, Hermanwulf von Sehngried, Sohn des Geralux vom Volk der Kaelter, akkreditierter Botschafter in Atlantis, ersuche Euch hier nun höflichst, eure Tochter Feeosta zur Frau nehmen zu dürfen. Nachdem allen gebotenen Regeln und Vorbereitungen, die in diesem Land für solch eine Verbindung erforderlich sind, entsprochen wurde, will ich Euch diese Geschenke als Zeichen meiner aufrichtigen Verehrung überreichen und bitte beide Hoheiten um ihren Segen!" Am Rande fügte ich noch etwas verlegen an: „Ich mache diesen Antrag nach dem Zeremoniell, das ich aus meiner Heimat kenne, und hoffe, Euch nicht vor den Kopf gestoßen zu haben, weil ich diesen Antrag in dieser mir bekannten Form vorbringe."

Während ich das sagte, stand Feeosta links neben mir, und die kleine Sieguld stand zwischen uns.

Nachdem ich geendet hatte, trat Elik mit würdevollen Schritten vor den Fürsten, verbeugte sich und enthüllte das riesige, wunderschön verzierte Trinkhorn, das Alundalt von meinem Vater geschenkt bekommen hatte.

Der Fürst nahm es überrascht sofort in die Hand und betrachtete es mit weit geöffnetem Mund und mit Interesse. Gleichzeitig übergab Hierim seiner Gattin das geöffnete Schmuckkästchen, in dem ein Schmuckensemble lag. Es bestand aus einem goldenen Collier mit zahlreichen Rubinen und einem Solitärdiamanten, einem dazu passenden Fingerring und Ohrgehängen.

Die Fürstin nahm den Schmuck freudig an und bedankte sich überschwänglich. Sie war sichtlich gerührt, was offenbar die Geister des Fürsten wieder zurückkehren ließ.

Er legte das Horn auf den Tisch und polterte los: „Ich komme mir vor wie ein Viehhändler am Markt! Da kommst du, Alundalt, daher und seifst mich mit deinem salbungsvollen Gefasel von einer Riesenüberraschung ein, ich rufe mein Gesinde zusammen und bereite mit meinem Hofstaat einen Empfang vor, als ob der Schöpfer selbst uns beehrte, und dann kommt dieser Ausländer mit seiner unerhörten Bitte daher!"

Er stand da und wusste jetzt nicht recht, ob er weiter poltern oder den Bund segnen sollte. Er machte eine kurze Pause, um nachzudenken. Dann schimpfte er weiter: „Der Lümmel wird wohl genau gewusst haben, dass ich mir immer schon solch ein barbarisches

Trinkhorn gewünscht habe! Er hält mich wohl für einen Trinker, weil er gleich das größte daherbringt, das ich überhaupt je sah! Dann wickelt er meine gutmütige Frau mit teurem Schmuck ein, und meine Tochter steht daneben und lächelt dazu. Ja, bin ich denn im Wald? Verrate mir mal einer, was da los ist! Ich komme mir vor, als wäre ich gegen eine Wand gelaufen!" ließ er seiner Tirade vollen Lauf.

Noch ehe ich etwas sagen konnte, trat Feeosta zu ihrem Vater, küsste ihn und erklärte mit fester Stimme: „Mein lieber Vater! Zugegeben, das ist alles ein bisschen viel für dich und alles kommt auch sehr plötzlich. Aber versetze dich in meine Lage! Bis vor zehn Stunden habe ich diesen Mann noch nicht einmal gesehen. Dann teilt mir Karan mit, dass ich die Sekretärin dieses neuen Botschafters sein werde. – Sie hatte dabei sicher schlechte Absichten und wollte mir Schaden zufügen. – Doch als ich diesen Mann, von dem ich schon so viel Gutes gehört hatte, zum ersten Mal erblickte, da durchzuckte mich die Liebe wie der Blitz. Ich schalt mich zunächst selbst, weil ich ja nicht wissen konnte, was für ein wertvoller Mensch er ist. Und dann, als er gleich mehrmals in wenigen Stunden Karan auf bravouröse Weise die Stirn geboten hatte, ohne dabei nachdenken zu müssen, weil er einfach nur aus seinem Wesen heraus handelte, war es mit meiner Zurückhaltung vorbei. Vater, ich liebe diesen Mann und werde mit ihm gehen! Bitte segne diesen, unseren Herzensbund!"

Jetzt war der Fürst endgültig fassungslos. Es stand ihm der Mund weit offen. Er ließ sich von seiner Tochter widerstandslos, wie ein gebrechlicher Mann, zu seinem Sitzplatz zurückführen. Dort sagte er lange Zeit kein Wort.

Als die Spannung schon fast nicht mehr zu ertragen war und ich schon befürchtete, er würde mich hinausschmeißen lassen, fasste er sich wieder, stand auf und trat zu mir. Er reichte mir seine Hand und sagte feierlich: „Wenn ich nicht selbst in der Ratsversammlung gesehen hätte, wie souverän Sie sich geschlagen und Karan eine nicht mehr gut zu machende Schlappe zugefügt haben, würde ich nun anders handeln. Es kommt zwar dieser Heiratsantrag sehr überraschend, aber meine Tochter ist eben so", gab er sich väterlich geschlagen. „Sie scheinen ebenfalls ein Mensch zu sein, dessen Handlungen von Gott und einer gesegneten Intuition gelenkt werden!

Ich habe schon viel Respekt vor Ihnen gehabt, bevor ich Sie persönlich kennenlernte", lobte er offen. „Bevor ich Sie sah, war ich der Meinung, dass dieser Botschafter ein alter, weiser Mann sein müsse – nach den Schilderungen über ihre Handlungen zu schließen. Einen Jüngling hatte ich nie hinter diesen Taten vermutet, sonst hätte ich meine Tochter vorher aufs Land in Sicherheit gebracht!" scherzte er wieder leicht ironisch. Während er dies sagte, lächelte er bereits wieder. "Nun, da alle schon damit einverstanden sind, dass Ihr beide zusammengehört, will ich Euch nicht im Wege stehen. Ein bisschen mehr Sanftmut und Einfühlungsvermögen bei der Werbung hätte ich aber schon erwartet", schmollte er nun, um sich selbst nicht überfahren vorzukommen. Dann nahm er Feeosta und mich an den Armen, führte uns vor sich zusammen und erklärte: „Kniet nieder, meine Kinder, ich will euch segnen!"

Wir knieten hin und er legte uns seine Hände auf die Häupter. Seine Frau trat heran und segnete uns ebenfalls, indem sie wortlos ihre Hände darüberlegte. Danach hob er mich auf und umarmte mich. Dann fragte er lächelnd: „Na, zufrieden, mein stürmischer Sohn?"

Ich antwortete mit tränenerstickter Stimme: „Danke, Vater! Am heutigen Tag ist mir schon so viel Schönes widerfahren, dass ich große Angst bekomme, der Himmel könnte mir auf den Kopf fallen! Ein solches Naturereignis ist das einzige Schicksal, vor dem sich mein Volk fürchtet, wie eine Sage erzählt", erklärte ich meine Ausdrucksweise.

Ich war völlig überwältigt und nicht fähig, weiter etwas zu sagen. Da sprang Alundalt ein und verkündete: „So, und nun kommt alle zu mir in mein bescheidenes Heim! Es ist bereits ein Festmahl vorbereitet, ich war so frei. Dieser krönende Tag für die Zukunft von Atlantis muss gefeiert werden!" kündigte er in seiner nie versiegenden Dynamik an.

Er nahm Fengostal und die Fürstin an den Händen und führte sie nach draußen. Unter dem Beifall der versammelten Hausleute gingen wir zu den auf der Rampe wartenden Gleitern.

Feeosta lief vorher noch zu einer alten Dame hin und umarmte sie, worauf die Frau mein Mädchen unter Tränen küsste. Das wird die Kinderfrau gewesen sein, dachte ich bei mir und holte meine Braut wieder liebevoll an meine Seite.

Im Gleiter unterrichtete dann Alundalt Fengostal von unserem neuen Heim. „Die beiden Kinder werden in mein Parkschlösschen einziehen. Ich habe es ihnen geschenkt. Dazu setze ich dein Einverständnis natürlich voraus."

Fengostal war zur Überraschung von Feeosta sogleich einverstanden. „Die werden deinen beschaulichen Haushalt ordentlich durcheinanderwirbeln. Und das freut mich, wo du doch der Hauptinitiator dieses Überfalls bist!" entgegnete er leicht brummig.

Bevor wir zur Residenz reisten, bat ich noch Elik, für meinen zukünftigen Schwiegervater das Trinkhorn zu holen, weil ich sehen wollte, ob er daraus auch trinken konnte, ohne sich die Kleidung zu benetzen.

Als wir zur Residenz von Alundalt unterwegs waren, war ich richtig stolz auf mich ob der vielen Erfolge, die ich heute erreicht hatte. Übermütig hob ich mein Mädchen auf meinen Schoß, um allen meine Besitzansprüche zu demonstrieren. Der Kamm war mir geschwollen wie bei einem verliebten Hahn, der nun ganz stolz seine Errungenschaft demonstrieren musste. Ich war so glücklich, dass mein Herz zu zerspringen drohte, und nahm mir vor, meiner Mutter noch heute Abend zu berichten, dass ich ein Mädchen gefunden hatte.

Gleichzeitig versprach ich mir aber, nicht allzu übermütig zu werden, denn ich wusste, nicht alle Tage würden so glücklich verlaufen, und ich hatte mich vor Karan zu hüten. Ich war sicher, dass von dieser Seite noch eine Überraschung zu erwarten war, nur war ich überhaupt nicht gewillt, mir durch derartige Gedanken meine derzeitige hervorragende Laune zu verderben. Jetzt war Zeit zum Feiern! Ich musste mir selbst sagen, dass ich in den letzten Tagen ein unverschämtes Glück hatte.

Es war geradezu ein Ruck durch mein Leben gegangen. In meiner Heimat war ich unausgefüllt, ja, oft unglücklich gewesen und hatte immer das Gefühl, dass alles, was ich erlebte, viel zu lau war. Ich sehnte mich nach mehr. Seit dem Auftauchen Alundalts hatten sich die Ereignisse überschlagen und ich hatte in kürzester Zeit Dinge erlebt, die andere Menschen in zwei Leben nicht durchmachen dürfen. Ich war dennoch irgendwie erfüllt von dieser Wendung und glücklich, selig. Ich hätte aufspringen und laut jauchzen können, so glücklich war ich, obwohl ich vor der Fülle der Ereignisse, die ich zu bewältigen hatte, eigentlich hundemüde sein musste. Im Augenblick war ich jedenfalls im siebenten Himmel, zusammen mit meiner künftigen Frau.

Die Ankunft in Alundalts Residenz gestaltete sich wie von selbst, denn ich hatte nur Augen für meine Zukünftige. Mein Herz schlug mir vor Freude und Übermut bis zum Hals.

Auf der Feier, an der Tafel, überreichte ich meinem Mädchen noch zum Zeichen unserer Verlobung jenen Ring, den ich vor der Abreise in meiner Heimat von meiner Mutter bekommen hatte, die in ihrer weiblichen Intuition bereits geahnt hatte, dass ich in Atlantis eine Frau finden würde. Feeosta war hocherfreut und sehr zufrieden, nachdem ich ihr die Bedeutung dieses ansonsten eher schlichten Ringes erklärt hatte.

Zu erwähnen wäre noch, dass der Fürst tatsächlich aus einem Trinkhorn trinken konnte, ohne sich zu bekleckern. Alundalt, Fengostal und ich hatten aber zu oft das Trinken aus dem kaeltischen Horn geprobt. Deshalb hatten wir am nächsten Tag mit einem Brummschädel zu kämpfen, weil wir die Menge des Horninhaltes zu oft ausgelotet hatten.

Am nächsten Tag erwachte ich dann in einem Bett, das ich noch nicht kannte. Noch bevor ich mich zurechtgefunden hatte, wurde ich von meinem Liebling mit so vielen Küssen überschüttet, dass es mir gleich war, in welchem Bett ich eben lag. Wichtig war für mich nur, dass sie da war. Und sie war gar nicht mürrisch, sie lachte vielmehr über meine verzweifelten Versuche, meine Augen an die Helligkeit zu gewöhnen. Sie war einfach lieb und zankte gar nicht. Lachend meinte sie nur, dass ich Gewicht abnehmen müsste, bevor ich wieder so viel tränke, denn sie wolle nicht wieder soviel Mann in ihr Bett schleppen müssen wie heute Nacht.

Das versprach ich ihr gerne und fügte gleich noch hinzu, dass mir Trinken von Alkohol verhasst sei und es so schnell nicht wieder vorkommen werde, dass ich nicht alleine auf mein Lager fände. Ich hatte jedenfalls überhaupt keine Erinnerung mehr an den gestrigen späten Abend, so stockbesoffen war ich gewesen.

Das Leben in Atlantis

Ich war direkt froh, dass die Verlobung mit Feeosta so rasch und, dank Alundalts Umsicht, im engsten Kreise vor sich gegangen war. Erst am zweiten Tag nach der Feier bemerkte ich, wie ganz anders das Leben in Atlantis ablief als in meinem Volk.

Den Tag nach der Feier war ich nur mit meiner Fee zusammen, wie ich sie nun nannte, und sie war damit einverstanden, als ich ihr erklärte, dass eine Fee ein zauberhaftes Geistwesen sei. Ich hatte mich unter ihren Zärtlichkeiten bald von meinem Kater erholt und wir genossen die Zweisamkeit.

Ich hatte natürlich meine Mutter über das Kommunikationsgerät informiert, und sie war ganz glücklich, als sie meine hübsche Fee sehen konnte. Auch Vater war bereits eingeweiht und hatte polternd seinen Kommentar dazugegeben: „Ich sehe schon, ich werde dorthin kommen müssen, um dich etwas im Zaum zu halten und viele Enkelkinder auf dem Schoß zu wiegen!" Er lachte dabei und war sichtlich glücklich, was mich einigermaßen überraschte. Er schien guter Dinge, weil er seine Aufgabe als Interimsregent gut im Griff und Gefallen am Anschaffen gefunden hatte. Es freute ihn, dass die Leute flitzten, wenn er einen Wunsch äußerte.

Herunwulf, mein Bruder, gratulierte ebenfalls und bat mich, Hierim von ihm zu grüßen. Er schien viel ruhiger und besonnener geworden zu sein und meinte augenzwinkernd: „Da ist Hierim also von dir verschont geblieben und noch frei! Da habe ich ja später vielleicht noch Chancen, sie zu erobern!"

Nach dieser wunderbaren Zeit aber forderten die Verwandten meiner Braut und die Öffentlichkeit ihr angebliches Recht an uns. Wir weilten noch in der Eingangshalle der Residenz des Botschafters, als wir vor dem Haus eine versammelte Menschenmasse sahen, die in Sprechchören unser beider Namen rief. Feeosta und ich traten auf die Zufahrtsrampe hinaus und waren im Nu von zahlreichen Männern und Frauen eingekeilt, die wirr und laut durcheinander riefen, Fragen stellten und sich wie Irrsinnige benahmen.

Mir war das Gedränge und Geschrei gar nicht recht. Fee begann aber mit freundlicher Stimme, einzelne Fragen zu beantworten, und ich hatte alle Hände voll zu tun, um zu verhindern, dass sie von diesen aufdringlichen Leuten zerdrückt wurde.

Ich rief Elik, der noch in der Halle stand und schelmisch grinste, zu, er solle uns doch helfen. Er tat es, indem er aus der Einganghalle etwa ein Dutzend Militärs heraussandte, die diese lästigen Menschen abdrängten und eine Absperrung bildeten.

Ich dankte dem Anführer für seine Unterstützung und rief diesen ständig schreienden Menschen mit hocherhobenen Händen zu, endlich still zu sein. Ich konnte das Geschrei nicht mehr aushalten und schrie ihnen zu, wenn sie nicht aufhörten zu brüllen, gingen meine Verlobte und ich ins Haus und ließen uns nie mehr sehen. Ich fügte noch hinzu, dass ich dieses abartige Geschrei nicht verstehen könne und der Meinung sei, dass auf diese Art und Weise nichts Sinnvolles herauskommen könne, wenn wir ihre Fragen und sie unsere Antworten infolge des Lärms nicht verstünden.

Da verstummten die Schreihälse. Der Vorgesetzte der Militärs brachte ein Gestell heraus und deutete uns, hinter dieses zu treten. Dann gab er einem der Schreihälse – zwischenzeitlich hatte ich erfahren, dass dies Berichterstatter seien – mit der Hand ein Zeichen und der Aufgeforderte stellte seine Frage. Wir bemühten uns, diese Fragen zu beantworten, ohne dabei irgendwelche politischen Statements abzugeben oder über andere, nicht anwesende Personen Auskünfte zu erteilen. Diese neugierigen Menschen wollten wissen, was im Tempel vorgefallen sei und warum das ‚Herz von Atlantis' beinahe zum Stillstand gekommen wäre.

Auf diese Fragen gab ich eine ausweichende Antwort, indem ich bedauerte, nichts sagen zu können, weil ich ohnmächtig geworden sei und diese Maschine noch nie mit eigenen Augen gesehen habe.

Nachdem jeder eine Frage angebracht und eine Antwort erhalten hatte, zogen wir uns freundlich lächelnd und winkend in die Eingangshalle zurück. Ich fühlte mich nach diesem Ansturm wie erschlagen. So etwas hatte ich noch nie erlebt. Glücklicherweise gab es diese Gattung Mensch in meiner Heimat nicht.

Elik erklärte beiläufig, dass diese Leute, die zivilen Nachrichtenverbreiter, lästig wie die Fliegen sein könnten. Gleichzeitig wären sie aber in gewisser Weise nützlich, weil sie oft verhinderten, dass die Mächtigen ihre Skandale vertuschen und sich vor Strafen drücken könnten. Sie bohrten in einem solchen Fall so lange lästig nach, bis die Fakten auf dem Tisch lägen.

„Dieser Berufsstand macht auf mich den Eindruck von Aasgeiern", antwortete ich Elik.

Worauf er lachend zurückgab: „Das ist die richtige Bezeichnung für diese Leute. Sie sind überall dabei, wenn etwas zum Himmel stinkt, und man muss genau aufpassen, was man sagt, weil sie einem sehr schaden können, wenn sie das wollen. Sie sind in der Lage, die ausgesprochenen Worte derart zu verdrehen, dass sie der Aussage einen ganz anderen Sinn geben als es vom Befragten gemeint war. – Man kann ihnen oft nur entkommen, wenn man sich in Gleitern fortbewegt."

Verwundert über diese Sparte Mensch, dachte ich über eine solche Flucht nach. Auf einen spontanen Gedanken meinte ich zu Elik: „Das ist eine gute Idee! Lass uns aufs Land verschwinden! Ich möchte gerne eure Art der Landwirtschaft kennenlernen. Wer macht mit?"

Ich bat Ali, Aresit und Hierim herzuholen.

Als wir zum Abfliegen bereit waren, hängte mir Hierim mit distanzierter Miene eine Verrechnungskarte an einer Kette um den Hals. „Diese Karte sollten du und deine Gefährtin benützen, wenn ich nicht in der Nähe bin, um Einkäufe zu bezahlen", kommentierte sie in trockenem Ton. „Prinzessin Feeosta kennt sich damit aus und wird meinen Herrn in den Gebrauch einweisen. Das ist besser so, denn der Umgang mit diesem Ding ist eine sehr persönliche Angelegenheit, in die sich Angestellte nicht einmischen sollten."

Nicht verstehend, was sie mir mit ihrem kühlen Ton sagen wollte, sah ich ihr forschend ins Gesicht und meinte festzustellen, dass sie beleidigt war. Vorsorglich erkundigte ich mich deshalb: „Hat sich durch meine Verlobung zwischen uns beiden etwas geändert?"

Sie antwortete viel zu rasch, wobei sie verlegen den Blick senkte: „Nein, ich bin die Haushälterin meines Herrn und nichts mehr. Es wäre mir aber lieber gewesen, rechtzeitig von der Feier zu erfahren, um Zeit für entsprechende Vorbereitungen gehabt zu haben. So mussten wir alles improvisieren und überhastet herrichten, und ich schäme mich, weil mein Herr mich nicht vorher einweihte."

Sie war ernstlich gekränkt – oder vielleicht sogar eifersüchtig? Und ich hatte ihren Zustand einfach nicht bemerkt, gestand ich mir ein. Um die Lage nun wenigstens etwas aufzufangen, nahm ich deshalb nun ihren Kopf in beide Hände, zog sie zu mir heran und verkündete laut: „Liebe Hierim, die Feier, die du im Handumdrehen vorbereitetest, war wunderschön! Und was die Eile betrifft: die war aus familiären Gründen notwendig. Davon wurden auch viele andere, nicht nur du, völlig überrascht. Sei nicht böse, bitte! Es war alles bestens organisiert. Ich bin stolz, mich auf meine Leute stets verlassen zu können." Ich zog sie endgültig zu mir heran und küsste sie auf Stirn und Wangen und sagte so laut, dass alle es hören konnten: „Danke für deine Umsicht, meine liebenswerte Haushaltsvorsteherin."

Sie bekam einen hochroten Kopf, riss sich los und rannte weinend davon. Nun verstand ich endgültig nicht mehr, was ich ihr angetan hatte. Deshalb nahm ich Fee an der Hand und überquerte mit ihr die Terrasse Richtung Park, wo die Gleiter warteten.

Wir hatten bereits Platz genommen und wollten uns schon davonmachen, als der Botschafter dahergesaust kam. Er rief: „Ihr werdet doch nicht ohne mich abfliegen? Bei dieser Fahrt muss ich mit, denn wo Hermanwulf ist, ist immer ein Wirbel und der tut meinem Kreislauf gut! Dann schlafe ich dann nachts viel besser", witzelte er in seiner herzlichen Ironie. „In der gestrigen Nacht habe ich wie ohnmächtig geschlafen", brummte er und zwinkerte dabei schelmisch. Er zeigte eine erstaunliche Kondition trotz des langen Saufgelages nach der Feier.

Also zischten wir über die Stadtanlage und das Binnenmeer ab zur Landwirtschaft.

Als ich sah, dass die Arbeit solche Maschinenwesen wie Ali durchführten, die verschiedenste Gerätschaften bedienten, war ich erstaunt. Es waren nur wenige Menschen dabei, die diese Arbeiter überwachten und Anweisungen gaben. Überall war es sauber und ich hatte tausend Fragen an Aresit und Elik.

Auch die Agronomen, wie sich diese Menschen nannten, fragte ich vieles, als wir den Gleiter verließen. So erfuhr ich, dass die Landwirtschaft im Grundgedanken gleich wie in meiner Heimat vor sich ging. Tiere wurden möglichst artgerecht gehalten, waren aber mehr domestiziert als unsere. Die Menschen hier bemühten sich, den natürlichen Wuchs nicht durch falsche Eingriffe zu behindern, und hielten durch gezielte Zucht Tiere und Pflanzen gesund.

Die Leute hier hatten Flora und Fauna genau erforscht und betrieben ihr Handwerk wissenschaftlich gestützt, im Gegensatz zu unseren Bauern, die mehr instinktiv und mit althergebrachtem Wissen vorgingen. Das Ergebnis der atlantischen Bemühungen war ein außergewöhnlich hoher Ertrag, der durch ein hervorragendes Klima begünstigt wurde.

Sie wussten auch, welche Pflanzen sich miteinander vertrugen und gut zusammen gepflanzt werden konnten. Schädlinge waren keine Plage und wurden durch Nützlinge im Zaum gehalten. Die Leute verstanden viel von den natürlichen Lebensbedingungen der Pflanzen und verstanden es, bei Saat und Ernte Jahreszeiten und Mondphasen genau auszunützen. Sie förderten die natürlichen Fähigkeiten der Pflanzen. Die Felder waren jedoch viel größer als bei uns. Die Getreidesorten Weizen und Roggen waren mir nicht bekannt. Bei uns gab es nur Gerste, Hafer und Dinkel. Letzteres kannten die atlantischen Agronomen wiederum nicht, und ich versprach, Saatgut herbringen zu lassen. Als ich über diese Pflanze befragt wurde, erklärte ich, dass Dinkel bei uns als das Urkorn bezeichnet wird und eine robuste, genügsame und ertragreiche Pflanze ist, deren Samen viele Nährstoffe enthalten.

Da musste ich an die Reaktion Alundalts denken, als wir ihm Wein zum Trinken anboten. Ich war jetzt doch sehr überrascht, als sich herausstellte, dass die Atlanter den Weinbau besser kannten als wir und ihn in einer Größenordnung betrieben, wie es bei uns nicht möglich wäre. Die Leute erklärten mir, dass der Wein am besten auf vulkanischem Boden, auf sonnigen Hängen mit geringer Bewässerung, wachse, und zeigten mir diese Scholle. Die Trauben würden gegessen und zu Saft verarbeitet werden, die Vergärung aber kannten sie nicht.

Auch exotische Früchte mit gelben und gelbroten Schalen zeigten sie mir. Diese Früchte waren sehr saftig, und die Leute zeigten mir, wie diese Säfte gewonnen wurden.

Insbesondere bei der Verarbeitung der Produkte erkannte ich deutlich, dass ich hier viel lernen konnte. Ich hatte aber bisher noch nirgends jene Kürbisse gesehen, welche die Kleingleiter mit Energie versorgten. Deshalb fragte ich, wo denn diese Pflanzen angebaut würden. Da führte man mich in riesengroße Häuser, die wie durchsichtige Glashalbkugeln aus der Landschaft ragten. In diesen völlig abgeschlossenen Räumen wurden in keimfreier Luft diese Pflanzen gezogen. Solche Räume wurden von Menschen selten betreten. Die Betreuung der Pflanzen führten Robots aus, die vor ihrer Einbringung in die Pflanzenhäuser entkeimt wurden. Wenn diese Pflanzen die erforderliche Größe erreichten, wurden sie in jene Behältnisse gepflanzt, welche den Energiefluss anregten, und mit einer Steuereinheit verbunden. Dann könnten sie in die Fahrzeuge eingebaut werden, erläuterte mir ein Ingenieur-Agronom.

Ich konnte einen solchen Einbauvorgang beobachten, indem ich von einer Besucherplattform durch ein Glasfenster in eine Halle blickte, in der Maschinen die geschilderte Arbeit verrichteten.

Auf diese Weise verging dieser Tag wie im Flug.

Aresit war am Abend, als wir die Heimreise antraten, schon sehr müde. „Ich habe schon viele Schüler erlebt, aber einen so wissbegierigen wie dich noch nie!“ verkündete er erschöpft. „Ich wundere mich, wie es dir möglich ist, all das Gesagte so schnell aufzufassen und zu speichern. Auch entwickelst du eine natürliche Logik, die mich immer wieder erstaunt, weil du die Grundzusammenhänge sofort erkennst. Ich freue mich schon darauf, dich in die Mathematik und in andere höhere Wissenschaftszweige einzuweihen“, sagte er guten Mutes. „Diese Fächer machen wir aber in einer entsprechenden Umgebung durch, wo die erforderlichen Vorrichtungen vorhanden sind und ich nicht ständig mit meinen alten Füßen hinter dir herrennen muss, um deine Fragen zu beantworten“, feixte er gut gelaunt.

Ich war einverstanden damit, die nächsten Tage mit Unterricht zu verbringen, weil ich befürchtete, bei Verlassen der Residenz vor diesen Reportern keine Ruhe zu haben.

So vergingen arbeitsreiche zehn Tage. Aresit brachte mir vieles bei, was ich vom Priester am väterlichen Hof bisher nicht gehört hatte. Der Lehrer hatte seine liebe Not mit mir, weil ich seiner Meinung nach ein so bruchstückartiges Wissen hatte. Durch nicht vorhandene Unterlagen am Hof hatte mir der Priester natürlich keinen kontinuierlichen Unterricht erteilen können, und auch nicht in dem Umfang, der Aresit vorschwebte. Erstaunt war er aber über meine technischen Fähigkeiten, weil ich die Gerätschaften, die er herbeischaffte und vorführte, im Nu begriff und bald passabel bedienen konnte.

An den Abenden dieser Tage blickte meine kleine Fee immer traurig drein und beschwerte sich bei mir, mit ihrem Liebling viel zu wenig zusammen zu sein, während er die Schulbank drücke. Als ich ihr vorschlug mitzumachen, winkte sie aber ab, da sie sich mit Hierim um die Änderung der Einrichtung kümmern müsse. Sie meinte, wir sollten es im Schlösschen schön behaglich haben und bald einziehen.

Für Fee machte ich eine Lernpause, um zu den Agronomen aufs Land zu fahren, denn im Hafen war Dinkelsaatgut aufgetrieben worden. Ich wollte unbedingt dabei sein, wenn es gesät wurde. Dinkel braucht keinen fetten, sondern bevorzugt einen Lehmboden. Für mich überraschend, konnte infolge der effizienten Saatmethode mit einer Maschine eine viel größere Fläche mit dem Saatgut bepflanzt werden, als ich erwartet hatte. Ich machte die Agronomen noch darauf aufmerksam, dass die Dinkelpflanze den Vorteil habe, dem Wind gut zu trotzen und nur bei starkem Hagel wirklich Schaden nähme. Die Leute klärten mich auf, dass sie Hagel durch Einsatz geeigneter Mittel, selbst am Ufer des Meeres, verhindern könnten und diese Unwetter daher auf der Insel nicht vorkämen. Auch zu schweren Stürmen käme es nicht, weil diese das ‚Herz von Atlantis' verhindere.

Als dieses Stichwort fiel, erinnerte ich mich, von Karan aufgefordert worden zu sein, sie zu benachrichtigen, wenn ich bereit wäre, dem ‚Herz von Atlantis' zu begegnen. Auch zum Partnerunterricht war ich in den Tempel geladen.

Deshalb bat ich nach der Rückkehr in die Residenz Fanfa, die Hohepriesterin aufzusuchen, um ihr meine Bereitschaft auszurichten und um einen Termin zu ersuchen, den Tempel aufsuchen zu dürfen.

Aresit, der wieder mitgefahren war, bemerkte dazu: „Nach dem Stand der Sterne wird sie dich am kommenden Sonnentag in den Tempel bitten. Ich werde bei meinen Freunden vorfühlen, um zu erfahren, ob sie etwas Böses im Schilde führt. Es ist zu befürchten, dass sie in der angeschlagenen Situation zum Äußersten bereit ist, um wieder an Einfluss zu gewinnen. Ich weiß, dass sie in Bedrängnis dazu neigt, hohe Risiken einzugehen“, erinnerte er mich vorsorglich. Er meinte, von ihren Plänen vorher etwas zu wissen, könne nicht schaden.

Ich entgegnete darauf, dass ich mir nicht vorstellen könne, dass diese Frau nur auf Böses sinnen und anderen nur schaden wolle. Sie hätte ja gesehen, was passiert, wenn sie meine von höherem Orte aus gelenkte Abwehreinrichtung weckt. Zusammen mit meinen wachsamen Freunden müsste es doch möglich sein, sie zum Kürzertreten zu zwingen.

Karan dachte aber offenbar nicht daran, mich in den Tempel zu bitten. Sie ließ stattdessen den Boten ohne Antwort einfach stehen und schickte ihn mit einer herrischen Handbewegung weg.

Das machte meine Freunde stutzig. Aresit überlegte hörbar und mit erhobenem Zeigefinger: „Da ist was im Busch! Sie hat einen Plan in Vorbereitung und will verhindern, dass du neuerlich den Tempel betrittst“, kommentierte er erfahren diese Geste. Dann sah er mich finster an. „Der Teufel selbst ist zu dir unterwegs“, warnte er leicht ironisch. „Ich bin mir sicher, dass sie dich töten lassen will, weiß aber nicht, wie sie das anzustellen versucht“, sprach er die Bedrohung direkt an. „Ab sofort musst du streng bewacht werden! – Für dich besteht höchste Lebensgefahr!“ warnte er nochmals mit Nachdruck.

Ich war überrascht über die Unumwundenheit des Weisen. Er hatte aber im Brustton der Überzeugung gesprochen und veranlasste Alundalt, die ganze Residenz verstärkt überwachen zu lassen.

Alundalt bestellte heimlich Techniker in die Residenz, die er beauftragte, ein ausgeklügeltes Überwachungssystem einzurichten, und ersuchte den Fürsten Leonidoros um die Abstellung eines erfahrenen Sicherheitsoffiziers, der die Örtlichkeit erkunden und danach die Wacheeinteilung ändern sollte.

Von nun an lebten wir in einem goldenen Käfig, was mir von Anfang an widerstrebte.

Um ein wenig Freiraum zu genießen, schlich ich mich manchmal heimlich aus der Residenz, trug Kleider eines einfachen Menschen. Dabei bewegte ich mich völlig unbehelligt durch die Stadt. Poseidonia war so wunderschön, zweckmäßig angelegt und sauber.

Alle Bauwerke zeugten von der Liebe zum Leben und dem gleichzeitigen Verständnis der Erbauer für Zweckmäßigkeit. An zahlreichen Plätzen waren Schenken zum Verweilen und Essen eingerichtet, die alle über gemütliche Sitzgärten im Schatten von Laubbäumen verfügten. Dort hörte ich den Leuten bei ihren Tagesgesprächen zu. – Dabei erfuhr ich vieles, was mir keiner meiner Freunde erzählte!

Die Menschen nahmen am politischen Geschehen regen Anteil. Die Ergebnisse aus der Expedition in meine Heimat wurden ausgiebig besprochen. Die meisten Leute waren heilfroh, dass die leidige Geschichte mit den Taoristin erledigt war. Sie lobten Alundalt und den jungen Botschafter, wie sie mich nannten.

Die Beschreibungen, die einzelne selbst ernannte Eingeweihte über meine Statur abgaben, waren sehr belustigend. Ich wurde als hünenhafter Riese mit zottigem, langem Haar, mit einfältigem, aber gutem Gemüt und mit alchimistischen Kenntnissen vertraut geschildert. Viele waren überzeugt, dass ich mit einem Energiestoß Karan an die Tempelmauer schmettern und das Land von ihr befreien werde, sollte sie mich noch einmal angreifen. Über diese Übertreibung meiner Fähigkeiten konnte ich nur kopfschüttelnd schmunzeln.

Einer erzählte dann, gehört zu haben, dass Schattenkrieger wieder in der Stadt gesehen worden seien. Dies wurde als schlechtes Zeichen gewertet, weil diese Leute für hochgestellte Persönlichkeiten Auftragsmorde begingen. Leider wusste keiner von den Alleswissern, wer das nächste Opfer sei. Diese Kampfmaschinen waren so gefürchtet, dass es niemand wagte, über die Person des nächsten Opfers zu spekulieren. Aus Angst vor diesen Mördern wagte es niemand, einen Namen zu nennen. Ich beschloss, Alundalt nach diesen Schattenkriegern zu befragen, und kehrte in die Residenz zurück.

Als ich dort ankam, waren alle in höchster Aufregung. Schon auf der Rampe wurde ich von zwei Militärs, die ich noch nie gesehen hatte, mit gezogener Waffe angehalten und gezwungen, mit hinter dem Kopf verschränkten Armen niederzuknien. Erst Elik, der schnellstens gerufen worden war, befreite mich aus der misslichen Lage.

Alundalt eilte aufgeregt herzu und rief schon von Weitem: „Was fällt dir ein? Rennt in solchen Lumpen heimlich in der Stadt herum und sagt uns kein Wort, dass er weggehen wollte!" zeterte er. „Wir haben schon befürchtet, du wurdest entführt." Er führte mich etwas zur Seite und drosselte seine Stimme, als er mich einweihte: „Leonidoros hat einen Geheimdienstmann geschickt, der uns mitteilte, du wärest das nächste Anschlagziel der Schattenkrieger. Vermutlich hat Karan diese Männer beauftragt. Du schwebst also in Lebensgefahr ... und gehst alleine in der Stadt spazieren!" schalt er mich besorgt. „Das haut ja den dicksten Bullen um, was du mit uns aufführst", machte er sich kopfschüttelnd Luft. „Ich werde dich an die Leine legen lassen, wenn nicht einmal deine Feeosta dich im Zaum halten kann. Versprich mir, dass du so etwas nie mehr inszenierst!" wollte er mit Nachdruck. – Aber ich kam nicht dazu, ihm zu antworten. – „Du bist eine hochrangige Persönlichkeit und das Letzte, was ich für meine Karriere brauchen könnte, wäre, dass du in meiner Obhut umgebracht würdest."

Ich setzte zum Reden an, als er mich unerwartet anfuhr: „Geh mir aus den Augen und lass dir für Feeosta etwas ganz Besonderes einfallen! Sie liegt auf ihrem Bett und weint sich die Augen aus, seit wir nach dir suchen."

Ich entschuldigte mich beim Botschafter. Da ich mich aber schon wieder eingesperrt sah, wurde ich zornig: „In einem solchen Käfig, wie ihr ihn da gebaut habt, kann ich nicht leben!" wehrte ich mich meiner Haut. „Man kann nicht einmal alleine seine Notdurft verrichten. Überall, in jedem Raum stehen Wachen und beobachten jede Tätigkeit. Ich bin ein Lebewesen der freien Natur und gehe unter solchen Bedingungen ein! Lasst euch das gesagt sein! Wenn ihr alle durchdreht, ziehe ich aufs Land zu den Agronomen, dort fühle ich mich sicher wohler", argumentierte ich verzweifelt. „Wenn diese ausgebildeten Kampfmaschinen mich tatsächlich töten wollen, werden sie die Lücke im Überwachungssystem finden und ihre Tat trotzdem ausführen. Ich bin mir aber sicher, dass es nicht soweit kommt, weil mein Beschützer mir helfen und dieses Attentat abwenden wird", prophezeite ich trotzig. „Und jetzt gehe ich zu meiner Frau und werde mich für die ausgestandenen Ängste entschuldigen. Da will ich keinen einzigen schwarzen Militär dabei haben! Habt ihr mich verstanden? Lasst mich in Ruhe!" schmetterte ich temperamentvoll.

Der Botschafter nahm sich, irritiert über diesen Gemütsausbruch, zurück und besänftigte mich: „Schon gut, schon gut! Sorgen wird man sich aber noch machen dürfen, oder?"

Ich atmete tief durch und ging zu ihm hin, nahm seine rechte Hand und lenkte ein: „Verzeih bitte, aber in mir hat sich über diese unselige Überwachung ein Ärger aufgestaut, den ich loswerden musste. Ich verstehe deine Sorge ja ... und danke dir für die vielen Maßnahmen, die zu meiner Sicherheit ergriffen wurden, aber ... Danke."

Damit eilte ich zum Schlösschen hinüber. Im Park kam mir Fee schon entgegengelaufen und fiel mir im vollen Lauf um den Hals. Mit ihrem Schwung riss sie mich zu Boden und wir kollerten über eine kleine Böschung in das nächste Wasserbecken. Im Wasser kam sie auf mir zu liegen und tauchte mich mit ihrem Gewicht unter. Sie hielt mich an beiden Schultern mit ihren kleinen Fäusten fest, küsste mich mehrmals und rief dann: „Du Schuft, jagst mir eine solche Angst ein! Wo bist du gewesen? Ich habe dich schon tot gesehen. Alle haben von den Schattenkriegern geredet und fürchteten, dich bereits mit durchschnittener Kehle im Kanal treibend zu finden." Gleichzeitig tauchte sie meinen Kopf mehrmals unter Wasser, sodass ich nach Luft ringen musste.

Dann hörte sie auf zu weinen und kroch an den Beckenrand. Ich setzte mich im Wasser auf und musste lachen. Sie lachte vor Freude mit und sprudelte heraus: „Jetzt hätte ich dich bald ertränkt wie eine Katze und den Schattenkriegern die Arbeit abgenommen."

Noch immer im seichten Becken sitzend, sagte ich einfach: „Bitte verzeih, aber ich konnte diese Überwachung nicht mehr aushalten. So bin ich einfach in die Stadt gegangen und habe zugehört, was die Leute so sprechen. Als ich erfuhr, dass Schattenkrieger ein Attentat vorbereiten, bin ich sofort zurückgekehrt – ohne zu wissen, dass ich das Opfer sein sollte. Ich kann mir, ehrlich gesagt, nicht vorstellen, dass Karan so weit gehen würde. Ihr Risiko dabei ist doch viel zu hoch?" vertraute ich ihr meine Sicht an. „Bei einem Fehlschlag – und es wird ein Fehlschlag werden, davon bin ich felsenfest überzeugt – verliert sie doch alles!"

Fee sah mich sehr tief an, sagte aber nichts.

Das Herz von Atlantis

So wie es Aresit gesagt hatte, geschah es dann auch. Zuerst ließ mich Karan unbeachtet, um mir zu zeigen, dass sie die Macht innehabe und ich zu warten hätte, bis sie mich rufen würde. Dann kam eine Botin in einem Gleiter und verkündete, ich hätte am Freyatag, also in zwei Tagen, zum Sonnenuntergang in den Tempel zu kommen. Die Botin ersuchte mich auch vorher jene rituelle Waschung zu vollziehen, die ‚Befreiung der Seele und des Herzens' genannt werde. Ich sah bei dieser Aussage Verständnis suchend zu Aresit und Elik. Beide nickten verstehend und die Botin verabschiedete sich mit einer knappen Verbeugung.

Ich hatte mit einer formellen Vorladung nicht mehr gerechnet. Diese sehr steif vorgebrachte Aufforderung, die wie ein Befehl überbracht wurde, kam also unvermutet. Durch die zwischenzeitlich erfahrenen Umstände hatte ich selbst nicht mehr erwogen, aus freien Stücken den Tempel zu betreten.

„Verdammt, da ist schon wieder etwas im Busch!" platzte mein Mentor verärgert heraus. „Karan bereitet bestimmt wieder eine unsaubere Intrige vor, die sie hinter dieser Ladung zum Ehegespräch verbirgt", schloss er aus der verzögerten Vorgehensweise der Hohepriesterin, „und du dürftest das Opfer sein. Was ist mit deinen Vertrauensleuten, Aresit, was sagen die?" wandte er sich an den Lehrer und Vertrauten.

Da meldete sich Feeosta, nachdenklich geworden, zu Wort: „Wenn man das Verhalten Karans aus atlantischer Sicht betrachtet, hat sie alles Recht, abweisend zu reagieren. Es stimmt schon, sie ist von Machtgier besessen und will die bisherige Ordnung zu ihren Gunsten verändern. Aber du wurdest ihr einfach aufgezwungen. Sie musste erfahren, dass nicht die Aufnahme diplomatischer Beziehungen die Aufgabe Alundalts war, als er abreiste. Sie wurde vor vollendete Tatsachen gestellt, als sie erfuhr, was sich während der

Mission ereignete. Der Erfolg ist zwar nicht zu leugnen. Der Schaden, der ihr zugefügt wurde, ist jedoch immens. Alle diese in so kurzen Abständen erfolgten Veränderungen, die durch dein Auftreten auf sie einprasselten, können sie nur wütend machen. Ich an ihrer Stelle würde vermuten, dass eine einflussreiche Gruppe weltlicher Führer dabei ist, mich zu entmachten. Wir sollten bedenken, sie ist die höchste religiöse Autorität der Nation, deren Ansehen sehr ramponiert wurde. Das Herz`hat auf eure Tat auch in einer positiven Form reagiert, wie es dies schon lange nicht mehr tat. Das alles muss ihr sehr zu denken geben, und sie wird zwangsläufig dazu gebracht, harsch zu regieren. Als Priesterin sehe ich das so!"

Alundalt, Elik und Aresit nickten zwar zustimmend, sagten aber kein Wort. Ich selbst konnte mit dieser Aussage nicht viel anfangen, kannte ich doch die atlantischen Verhältnisse und Vergangenheit nur bruchstückhaft. Als Aresit erklärte, in die Stadt gehen und sich umhören zu wollen, war ich erleichtert, weil nun wieder gehandelt wurde. Er verließ nach kurzer Zeit die Residenz in einfachen Kleidern.

Ich hatte dem alten Knochen gar nicht zugetraut, noch so behände zu sein. Aber wenn ihn etwas interessierte, beflügelte ihn der Gedanke. Er war schon weg, bevor ich ihn fragen konnte, wen er fragen wollte.

Der Botschafter rief Hierim herbei und instruierte sie, welche Waschung ich in zwei Tagen vorzunehmen hätte und dass sie alles Notwendige dazu vorbereiten lassen solle.

Da platzte Feeosta dazwischen: „Schließlich bin ich eine Priesterin und die zukünftige Gattin dieses Mannes, da werde wohl ich diese Waschung vorbereiten und richtig einweisen!

Hierim fügte sich dem Wunsch. „Ich werde nur die Vorbereitungen treffen und unterstützen. Für eine Person alleine ist es nicht einfach, diese Waschung durchzuführen."

Das schien meiner zukünftigen Frau einzuleuchten, denn sie nickte zustimmend. Dies wiederum machte mich neugierig und so warf ich dazwischen: „Darf das Opferlamm auch erfahren, wann es geschlachtet und gehäutet wird, oder ist das so wie bei einer rituellen Schlachtung: Da bekommt das Vieh erst dann etwas mit, wenn es bereits ins Messer gelaufen ist?"

„Nein", gaben die Frauen unnahbar zur Antwort. „Aufklärung kleiner Jungs über rituelle Waschungen ist die Aufgabe von Aresit und der ist ja leider verschwunden, also wird das Opferlamm etwas warten müssen" – sagten es wie aus einem Munde und eilten kichernd davon.

Nun lachte der Botschafter über mein zur Schau gestelltes, dummes Gesicht und verschwand ebenso schnell, ohne mich aufzuklären. Bevor er den Raum ganz verließ, schien er sich jedoch meiner zu erbarmen, und blieb noch einmal stehen. „Du hast eine Reinigung deines Körpers und Geistes durchzuführen, weil du sonst Schaden nehmen würdest beim Eintritt in die hohe Energie dieses Kreisels", erklärte er ruhig. „Diese Reinigung an Körper, Geist und Seele wird durch Dampfbäder, Waschungen des Körpers, durch Meditation und gesprochene Affirmationen erreicht, sodass du empfänglich bist für die höheren Schwingungen, die von der Maschine ausgehen. Es wäre unverantwortlich, dich ohne diese Vorbereitung dorthin zu bringen, weil du getötet werden könntest", bereitete er mich in seiner väterlicher Art vor. Alle Priesterinnen, die an der Maschine arbeiten, müssen diese Reinigung regelmäßig durchführen und trotzdem können sie nur tageweise in der Nähe der Energie verbleiben, weil der menschliche Körper, der sehr viel Wasser beinhaltet, nicht in der Lage ist, die hohe Spannung lange auszuhalten. Er neigt stets dazu, sein Energieniveau anzugleichen, und wird dadurch geschädigt. Verstehst du das?"

Ich war froh, dass wenigstens er sich um mich sorgte, und entgegnete bemüht sanft: „Ich habe, außer in meiner Höhle, noch nie etwas mit hoher Energie zu tun gehabt und noch nie in meinem Leben etwas von Affirmationen gehört. Daher: „Verstehe ich alles ganz genau!", wurde ich ein wenig zynisch. „Hätte mir Aresit nicht im Unterricht etwas über die Bedeutung der erhöhten Energien in eurem Leben gesagt, würde ich überhaupt nichts verstehen", lenkte ich ein. „Auf eine naturgegebene Weise verstehe ich aber, dass Energie das ganze Weltgefüge zusammenhält und diese Maschine etwas mit dem geistigen Fortschritt deines Volkes und eurer Art, mit Energie zu leben, zu tun hat."

„Ja, das stimmt. Aber diese Maschine haben nicht wir Atlanter gebaut, sie wurde einst unseren Urvätern übergeben", ging Alundalt nun auf mich ein und setzte sich wieder zu mir. „Es waren Götter, die dieses Gerät einst einem hochentwickelten Volke vor uns übergaben, und diese bewahrten dieses wunderbare Werk. Unsere Vorfahren nannten diese Wesen Chachinjas." Er ließ mir eine kurze Pause zum Sickern. „Sie haben unseren Vorvätern geholfen, eine positive Volksentwicklung einzuleiten, und schufen die Voraussetzungen für unseren blühenden Staat. Nur mit ihrer Starthilfe konnten diese wunderbaren geistigen, wirtschaftlichen und kulturellen Fortschritte gemacht werden", stellte er mir plastisch vor Augen. „Dieses Gerät wurde uns damals übergeben. Es ist praktisch das unbestechliche Gewissen unseres Volkes und ein Erbe, das es zu bewahren gilt", setzte mir Alundalt in gewählten Worten auseinander. „Diese Maschine zeichnet die gesamte Entwicklung unseres Volkes auf und vermerkt alle Errungenschaften und Untaten, die wir uns leisteten und in Zukunft noch machen werden. Über diese Maschine kann der ‚Hüter des Herzens', ein überirdisches Wesen, auf die atlantische Entwicklung auch Einfluss nehmen. Das hat er auch von Zeit zu Zeit getan, wenn besonders gravierende Entgleisungen unmittelbar bevorstanden. Es gelang durch sein Eingreifen, diese zu verhindern, um Schaden vom Volk abzuwenden", eröffnete mir Alundalt das wohl höchste Mysterium seines Volkes. Er sann ein wenig nach und wechselte seine Haltung.

„Das ‚Herz von Atlantis' zeigt genau die laufenden Entwicklungen in den einzelnen Stämmen auf und warnt vor Fehlern. Diese Göttersöhne, von denen wir das Gerät einst erhielten, haben uns auch den Umgang mit diesem Gerät gezeigt und uns die Bedeutung für unser Volk klargemacht. Ohne diese Maschine würde es unser Volk nicht mehr geben", deutete er die Wichtigkeit dieses Instruments für die atlantische Kultur an. „Viele von diesen übermenschlichen Wesen sind inzwischen in eine höhere Sphäre übergegangen. Andere wieder haben den Niedergang vorausgesehen und sind einfach weggegangen, weil sie den Untergang nicht miterleben wollten", erzählte er mit lebendigen, geistigen Bildern in seinem Herzen. „In meinem Stamm war sehr lange ein solches Wesen tätig, bis es seine Aufgabe erfüllte und seinen weiteren Weg ging. Ich bin mir sicher, dass wir nur deshalb in der Entwicklung weiter sind als andere Stämme, weil wir stets auf dieses Wesen gehört haben und ganze Generationen von ihm ausbilden ließen. Es hatte immer eine gute Antwort auf alle Fragen. Es verhinderte Seuchen und wusste in allen Lebenslagen immer einen Rat, wenn wir nicht mehr weiterkamen. Die Weisen, die heute noch hier leben, wurden alle von diesen

Chachinjas, die besonders alte Seelen sind, ausgesucht und unterrichtet", berichtete er mir erstmals von seiner Art.

Alundalt machte nun eine Sprechpause, um selbst den Faden sinnvoll anzuknüpfen. Er sah dabei sehr ausgeglichen aus. „Sie haben stets Kinder mit außergewöhnlichen Lebensaufgaben gefunden und diese unterrichtet. Ihre Ausbildung diente nur dem Zweck, die eigene und die Lebensaufgabe des Stammes im Zusammenklang mit dem höheren Wissen bestmöglich zu erfüllen. So konnten sich die Menschen unseres Stammes besonders vorteilhaft entwickeln. Das begründet unseren Vorsprung gegenüber den anderen Stämmen", schloss er mit einigem Stolz. „Die Chachinjas traten nie selbst öffentlich in Erscheinung. Unsere Verantwortlichen durften sie immer, wenn eine große Entscheidung anstand, mit gebotenem Respekt in ihren Refugien aufsuchen und fragen. Dort erhielten sie dann entsprechende Ratschläge." Mein Mentor zog die Augenbrauen zusammen, sodass eine tiefe, steile Falte auf seiner Stirn entstand.

Er sah mich kurz prüfend an und setzte dann ernst fort: „Weil einige sich mit Menschenfrauen eingelassen hatten, verschwanden ihre außergewöhnlichen Fähigkeiten in den folgenden Generationen zusehends. Mein Urgroßvater war ein Chachinja. Deshalb habe ich die ungewöhnliche Körperform. Diese Chachinjas waren Geistwesen, die nur dann eine menschliche Gestalt annahmen, wenn sie es für notwendig hielten. Großvater konnte noch aus seinem Körper austreten, wann immer er es wollte. Zum Reisen brauchte er kein Fahrzeug. Das tat er in der geistigen Form, mit der reinen Vorstellung, an einem anderen Ort zu sein – und schon war er dort", eröffnete er mir diese fantastische, alte Wahrheit. „Er beherrschte Geist, Seele und Körper noch vollkommen. Diese Beherrschung ist auch eines der Ziele der menschlichen Evolution", sagte Alundalt in der Gewissheit der hohen Wahrheit in seiner Stimme. „Bis dorthin ist es aber noch ein langer und steiniger Weg, weil jeder von uns die Aufgabe hat, in seiner menschlichen Wesenseinheit erst die Persönlichkeit, ein ausgeprägtes Ich, zu entwickeln. Wenn wir dies erreichen, nähern wir uns einem Entwicklungsstand, in dem wir keinen physischen Körper als Werkzeug mehr brauchen", führte er sehr getragen aus.

Er erhob sich wieder aus dem Stuhl und bewegte sich nachdenklich durch das Zimmer. Seine Hände legte er dabei vor sich so in die gegenseitigen Ärmel, dass sie wie eine Einheit wirkten. Er schien in höchstem Maße konzentriert.

„Was heißt das für unsere heutige Situation, Vater?“ fragte ich, um ihn wieder in die Gegenwart zu holen.

Er sah mich kurz durchdringend an. „Das heißt: Der Menschheit ist es bestimmt, sowohl im materiellen als auch im energetischen Bereich alles tun zu können, was an Änderungen erforderlich sein wird, um die göttliche Evolution voranzutreiben. – Wir sollten alle nach diesen Fähigkeiten streben, ... irdischer, materieller Macht entsagen und niemals andere Wesen beherrschen wollen, um die Befriedigung eigener niedriger Triebe auszuleben. – Aber bis die Menschheit diese Geisteshaltung erreicht, wird es leider noch lange dauern und es werden viele Fehlschläge vorkommen, bis allen das alles erhellende Licht aufgehen wird.“ Er sah mir wieder direkt in die Augen – und wie ich fühlte – auch in mein Herz. Mir erschien dieses Gespräch reinigender, als es jede rituelle Waschung hätte sein können.

Alundalt schien das zu spüren und ging unbeirrt den nächsten Schritt. „Je mehr sich unser Volk von diesen Göttersöhnen abwendete, je mehr die Fürsten sich dem materiellen Leben hingaben und an Horizont einbüßten, ja, glaubten, die Ratschläge dieser Wesen nicht mehr annehmen zu müssen, umso schneller ging es in den Stämmen moralisch und geistig bergab. Unser Volk scheint immer mehr auf eine schiefe Ebene zu geraten, die zusehends hin zu bösen, triebhaften Taten kippt. Das geschieht so schleichend, dass viele es gar nicht bemerken. Nur das ‚Herz‘ bemerkt es und warnt uns durch Energieentladungen“, resümierte er bitter. „Es löst aber bei den Fürsten mit seinen vermehrten Warnungen immer mehr Unbehagen aus, und viele Fürsten denken bereits daran, dieses Gerät zerstören zu wollen, weil es ihnen lästig wird durch das ständige Aufzeigen jeder Stammesverfehlung.“ Er hielt wieder einmal inne und maß mich prüfend mit seinem durchdringenden Blick. „Glücklicherweise ist diese Zerstörung nicht möglich, weil das Gerät derart gut abgeschirmt ist, dass ungebetene Lebewesen überhaupt nicht bis zu der großen Halle im Tempel vordringen könnten“, rollte er mir nun auf. „Marana, die zweite Priesterin, warnt unablässig die Fürsten vor den Auswirkungen der fortlaufenden Verstöße. Die aber hören nicht hin und verlangen von den Priesterinnen, das Herz mit ausgleichenden Handlungen zu besänftigen. Wir gleiten so in den Abgrund, weil wir diese fatale Entwicklung ignorieren. Zusätzlich sind viele meiner Landsleute so vermessen zu glauben, das Herz täuschen zu können." – Er hatte seine Arme drohend zur Decke erhoben. – „Du glaubst gar nicht, wie sehr einige von uns unter dieser negativen Entwicklung leiden! Ich sage dir: Wir gehen sehenden Auges unter und können es trotz unseres hohen Wissens nicht mehr verhindern! – Nur die Einflussnahme solcher begabter Naturkinder, wie du eines bist, die mit einer entsprechenden Lebensaufgabe inkarnierten, könnten noch diese fatale Entwicklung aufhalten, weil deren Art der Einflussnahme unsere Verantwortlichen wieder aufrüttelt und sie beschämt!" wurde er leidenschaftlich und zeigte mit ausgestrecktem Arm und Zeigefinger auf mich. Dabei schoss er auf mich zu. Dann bremste er sich ein und riss seine Hände wieder abwehrend hoch. „Aufhalten wird diese Volkstragödie niemand mehr, dazu sind wir unserem Ablaufdatum zu nahe, leider!" Er setzte sich wieder hin und verschränkte seine Arme.

Er sah mich auffordernd an. „Es könnte so viel getan werden, wenn mehr aufrichtige Leute mitmachen würden. Karan beschleunigt leider den Verfall, weil sie, durch ihre Machtgier verblendet und nur an sich selbst denkend, die meisten Fürsten mitreißt. Ihre Bemühungen, das hier lange herrschende Matriarchat wieder einzuführen, sind kontraproduktiv. Viele Fürsten sind entweder zu einfältig, zu faul oder zu feige, um gegen diese Frau etwas zu unternehmen. Unsere Einstellung zu Frauen resultiert aus der jahrhundertelangen Unterordnung im Matriarchat und wir widersprechen nach wie vor Frauen nicht gerne. Diese Einstellung nützt Karan weidlich für ihre Zwecke aus", kam es wieder mit bitterem Unterton.

„Daher setze ich auf dich große Hoffnungen. Ich habe geträumt, dass der ‚Hüter des Herzens' dich kennt und dich sprechen möchte, um dir Aufträge zu erteilen. Gütigerweise bin ich mitten im Traum aufgewacht, weil ich einen fürchterlichen Machtkampf zwischen Karan und dir im Traum erlebte und mich vor dem Ausgang dieses Kampfes fürchtete", erzählte er mir in großem Vertrauen. – Er sah mich wieder einmal durchdringend an, als ob er in meinem Herzen lesen könnte. – „Ich sage dies nur als Vorbereitung, damit du gewappnet bist, was da im Tempel neuerlich auf dich zukommt. Früher hatte ich diese Träume immer in einem sehr großen zeitlichen

Abstand zum Ereignis. Dadurch hatte ich dann genügend Zeit für Vorbereitungen. Diesmal sind es nur wenige Tage, bis du im Tempel diese Audienz zu bestehen haben wirst."

Wieder erhob er sich, als ob er nervös wäre. „Warten wir ab, was Aresit erfahren hat! Er hat gute Verbindungen zum Tempel – insbesondere zu einflussreichen Leuten, die mit Karan nicht einverstanden sind." Alundalt ließ seine Augen dabei durch die Fenster hinaus und über die Stadt schweifen, aber er schien in eine weite Ferne zu sehen.

Am folgenden Plutotag war ich dann mit den Frauen damit beschäftigt, meine rituelle Waschung und Reinigung vorzubereiten und Affirmationen zu sprechen. Vor dem Mittagessen, das diesem Ritus folgend sehr bescheiden war, erklärte mir Fee, was der Sinn dieser Reinigung sei und dass es ganz wichtig wäre, den Körper zu entspannen, zu entschlacken und leitfähig zu machen. Dann wies sie mich darauf hin, dass als erste Voraussetzung der Geist positiv eingestellt sein sollte. Nur dann könnten Körper und Seele in den Einklang mit den höheren energetischen Schwingungen gebracht werden. Nur dann könnte ich die Begegnung mit der Energie der Maschine unbeschadet überstehen. Sie verlangte von mir, dass ich meine Seele im Vertrauen zur höchsten Gottheit weit öffnen möge, um ihren großen Erfahrungsschatz, den die Seele im Laufe der zahlreichen vergangenen Leben in verschiedensten Energiezuständen gesammelt habe, abrufen zu können. Wenn ich den Intuitionen der Seele folgte, könne mir die hohe Energieabstrahlung nicht schaden.

Nur Menschen mit unbelastetem Gewissen dürften der Maschine nahetreten, führte sie kompetent aus. Solche mit unehrlichen Absichten erlitten einen fürchterlichen Schock und Verbrennungen. Sie würden weit weggeschleudert und beim Aufprall auf den Steinboden schwer verletzt, berichtete sie aus Erzählungen. Die hohen, feinen Schwingungen der Maschine versuchten nach ihren Worten, das niedrige Energieniveau des Menschen schnellstmöglich auszugleichen, und riefen so die Abstoßung hervor.

„Deshalb ist vorher diese Reinigung aller Komponenten der menschlichen Wesenseinheit notwendig, um geläutert und aufnahmefähig hinzutreten", führte sie mich in die Umstände ein. „Genau kann nicht vorhergesagt werden, wie diese Kontaktaufnahme in deinem Fall erfolgen wird, weil jede Begegnung bisher immer anders ablief. Manchmal redet der Hüter auch mit diesem Menschen. – Das ist aber bisher sehr selten vorgekommen und bedeutet, dass der Besucher bereits bekannt ist und die anderen, im Saal anwesenden Personen von diesem Medium Anweisungen übermittelt erhalten", unterwies sie mich sanft. „Meist erfolgt die Verbindung mit dem Menschen auf telepathischem Wege", fügte sie an und lächelte plötzlich entzückt.

Nach dem Essen erfolgte dann die körperliche Reinigung, die mit einem Dampfbad begann, eine Massage beinhaltete und mit einer meditativen Ableitung aller überflüssigen, verbrauchten und nicht mehr regenerierbaren Energien aus dem Körper endete. Diese negativen energetischen Ablagerungen im Körper wurden über die Ausscheidungsorgane und energetische Wurzeln, welche aus meinen Fußsohlen in den Erdboden hinein wuchsen, abgeleitet. Diese Energiewurzeln konnte ich vor meinem geistigen Auge während der Meditation geradezu entstehen sehen.

Der lebendige Organismus Erde kann diese negativen Energien wieder transformieren, sie also in positive Energien umwandeln und wieder dem irdischen Kreislauf zuführen.

Ich konnte diese Vorgänge während der Meditation geradezu sehen. Es schien, als ob mein Geist zusammen mit diesen Energien in den Schoß der Mutter Erde abgeleitet worden wäre. Es waren schöne und gute Empfindungen, die ich dabei empfand, und ich merkte, wie mein ganzes Wesen immer mehr in den höheren, positiven Frequenzen der kosmoterrestrischen Energien mitschwang und sich auf dieses höhere Niveau einstellte.

Ich visualisierte, wie diese Energien durch meinen Scheitel in mich hereinflossen, wie sich mein Körper immer mehr entspannte, die Seele sich öffnete und der Geist in meinem ‚innersten Selbst' zur Ruhe kam. Die zunehmende Speicherung dieser hohen Energien bewirkte das Austreiben der negativen, niedrigen Schwingungen aus meiner Wesenheit. So erhöhten sich Energieniveau und Frequenz zusehends und wurden angenähert an die höheren Energiestrukturen des Kreisels und seines Hüters.

Ich gab mich ganz diesen herrlichen Empfindungen hin, und es kam mir vor, als ob die Kristalle in meinem Körper wie auf einer energetischen Leiter zu leuchten begännen. Ich empfand im Becken einen rot leuchtenden Rubin. Weiter oben einen orange leuchtenden Karneol, dann leuchtete am Sonnengeflecht ein Citrin, im Herzen ein Smaragd, im Kehlkopf ein hellblauer Aquamarin, an der Stirn ein tiefblauer Saphir und über meinem Scheitel ein Stein, der die Form einer violetten Flamme annahm, der seine Strahlen himmelwärts sandte.

Immer wenn ein Stein aufleuchtete, angeregt durch die mich durchfließende Energie, bekam ich tiefe Empfindungen der unterschiedlichsten Arten. Ich sah die Formen ihres Energiegitters und hörte Melodien, die von diesen Edelsteinen auszugehen schienen. Alle diese geistigen und seelischen Empfindungen waren sehr angenehm und verbreiteten in mir eine liebevolle, friedliche Stimmung.

Als ich wieder wach zu mir fand, erzählte ich den Frauen von diesen Empfindungen, die ich erlebt hatte. Beide waren hoch erfreut darüber und erklärten, dass ich eine sehr große, natürliche Fähigkeit zum Umgang mit Energie hätte, die durch Meditation ausgebaut werden könnte. Gleichzeitig hätte ich meinen gesamten Körper auf diese Weise gereinigt, indem ich die Energiestruktur meiner Körperkristalle in die Idealform zurückbrächte.

Durch diese Vorbereitungsprozedur war ich am Abend derartig müde, dass ich früh zu Bett ging. Ich hatte einen traumlosen, tiefen Schlaf und war am nächsten Morgen sehr hungrig. Die Sonne schien schon in mein Schlafzimmer und ich lag alleine im Bett.

Fee war schon aufgestanden und werkte im Badezimmer. Sie sagte, dass wir beim Botschafter zum Essen eingeladen seien und ich mich daher eilig fertigmachen solle. Als ich schmollen wollte, berichtete sie, dass Aresit mit Neuigkeiten zurückgekommen sei. Das half! Sofort sprang ich auf, wusch und bekleidete mich so schnell, dass ich noch vor ihr fertig war.

Wir fanden den Botschafter auf der großen Terrasse der Residenz vor, wo ein großer Tisch gedeckt worden war. Der Botschafter saß schon am Tisch. Wir setzten uns zu ihm und ich langte ordentlich zu. Bald kam Aresit dazu. Er setzte sich wortlos an die Tafel und speiste mit. Nachdem alle satt waren, forderte der Botschafter Aresit auf: „Nun erzähle, was du erfahren hast!"

„Meine Verbindungsleute berichten, dass Karan ganz schlechte Laune habe", hob Aresit an. „Sie hätte ihre Priesterinnen fürchterlich beschimpft, weil Feeosta zu einem primitiven Ausländer gezogen sei und diesen vermutlich heiraten werde. Den anderen Priesterinnen habe sie gesagt, dass so etwas kein zweites Mal geduldet werde. Die Priesterinnen hätten sich für ein Leben im Tempel entschieden und hätten dort zu bleiben bis ins hohe Alter", teilte er schmunzelnd mit. „Auch soll Karan einen Traum gehabt haben, der sie stark beunruhige", fuhr er fort. „Jedenfalls läuft sie wie eine eingesperrte Tigerin im Kreis herum und sinnt über etwas Böses nach", schloss er gewichtig.

Eine junge Priesterin habe ihm anvertraut, wechselte er das Thema – von bedeutungsvollen Blicken begleitet –, dass sie in der vorvergangenen Nacht beim Tempel den Anführer der Schattenkrieger gesehen habe. Er sei in den Tempel gehuscht und zu den Räumen von Karan gegangen. Sie habe ihn auf dem Gang vor den Räumen der Hohepriesterin aus den Augen verloren, da dieser Mann sehr vorsichtig gewesen sei. „Obwohl sie bis in die Morgenstunden vor dem Haupteingang zu Karans Räumen ausharrte, habe sie diesen Mann nicht mehr herauskommen sehen, wurde mir beteuert. Er muss einen geheimen Ausgang benützt haben, von denen es im Tempel nach ihren Worten viele gäbe." Er hatte seine Worte wie immer mit sehr theatralischen Gebärden begleitet.

Ich fragte Aresit, wer denn diese Schattenkrieger seien.

Er erklärte, dass diese einem geheimen Männerbund angehören, der perfekte Krieger ausbilde und mehrere solche Einheiten unterhalte. „Diese Leute werden für geheime Untaten eingesetzt, welche von höhergestellten Persönlichkeiten in Auftrag gegeben werden. Diese Menschen schrecken nicht vor kaltblütigem Mord zurück und töten sich stets selbst, sollten sie gefangengenommen werden." Bisher sei es nicht gelungen, Entscheidendes über die Struktur dieser Kriegergemeinschaft zu erfahren, oder sie gar unschädlich zu machen. „Sie sind gedungene Schergen, die alle gemeinen Taten ausführen, durch Personen gegen Vergünstigungen in Auftrag gegeben, die sich selbst nicht schmutzig machen wollen", resümierte er verbittert, als hätte er schon Erfahrung damit.

Als der Botschafter dies hörte, konterte er gefährlich leise: „Diese Hexe wird uns diese Leute nicht auf den Hals hetzen oder gar deinen Tod in Auftrag geben! Das werde ich zu verhindern wissen."

Er rief den Obristen seiner Leibwache herbei und forderte ihn auf, die entsprechenden Maßnahmen zu setzen, um die wichtigen

Personen in diesem Haus verstärkt zu schützen und das Sicherheitssystem neuerlich auf Lücken zu überprüfen. Er war sichtlich beunruhigt und zeigte ein derart unwirsches Verhalten dem Militär gegenüber, wie ich es von ihm bisher noch nie gesehen hatte.

Der Obrist war offenbar bereits vorbereitet, denn er teilte an alle tafelnden Personen Schmuckstücke aus, die Ortungs- und Kommunikationseinheiten beinhalteten. Er instruierte uns, dass ab nun niemand von uns ohne Wissen des wachhabenden Offiziers das Haus verlassen dürfe. Wir sollten den Anweisungen des Offiziers Folge leisten und nur mehr in Begleitung das Haus verlassen.

Daraufhin erklärte er dem Botschafter die bereits eingeleiteten Maßnahmen zur Absicherung der Residenz. Auch führte er aus, den Einbau zusätzlicher Sicherungseinrichtungen in die Kanalisation und in die Frachtröhre veranlasst zu haben.

Ich kannte den Mann schon vom Hof meines heimatlichen Großfürsten und war froh, dass unsere Sicherheit in seinen Händen lag.

Der Herr des Hauses bereitete ihn vor, dass ich heute in den Tempel zum ‚Herz von Atlantis' eingeladen sei. Er verfügte, dass ich in einem gesicherten Gleiter dorthin gebracht werde, wo ich direkt vor dem Haupteingang des Tempels aussteigen werde. Vorher werde er einige zuverlässige Männer heimlich in den Tempel schicken, die mich in den Gängen überwachen sollten, um auch dort vor heimtückischen Angriffen sicher zu sein. Im Tempel selbst führte Alundalt aus, sei ich eigentlich sicher, weil dies heiliger Boden sei, auf dem eigentlich niemand anzugreifen wage.

Nachdem wir dies besprochen hatten und noch den Ablauf der Zeremonie im Tempelinneren durchgegangen waren, zogen Fee und ich mit unseren Leuten im Schlösschen im Park ein. Die dort gesetzten Sicherheitsmaßnahmen erfuhren wir dann sofort, nachdem wir die Räume des Botschafters verlassen hatten. Für das Schlösschen war eine eigene Wachmannschaft abgestellt, die uns schon beim Ausgang in den Park erwartete. Der Wachhabende erklärte mir, dass wir das Schlösschen erst nach seiner Freigabe betreten dürften, weil es noch durchsucht und elektronisch gecheckt werden müsse. Nur so könnte versichert werden, dass kein Schattenkrieger im Gebäude sei.

Er erklärte mir auch die Alarmmaßnahmen und erläuterte, dass wir nur laut den Codenamen ‚De Grahs' rufen sollten, wenn wir angegriffen würden. Dieses Kennwort löse sofort alle Sicherungsmaßnahmen aus, die für den Raum nötig seien, in welchem sich die gefährdete Person aufhielte.

Wir machten einen Probelauf und die Überwachung schien hervorragend zu funktionieren.

Kaum hatten wir den Code gerufen, als Türen und Fensterläden schlossen, das Licht anging und die elektronische Überwachung voll einsetzte. Vier Wachsoldaten waren einige Augenblicke später im Raum, um die Sicherung zu übernehmen. Ich war beeindruckt von der Fülle der Maßnahmen und der Präzision, mit der sie abliefen.

Gleichzeitig erkannte ich aber, dass Fee und ich von nun an dem goldenen Käfig nicht mehr würden entrinnen können, bis die Feindschaft dieser Hohepriesterin endete. Deshalb nahm ich mir vor, sie bei nächster Gelegenheit vor Publikum zur Rede zu stellen, sodass mir und meinen Leuten nie mehr ein Haar gekrümmt werden konnte, ohne dass sie die Folgen unmittelbar zu tragen hätte – unbenommen, ob diese direkte Vorgehensweise in den hiesigen gehobenen Kreisen als unschicklich angesehen werden könnte. Ich war überzeugt, dass ich meinen Leuten eine Klärung und Entspannung der Situation einfach schuldig war. Eine andere, rasch zum Ziel führende Lösung sah ich leider nicht.

Mithilfe der Frauen setzte ich meine Vorbereitungen zur Begegnung bis etwa zur Mittagszeit fort. Dann waren die Damen überzeugt, dass ich so gut vorbereitet sei, wie es noch nie jemand war, der dem ‚Herzen' gegenübergetreten sei.

Nach einem einfachen Mahl legte ich mich mit Fee auf der Terrasse zu einem Mittagsschlaf hin. Wir hatten wohl nicht lange geruht, als wir durch Lärm im Park aufwachten.

Es patrouillierten mehrere kleine Kampfgleiter im Park zwischen Schlösschen und Wald. Mehrere Wachen suchten mit Hunden aufgeregt zwischen den Büschen. Der Wachhabende, der auf die Terrasse gekommen war, berichtete mir, dass eine fremde Person im Park die Alarmanlage ausgelöst habe und nun spurlos verschwunden sei.

Ich erkundigte mich, ob im Park unterirdische Anlagen vorhanden wären.

Nach kurzem Nachdenken erwiderte der Mann, dass im Gelände dieses erhöht liegenden Hügels keine Kanalisation eingebaut sei.

Da wies ich ihn auf den großen, stillgelegten Springbrunnen hin, der etwa in der Mitte der Parkanlage lag, und leitete daraus schlüssig ab, dass diese Anlage eine Zuleitung haben müsse, sonst hätte sie nie funktioniert.

Daraufhin ließ der Offizier sofort den Verwalter der Liegenschaft kommen. Dieser erklärte, dass der Brunnen sicher eine Zu- und Ableitung habe, aber schon seit Jahren nicht mehr in Betrieb sei. Der Brunnen sei schon vor seiner Anstellung defekt gewesen und wäre nie repariert worden. Er werde in den Bauunterlagen nachsehen, wo diese Leitungen verlegt und ob sie noch intakt seien.

Damit verließen uns diese Leute wieder und ich bereitete mich auf meinen Tempelbesuch vor.

Am späten Nachmittag eilten mehrere Wachmänner durch den Park hurtig auf das Schlösschen zu. Sie trugen eine völlig in Schwarz gekleidete, männliche Person, die leblos zu sein schien. Diesen Mann, dessen Gesicht vermummt war, legten sie unter der Terrasse ab und berichteten, er sei im Wassersammelbecken unter dem Brunnen ertrunken. In dieses Becken sei der Mann, nachdem er eine Schachtabdeckung im Park geöffnet hätte, eingestiegen, dürfte ausgerutscht und ertrunken sein – vermutlich, weil er an der glatten Mauer dieses Beckens keine Möglichkeit vorfand, um sich festzuhalten. In der herrschenden Finsternis habe er seine Geräte, die er bei sich trüge, nicht einsetzen können, führten sie etwas holprig aus. Jedenfalls sei der Mann an der Kleidung und an der Brandmarkung auf der Brust als Schattenkrieger zu erkennen.

Nach der Abnahme der Kapuze wurde festgestellt, dass es ein Knabe von etwa achtzehn Jahren war. Sein Kopf war kahl geschoren und er hatte ebenmäßige, beinahe edle Züge. Jedenfalls war er viel zu jung, um schon zu sterben. Die Kampfausrüstung des Mannes werde noch im Wasser des Beckens gesucht, versicherte man uns.

Der Offizier ordnete an, den Mann wegzubringen, und schärfte allen Anwesenden mit Nachdruck ein, niemandem ein Sterbenswörtchen über die Auffindung dieses Knaben zu verraten. Dadurch bekämen wir einen Zeitvorsprung, bis der Knabe von seinen Kameraden gesucht werde, und könnten den Brunnen sichern, bevor ein weiterer Krieger eindränge.

Die Wachmannschaft war zudem ganz aufgeregt, weil keiner von der Existenz dieser unterirdischen Anlage etwas gewusst hatte, und befürchtete noch weitere Überraschungen. Die Zuleitung führte vom Tempelhügel herab und war so groß dimensioniert, dass ein schlanker Mann oder eben ein Knabe darin kriechend vorankommen konnte.

Der Ort, wo der Bursche die Leitung betreten habe, werde noch gesucht und einbruchsicher verschlossen werden, versicherte uns der Offizier beflissen.

Der Verwalter meldete, dass er sofort veranlassen werde, den Brunnen wieder in Betrieb zu nehmen, denn bei Betrieb könne niemand den Brunnen und die Zuleitung betreten, ohne zu ertrinken.

Ich war mit allem einverstanden, was vorgeschlagen wurde, bat aber, den Botschafter ebenfalls zu unterrichten. Wir vereinbarten noch die Abfahrtszeit zum Tempel, und die Wachen verschwanden mitsamt der Leiche, bevor die Frauen sie sehen würden. Die Leiche sollte von einem Arzt genau untersucht werden, um eventuelle Hinweise auf die Herkunft des Knaben zu erhalten. Viel Hoffnung zur Identifizierung bestünde aber nicht, hatte der Wächter eingeräumt, weil diese Schattenkrieger aus Waisenhäusern und aus fremden Völkern rekrutiert würden. Mit den Sicherheitsbeamten der Stadt wollte sich der Offizier erst nach meiner Rückkehr aus dem Tempel in Verbindung setzen, damit ich während des Aufenthaltes dort nicht gefährdet sei.

Rechtzeitig zur vereinbarten Zeit waren Aresit und ich in der Eingangshalle des Schlösschens. Wir wurden von den Frauen neuerlich so verabschiedet, als ob wir in eine Schlacht zögen und die Gefahr bestünde, nicht mehr heil zurückzukehren.

Der Wachhabende unterrichtete uns abschließend, das Erkennungswort für seine Leute im Tempel sei „Fee“, für den Fall, dass ich mit ihnen in Kontakt treten müsse. Diese Kontaktaufnahme solle aber nur im äußersten Notfall erfolgen, weil dadurch die unerlaubte Anwesenheit der Wachen preisgegeben würde. Die Anwesenheit von Militär im Tempelinneren sei strengstens verboten.

Wir bestiegen einigermaßen beruhigt den Gleiter und fuhren zum Tempel.

Dort wurde uns ein fürstlicher Empfang bereitet. Die Vertreterin der Hohepriesterin erwartete mich mit zahlreichem Gefolge auf der hell erleuchteten Terrasse vor dem Haupteingang des Tempels.

Der mitreisende Wachoffizier erklärte mir, dass ein solcher Empfang üblich sei, wenn das ‚Herz von Atlantis' eine Person einlade. Dies sei ein feierlicher Anlass, der ein Zeremoniell wie bei einem Staatsbesuch vorsehe, erklärte er mit gewissem Stolz.

Trotzdem wurde ich von den Wachmännern so eng umringt, dass kein freies Schussfeld gegeben war.

Darüber äußerte sich die Priesterin befremdet.

Der Offizier antwortete darauf, dass diese Maßnahme ein Auftrag von Botschafter Alundalt sei und daher so ausgeführt werde.

Als wir den Säulengang betreten hatten, blieben die Wachmänner zurück und wir gingen, begleitet von mehreren jungen Priesterinnen, weiter. Im Tempel nahmen wir einen Quergang und folgten einer langen Treppe ins Untergeschoss, die in eine große, hell erleuchtete Halle mündete.

Dort wimmelte es nur so von Priesterinnen und Schülern, die geschäftig hin- und herliefen und Arbeiten verrichteten. Hier war eine hohe elektrische Spannung in der Atmosphäre, die mir kurzzeitig unangenehme Kopfschmerzen bereitete. Ich schüttelte diese unangenehme Beklemmung rasch ab, weil ich wusste, dass vom ‚Herzen' nur Positives ausgehen konnte. Wenn Karan jedoch die Ursache wäre, wollte ich keine Schwäche zeigen, und schritt weiter, ohne mir etwas anmerken zu lassen.

Im Hintergrund dieses Raumes saß auf einem thronartigen, großen Stuhl die Hohepriesterin. Sie wurde von mehreren Priesterinnen angekleidet, und es wurden Schmuckstücke gereicht, die sie anlegte.

Wir wurden zum Thron geführt und man bot uns Platz an.

Ohne ein Wort der Begrüßung blickte sie mich einen Moment lang mit stechendem, durchdringendem Blick an und fragte knapp: „Bist du bereit, Fremder?"

Ich war überrascht über diese Anrede und antwortete laut: „Der Botschafter der Kaelter ist bereit zu seiner ersten Begegnung mit dem ‚Herz von Atlantis', Erhabene!"

Karan lachte gehässig auf und dozierte herausfordernd: „Ein Botschafter will er sein. Kann nicht einmal lesen und schreiben und besitzt die Frechheit, der Hohepriesterin die Stirn zu bieten!"

Nach diesen Worten wurde ich zornig, ließ mir aber nicht anmerken, dass ich innerlich kochte, und korrigierte mit völlig ruhiger Stimme: „Wann habe ich die Hohepriesterin angegriffen oder ihr nicht den nötigen Respekt erwiesen? Wir haben noch keine drei Sätze miteinander gesprochen, aber die Angriffe von Ihrer Seite wurden wohl bemerkt, und ich werde diese Anschuldigung, so wie sie ausgesprochen wurde, nicht einfach im Raum stehen lassen. Ich habe nichts Ungesetzliches oder moralisch Verwerfliches getan, seit ich in Atlantis bin. Keine meiner bisherigen Taten und Aussagen könnten der Hohepriesterin missfallen und ich verdiene es nicht, ständig eifersüchtig angefeindet zu werden. Daher verlange ich, dass Sie dies zur Kenntnis nehmen. Andernfalls werde ich mir vor dem Hohen Rat Gehör und Genugtuung verschaffen!"

Karan entgegnete mit einer wegwerfenden Handbewegung, dass der Hohe Rat andere Sorgen hätte, und wollte den Disput fortsetzen.

Ich war aber nicht geneigt, darauf einzugehen, und konterte: „Wurde ich zum Streiten hierher geholt? Oder ist meine Anwesenheit der Wunsch des Hüters des ‚Herzens von Atlantis'? Wenn ich nur als Sündenbock hier bin, werde ich dieser Rolle nicht länger entsprechen und wieder gehen." Gleichzeitig stand ich auf und wandte mich, gefolgt von Aresit und Alundalt, zur Treppe.

Es vergingen einige Augenblicke und wir waren schon fast am Treppenansatz angelangt, als eine Priesterin uns mit den Worten anhielt: „Die Hohepriesterin will mit Ihnen reden!"

Ich ignorierte sie und schritt weiter. Die beiden Atlanter folgten, ohne ein Wort gesagt zu haben. Als wir bereits auf den ersten Stufen der Treppe waren, hörte ich die Stimme Karans wie ein Messer durch den Raum schneiden: „Niemand, der vom ‚Herzen von Atlantis' eingeladen wurde, geht aus dem Tempel, ohne im Allerheiligsten gewesen und der Gerechtigkeit gegenübergestanden zu sein!"

„Dann bin ich der Erste, der vorher weggeht, weil er sich nicht weiter beleidigen lassen will!" erwiderte ich ruhig von der Treppe her. „Außerdem gehe ich nicht weg, weil mich das ‚Herz' beleidigt hat, sondern die erste Priesterin dieses Volkes. Sie kann ja später versuchen, die Umstände meines Weggehens dem ‚Herzen' zu erklären. Ich habe es nicht nötig, mir diese ständigen Angriffe und Anfeindungen gefallen zu lassen, die jetzt schon auf dem Grund und Boden von Botschafter Alundalt vorkommen", hielt ich ihr kühl entgegen. Bevor ich dies sagte, hatte ich mich umgedreht, um ihre Reaktion auf diese Worte von ihrem Gesicht ablesen zu können.

Sie sprang vom Thron auf, wie von einem Skorpion gestochen, und schrie mit sich überschlagender Stimme: „Wir haben keine Mörder gedungen und zu ihm geschickt!“ Zu spät bemerkte sie die Überreaktion und setzte sich, verlegen geworden, wieder hin.

Ich fuhr in ruhigem Ton fort: „Ich habe kein Wort von gedungenen Mördern gesagt. Eure Reaktion zeigt mir aber, dass der Schattenkrieger, den wir heute gefasst haben, tatsächlich von Euch geschickt wurde. Das wird Folgen für Euch haben, Priesterin! Die Sicherheitsbehörden sind bereits informiert und ich werde die Angriffe hier im Tempel ebenfalls zu Protokoll geben!“

Sie wurde ganz blass, sprang auf und verließ laufend den Raum.

Die beiden Atlanter und ich drehten wieder um, schritten ruhig die Treppe hinauf und betraten die Tempelhalle. Als wir den Ausgang fast erreicht hatten, bildete sich vor uns ein Wirbel aus Energie. Wir zuckten zusammen und hielten an. Diese Erscheinung leuchtete im Halbdunkel der großen Halle in allen Regenbogenfarben und hatte solche Dimensionen, dass sie uns den Weg versperrte. Die beiden Atlanter blieben blitzartig stehen und zogen ihre Solsten. Sie hatten offenbar Angst vor einem Angriff. Eigenartigerweise hatte ich keine Angst und deutete ihnen, sich ruhig zu verhalten. Auch sah ich hinter Säulen versteckt mehrere Militärs, die vermutlich zu den Männern des Botschafters gehörten. Daher blieb ich ruhig stehen, weil ich glaubte, dass diese Erscheinung mit dem ‚Herzen‘ in Verbindung stehen müsse.

Der Wirbel war zuerst halb so hoch wie die Säulenhalle, wurde aber immer größer und immer heller. Bald bestand er nur mehr aus weißem, gleißendem Licht. Dann nahm er die Gestalt eines Jünglings an, der ein goldglänzendes, langes Kleid trug, aber nicht real erschien, sondern wie das Hologramm in der Höhle wirkte, als der Botschafter mit Kakisen konferierte.

Die Jünglingsabbildung sprach mich mit glockenheller, freundlicher Stimme an: „Du bist nicht zu Karan, sondern zum sichtbaren Werkzeug unseres Schöpfers hierher in den Tempel eingeladen worden, vergiss das nicht! Auch wenn dir die Hohepriesterin übel mitgespielt hat, besteht kein Recht, den Besuch beim ‚Herzen‘ zu verweigern, und du kannst nicht einfach weggehen wie ein trotziger Junge! Kehre um und lasse dich von Elfin in das Allerheiligste führen! Mein Schöpfer wartet auf dich.“

Als der Jüngling dies gesagt hatte, verschwand die Erscheinung so schnell, wie sie entstanden war.

Ich hatte plötzlich ein beklemmendes Gefühl an Hals und Brustkorb, weil ich bemerkt hatte, dass ich einer höheren Macht begegnet war, deren Anweisungen ich widerspruchslos Folge zu leisten hatte, wollte ich nicht körperlichen Schaden nehmen. Daher kehrten wir wortlos um und schritten feierlich die Treppe hinunter.

Ich fragte die Priesterinnen: „Wer von Euch ist Elfin?"

Da trat eine sehr anmutige Frau, Mitte dreißig, gertenschlank und hochgewachsen, mit rotblondem Haar, stahlgrauen Augen und zahlreichen Sommersprossen im Gesicht, auf mich zu. Sie ergriff meine rechte Hand, neigte sich vor, führte meine Hand an ihre Stirn und erklärte: „Hermanwulf vom Festland, ich habe die Anweisung erhalten, dich zum ‚Herzen' zu bringen. Bitte folge mir! Du wirst angekleidet und gesalbt werden. Dann treten wir dem göttlichen Instrument gegenüber. Bitte verzeih' das verunglückte Auftreten von Karan, sie hat sich schlecht benommen und daher zurückgezogen. Du kannst unbesorgt sein, hier im Tempel wird dir kein Leid geschehen."

Ich wurde zu einem Stuhl geführt und man nahm mir die Überkleider ab. Dann wickelte man mich in ein purpurrotes, mit goldenen Ornamenten verziertes Tuch, legte mir einen halbmondförmigen Halsring aus Gold an, schob mir einen schweren Goldring mit einem großen, leuchtenden Rubin auf den rechten Ringfinger, gab mir goldene Sandalen und besprengte mich mit Duftwasser.

Sodann salbte Elfin mir Hände, Unterarme und Gesicht, indem sie ihren rechten Daumen in Öl tauchte und dieses auf meine Haut strich.

Zuletzt wurden Weihrauchkessel gebracht, die vor mir aufgestellt wurden und wunderbare, betörende Düfte verbreiteten.

Aresit und Alundalt bekamen weiße Togen mit goldenen, roten und grünen Verzierungen angelegt, einen Lorbeerkranz aufs Haupt gedrückt und ebenfalls goldene Sandalen. Der alte Mann trug diese Kleidung sehr würdevoll und seine Miene strahlte eine feierliche Stimmung aus. Er schien sehr zufrieden. Alundalt machte eher ein bedrücktes Gesicht, so als ob er sich fehl am Platze vorkäme.

Etwas später erklang im Hintergrund leise Musik, die immer lauter anschwoll, und die Priesterinnen bildeten ein Spalier rechts und links von meinem Stuhl zur Mauer hin. Das Spalier reichte bis zur Rückwand des Raumes, dorthin, wo früher der Thron Karans gestanden hatte.

Elfin forderte mich mit einer Handbewegung zum Aufstehen auf und schritt, mich an der linken Hand führend, auf die Mauer zu. Obwohl ich dort keine Öffnung sah, ging ich voll gespannter Erwartung mit der Priesterin auf diese, aus massiven, mannshohen Steinquadern gebaute Mauer zu. Beim Nähertreten wunderte ich mich, weil ich dort keine Öffnung sah und nicht gegen diese Zyklopenmauer anrennen wollte. Als wir aber zwei Schritte von der Mauer entfernt waren, öffnete sich diese. Die riesigen Steinblöcke wichen seitlich zurück und eine torartige Öffnung tat sich auf, durch die gleißendes Licht strahlte. Dieses strahlende Licht blendete zwar die Augen, trotzdem empfand ich es aber derart einladend, dass ich ohne zu zögern durch die soeben entstandene Öffnung in der Mauer schritt. Beim Durchgehen stellte ich fest, dass diese Mauer mannsdick war, und wunderte mich schon sehr, wie diese Öffnung von selbst hatte entstehen können.

Als ich einige Schritte in den anderen Raum getan hatte, erschrak ich derart über die Größe dieser Halle, dass ich zögerte weiterzugehen. Als ich aber den Zug von Elfin an meiner Hand spürte, die unvermindert weiterschritt, beherrschte ich mich und ging gemessenen Schrittes weiter. Gleichzeitig blickte ich mich vorsichtig um. Diese Halle schien mir so groß wie das gesamte väterliche Gut.

In diesem Raum ging von einem riesigen Kreisel, der jenem glich, den ich in der Vision gesehen hatte, eine starke Energie und dieses gleißende Licht aus, welches mich zwang, die Augen zuzukneifen und den Blick zu senken. Dieser Kreisel war höher als der Raum, denn sein oberster Teil verschwand in einer kreisrunden Öffnung in der Decke und sein Unterteil kam aus einem gleichen Rund im Boden herauf. Diese Halle hatte solche Ausmaße, dass ich glaubte, die Rückwand wie durch einen Nebel nur schemenhaft zu erkennen. Ich versuchte die Umrisse zu erkennen, es gelang mir aber infolge des starken Lichtes nicht.

Alundalt war kreidebleich im Gesicht und schluckte ständig. Ich meinte zu fühlen, er habe Angst vor dieser Begegnung.

Aresit gab einen Laut der Überraschung von sich und staunte wie ein kleines Kind mit offenem Mund. Beide wurden von Priesterinnen sanft zur linken Seite geführt, wo sie in die Reihe der Priesterinnen eintraten.

Der Kreisel war aus einem mir unbekannten Material gefertigt. Ich konnte nicht sagen, ob er aus Metall oder Stein war. Er hatte in regelmäßigen Abständen vier verschieden große Scheiben auf seiner Längsachse angebracht und drehte sich langsam. Ich trat näher heran und sah, dass die Enden der Achse in undurchsichtigen Energiefeldern ruhten, die Nebel glichen. Auf den Scheiben lagen je drei Kristalle, welche die Form und Größe von Menschenschädeln hatten. Sie waren mit den Gesichtern nach außen aufgelegt.

Auf einer der Scheiben lagen zwischen den Köpfen pyramidenförmige Kristalle, ebenfalls nahe dem Rand aufgelegt. Ich sah, dass Priesterinnen, die auf Balkonen standen, die von einer steinernen Wendeltreppe ausgingen, solche Kristalle in den Händen hielten, bereit, diese erforderlichenfalls auf die Scheiben zu legen oder wegzunehmen.

Der Kreisel erzeugte ein knisterndes, spannungsgeladenes Geräusch, das eher unangenehm warnend klang. Der Energiezylinder, der ihn umgab, wechselte ständig die Farben und stellte für mich etwas Undurchdringliches dar, obwohl er fast durchsichtig war. Gleichzeitig sah ich aber, dass die Priesterinnen durch dieses Energiefeld auf die Scheiben durchgriffen, wenn sie Kristallpyramiden auflegten. Sie trugen über ihren Arme schwere Lederhandschuhe, die bis zu den Schultern reichten.

Auf diesem Energieschild waren in Blöcken angeordnete Schriftzeichen zu sehen, die langsam der Decke entgegenglitten. Diese Schrift war mir fremd. Mit offenem Mund stand ich da und war von der Erhabenheit dieses Gerätes gewaltig beeindruckt. Von diesem Gerät ging eine Kraft und Energiefülle aus, die mir klarmachte, dass dies nicht Menschenwerk sein konnte. Jedermann wusste sofort beim ersten Anblick dieser Maschine, dass er einer Verbindung zu höheren Wesen und Dimensionen gegenüberstand.

Mich ergriff das Gefühl der Ehrfurcht und ich war sofort bereit, mich dem Willen dieses ‚Herzens von Atlantis' bedingungslos zu unterwerfen. Ohne ausgesprochene Einladung würde ich nicht freiwillig diesem Zeichen überlegener Macht nahetreten. Da gehst du nur hin, wenn du eingeladen und willkommen bist, sonst kann diese Begegnung nur mit Schäden am eigenen Wesen ausgehen, raste es mir durch Mark und Bein.

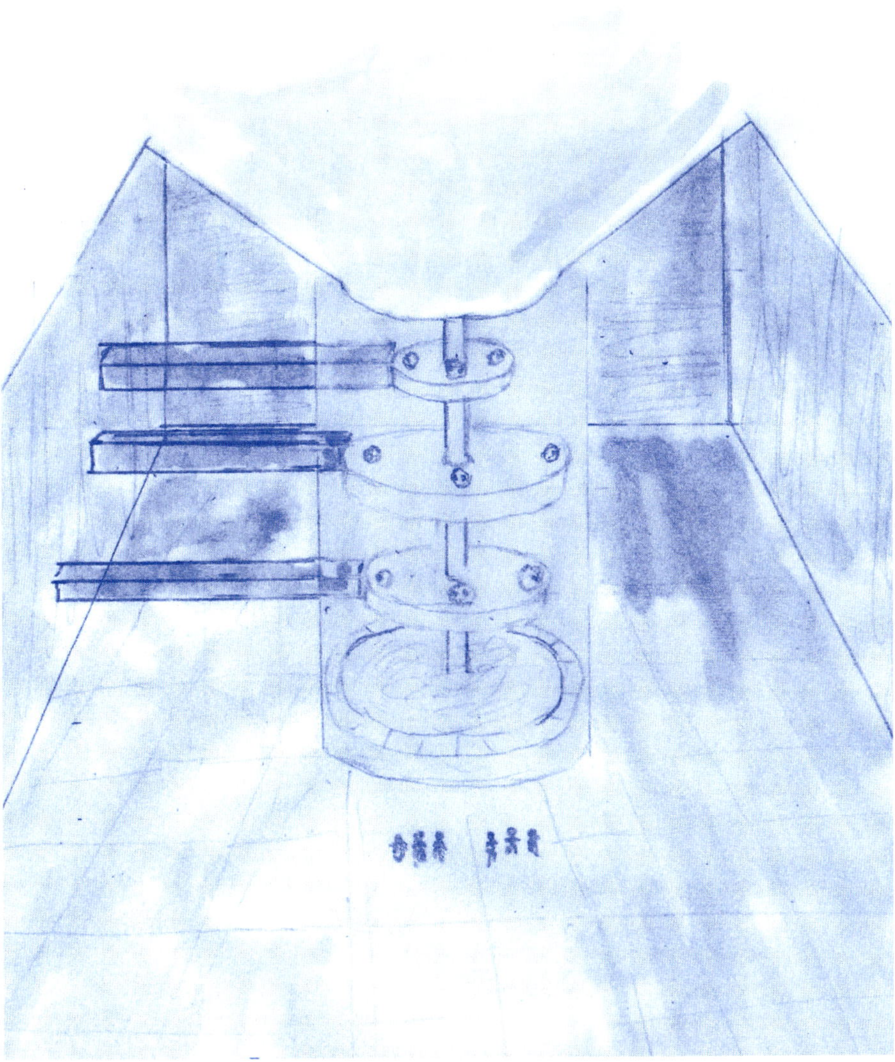

Nachdem ich kurze Zeit hilflos dagestanden hatte, erwuchs in mir immer mehr das Gefühl einer großen Autorität, einem sehr hohen Wesen gegenüberzustehen. Dieser sich auf Energieachsen drehende Kreisel, mit seinem abschirmenden Energieschild, nötigte mir großen Respekt ab und ich fühlte mich plötzlich ganz klein und gar nicht würdig, mit diesem großartigen Werkzeug der Schöpfung zu sprechen.

Am liebsten hätte ich mich umgedreht und wäre eilig weggegangen. Dies getraute ich mich aber nicht, so sehr stand ich im Bann dieser überwältigenden Erscheinung. Gleich nahm ich mich aber wieder zusammen und beruhigte mich mit dem Gedanken: Ich bin eingeladen, und der Knabe hatte mir unmissverständlich zur Kenntnis gebracht, dass meine Anwesenheit erwünscht ist. Also tu' ich, was verlangt wird, und begrüße dieses göttliche Werkzeug. Einer inneren Eingebung folgend, hob ich beide Hände, um meine friedliche Absicht zu zeigen, und verneigte mich lautlos und ehrfurchtsvoll vor diesem strahlenden Gerät. Dann legte ich mich der Länge nach auf den angenehm kalten Steinboden und verharrte einige Zeit in dieser Lage, ohne mich zu bewegen.

Da erklang eine fremde, sphärische Musik, die mich aber an irgendetwas Bekanntes erinnerte. Mich dünkte, die gleiche Musik bei meinem Ausflug ins All bei jenem Tor gehört zu haben, auf das die Seelen der erlösten Taoristin zugestrebt waren.

Nach einer kurzen Weile hörte ich eine mächtige, männliche Stimme, welche die riesige Halle dröhnend erfüllte: „Sei willkommen, Cheomantes! Erhebe dich und tritt zu meiner für Menschen sichtbaren Waage göttlicher Gerechtigkeit vor. Ich will nach langer Zeit wieder mit dir reden!"

Obwohl mich eine Beklemmung hemmte, tat ich willenlos, wie mir geheißen. Wie in Trance, geführt von den Händen der Priesterinnen, trat ich an den Energiezylinder des Gerätes heran. In einem Abstand von etwa zwei Schritten ließ die Priesterin meine Hand los, drehte sich um und kehrte zu den anderen zurück.

Alle Priesterinnen, die bisher an der Maschine gearbeitet hatten, traten nun ebenfalls zurück, stiegen über die Treppe herunter und stellten sich in das Spalier.

Sie begannen leise zu singen und mich erfasste ein derart überwältigendes Hochgefühl, welches von meinem Herzen ausging, wie ich es vorher noch nie erfahren hatte. Ich bemerkte, wie goldgelbe Energie bei jedem Atemzug durch meinen Scheitel in mein Wesen hereinfloss und mein Energieniveau anhob. Ich visualisierte eine aus dem All kommende Energiebahn, mein Haupt erreichend, aus welcher Energie entlang meines physischen Rückgrats nach unten glitt. Ich vermeinte, in meinem Sonnengeflecht entstünde ein gelb leuchtender, oktaederförmiger Kristall, dessen Strahlen meinen ganzen Körper ausfüllten und meine Aura aufleuchten ließen.

Dann empfand ich, dass sich diese Energiestrecke vom Kristall zum Boden hin und weiter bis in den Erdmittelpunkt fortsetzte. Gleichzeitig entstand in mir ein wunderbar entspannter, glückseliger Zustand.

Beinahe gleichzeitig hörte ich wieder diese Stimme, die mir vermittelte: „Nun hast du eine Energieverbindung zu mir hergestellt, die es dir ermöglicht, die Energieausstrahlungen des ‚Herzens' unbeschadet zu ertragen. – Ich bitte dich nun: Tritt durch den Energiemantel herein! Sei ganz ruhig, habe keine Angst und gehe festen Schrittes! Sobald du eingetreten bist, stehe auf beiden Fußsohlen eng nebeneinander, sodass du wie auf einer Sohle stehst! Komm jetzt!"

Ich wandte mich zu den Priesterinnen und Aresit um, verneigte mich noch einmal und ging dann auf den Energieschleier zu. Als ich ihn erreicht hatte, erwartete ich Hitze, aber da war nichts. Ich fühlte stattdessen einen Luftzug, der durch den wirbelnden Kreisel und durch die Drehung der Energiesäule im Raum entstand. Es ging keine Bedrohung von dieser Energiewand aus. Nur das Wissen, nun eine starke Energie zu durchschreiten, erzeugte in mir eine Beklemmung, die sich als Kloß im Hals darstellte. Ich fand Halt an den Affirmationen aus meiner Vorbereitung: Angst vor Unbekanntem war schon oft hinderlich, aber sie tötet nicht! – Angst ist nur ein Mangel an Information. Warum soll ich Schaden nehmen beim Eintritt durch das Energiefeld, wenn dahinter jemand mit mir sprechen will? – Ich gehe unbesorgt und in froher Erwartung des Kommenden!

So beruhigte ich mich selbst und ertappte mich dabei, dennoch vor dem Durchschreiten die Augen zu schließen. Da aber die Gefahr bestand zu stolpern, machte ich mit offenen Augen den entscheidenden Schritt. Als ich beinahe mit der Nasenspitze an der

Energiewand anstieß, sprach die Stimme: „Halte für einige Augenblicke inne und gewöhne dich an die Energie! Es ist für den menschlichen Körper nicht so einfach, diese hohe Spannung zu verkraften. Nach einigen Augenblicken schreite hindurch! – Ich werde das Energieniveau kurz an das deine angleichen und dann langsam ansteigen lassen."

Kaum war die Stimme verklungen, als der Energiewirbel rubinrot wurde und sich langsamer zu drehen schien.

„Jetzt tritt ein!" forderte die Stimme.

Da tat ich jenen beherzten, weiten Schritt, der mich hinter die Energiebarriere brachte. Ich brauchte einen Moment, um zu realisieren, dass ich völlig unbeschadet vor dem Kreisel stand. Ich verspürte keine Schmerzen und es war noch alles da. Ich atmete hörbar aus und war froh, dieses Hindernis überwunden zu haben.

Der Energiezylinder wechselte die Farben. Zuerst leuchtete er orangerot und später gelb, dann grün, danach hellblau, um zum Schluss in Dunkelblau zu strahlen. Nach einigen Augenblicken strahlte er weiß und war beinahe durchsichtig.

Nun forderte mich die Stimme auf: „Mache noch einige kleine Schritte näher heran, sodass du genau in der Mitte zwischen Energieschild und Kreisel stehst! Kleine Schritte sind deshalb besser für dich, weil du dann zwischen den Füßen über deinen Körper weniger Abfallspannung erzeugst. – Nun halte an!"

Ich tat, wie mir aufgetragen wurde. Kaum, dass ich stehengeblieben war, umfing mich ein Gefühl, als ob mein Körper kurz davor sei, vom Boden abzuheben, so leicht fühlte er sich plötzlich an. Ich fühlte mich leicht wie eine Feder und der Körper schien geradewegs zur Decke der Halle zu streben. Dadurch kam wieder so ein unangenehmes Gefühl im unteren Rumpf auf, das ich nur schwer unterdrücken konnte. Schließlich hob ich tatsächlich langsam vom Boden ab. Die Energie zwischen dem Mantel und dem Kreisel hob mich in die Höhe. Als ich frei schwebte, bekam ich es mit der Angst zu tun, ruderte mit den Händen in der Luft herum und zappelte mit den Beinen. Dieses ungewohnte freie Schweben erzeugte in mir die Vorstellung, im nächsten Moment abzustürzen und unsanft auf dem Boden aufzuschlagen. Daher wollte ich mich krampfhaft irgendwo festhalten. Da war aber nichts zum Festhalten.

Ich musste wohl ein ziemlich schreckhaftes Gesicht gezeigt und einen komischen Anblick geboten haben. Dann entfuhr meinem Mund ungewollt ein Angstlaut.

Da fragte die Stimme: „Ach, wer wird denn so fuchteln? Du bist doch kein Vogel, der mit den Flügeln schlägt, um hochzufliegen! – Das alles ist nicht neu für dich, du hast es schon in einem früheren Leben getan. Hast du es schon vergessen? – Also beruhige dich bitte! Wenn du so zappelst wie ein Käfer, müssen die Priesterinnen im Saal womöglich noch über dich lachen. Sie könnten dich sehen."

Obwohl ich noch immer ein flaues Gefühl hatte, weil ich frei in der Luft inmitten dieser großen Halle schwebte, mich so haltlos fühlte, und da ich durch die vollkommen hell und durchsichtig gewordene Energiewand in den Raum zu den anderen sehen konnte, siegte meine Eitelkeit über die Angst und ich hörte auf zu rudern und harrte der Dinge, die da auf mich zukommen sollten. Ich streckte die Beine aus und verschränkte die Arme vor der Brust. So schwebte ich nun auf halber Hallenhöhe, steif wie ein Stock, mit völlig trockenem Mund und noch immer mit diesem würgenden Kloß im Hals. Dabei dachte ich unverbesserlich und entgegen allem Gelernten: Wird schon schief gehen!

Die Stimme konstatierte leicht zynisch: „Ach, schrecklich, er fühlt sich haltlos!" Sofort danach schwebte ein geflügelter Stab auf mich zu, den ich mit der rechten Hand sofort ergriff, noch bevor mir bewusst wurde, dass ich die Hand ausgestreckt hatte. „Hermes leiht dir seinen Stab, auf dass du Halt findest", kommentierte die Stimme humorvoll.

Jetzt war ich tatsächlich erleichtert und hatte den Mut, mich aufmerksam umzusehen.

Als ich an der zweiten und größten Scheibe des Kreisels vorbei schwebte, kam wie aus dem Nichts ein großer Stuhl zum Vorschein, und die Stimme sagte: „Setze dich nieder! Im Sitzen wirst du meinen Ausführungen leichter folgen können und dir alles merken. Ich benötige deine vollständige Aufmerksamkeit, denn ich habe dir Wichtiges zu übermitteln."

Ich setzte mich. Nun wurde der Energiezylinder wieder undurchsichtig. Dann bekam die Stimme plötzlich ein Gesicht, das vor der Achse des Kreisels in einer Energiewolke schwebte. Es war das Gesicht eines stattlichen Mannes, der um die vierzig Lenze alt zu sein schien. Es war ein sehr ebenmäßiges Gesicht, das eine unendlich gütige Liebe durch die meerblauen Augen ausstrahlte. Mir wurde ganz warm ums Herz, und plötzlich erkannte ich das Gesicht wieder. Diesem Wesen war ich schon begegnet, aber wo?

Während ich noch nachgrübelte, woher ich dieses Antlitz kannte, stellte es sich selbst vor: „Ich bin M'kanael, der Hüter des Lebens. Wir kennen uns, Cheomantes. Du hast bedingungslos eine schwere Aufgabe für diese Atlanter übernommen und diese wunderbar gelöst. Ich bin dir sehr dankbar dafür, weil viele Seelen aus einem schweren, kollektiven Schocktrauma erlöst wurden, die sonst weiter ziellos im erdnahen All herumgeirrt wären, ohne Aussicht auf Fortsetzung ihres Daseins. Ich habe jetzt aber eine viel größere Aufgabe für dich und erinnere dich daran, dass du vor deiner letzten Inkarnation zustimmtest, die Lösung dieser Aufgabe zusammen mit anderen zu übernehmen!"

Ich riss mich zusammen und antwortete: „Es wird kein Zufall sein, dass ich hier sitze, und es wird auch außergewöhnlicher Umstände bedürfen, weil es sehr selten vorgekommen ist, dass ein Menschlein hierher vorgeladen wurde. Deshalb kommt es mir nicht zu, diesen Auftrag abzulehnen. Ich bin bereit, alles zu tun, was ich versprochen habe, obwohl ich mich im Moment nicht an dieses gegebene Versprechen erinnere. Ich ersuche dich aber um entsprechende Unterweisungen ... und um die Möglichkeit zu Vorbereitungen, denn ich möchte nicht scheitern."

„Du wirst alles bekommen, was zur Lösung erforderlich ist", versprach der Hüter. „Lehne dich zurück und schließe die Augen!"

Durch diese angenehme Stimmlage und dank der liebevollen Ausstrahlung, die herüberkam, hatte ich Vertrauen gewonnen und meine innere Anspannung war verflogen. Ich war bereit zu tun, was auch immer verlangt würde.

Kaum hatte ich die Augen geschlossen, als eine Vision begann: Ich war sofort in einer anderen Dimension. Mein Geist zeigte sich sehr aufnahmefähig und ich konnte die Vorgänge genau beobachten. Ich war nun nicht mehr der auf Erden wandelnde Hermanwulf, sondern ein Geistwesen, das die Vorgänge um sich aufnahm, ohne dass ein Wort gesprochen wurde.

Es war so, als ob ich mich selbst bei dieser Handlung von außerhalb beobachtete.

Ich raste durch das dunkle All, aus unserem Sternensystem und auch aus der Welteninsel, die wir heute Milchstraße nennen, hinaus, in einen ganz anderen Abschnitt des Universums. Dort angekommen, hielt ich an und sah, dass die Oberflächen der Planeten hier Kristallformen hatten und in den Regenbogenfarben leuchteten. Es war ein geradezu betörendes Farbenspiel und zu jeder der Farben entstanden auch passende Klänge.

Ich schwebte zwischen den Kristallplaneten und konnte trotzdem alle gleichzeitig sehen. Als sie mich ebenfalls bemerkten, begannen sie miteinander über mich zu kommunizieren. Die Planeten verständigten sich miteinander telepathisch über ihre Gefühlsebenen. Ich war plötzlich in ihre Kommunikation eingebunden und stellte mich vor!

Da änderten sie ihre Umlaufbahnen und bildeten um mich einen Kreis. Dabei pulsierten sie, änderten die Farben und brachten Tonfolgen hervor, die zuerst unverständlich, später aber zu einer mir verständlichen Sprache wurden. Sie fragten mich, was ich hier wolle.

Ich fragte sie zurück, wo ich denn hier sei, und sie antworteten: „Du bist in dem Bereich des großen Ursprunges, in dem die Galaxien ihren Anfang nehmen. Der Schöpfer hat uns geschaffen und wir schaffen alle Bausteine neuer Galaxien, Raumkonstellationen und Übergänge zwischen den Raumsphären nach dem uns vorgegebenen Plan. Wir erzeugen diese Bausteine genau nach den Vorgaben des Schöpfers und transformieren alle Materie und Energie, die durch Supralöcher zu uns herangeführt werden, zu neuen Planetensystemen. Wir sind der Anfang allen materiellen Seins."

Ich war überrascht, weil ich nicht wusste, was ich hier sollte. Deshalb erzählte ich den Kristallplaneten, dass ich soeben mit M'kanael gesprochen hatte und er mich hierher geschickt haben dürfte.

Da äußerten einige Kristallplaneten: „Jetzt wissen wir, warum du hierher geschickt wurdest. Du hast eine Aufgabe übernommen, zu deren richtiger Ausführung es wichtig ist, dass du die Aufgabe und Entwicklungsgeschichte der Menschheit erfährst. Wir werden für dich dieses bisher eher dunkel gebliebene Entwicklungskapitel des Universums aufhellen und es dir zeigen. Für uns ist dieser kurze Abschnitt in der Entwicklung der Milchstraße zwar nicht wichtig, der

Schöpfer meint aber, dass die Menschheit ein ganz wichtiges Experiment im großen Ganzen sein soll. Hoffentlich erfüllt ihr alle, und besonders du, die Lebensaufgaben richtig? Anderenfalls entstehen Fehler in der Matrix, die später mühsam gesucht und korrigiert werden müssen."

Sie sagten dies gelangweilt und so nebenbei, als ob dieses Kapitel der Menschenwesen für sie ein völlig nebensächlicher und total überbewerteter Teil der Evolution sei.

„Solltest auch du versagen, wie leider so viele andere vor dir, wird es viel länger dunkel bleiben in diesen menschlichen, geistlosen Abgründen!"

Dann meinte einer: „Es wird einige Momente dauern, bis wir das Kapitel Menschheitsentwicklung auf dem Planeten Erde finden."

Dann aber übermittelten sie mir diesen göttlichen Schöpfungsabschnitt in rasender Geschwindigkeit. Es kam mir vor, als ob mir die Planeten in Zeitraffergeschwindigkeit die Entwicklungsgeschichte der Menschheit eintrichterten. Ich sah Völker, Seuchen, Kriege, Not und Elend, blühende Städte, überschwemmte Dörfer, berstende Staudämme, versinkende Schiffe, abstürzende Fluggeräte, explodierende Bomben und Kernwaffen sowie Reaktorexplosionen mit schrecklichen Folgen. Dann folgten mit Erbgut experimentierende Menschen, die Monster schufen, und Wissenschafter, die ganze Landstriche mit neu entwickeltem Saatgut verseuchten und dadurch Wüsten schufen, wo früher blühendes Land war.

Ich spürte den kollektiven Aufschrei von ganzen Völkern unmittelbar vor der Vernichtung durch eine Unheil bringende Waffe. In der Übermittlung dieser Albträume tauchte immer wieder ein alter Mann auf, der diese gezeigten, schauerlichen Auswüchse der Menschheitsentwicklung zu genießen schien, er rieb sich die Hände und lachte schauerlich.

Dann sah ich schöne, friedvolle Bilder mit strahlenden Geistgeschöpfen, welche diese Geschehnisse leiteten. Dann folgten Bilder, die eine wunderschöne Menschheitsentwicklung darstellten, wie man sie sich nur wünschen konnte.

Ich sah friedliche Erntedankfeste, schöne und zweckmäßig gebaute Siedlungen, die sich der Natur anpassten, große, erntereife Felder, große Riffe mit unzähligen Fischen in klarem Wasser, wunderbare Sonnenaufgänge, friedlich zusammenlebende Menschen und

Tiere. Zahlreiche, strahlende Wesen wurden von diesen friedfertigen Bildern geradezu angezogen und gesellten sich zu den friedlich zusammenlebenden Gemeinschaften.

Dann wurden Menschen, in Gruppen zusammensitzend, ihre positiven geistigen Kräfte vereinigend und in Liebe vereint, gemeinsame Ziele verfolgend, dargestellt. Diese Ziele dienten ausschließlich der friedlichen, positiven Weiterentwicklung der Menschheit inmitten einer schönen und vollständig erhaltenen Natur.

Es dauerte eine Weile, bis ich bemerkte, dass diese Bilderfolgen ein ständig wiederkehrendes Auf und Ab, ohne erkennbares Ziel darstellten. Das Ganze vermittelte den Eindruck, als ob es in dieser Abfolge zu keinem Fortschritt, sondern zu einem ständigen gegenseitigen Ausschalten und Aufheben der Kräfte komme, ohne erkennbaren Sinn und Fortschritt. Die Entwicklung stagnierte, es gab kein Weiterkommen. Alle traten auf der Stelle oder das Geschehen wiederholte sich gebetsmühlenartig. Es schien mir, dass da ein entscheidender Anstoß fehlte, der den Ausschlag in eine Richtung bringen und wieder den Fortschritt einleiten würde.

Da kam der ältere Mann, den ich schon vorher gesehen hatte, auf mich zu und propagierte, dass ich ein heller Kopf wäre und schon längst erkannt hätte, wohin das Kräfteverhältnis verschoben werden müsste. Er unterstrich, dass, wenn ich ihm helfen würde, jenen Schritt zu tun, den er vorhabe, er mich mit mehr Macht und Reichtum überschütten würde, als ich bisher je gesehen hätte. Mir war dieser Mann zuwider, und ich konnte mir nicht vorstellen, dass ein völlig Fremder mich reich beschenken wolle, ohne selbst einen Vorteil davon zu haben. Ich hatte sofort den Eindruck, dass er die Absicht hatte, mich hereinzulegen und zu täuschen.

Wenn er etwas in diesem Bilderzyklus ändern wollte, hätte er es schon längst alleine tun können, ohne mich da hineinzuziehen, vollzog ich gedanklich die Logik der Situation. Daher antwortete ich ihm, dass ich sicher sei, dass die Menschheit nicht zum Leben in Not, Elend und Krieg geschaffen worden sei, sondern die Aufgabe habe, das Schöne und die Liebe zu entwickeln. Diese dann im Herzen zu bewahren, als weiterführenden Entwicklungsschritt, sei das wahre Evolutionsziel. Man müsse nur bereit sein, die Liebe und die Hoffnung in der Menschheit zu wecken, und den Menschen die Möglichkeit geben, ihre niederen Triebe abzulegen und die reichen

Erfahrungen ihrer uralten Seelen zu benützen. Dann würde die positive Entwicklung den größeren Anteil gewinnen und diesen einen entscheidenden Schritt setzen, der die Evolution positiv beeinflusse. „Die Menschen tragen schon lange die Liebe im Herzen, sie sollten sie nur richtig verstehen und anwenden lernen", sagte ich entschieden. „Es gibt aber zu viele Kräfte, die ausschließlich die niedrigen Triebe im Menschen fördern und so die Kraft der Liebe zugeschüttet halten."

Das wollte der Mann aber offenbar nicht hören. Er verschwand blitzartig in der Ferne, einen schaurigen Laut ausstoßend. Obwohl ich wusste, dass er die Absicht gehabt hatte, mich in meiner Entscheidung zu beeinflussen, war ich überrascht, dass er so schnell aufgegeben hatte und blitzartig verschwunden war.

Dann war der Bilderzyklus zu Ende und es kam wieder das Gesicht des Hüters zum Vorschein. Und ich erfuhr durch ihn: „Die Menschheit hat die Freiheit, all diese schönen und entsetzlichen Dinge zu tun. Sie darf jeden Weg nehmen, den sie einschlagen will. Du darfst versuchen, die Menschen positiv zu beeinflussen. Bei diesem Vorhaben wird dir dieser Mann wieder begegnen, der soeben verschwunden ist. Dann wird er aber nicht so schnell aufgeben wie jetzt, weil du dann gegen seine negativen Kräfte arbeiten wirst und er um seine eigene Existenz gegen dich ankämpfen wird. Vergiss nie: Dieses Wesen hat zu jedem menschlichen Geist Zugang! Er ist eine jener negativen Kräfte, die unablässig die Menschen an der Durchführung der gefassten guten und liebevollen Vorhaben hindert. Täglich ist er unter den Menschenwesen und vernebelt die Gedanken vieler in der Art, dass sie stets unzufrieden, unwillig, ängstlich und krankhaft misstrauisch den anderen Menschen begegnen, sich in Ersatzhandlungen ergehen und ihr Lebensziel völlig aus den Augen verlieren. Jeder Mensch ist in der Lage, ihn zu unterstützen oder ihm entgegenzutreten, um sich der positiven Seite anzuschließen. Er ist einer der Lenker der negativen, der dunklen Kräfte", zeigte mir der Hüter des ‚Herzens' unmissverständlich auf.

„Die Evolution funktioniert nur mit Energie. Alle Menschen versuchen, an Energie heranzukommen. Wenn sie keinen anderen Weg finden, versuchen sie ihren Mitmenschen Energie abzuziehen. Viele tun es, indem sie ihre niedrigen Instinkte einsetzen, um an der anderen Energie heranzukommen. Diese Spielchen laufen ständig zwischen Menschen ab, ohne brauchbare Ergebnisse, so wie in diesem Bilderzyklus. Rafft euch auf, den entscheidenden Anstoß zur Weiterentwicklung zu geben, und tretet nicht ständig auf der Stelle! Dieses Verharren birgt die Gefahr in sich, dass durch eine unvorhergesehen auftretende Tat der Stillstand in Rückschritt umschlägt, und dann ist es um die Menschheitsentwicklung für lange Zeit geschehen", mahnte er mich eindringlich.

„Wir können bei diesen menschenspezifischen Entwicklungsschritten nur mit Rat beistehen", erklärte er und dachte dabei an Seinesgleichen. „Über physische und wesensspezifische Hindernisse müsst ihr schon aus eigener Kraft hinwegtreten. Nur in Ausnahmefällen, wenn die Menschheit auf große Fehlentwicklungen zusteuert, die einen Abbruch der Entwicklung oder ihre totale Zerstörung zur Folge hätten, dürfen höhere Wesen eingreifen und diese Auswirkung verhindern", gemahnte er mich mit dem Hintergrund der allgegenwärtigen Schöpfergewalt. „Du bist nun aufgerufen, der positiven Lebensenergie zusammen mit gleichgesinnten Seelen zum Durchbruch zu verhelfen!" kam es wie ein Auftrag vom Hüter. „Diese Aufgabe kannst du alleine in diesem Leben nicht schaffen. Deshalb solltest du eine Gruppe gleichgesinnter Menschenwesen finden, die dich tatkräftig unterstützen! Die Gruppenmitglieder werden sich gegenseitig anleiten und gemeinsam werden sie eine Kraft bilden, die der kommenden Aufgabe gewachsen ist", prophezeite er und stellte mir dazu die Bilder dieser Entwicklungen vor Augen. „Dem atlantischen Volk in seiner heutigen Struktur kann aber nicht mehr geholfen werden. Seine Zeit ist abgelaufen", stellte er wieder mit der Macht der Wahrheit klar.

„Deine Gruppe sollte zu einem anderen Volk gehen, das noch am Anfang steht und eure Hilfe bereitwillig annehmen wird", gab er mir mit. „Dann wird es die Aufgabe dieser Gruppe sein, dieses göttliche Instrument hier rechtzeitig zu bergen und es zu diesem ausgewählten Volk zu bringen. Es hat die Aufgabe, noch einmal einem Volke seine Entwicklung zu fördern, bevor es sein Werk vollendet hat. Suchet dieses Volk, baut ein entsprechendes Gebäude und trefft die Vorbereitungen zu dieser Aufgabe!" trug er mir herzergreifend auf. „Das Projekt wird mit Mut und Einsatzwillen und mit meiner Unterstützung zu schaffen sein", vermittelte mir der Hüter tröstend.

Ich erkannte nun den weitgreifenden Grund dieser Audienz. Ich war sehr nachdenklich geworden und fragte: „Wie soll ich Kinder der Göttersöhne erkennen? Ich habe bisher nur Alundalt als Abkömmling dieser Spezies kennengelernt, weil er sich zu erkennen gab", bat ich M'kanael um seine Unterstützung.

Sofort kam zurück: „Ja, ich weiß! Sei aber sicher, zur gegebenen Zeit wirst du diese Wesen sofort erkennen und richtig ansprechen, sobald du ihnen gegenüberstehst. Es war schön, mit dir zu sprechen. Gehe nun zu deiner künftigen Frau, besprich dich mit deinen Freunden und unternimm das Richtige, sodass ein weiteres Volk noch die Chance hat, seine Zeit möglichst sinnvoll einzusetzen, und deine Bemühungen Früchte tragen können! Du musst wissen, jedes Volk hat nur eine bestimmte Zeitspanne auf diesem Planeten, um sich zu entwickeln, und diese sollte genützt werden. Jetzt steht eine Zeitenwende zu einer neuen Ära bevor, deren außergewöhnliche Möglichkeiten genützt werden sollten. Karan wird aus engstirniger Eitelkeit alles daransetzen, um den künftigen Kreis zu behindern. Ihr solltet ihre Machenschaften unterbinden. Gehe nun in Frieden und mit meinem Segen!"

Kaum waren diese Worte gesprochen, als das Gesicht verblasste, der Sitz verschwand und ich wieder zu Boden schwebte. Als ich am Boden ankam, veränderte sich die Farbe und Schwingung des Energiemantels. Ich trat hindurch und war sofort wieder vollständig in das Hier und Jetzt zurückgekehrt. Ich war wieder Hermanwulf, so wie ich mich leibhaftig kannte und fühlte. Es war erleichternd festzustellen, dass ich unbeschadet zu den anderen zurückkehren konnte.

Über die schwere Aufgabe, die mir aufgetragen worden war, vermochte ich jetzt überhaupt nicht nachzudenken. Die Fülle der neuen Eindrücke war so gewaltig für meinen Geist gewesen, dass er momentan völlig abgeschaltet hatte. Ich hätte den anderen nicht mitteilen können, was ich erlebt hatte und wie lange ich in dem anderen Kontinuum war. Mein ganzes Wesen brauchte nun Ruhe und Zeit, alles Erfahrene zur Gänze einsickern zu lassen und es richtig zu realisieren. Der Körper erschlaffte und der Geist sehnte sich nach Ruhe.

Die riesige Halle war dunkel, es war offenbar Nacht. Die Priesterinnen lagen und saßen schlafend am Boden. Aresit lag in einer völlig verkrümmten Haltung da und Karan stand neben ihm. Sie hatte einen Stab in der rechten Hand, von dessen knorrigem Ende das

Blut des alten Mannes tropfte. Sie hatte ihm tatsächlich einen Schlag auf den Kopf versetzt, in der Absicht, ihn zu töten.

Als ich ein verzweifeltes „Nein“ schrie, weil ich den Tod des Mannes nicht hinnehmen wollte, drehte sie sich zu mir um und starrte mich wie einen Geist an. Da erhob sich der alte Mann wie von Geisterhand, erfasste die Priesterin von hinten unter den Achseln und warf sie gegen die Energiewand der Maschine. Diese leuchtete dunkelrot auf, brummte hörbar und Karan verschwand mit einem fürchterlichen, langgezogenen Schrei im Nebel der unteren Energieachse des Kreisels. Als sie in diesen Nebel eintauchte, hörte ihr Kreischen schlagartig auf und sie verschwand spurlos.

Ich hätte dem Alten jene Kraft nicht zugetraut, die erforderlich war, um diese große Frau so weit werfen zu können. Als Aresit die Priesterin aufhob, fiel mir ein, dass die Bestrafung Karans ein Teil der mir von M'kanael erteilten Aufgaben war. Aresit hatte diesen Teil meiner Aufgabe mit diesem Kraftakt im Handumdrehen erledigt und gleichzeitig das atlantische Volk kurzerhand von diesem Albtraum befreit, den die Priesterin darstellte.

Ich nickte ihm zu, reichte ihm die rechte Hand und sagte in ernstem Tonfall: „Ich danke dir für diese tatkräftige Unterstützung! Du hast mir einen Teil der soeben erteilten Aufgabe abgenommen. Es ist mir eine Erleichterung, denn nun muss nicht ich diese Schlange zertreten!“

Ich wollte zur Achse des Kreisels hinzutreten und nachsehen, ob von Karan noch etwas übriggeblieben war, da warnte mich die bekannte Stimme: „Tu' das nicht! Das ist zwar eine überraschende Wendung, aber eine gute Lösung. Die Frau hat vorläufig die gerechte Strafe erhalten. Gehe hinaus und sage den Fürsten, Elfin soll zur Hohepriesterin geweiht werden, weil ich dies wünsche! Sie ist die einzig Richtige. Setze dich durch! So ergibt sich eine Chance für eine mögliche Verlängerung des atlantischen Daseins.“

Während dieses Vorfalles wurden auch die Priesterinnen und Novizinnen wach, die wie betäubt geschlafen hatten. Sie hatten den Vorfall mit Karan teilweise mitbekommen und kümmerten sich sofort um die Wunde an Aresits Kopf.

Mich blickten nur alle sehr ehrfurchtsvoll und neugierig an, bis ich schließlich nachfragte: „Mein Lehrer, sage mir, was ist geschehen, ihr schaut alle so merkwürdig?“

Aresit antwortete bedächtig: „Ja, weißt du denn nicht, wie lange du weg warst? Es waren ganze drei Tage. Und jetzt ist die Nacht zum vierten Tag. Karan ist unbemerkt mit der Prozession in die Halle gekommen. Wir haben hier ausharren müssen, weil niemand ohne dich weggehen kann", klärte er mich auf. Er griff sich noch einmal prüfend an den Kopf, wo jetzt ein Verband seine Wunde schützte. „Sie hat uns glauben machen wollen, dass du von der Maschine getötet wurdest. Wir konnten nicht durch die ganz dicht gewordene Energiewand sehen und wussten daher nicht, was innerhalb des Energiezylinders mit dir geschah", berichtete er überraschend. „Auf Zurufe reagiertest du überhaupt nicht. – Es ist zu einem Streit zwischen Elfin und Karan gekommen, weil die Hohepriesterin dich als einen von der Maschine bestraften Lügner hinstellte. Wir wollten die Halle verlassen, aber die Mauer öffnete sich nicht und wir konnten nicht hinaus", schilderte er spannend. „Die Priesterinnen hatten Karan nicht geglaubt und widersprochen, da hat sie im Raum ein Gas versprüht. Alle sind daraufhin in einen Tiefschlaf verfallen. Ich habe mir einen Zipfel meines Gewandes vor den Mund gehalten und blieb stehen. Da wurde sie zornig und hat mich mit dem Knüppel geschlagen. Das war kurz vor deiner Rückkehr", legte er mir die dramatischen Ereignisse dar. „In ihrer Wut hat sie vergessen, dass in dieser Halle keine böse Tat ausgeführt wird, ohne dass die Strafe unmittelbar auf dem Fuße folgt. Alles Weitere hast du ja mitbekommen", endete er erschöpft. – „Lass uns gehen, wir brauchen jetzt alle Schlaf! Die Menschen, die außerhalb der Halle warten, werden erfahren wollen, was vorgefallen ist. Sie sollten aufgeklärt werden, sonst kommt es noch durch falsche Gerüchte zu Tumulten", stellte er in seinem weisen Überblick fest.

Er nahm mich väterlich um die Schulter. „Die Priesterinnen werden dann, wenn sie ausgeruht sind, mit der Vorbereitung zur Wahl der Hohepriesterin beginnen. Diese Wahl muss so bald wie möglich durchgeführt werden. Sie ist aber nach einem genau vorgezeichneten Ritual auszuführen, das wird einige Zeit in Anspruch nehmen."

Wir traten durch die Mauer, die sich wieder bereitwillig vor mir öffnete, und stießen im Nebenraum auf alle Fürsten und Weisen, die aufatmeten, als sie uns unversehrt sahen.

Fürst Leonidoros empfing uns mit den Worten: „Endlich seid ihr da! Wir waren alle im Ungewissen, was hinter der Mauer geschieht! Es kursieren die wildesten Gerüchte und die Handwerker stehen knapp vor einem Aufstand. Sie beschuldigen Karan, dich getötet zu haben“, berichtete er aufgeregt. „Du hast inzwischen ganz enorm an Ansehen gewonnen“, bemerkte er anerkennend und strahlte mich an. „Alle Stände kennen deinen Namen und haben dich in ihr Herz geschlossen. Sie sprechen nur mehr von dir, mein Lieber! Die Leute sind bereit, in deinem Namen loszuschlagen, und begehren gegen die Fürsten auf, was weniger aufmunternd ist“, sprach er auf mich ein.

Ich beruhigte alle Anwesenden: „Lasst uns in die Halle der großen Versammlung gehen! Da werde ich dann schildern, was ich erfahren habe und was vorgefallen ist. Habt Verständnis, bitte, dass ich nur einmal reden möchte! So werden alle gleichzeitig erfahren, was sie wissen sollten. Ach ja, und Elfin wird den Vorsitz provisorisch übernehmen, weil Karan umgekommen ist“, erklärte ich kurz und schmerzlos. „Aresits Kopfwunde muss ärztlich versorgt werden“, erinnerte ich in die Runde der Anwesenden. „Außerdem möchten wir uns vorher frisch machen und vielleicht eine Kleinigkeit essen, dann kann es schon losgehen. Ist Fee irgendwo da?“ fragte ich in den Raum.

Kaum hatte ich das gesagt, als sie auch schon auf mich zuflog, mich umarmte und vor allen Anwesenden küsste. Sie freute sich, als wäre ich von den Toten auferstanden. Ich hatte alle Hände voll zu tun, sie zu beruhigen und ihre Tränen zu trocknen.

„Ach, du mein lieber, lieber Barbar!“ rief sie ganz aufgelöst. „Ich liebe dich über alles und es ist mein Herz fast stehengeblieben, als ich hörte, Karan hätte dich umgebracht!“

„Aber, meine liebe Fee, ich bin doch da, wie du siehst: völlig unversehrt und um Vieles wissender als zuvor. Ich durfte einblicken in eine Sphäre dieses Universums und konnte Zusammenhänge klar sehen, die ich sonst nie auch nur andeutungsweise verstanden hätte“, deutete ich ihr kurz im Vertrauen an. „Ich war an einem Ort, welcher der Ursprung allen Seins ist, und durfte Fragen stellen, deren Beantwortung mir meine weitere Existenz viel verständlicher macht. Ich bin ein Glückspilz und kein Priesterinnenopfer“, löste ich ihre Angst. „Du wirst doch nicht so wenig Vertrauen in meine

Fähigkeiten haben, dass du glaubst, diese Priesterin könnte mich umbringen? Das hat sie nicht einmal mit Aresit geschafft."

Während dieses Gespräches hatten wir den Tempel verlassen und gingen, gefolgt von den anderen, zum Palast hinunter.

Die Treppe bis zum Palast war schwarz vor Menschen. Als die Menge unsere Kolonne erblickte, riefen sie aufgebrachte Sätze und hoben die Fäuste. Ich konnte die Worte nicht genau hören, aber die angespannte Stimmung war deutlich zu spüren. Offenbar trauten die fehlgeleiteten Menschen den Fürsten und der Hohepriesterin nicht mehr.

Der Obrist des Botschafters erklärte, die Menge würde den Kopf von Karan fordern. Jene Fürsten, die ihre Wahl unterstützt hatten, hätten nun Angst vor einem Aufruhr.

Ich flüsterte dem Obristen zu: „Karan ist kein Thema mehr, erzählen Sie das den Fürsten! Sie sollen sich für Elfin als neue Hohepriesterin starkmachen, denn das Herz will es so!" teilte ich ihm leise mit.

Nun machte der Botschafter die aufgebrachte Menschenmenge auf sich aufmerksam: „Hermanwulf lebt!" rief er beschwichtigend in die Menge. „Und Karan ist für immer verschwunden! Geht alle zum Palast, da werdet ihr bald mehr erfahren!" hallte seine mächtige Stimme über das Meer von Menschen.

Da brandete Jubel auf. Die Menge machte Platz und wir konnten ein Spalier freudig rufender Menschen durchschreiten.

Aresit, Fee und ich zogen uns in meine Räume im Palast zurück, wo bereits ein Imbiss aufgetischt war. Ich ging sofort ins Bad, um mich frisch zu machen und zu rasieren. Eine junge Priesterin kam anschließend ins Bad und massierte meinen ganzen Körper. Dadurch kehrten meine Lebensgeister und Körperkräfte wieder zurück.

Dann setzte ich mich zu Fee, um schnell etwas zu essen. Als sich auch Aresit gestärkt hatte und seine Wunde versorgt war, zogen wir unsere Togen an und kehrten in die große Halle zurück. Ich wurde von Fee geführt, wie beim ersten Mal.

Ich hatte mit Feeosta vereinbart, dass sie mich auf meinen Platz als Botschafter führen sollte. Sie wollte mir den Platz einer höhergestellten Persönlichkeit neu anweisen lassen, um zu sehen, wie weit sich die Wertschätzung meiner Person verändert hatte.

Als wir den großen Saal betraten, waren alle schon da und es herrschte gespannte, knisternde Erwartung und vollkommene Stille. Als wir an meinem Botschafterplatz stehenblieben, stand Fürst Leonidoros sofort auf und führte mich zu einer Sitzsäule mitten unter den Fürsten.

Kaum hatte ich Platz genommen, als Elfin die Versammlung eröffnete. Sie schien sehr aufgeregt. Nach einer kurzen Einleitung erklärte sie den Anwesenden, sie habe veranlasst, eine Lautsprecheranlage zu montieren, sodass die Menschen vor dem Palast mithören könnten, was im Saal gesprochen werde. Dann fragte sie die Fürsten, wie sie die Tagesordnung gestalten wollten. Man einigte sich schnell auf zwei Punkte: zum Ersten – einen Bericht von mir über die Vorfälle mit dem ‚Herzen von Atlantis'; zum Zweiten – die Vorbereitung zur Wahl der Hohepriesterin.

Als der zweite Tagesordnungspunkt verkündet wurde, hörte man von der Treppe her zustimmende Rufe und die Leute klatschten Beifall. Die Stimmung war sofort umgeschlagen und es ging keine Gefahr mehr vom Volke aus, weil es offenbar durch das Verschwinden von Karan wieder Vertrauen und Zuversicht gewonnen hatte.

In der Folge bat mich Elfin, meinen Bericht zu geben. Sie verlangte, ich solle von ihrem Vorsitz aus sprechen, da dort der akustische Mittelpunkt des Saales sei. Die Übertragung meiner Worte ins Freie liefe auf diese Weise störungsfrei ab.

Ich trat in die Mitte vor und erstattete meinen Bericht. Ich erzählte nur den für das Volk wichtigen Teil meiner Begegnung. Die Aufgabe des neu zu gründenden Kreises erwähnte ich nicht. Ich erzählte, dass ich mit dem Hüter des ‚Herzens' eine längere Aussprache gehabt hatte und dass dieser den Wunsch geäußert habe, Elfin zur Hohepriesterin wählen zu lassen. Des Weiteren erzählte ich von dem jähen Verschwinden Karans in der Sockelenergie des Kreisels.

Dabei wurde ich durch laute Freudenkundgebungen von draußen unterbrochen. Die Leute gaben ihrer Freude so sehr Ausdruck, dass ich oft lange warten musste, bevor ich weitersprechen konnte. Die Militärs hatten alle Hände voll zu tun, weil die Menschen versuchten, lärmend in den Saal einzudringen. Gleichzeitig wurden Sprechchöre immer lauter, die verlangten, dass ich vor den Palast treten sollte, um mich sehen zu lassen. – Deshalb rief ich laut, dass ich kommen werde, sobald der zweite Tagesordnungspunkt abgehandelt sei, weil ich den Verlauf der Versammlung nicht stören wolle.

Die Leute gaben sich damit zufrieden, und es wurden die entsprechenden Voraussetzungen für die Wahl und zur Aufstellung einer Liste geeigneter Priesterinnen beschlossen. Dann endlich wurde diese außerordentliche Ratsversammlung um vier Uhr, wie Elfin sagte, geschlossen.

Nun begaben sich alle Abgeordneten vor den Palast.

Als wir am Treppenabsatz auftauchten, brandete Jubel auf, der offenbar zum Großteil mir und Aresit galt.

Die Fürsten standen betreten da, sodass ich mich genötigt sah, die Erwartungen der Menschenmenge wieder auf den Boden der Realitäten zurückzuholen, indem ich mich zeigte und sie beruhigte. Ich hob beide Hände und bedeutete der lauten Menge, dass ich etwas sagen wollte. Ich brauchte nicht lange dazustehen, bis Schweigen eintrat.

Dann betrat ich ein Podest, welches der Obrist des Botschafters hatte bringen lassen, um von allen besser gesehen werden zu können, und verkündete: „Ich bin der Botschafter des Volkes der Kaelter und kein Fürst in Atlantis. Ich bin hierhergekommen, weil mich hier die Lösung einer außergewöhnlichen Aufgabe erwarte, wie es hieß. Diese Aufgabe sieht überhaupt nicht vor, dass ich mich in die atlantischen Regierungsgeschäfte oder in die religiösen Belange einmische“, leitete ich sehr volksnah ein. „Hätte Karan sich mir gegenüber nicht so feindselig verhalten, wäre es zwischen uns zu keiner Konfrontation und nicht zu ihrem Tod gekommen. Darauf hatte ich ebensowenig Einfluss wie auf den Willen höherer Mächte, die mich zu ihrem Werkzeug machten. Ich will auch in Zukunft den Willen dieser liebevollen Mächte befolgen, und ich versichere euch, ich werde meinen Teil der Aufgabe erfüllen!“ versprach ich verbindlich. „Versteht mich aber richtig: Es ist nicht meine Aufgabe, den hiesigen Fürsten die Macht zu nehmen oder deren Aufgaben zu erfüllen!“ erklärte ich mit einigem Nachdruck.

„Geht jetzt bitte alle nach Hause! Es besteht kein Grund zur weiteren Beunruhigung. Hört nicht mehr auf dumme Gerüchte, sondern überzeugt euch erst von der Wahrheit des Gehörten, bevor ihr losrennt und Unfug macht! – Ihr solltet es dem ‚Herzen von Atlantis‘ nachtun, welches sich bereits wieder beruhigt hat und so gleichmäßig läuft wie schon lange nicht mehr", mahnte ich in gütigem Ton. „Mit all dem im Tempel Vorgefallenen haben die regierenden Fürsten wenig zu tun. Die aufgekeimte Zwietracht war nur das Machwerk von Karan", baute ich ein wenig am Frieden. „Ich bin sicher, dass sich mir die Schattenkrieger nun nicht mehr nähern werden, wo die Auftraggeberin tot ist. Und die Leute hier, die mit mir im Tempel ausharrten, sollten endlich alle schlafen gehen. Ich glaube, wir haben nun ausgiebigen Schlaf verdient. – Ich wünsche auch euch angenehme Ruhe und bitte für die Zukunft um mehr Verstand und Vertrauen in das System."

Die Menge auf der Treppe begann sofort, nachdem ich geendet hatte, meinen Namen zu skandieren, und rief: „Du bist der einzig ehrliche Mensch! Werde unser König, wir werden dir folgen!"

Jetzt wurde ich richtig zornig. Ich bedeutete den Militärs, welche die brüllenden Menschen abhielten, dass ich den Treppenabsatz zu betreten gedachte. Sie sollten zwei Männer, die sich besonders randalierend gebärdeten, durch das Spalier lassen. Ich wollte das Chaos beenden. Da ich sicher war, dass sich die Rädelsführer nur in der Menge stark gaben, herrschte ich die beiden vorwitzig Vorgetretenen an, als sie alleine vor mir standen: „Was glaubt ihr denn, wer ich bin? Glaubt ihr, ich bin der liebe Gott? – Ich habe als Ausländer keine Ahnung von der Funktionsweise Eurer Gemeinschaft, weiß aber, dass ein Fremder nie dieses Volk regieren darf, denn das führt ins Unglück! – Also beherrscht euch und besinnt euch auf die Durchführung eurer eigentlichen Aufgaben!" rief ich sie deutlich zur Vernunft.

„Niemand ist unfehlbar, auch nicht die Fürsten", sagte ich, wohlweislich ahnend, dass ihre Auftraggeber in der Nähe sein konnten. „Jenen Fehler, den sie einst mit der Wahl Karans zur obersten Priesterin machten, werden die meisten Fürsten schon bereut haben. Aber ich glaube nicht, dass man in diesem Fall nur die Fürsten rügen darf, da werden schon noch andere gewesen sein, die aus Eigennutz diese Wahl unterstützten", packte ich sie beim eigenen schlechten Gewissen. „Diese Leute müsst Ihr unter Euresgleichen suchen! Dort sind die heimlichen Betreiber, sonst wäre diese Wahl nie möglich geworden", hielt ich ihnen vor Augen.

Während ich dies sprach, war ich langsam auf die Rädelsführer zugegangen, hatte eine drohende Haltung eingenommen und war in kurzem Abstand stehengeblieben. Sie fühlten sich sichtlich unwohl dabei, mir so alleine Auge in Auge gegenüberzustehen, ohne den anonymen Schutz der Menge.

Ich herrschte sie noch einmal an: „Es ist doch so, oder? – Du! Sag mir deinen Namen!“ befahl ich dem Einen direkt und hielt ihm meinen rechten Zeigefinger unter die Nase.

Keiner der beiden gab eine Antwort und sie beeilten sich, durch das Spalier in die Menge zurückzukehren, um wieder untertauchen zu können.

Bevor noch Reporter an mich herantreten konnten, hatte ich mich umgedreht und war mit Fee, Alundalt und Aresit im Palast verschwunden. Der Obrist nahm uns in Empfang und führte uns zu einem versteckten Hintereingang, durch den wir den Palast verließen, um von dort mit einem Gleiter auf einem Umweg zur Residenz des Botschafters zurückzukehren.

Wir verabschiedeten uns von Alundalt und Aresit, und ich ging mit Feeosta in das Schlösschen, in dem wir ja jetzt wohnten. Fee und ich wollten den Wohnraum betreten, als da plötzlich ein hochgewachsener, schlanker Mann vor uns stand, der völlig in Schwarz gekleidet war und eine Kapuze mit Sehschlitzen trug. Ich wollte schon das Alarmwort rufen, als er gebrochen in meiner Sprache bat, ihn anzuhören, denn er sei gekommen, um eine Botschaft auszurichten.

„Ich bin ein Abgesandter des Fürsten der Schattenkrieger“, leitete er etwas gebrochen ein. „Er grüßt Sie und bittet um Verzeihung. Der Auftrag, den Karan erteilt hat, wird nicht ausgeführt werden. Als Ausgleich wird die Gesellschaft der Schattenkrieger eine Schule für arme Kinder im Hafen bauen und erhalten“, teilte er zu unserem Erstaunen mit. – „Sie haben nichts mehr von uns zu befürchten. Im Gegenteil: Sie stehen ab heute unter dem Schutz des Fürsten der Schattenkrieger“, sagte er wie ein Urteil. „Nehmen Sie bitte dieses Medaillon als Geschenk an!“ – dabei überreichte er mir ein Medaillon aus Gold an einer edlen Kette. – „Sollten Sie unsere Hilfe brauchen, legen Sie es auf die oberste Eingangsstufe Ihres Hauses! Wir werden Ihr Haus von heute an bis zu Ihrem Tode beobachten und Ihnen sofort Hilfe angedeihen lassen“, richtete er aus. – „Ein Mann von uns wird das Zeichen sehen und dem Fürsten bringen. Dieser wird sofort mit Ihnen Verbindung aufnehmen und Ihnen

Hilfe angedeihen lassen", führte er würdevoll aus. Er verbeugte sich, warf etwas auf den Boden, sodass eine Rauchwolke entstand, und war durch eine Terrassentüre verschwunden, noch ehe wir etwas sagen konnten.

Ich eilte ihm noch auf die Terrasse nach und versuchte zu sehen, wohin er gelaufen war. Da war aber nichts feststellbar, auch nicht die leiseste Bewegung zwischen den Büschen. Ich wischte mir mit der Hand über die Augen, weil ich nicht mehr ganz sicher war, ob das soeben Geschehene tatsächlich Realität war. Nachdenklich geworden, betrat ich das Haus. Erst das in meiner Hand liegende Amulett überzeugte mich, dass ich nicht halluzinierte.

Fee meinte trocken: „Alle Vorkehrungen gegen diese Leute haben nichts gefruchtet. Es ist gut, dass sie jetzt nicht mehr an den Auftrag gebunden sind, denn sonst wärest du bereits tot." Sie machte Anstalten, die Wachen zu rufen. Ich hinderte sie aber daran und bat sie, nie über diesen Zwischenfall zu reden, weil sonst das Medaillon sinnlos wäre.

„Vielleicht benötige ich eines Tages die Hilfe dieser Leute? Nicht für einen Mordauftrag, sondern zu meinem Schutz", räumte ich ein. „Behalten wir uns diese Option vor – wer weiß, was uns die Zeit noch bringt?" Damit war sie einverstanden. „Jetzt habe ich aber genug von all diesen Aufregungen."

Ich rief Ali und verlangte nach Met. Dann trank ich einen großen Krug davon aus, entkleidete mich und legte mich zu Bett. Ich vermittelte Ali, dass er enthauptet werde, wenn er mich noch am heutigen Tage wecken sollte. Dann küsste ich noch meine Fee und war eingeschlafen, bevor ich mich richtig zugedeckt hatte.

... und so geht es weiter ... im Folgeband

Das Herz von Atlantis 2,

der voraussichtlich im Frühjahr 2014 erscheint:

Der ausgewählte Kreis soll – als Handelsdelegation getarnt – ein würdiges Volk finden, dem das „Herz von Atlantis" anvertraut und das grandiose atlantische Wissen, die Technik und Kultur weitergegeben werden könnte.

Nach Fehlschlägen am Nordufer des mediterranen Meeres gelangt die Delegation an den Nil. Dort hat der Oberpriester Olmek eine feindliche Macht angestachelt, in das Land der Pharaonäer einzufallen. Hermanwulf überredet die anderen Delegationsmitglieder, dem hoffnungslos unterlegenen Heerführer Hormoses zu helfen, um das Kriegsglück zu wenden. Olmek hat gleichzeitig den König ermordet und ein Söldnerheer gegen die heimische Streitmacht ausgesandt. Es gelingt jedoch der Sieg.

Infolge der tatkräftigen Unterstützung wird die Delegation aufgenommen und in Sakkara entsteht eine Pyramide, die eine Eliteschule beherbergt und das „Herz" aufnehmen wird. Die Delegation erwirbt unter Anleitung M'kanaels jene Fähigkeiten, die sie zum Transport des riesigen Instrumentes im entmaterialisierten Zustand braucht, während atlantische und pharaonäische Ingenieure das Bauwerk errichten. Der geflohene Priester Olmek versucht während der Einweihungsfeier einen Anschlag auf König Hormoses und den Hohepriester Pthao Sarth. Hermanwulf und atlantische Militärs können die Attentäter verhaften. Danach eilt er in seine Heimat, um eine Invasion aufzuhalten.

Die Lage in Atlantis wird immer kritischer und es bricht ein Bürgerkrieg aus. Die Delegation eilt nach Atlantis, um das „Herz" zu evakuieren. Hermanwulf folgt ihr. Zur Energieversorgung ihrer Waffen aktivieren die aufständischen Wissenschaftler ein riesiges Kraftwerk in einem Vulkan. Es wird überlastet, der Vulkan bricht aus und reißt die Insel ins Meer.

Weil Hermanwulf ständig zweifelt, dass die Evakuierung erfolglos sein könnte, beschließt M'kanael, ihm eine Lektion zu erteilen. Daher kommt er in den Tempel, als dieser bereits einstürzt...

Weitere Titel zu Atlantis

Saint Germain & Petronella Tiller

Atlantis: Geschichte, Absicht und Auswirkung auf die menschliche Rasse

ISBN 978-89568-227-8

Saint Germain & Sibylle Weizenhöfer

Das Tor zur körperlichen Transformation

ISBN 978-89568-137-0

Serapis Bey & Petronella Tiller

… ihr werdet mich lieben

ISBN 978-89568-214-8

Christiane Sautter

Es begann in Atlantis: ein Lebensweg durch die Jahrhunderte

ISBN 978-89568-132-5

ch. falk-verlag

Unsere Reihe

In Kontakt mit der Natur

Von der Weisheit der Bäume
von Yvonne Schenk

ISBN 978-3-89568-237-7

Wasser der Erde – Quell des Lebens
Neptuns Kinder
von Yvonne Schenk

ISBN 978-3-89568-242-1

Botschaft des Friedens –
von den Tieren dieser Welt
von Dagmar Lanscha

ISBN 978-3-89568-243-8

Als nächstes Buch der Reihe erscheint:

Das Heilwissen der Bäume
und die Botschaft vom Wind
von Ines Nandi

ch. falk verlag